华东理工大学优秀教材出版基金资助图书

消费者行为学

XIAOFEIZHE XINGWEIXUE

朱　姝◎主　编
程　毅◎副主编

華東理工大學出版社
EAST CHINA UNIVERSITY OF SCIENCE AND TECHNOLOGY PRESS

图书在版编目(CIP)数据

消费者行为学/朱姝主编.—上海:华东理工大学出版社,2009.10

ISBN 978-7-5628-2634-7

Ⅰ.消… Ⅱ.朱… Ⅲ.消费者行为论—教材
Ⅳ.F713.55

中国版本图书馆 CIP 数据核字(2009)第 169543 号

普通高等教育市场营销专业规划教材

消费者行为学

主　　编 / 朱　姝
责任编辑 / 戎　炜
责任校对 / 张　波
封面设计 / 陆丽君
出版发行 / 华东理工大学出版社
社　址:上海市梅陇路 130 号,200237
电　话:(021)64250306(营销部)　(021)64252174(编辑室)
传　真:(021)64252707
网　址:press.ecust.edu.cn
印　　刷 / 常熟华顺印刷有限公司
开　　本 / 787 mm×1092 mm　1/16
印　　张 / 18.75
字　　数 / 520 千字
版　　次 / 2009 年 10 月第 1 版
印　　次 / 2009 年 10 月第 1 次
印　　数 / 1—3000 册
书　　号 / ISBN 978-7-5628-2634-7/F·217
定　　价 / 32.00 元

内 容 简 介

研究并理解消费者行为已经成为企业或个人在经营过程中获得成功的先决条件。基于此，本教材侧重从管理与运用角度对消费者行为进行讨论与分析，对所涉及的原理、概念结合作者多年教学、研究过程中积累的本土案例进行阅读、讨论，这些案例既可丰富理论，也使理论有了更强的操作性。

本教材主要阐述了消费者如何作出消费决策以及如何采取行动——动机如何产生？什么东西会引起他们的注意？如何进行信息搜集？他们会采用什么方式进行购买？对购买后的产品如何进行消费？为了回答这类问题，本教材研究了那些影响消费者决策与行为的外部与内部影响因素，如文化、社会阶层、群体、知觉、学习与记忆、动机、个性、态度、自我概念和生活方式等等。在对个体消费者购买行为研究的基础上，对组织购买行为进行了简单介绍。

本教材针对每一论题均附有大量复习题、案例和讨论题，同时开设“消费窗口”，讨论在不同文化背景下消费者行为特点的实例，并就许多消费领域的最新研究成果进行讨论，增加教材的学术性及时代性。

前 言

1968年，詹姆斯·恩格尔等人所著的《消费者行为学》一书系统地介绍了消费者行为的知识与理论，为消费者行为学作为一门新学科奠定了基础。如今，在美国等西方发达国家，消费者行为一直是商学院学生和其他相关系科学生的一门必修课程。我国各高校营销、管理等专业也将消费者行为学作为必修课程或重点建设课程。

在西方众多的消费者行为学教材中，霍金斯、贝斯特和科尼所著的《消费者行为学》颇具特色，在篇章结构和内容安排上比较适合东方人的思维方式与习惯。其他，如迈克尔·R·所罗门，J·布莱恩所著《消费者行为》均从不同的视角对消费行为进行了阐述与研究。但大多数教材重点均放在对西方社会的调查与分析上，其案例、统计数据多来自美国或其他西方国家，对中国的研究则较少，甚至没有。

就国内而言，尽管消费者的地位和作用如此重要，但很多企业仍然把消费者行为研究看作是一件可有可无的事情，或者因为未能掌握基本的理论和必要的研究方法而导致不能得出有效的结论，因此营销决策大多依赖过去的经验。

基于以上各点，本教材从以下三个方面展开结构与内容的设计：

(1) 理论与应用相结合。大学教育的发展，使学生在接受传统式教学方式的同时，也对理论的可操作性表现出越来越强烈的渴求。基于此，本教材不仅准确阐述理论，而且列举了大量在营销实践中应用的案例，帮助学生更好地理解和把握理论。

(2) 结构的逻辑性和系统性。本教材从影响和决定消费者行为的关键因素入手，在定义消费者行为概念的基础上，提出了一个相对有效或更合乎逻辑的消费者行为分析框架，并以此逐渐展开，从理论到实践，突出各影响因素之间的交互关系。

(3) 通俗易懂的表述。考虑到学习本门课程的学生多为大三本科生，本教材在体现消费者行为学的最新研究成果时，尽量采用简明流畅的语言，以使学生能够充分理解，适应本科教学的需要。

本教材由朱姝拟定编写大纲，确定框架结构。具体分工如下：陈庆升撰写第二、三章；程毅、赵俊玲撰写第四章；杜伟宇、仪根红撰写第七、八章；崔美娜撰写第九章，程毅、崔美娜撰写第十二、十四章；侯丽敏撰写第十五章；朱姝撰写第一、五、六、十、十一、十三章。全书由朱姝统稿。

本教材在编写过程中，得到了华东理工大学商学院营销06级部分学生的帮助，他们是陈海霞、姚旺、吕晓琳、蒋玮、葛璐萍、徐樶、支琳，他们在繁重紧张的学习考试期间仍然帮助查阅了大量资料，筛选案例，并进行了改写。本教材的编写，还离不开华东理工大学商学院陈洪安教授、侯丽敏副教授以及姚磊老师的支持与指导、帮助，没有他们，也就没有最初编写本书的动力，在此表示诚挚的谢意，并对在编写过程中所参阅的相关书籍、论文、资料的作者们一并表示感谢。

由于水平与时间有限，书中难免有粗浅疏漏之处，敬请读者批评指正。

编者
2009 年 9 月

目　　录

第一部分　导　论

第二部分　外部影响因素

第三部分　内部影响因素

第五部分　组织购买

第一部分

导论

·第一章·

消费者行为与市场营销

早晨7点，诺基亚手机闹铃声划破了宿舍的宁静，从小绵羊空调被中伸出一只手，一把按掉闹铃——大学生李丽新的一天开始了。

她迅速起床，取出洗漱用品：可伶可俐洗面奶、高露洁牙刷、云南白药牙膏，洗漱完毕，再用上欧莱雅护肤品。和宿舍其他同学一样，李丽匆匆忙忙从教育超市购买了简单的早餐：一盒光明牛奶，一个卡罗琳面包，边吃边往教室赶。

下课后，李丽去了学校附近的麦当劳打工，她认为在学生时期还是多积累点工作经验。途中，她突然想起明天是母亲节，于是，在确信不会工作迟到后，李丽去了“汇贤花店”为妈妈订购了一束鲜花。她知道妈妈喜欢一些实用的东西，比如，厨房用品等，但是李丽还是决定利用节日，自行做主为妈妈购买一些“不实用”的东西。

晚上下班回到宿舍，食堂已经停止营业，李丽感到又累又饿，于是打电话订购了一份美丽华快餐。十分钟之后，她吃上了可口的饭菜，在吃饭的同时，李丽打开电脑，开始收发邮件，浏览新闻。

八点半，为了完成第二天消费者行为课程的调研报告，李丽从校园网登录，搜集了《市场与销售》、《Journal of Consumer Behavior》等期刊上的相关内容。十点半，熄灯号响起，李丽关掉电灯，带上耳机，上床休息。

这就是典型的大学生的一天。

每个人从出生开始，就与消费行为形影不离。像李丽一样，每天，我们都面临着许许多多的消费决策。什么是消费者行为？为什么要研究消费者行为？消费者行为的本质是什么？对于营销人员而言，研究消费者行为对制定营销策略有何帮助？这是信奉以顾客为中心的销售人员所必须回答的基本问题。

本章将阐述下列问题：

- ★ 消费者行为的概念
- ★ 消费者战略与消费者行为之间的关系
- ★ 消费者行为的性质
- ★ 新旧消费者特点及其区别
- ★ 研究消费者行为的意义

消费者对每个人来说，都是既熟悉又陌生的。熟悉的是，每个人都是一个独立的消费者，每时每刻都在消费；陌生的是，消费者在消费过程中具有如此复杂的心理和行为，有时甚至连消费者本人都无法清楚解释自己的购买决策。营销学中将这个过程称之为购买“黑箱”，这正是消费者行为研究的核心所在。

第一节 消费者行为概念

无论是购物，还是游玩；无论是通过网络登录商店，还是直接去商店购买，甚至坐在家里，我们都是实实在在的消费者，每天，每一个人都面临着形形色色的消费决策。

一、消费者行为概念

消费者行为是指人们在获取、消费及处置产品与服务时所采取的行动；消费者行为学是研究个体、群体和组织为满足其需要而如何选择、获取、使用、处置产品、服务、体验和想法，以及由此对消费者和社会产生的影响。

获取：导致购买或得到产品的活动，包括根据产品特征来搜集信息、评价供选择产品或品牌和购买行为。

消费：消费者如何、何时何地、在何种环境下使用产品。

处置：消费者如何处置产品与包装。消费者有可能将某些产品传给下一代继续使用，也有可能将产品卖给废品收购站，或者直接扔进垃圾箱，或者在网站上进行交换，或是拍卖，再次销售。图 1－1 显示了消费者行为的各个环节。

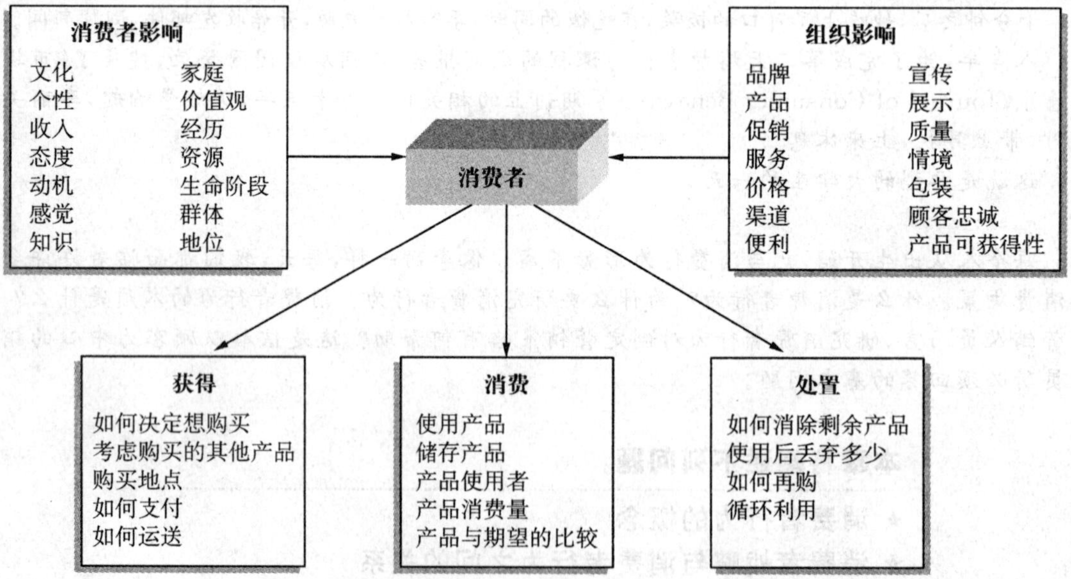

图 1－1 消费者行为

任何一家成功的企业都将消费者行为视为企业营销计划的重点。营销计划的执行，营销组合中的产品、定价、促销、渠道，以及产品质量、服务等过程，都需要得到精心的考虑，从而生产出可以满足消费者个人与组织需求的产品。本书将探讨影响消费者行为的各种因素，讨论营销人员及其组织如何才能有效地运用消费者行为研究的成果和知识促进销售。

消费窗口 1-1

宝洁公司的"消费者村"①

在美国俄亥俄州辛辛那提市郊区工业区里有一家特别的超市，它并不是正常对外营业的门市，而是美国宝洁公司消费者研究机构的一个组成部分。这个消费者研究机构正式名称叫"消费者村"，是宝洁公司专门研究消费者购物习惯与消费心理的场所，他们的研究成果将为公司进行产品和服务方面的创新提供重要的参考依据。

为了更好地接近消费者，了解消费者，宝洁特别设立了这样的"消费者村"。研究消费者最好的场所，一是在商店，一是在家里。因此，宝洁公司在距离这个小超市几步远的地方，在走廊的两侧分别设立了两个厨房和两个客厅。厨房和客厅都是模仿现实生活而造的。其中一个厨房的地面铺了地砖，而另一个厨房的地面则铺了实木地板，这分别代表着不同收入水平和生活标准的消费者。

宝洁会定期请消费者到这里参加研究项目。请他们到超市购物，到厨房里洗碗、擦地板，到客厅里清洗沙发、家具。当然，在消费者正式开始按设计方案行动之前，研究人员都会告诉他们在这里的一举一动都会被录像。在厨房和客厅的后面，各有一个房间，研发人员在里面可以观察到消费者挑选的品牌、使用习惯等，而消费者看到的只是镶在墙上的一面大镜子。

尽管这些设施看上去像在消费者家里，但实际上这并不是他们的家。因此，研发人员就在访谈技巧、提问方式和提问内容上下工夫，以免给消费者造成更大的压力，从而影响数据的真实性。为了多方收集数据，他们还邀请消费者到这里参加专题讨论。他们每年要举行 450 次这样的专题讨论，消费者可以畅所欲言，对产品进行评说，从而使研发人员更加深入地了解消费者的需求。

二、新消费者的兴起

新经济的发展和市场营销的强大威力将会对吸引消费者的方式产生永久性的变革。在当今产品品种繁多、选择多元的背景下，市场上充斥着各种人们能够买得起的商品，但同时，也产生了三种非常稀缺的资源：时间、注意力和信任度。

（一）新消费者与传统消费者的区别

现在的消费者把关注点集中在希望购买的物品上，也就是那些能够使得他们生活得更快乐、富裕和满足的机会和经历。在新经济中，最可能获得成功的企业是那些能够使消费者乐于在其产品上花费时间、注意力和金钱，并且能从中获益的企业。过去，交易过程中的每一个重要方面，包括从价格支付到选择可行的分销渠道，都是由制造商和供应商支配的。而在新经济时代，这种支配权正逐渐转向消费者，他们不仅能决定买什么，还能决定怎样以及在哪里购买。国外的研究者（David Lewis，2001）将其称为"新消费者"，以此与传统消费者区别开来，见表 1-1。

① 资料来源：根据 http://news.xinhuanet.com/world/2009-03/12 改编.

表 1-1　新消费者与传统消费者的比较

传统消费者	新消费者
寻求便利性	寻求真实可靠性
同质化	个性化
置身其外	置身其中
顺从	独立
消息闭塞	消息灵通

传统消费者常常由于缺少现金、缺乏选择和商品的适用性低而受到困扰。而新消费者则通常独立自主、个性鲜明，注重参与且消费信息灵通，他们所面临的困扰是缺乏时间、注意力和信任度。

相对于传统消费者的易于配合、不关心生产，比较顺从且消息闭塞而言，新消费者比较有个性、行为专注、独立且消息灵通。两者最根本的区别就在于，传统消费者的购买行为在很大程度上受到便利性需求的驱动，而新消费者则是受到可靠性、真实性需求的驱动。

（二）新消费者理念

新消费者包括了各年龄阶段、各种收入水平的人群。图 1-2 显示了新消费者的特征。

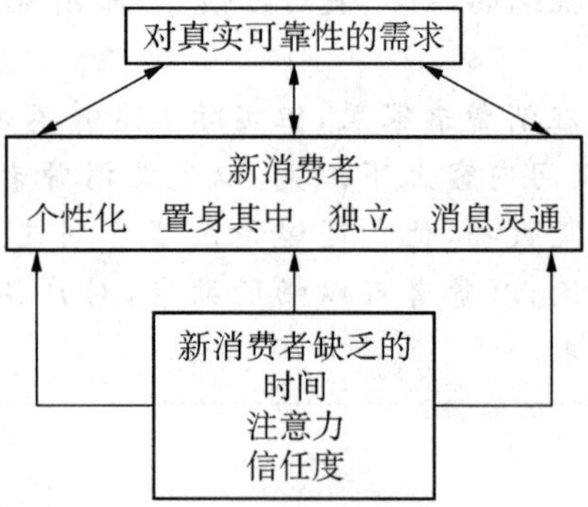

图 1-2　新消费者特征

生活节奏的加快，使得消费者的时间紧迫感加强，新消费者用于人际关系处理、家庭、业余爱好和休闲活动上的时间日益减少，慰藉这类问题他们往往希望能够有额外的服务来帮助他们节省时间，甚至不惜为这些额外的服务支付报酬。尽管传统消费者也有可能面临这样的压力，但传统消费者通常会被动地接受这种压力，而新消费者则会积极主动地采取某些措施来减缓压力。现在，越来越多的消费者不能容忍等待和经常性的现金支付困难，而愿意花钱购买无需等待的优先权。如果企业能在一天 24 小时中随时提供即时的需求满足，那么它注定能从相当大部分缺乏时间的消费者那里赢得忠诚。

同样，新消费者时间的缺乏就意味着注意力的缺乏。消费者往往会根据自己的喜好有意识地选择信息，那些与个人相关性不明显的信息往往会被忽略掉。新消费者用眼睛观察描述事物的能力有了很大提高，能适应并弄明白各种复杂情况，其感性技能很强，因此，对广告商而言，更加要讲究广告的说服技巧。

新消费者对厂商并没有完全的信任，他们的生活方式以高期望值和及时满足需要的愿望为特征，在购买及消费过程中，他们往往表现得很挑剔，大多数新消费者愿意用金钱换取高品质、高价值的产品和服务，并不断寻求有高附加值的产品或服务。

在新消费者心目中，他们希望购买到真实可靠的商品。这就意味着，新消费者会不惜一切代价甚至打破常规去获取他们想要购买的商品。典型的传统消费者则非常喜欢张扬的消费方式，包括购买那些不具有真实可靠性的产品。由于传统消费者的这种特性，其购买的产品可能根本没有实际用途。新消费者由于强调真实可靠性，即使他们之间的购买决策完全不同，但在产品独特性的基础上，他们仍然要求保证实用性。

正是对产品真实可靠性的要求使得新消费者独立或者只在小范围内行事，而不是像传统消费者那样随波逐流。新消费者会使自己无所拘束地分辨产品间的细小差别，从而从大宗批量生产的产品中找出具有真实可靠性的产品。例如，英国顶级服装设计师保罗·史密斯所设计的衣服，和普通服装不一样的是，它的袖子上有5～6粒扣子，而不是通常的4粒。一般人不注意这种区别，但新消费者却能一眼看出"真谛"，并认为这是一种荣耀。因为这不仅表明他们是这一极具排外性的群体中的一员，还表明他们能正确辨认真实可靠性。

传统消费者在大多数情况下，认为消费过程与生产过程是隔离的，只能被动地接受厂家生产的产品。与传统消费者不同，为了确保真实可靠性，新消费者更乐于近距离地置身于生产过程或消费过程中，从而确保他们购买的产品或服务就是他们所需要的。

新消费者坚持独立性，对任何事情都坚持自我决策，他们会向传统的观念发起挑战，不断寻找最确切的信息。信息是驱动新消费者的原动力，网络的传播使得信息的传播比以前更经济、更迅速。信息之所以能够吸引消费者，至少部分原因是因为它使消费者在消费时能够拥有更大的控制力，能够拥有更多的选择，对预期的购买活动更谨慎、理智地作出判断。

当然，传统消费者和新消费者之间并不是刻板僵硬的对立系统，只有极少数消费者在消费过程中表现出极端的特征，多数情况下，消费者总是在不同程度上游离不定的。

消费窗口 1-2

中国新消费者的形态特征①

一、平等、自信、自由观念增强。平等自信是新消费者的主要特征之一，正因为如此，才使得以往以职业和社会阶层为依据的人群划分标准不再适用。自由意识强烈，不愿受到约束。对自由受限非常敏感，因此新消费者对产品摆放拥挤、空间狭小的购物场所比较排斥，让他们感到空间压迫和自由受限。

二、个性张扬、追求自我。新消费者注重自我个性保护，乐于表现自己，他们有着表现自身个性特征、自我参与、在环境中获得自我印记的心理需求。表现在消费行为上，他们希望通过独特的产品来表明自己的身份，不喜欢重复别人。但新消费者的自我不是自私，他们比上代人更重视友情和缺乏归属感；同情弱势群体，更乐于助人，但前提是不能损害到自己的利益。主观为自己，客观为他人更符合他们的一贯作风。

三、上进敬业，渴望成功，注重知识和技能。新消费者普遍重视工作、积极敬业。造成这一特征的原因，一是社会竞争激烈，二是新消费者追求自身价值最大化，自我期望较高，个人成就感来自事业的成功，自尊心、自信心强烈，因此他们愿意对事业投入大量的精力。同时，受儒家文化的熏陶，一般都持有"万般皆下品，唯有读书高"的观念，因此他们追求自身素质的提高，主动完善自我，注重知识和技能的提高。

四、生活消极享受，消费注重体验价值。新消费者的心理成就感主要来自工作，对生活往往缺少耐心和能力，生活中他们慵懒消极，不愿花费过多的时间和精力去料理生活。

---

① 资料来源：吴颖淑，我国新消费者形态分析，《合作经济与科技》，2007年7月号下（总第325期）.

和国外新消费者积极置身其中的个性不同，中国新消费者不愿参与到生产之中，尽可能逃避额外的精力付出。注重生活质量、乐于享受生活，认为没有生活质量的人生是失败的人生，“快乐至上”是其生活理念，追求心灵满足，追求感觉，注重消费的体验价值。有关调查表明，在娱乐消费上，新消费者高出传统消费者近22%，说明新消费者有明显的感觉消费倾向，更愿意追求精神上的愉悦和感觉上的快乐。

五、追求真实可靠，厌恶虚伪。新消费者追求真实可靠的心理感受，厌恶虚伪、做作；对真善美更为推崇。他们追求一种真实的、名副其实的、现实及有信用的自我心理感受，讨厌矫揉造作和欺骗，在自我感觉的真实下，错误和败坏也远比虚假可爱，因此，一些坏得很真实的人并不太引起该类人的反感，“蜡笔小新”、“流氓兔”、“奇丑无比的怪物玩具”、“真实比错误更重要”等观念和现象的流行，也在反叛中透出对真实的推崇。

六、情感丰富，重视感情，注重和擅长情感的表达。新消费者情感丰富，重视感情，关注自身和他人的情感感受，注重对身边人表达情感。这也是父亲节、母亲节、光棍节等名目繁多的节日广有市场的原因所在。人们需要通过节日表达自己的情感。由于成长环境的优越，受教育年限的延长，以及生活工作压力的增大，他们关注自身心理情绪，追求快乐，坚持纯真与自我，讨厌圆滑世故的处世方式，是典型的kidult一族，童心不泯，热爱卡通和可爱的事物。“加菲猫”、“冰河世纪”、“人猿泰山”等系列动画剧的全球热播，以及三十多岁仍保持单身和孩子气的生活方式、与父母同住等现象和观念的流行，反映出新消费者主流价值观念的变化，真实、善良、可爱成为评价人物性格的首要标准。

七、缺乏信任。有调查显示，新消费者中9成以上的人信任自己的配偶和伴侣，8成被调查者信任子女，而只有27%的人选择相信厂商，14%的人选择相信政府和广告。表现在消费行为上，对厂商的广告和促销行为越来越持怀疑态度，而只相信自己使用过的产品以及朋友的推荐。

八、信息灵通，但缺乏注意力。新消费者成长在信息爆炸时代，因此，新消费者对浩瀚的信息养成了快速识别和筛选的能力，而无用的信息则无法进入他们的视线。信息灵通是新消费者的特征，新消费者空暇时间多是和同龄人待在一起，因此信息交流非常频繁，同时互联网的发达，新消费者熟练的电脑操作技术，使得几乎所有的信息都可以快速而便捷地从网络和同龄人处得到。

九、时间稀缺，缺乏忍耐性，需求即时满足。随着生活节奏的加快和社会压力的增大，新消费者可支配的时间越来越少。时间价值的增大使得时间成为决定消费者是否购买的重要因素，他们希望市场能够提供更快捷、更方便的商品和服务。一旦需求产生，他们希望立即满足，无法忍受漫长的等待，即需求具有即时满足的特征。新消费者推崇“想要就要”、“不要给今天留下遗憾”的生活理念，他们认为“满足来得太慢，幸福就会减半”。当他们的需求和愿望不能立即得到满足时，就会感到痛苦和压抑。我们可以看到，超市的收银台如果排起了等待结账的长龙，那么新消费者则会选择放弃、离开。对欲望缺少免疫和克制能力，是每个新消费者的心理特征。

十、崇尚品牌，需求多变，忠诚度低。有关调查显示，90%的新消费者喜欢购买品牌产品。新消费者崇尚品牌，是建立在厂商可以提供真实可靠的品牌价值基础上的。新消费者选择品牌时，如果发现品牌价值与预期价值存在差距，他们便会弃之不用。而一旦与品牌建立信任关系，他的忠诚度将会大大提高，因为新消费者休闲时间缺乏，而且生活上具有消极懒惰的特征，使得他们一旦产生信任，就不愿再花费时间去寻找另外的替代品牌。多样性是新消费者的另一特征，新消费者特别善变，需求千变万化，一旦品牌跟不上消费者需求的变化，消费者则会转投到更能满足其需求的品牌上。新消费者品牌情结的另一个特点是重视价格。由于经济条件较为落后，中国的新消费者对品牌价格较为关注，他们更加务实，这种现象被称为新现实主义，一方面注重感性，看中自我感受，同时也是务实的，注重价格和实际利益。

第二节 消费者行为的性质

所有的营销决策和营销活动都是建立在有关消费者行为假定的基础上的，成功的企业会根据消费者需要的变化和环境趋势的变化进行调整。消费者行为的知识在各种群体之间被广泛地运用。

一、消费者行为知识的运用

有两大群体对消费者行为感兴趣：基础研究群体和行为导向群体。基础研究群体指的是大学等研究机构的研究人员，他们的兴趣主要在于通过对消费者行为的研究创立一个有关人类行为方面知识的独立体系，他们的研究成果构成了本书的理论基础。行为导向群体包括市场营销组织、政府机构和政治组织、消费者群体，见图 1－3。

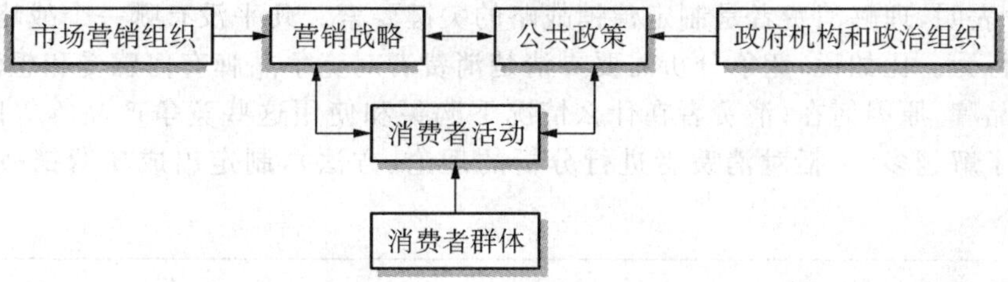

图 1－3 行为导向群体

市场营销组织既包括各类企业，也包括诸如医院、事务所以及学校等组织，这些机构或组织向市场提供产品，寻找目标消费者进行交易，运用恰当的市场营销战略或战术，创造或改变人们的行为，使行为对个体或社会产生正面的影响。很多知名企业会耗资制作公益广告，例如，“清除白色污染，还我纯净地球”的广告，通过一系列白色污染的场景，呼吁广大的消费者能够重视环保问题。

政府机构和政治组织包括药品监督局等机构，它们的职责在于管理和调节营销组织与消费者之间的交易行为。而这种职能是通过制定能够影响营销战略和消费者活动的公共政策来完成的。这些政策的制定，旨在通过提供详尽具体的信息，改进消费者的决策，提高决策的准确度。

消费者群体包括个体消费者和用资源交换各种商品和服务的组织购买者，他们对于消费者的主要兴趣在于，做成交易以便达到他们的目的。生活在现在这一社会的消费者，正如前文所述，更加成熟，拥有更加丰富的消费行为知识，而这种特征，又促使消费者对自身和环境的理解更加透彻，这种深层次的理解使得现代社会消费者行为更加理性、明智与有效。

二、消费者行为与营销战略之间的关系

从市场营销组织的角度来看，营销战略是一个试图影响交易行为以达成组织目标的计划。一般来说，营销战略主要是为提高消费者行为的可能性和频率而设定，例如频繁地光顾某一特定商场或频繁地购买某一特定商品。营销战略是通过制定和提出针对目标市场的营销组合来完成的。

表1-2中提出了一些包含在营销战略各个方面的消费者问题。营销人员可以通过正式的营销调研，与消费者非正式的讨论，以及对消费者行为与营销战略之间关系的直觉和判断来分析研究这些消费者问题。

表1-2　营销战略制定中的消费者问题

策略要素	消费者问题
市场细分	■ 哪些消费者是产品的主要对象 ■ 应该根据哪些消费者特性来细分产品市场
产品	■ 消费者目前使用什么产品 ■ 消费者从这一产品上可以获得哪些利益
促销	■ 哪些促销手段可以影响消费者购买和使用产品 ■ 对产品来讲，哪些广告最有效果
定价	■ 在不同目标市场中，价格对消费者的重要程度如何 ■ 价格调整对购买行为有哪些影响
分销	■ 消费者在哪里购买这一产品 ■ 不同的分销系统是否可以改变消费者的购买行为

表1-2表明，理解消费者是制定营销战略的关键要素。几乎没有哪一个战略决策可以不考虑消费者行为。比如说，竞争分析需要弄清楚消费者对竞争品牌有何感受和想法；哪些消费者购买这些品牌，原因何在；消费者在什么情况下购买和使用这些竞争产品等等问题。总之，对消费者的了解越多（包括对消费者进行分析的理论、方法），制定出成功营销战略的机会就越大。

消费窗口1-3

星巴克咖啡＝小资①

在小资当中流行着这样一句很经典的话：我不在办公室，就在星巴克，我不在星巴克，就在去星巴克的路上。泡星巴克，是小资们生活中不可或缺的节目。毫无疑问，这杯名叫星巴克的咖啡，是小资的标志之一。

在中国，星巴克正在将自己变成一种咖啡文化的载体，通过这个载体，它把星巴克文化像“病毒”一样地传递给他人，并以几何级的增长速度在北京、上海扩散营销。如今，星巴克咖啡几乎等同于“小资”一词，但凡追求小资生活的人群都会把星巴克列为经常活动之场所，而且家中必备星巴克的咖啡杯或小饰品。否则，会被人嘲笑为学艺术的不知道克莱因蓝，学音乐的不了解肖邦。

对于市场营销而言，最重要的是在于了解消费者的思维，并通过有效的途径，将产品信息以最有效的方式传达到消费者那里。而社会上总有一些非正式的团体，他们创造出

① 资料来源：根据 http://biz.163.com/31110/6/07CVG0IU00020QDS.html 改编。

的生活方式或消费取向经常会让大众产生好奇心理，在经过短暂的“口口传播”或“草根传播”之后，不久就变成时尚最新的潮流。星巴克就很好地把握了消费者的心理，带给消费者以独特的体验。

了解消费者是形成营销战略的基础，消费者对营销战略的反应决定了企业的成败，一旦消费者作出正面的反应，也就意味着他(她)的需求得到了满足。

如图 1-4 所示，市场营销战略就概念层面上看是相当简单的，它始于对市场的分析。

市场分析要求全面深入了解企业自身能力，现在和潜在竞争者的优势、劣势，潜在消费者的消费过程，以及经济的、物质的和技术的环境。

依据对消费者的分析，企业得以识别具有类似需求的消费群体，并进行市场细分。不了解消费者，就无法预测其需要与欲望，也无法对其需要做出恰当的反应。发现消费者现在需要什么是一个复杂的过程，但一般来说，它可以通过直接的营销调研予以实现。

每家企业都必须透彻了解其满足消费者需要的能力。为此，需要评价自身的各个方面，如财务状况、一般管理技巧、研究和开发能力、技术装备情况、声誉、营销技能等。其中，营销技能包括新产品开发能力、分销能力、服务能力、营销调研能力、市场和消费者知识等等。

经济状况、自然环境、政府管制、技术发展一方面会影响消费者的需要与预期，另一方面也会对企业自身和竞争对手的势力消长产生影响。自然环境的恶化不仅刺激了消费者对“绿色产品”的需求，而且也诱发了更多政府管制措施的出台。这些管制措施反过来又会影响产品的设计与制造。

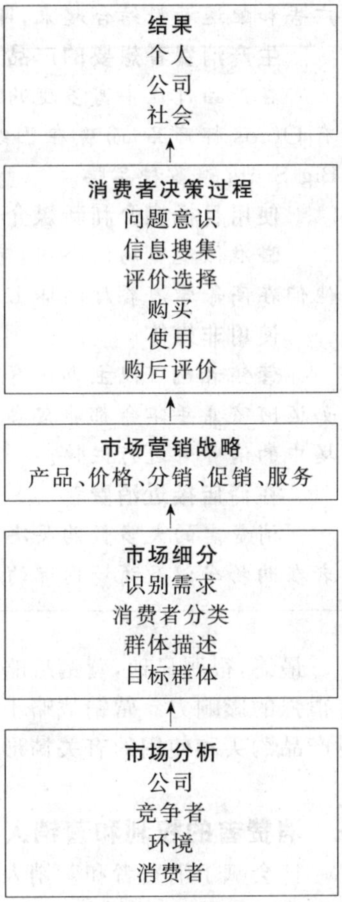

图 1-4　市场营销战略与消费者行为

企业最重要的营销决策是选择一个或几个即将进入的细分市场。由于每一细分市场都有其独立的需要，针对该需要发展起来的整体产品，将比企业采用无差异策略服务于多个细分市场能更好地满足消费者需要。

产品是消费者获得和用以满足其需要的任何东西。消费者所购买或追求的是需要的满足，而不是具体形态的物质特性。价格是消费者为获得拥有、使用产品的权利而必须支付的金钱数量。消费者可以拥有一件产品，也可以仅仅拥有产品的使用权。分销实际上是让消费者在需要的时候能买到产品，它对企业的经营成败至关重要。绝大多数情况下，消费者不愿为获得某一特定品牌而伤神费力。很明显，有效的渠道决策应建立在掌握消费者在何处购买的信息的基础上。

消费者决策过程是介于营销战略与营销结果之间的中间环节。换句话说，营销战略所产生的营销结果是由战略与消费者决策过程的交互影响所决定的。只有消费者感到产品能满足某种需要，意识到产品及其所提供的利益，同时认为该产品是一种最理想的满足其需要的途径。消费者购买它并感到满足之后，公司才会获得成功。

消费窗口 1-4

成功营销者的经验[①]

了解你的顾客

消费品制造公司经常使用高技术手段来查明谁是他们的消费者，然后把这些信息与广告和配送资料结合起来，即可优化他们的营销。

生产消费者想要的产品

在产品日益丰富多变的时代，产品必须依据不同的个人口味进行调整。所以曾经只有 Oreos 牌产品，而现在已经有了 Fudge Covered Oreos，Oreo Double Stufs 以及 Oreo Big Stufs 等多种品牌。

使用目标媒介和新媒介

瞄准微观市场的公司，可以通过在有线电视和各种杂志上做广告来影响特殊观众。他们在高等学府餐厅的墙上、录像带盒上，甚至在血压计上传递他们的信息。

使用非媒体

营销者也可以主办体育比赛、节日晚会以及其他活动对本地或少数市场进行促销，诸如迈阿密嘉年华会都非常盛大。体育活动从高尔夫球到水上摩托艇应有尽有，直接对市场中的消费者进行促销。

在商店接近消费者

消费者的大多数购买决策都是在购物同时做出的。所以营销者应该通过超市广播或者在购物车以及商场内部的有效空间中做广告。

最终，很明显地，营销战略，尤其是成功企业制定和实施的营销战略，对消费者和整个社会有很强的影响力。营销战略不仅适应消费者，同时也改变着消费者对他们自己、对各种产品、对产品购买和使用的有关情形的感受和想法。

三、消费者的权利和营销人员的义务

社会赋予消费者和营销人员一定的权利和义务，使他们具有一定程度的影响力。我国在1993年10月31日颁布、1994年1月1日起施行了《中华人民共和国消费者权益保护法》。该法的颁布实施，是我国第一次以立法的形式全面确认消费者的权利。此举对保护消费者的权益，规范经营者的行为，维护社会经济秩序，促进社会主义市场经济健康发展具有十分重要的意义。

(一) 消费者的权利

消费者的权利，是指在消费活动中，消费者依法享有的各项权利的总和。消费者保护法为消费者设立了相互独立又相互关联的九项权利。

- 安全保障权。消费者在购买、使用商品和接受服务时享有人身、财产安全不受损害的权利。
- 知悉真情权。消费者享有知悉其购买、使用的商品或者接受的服务的真实情况的权利。
- 自主选择权。消费者享有自主选择商品和服务的权利，包括：(1)有权自主选择提供商品或者服务的经营者；(2)有权自主选择商品品种或者服务方式；(3)有权自主决定是否

① 资料来源：Zachary Schliller, "Stalking the New Consumer," Business Week, August 28, 1989, p. 54.

购买任何一种商品或是否接受任何一项服务；(4)有权对商品或服务进行比较，鉴别和选择。经营者不得以任何方式干涉消费者行使自主选择权。

- 公平交易权。公平交易是指经营者与消费者之间的交易应在平等的基础上达到公正的结果。公平交易权体现在两个方面：第一，交易条件公平，即消费者在购买商品或接受服务时；有权获得质量保证、价格合理、计量正确等公平交易条件；第二，不得强制交易。消费者有权按照真实意愿从事交易活动，对经营者的强制交易行为有权拒绝。
- 获取赔偿权。获取赔偿权也称作消费者的求偿权，依照消费者权益保护法第11条的规定，消费者因购买、使用商品或者接受服务受到人身、财产损害的，享有依法获得赔偿的权利。享有求偿权的主体包括：(1)商品的购买者、使用者；(2)服务的接受者；(3)第三人，指消费者之外的因某种原因在事故发生现场而受到损害的人。求偿的内容包括：(1)人身损害的赔偿，无论是生命健康还是精神方面的损害均可要求赔偿；(2)财产损害的赔偿，依照消费者权益保护法及合同法等相关法律的规定，包括直接损失及可得利益的损失。
- 结社权。消费者享有依法成立维护自身合法权益的社会团体的权利。目前，中国消费者协会及地方各级消费者协会已经成立。实践证明，消费者组织的工作对推动我国消费者运动的健康发展，沟通政府与消费者的联系，解决经营者与消费者的矛盾，更加充分地保护消费者权益，起到了积极的作用。
- 获得相关知识权。消费者享有获得有关消费和消费者权益保护方面的知识的权利。消费知识主要指有关商品和服务的知识；消费者权益保护知识主要指有关消费者权益保护方面及权益受到损害时如何有效解决方面的法律知识。
- 受尊重权。消费者在购买、使用商品和接受服务时，享有其人格尊严、民族风俗习惯得到尊重的权利。人格权是消费者人身权的主要组成部分。尊重他人的人格尊严和不同民族的风俗习惯，是一个国家和社会文明进步的重要标志，也是法律对人权保障的基本要求。我国是一个多民族国家，尊重各个民族尤其是少数民族的风俗习惯，关系到全国的安定团结，关系到各民族的长久和睦。消费者权益保护法将人格尊严和民族风俗习惯专条加以规定，是对消费者精神权利的有力保障，也是党和国家民族政策在法律上的体现。
- 监督批评权。消费者享有对商品和服务以及保护消费者权益工作进行监督的权利。监督权是上述各项权利的必然延伸，对消费者权利的切实实现至关重要。这种监督权的表现，一是有权对经营者的商品和服务进行监督，在权利受到侵害时有权提出检举或控告；二是有权监督国家机关及工作人员，对其在保护消费者权益工作中的违法失职行为进行检举、控告；三是表现为对消费者权益工作的批评、建议权。

（二）营销人员的义务

在消费法律关系中，消费者的权利就是营销人员的义务。为了有效地保护消费者的权益，约束营销人员的经营行为，消费者保护法不仅专章规定了消费者的权利，还专章规定了经营者的义务。

- 履行法定义务及约定义务。经营者向消费者提供商品和服务，应依照法律、法规的规定履行义务。双方有约定的，应按照约定履行义务，但双方的约定不得违法。
- 接受监督的义务。经营者应当听取消费者对其提供的商品或服务的意见，接受消费者的监督。
- 保证商品和服务安全的义务。经营者应当保证其提供的商品或服务符合保障人身、财产安全的要求。经营者应当做到：(1)对可能危及人身、财产安全的商品和服务，应作出真实说明和明确的警示，标明正确使用及防止危害发生的方法。(2)经营者发现其提供的商品或者服务存在严重缺陷，即使正确使用或接受服务仍然可能对人身、财产造成危害的，应立即向政府有关部门报告和告知消费者，并采取相应的防范措施。

- 提供真实信息的义务。经营者应当向消费者提供有关商品和服务的真实信息，不得作引人误解的虚假宣传。真实的信息是消费者自主选择商品或服务的前提和基础，经营者不得以虚假宣传误导甚至欺骗消费者。对消费者关于质量、使用方法等问题的询问，经营者应作出明确的、完备的、符合实际的答复。此外，商店提供商品应明码标价，即明确单位数量的价格，以便于消费者选择，同时防止经营者在单位数量、重量或价格上随意更改。
- 标明真实名称和标记的义务。经营者应当标明其真实名称和标记。租赁他人柜台或者场地的经营者，应当标明其真实名称和标记。经营者的名称和标记，其主要功能是区别商品和服务的来源。如果名称和标记不实，就会使消费者误认，无法正确选择喜欢或信任的经营者。在发生纠纷时，则无法准确地确定求偿主体。对租赁柜台或场地的行为，强调承租方有义务标明自己的真实名称和标记，目的在于区分承租方和出租方，一旦发生责任问题，便于确定责任承担者。
- 出具凭证或单据的义务。经营者提供商品或者服务，应按照国家规定或商业惯例向消费者出具购货凭证或者服务单据；消费者索要购货凭证或者单据的，经营者必须出具。
- 保证质量的义务。经营者有义务保证商品和服务的质量。该义务体现在两个方面：第一，经营者应当保证在正常使用商品或者接受服务的情况下其提供的商品或者服务应当具有的质量、性能、用途和有效期限；但消费者在购买该商品或者接受服务前已经知道其存在瑕疵的除外。第二，经营者以广告、产品说明、实物样品或者其他方式表明商品或者服务的质量状况的，应当保证提供的商品或者服务的实际质量与表明的质量状况相符。
- 履行"三包"或其他责任的义务。经营者提供商品或者服务，按照国家规定或者与消费者的约定，承担包修、包换、包退或者其他责任的，应当按照规定或者约定履行，不得故意拖延或者无理拒绝。这里的包修、包换、包退就是人们常说的"三包"。国家对少数商品(主要是涉及大多数消费者利益及关系人身、财产安全的商品)实行三包，目的在于促使企业重视提高产品质量，切实保护用户和消费者的人身、财产安全。
- 不得单方作出对消费者不利规定的义务。经营者不得以格式合同、通知、声明、店堂告示等方式作出对消费者不公平、不合理的规定，或者减轻、免除其损害消费者合法权益应当承担的民事责任。格式合同是经营者单方拟定的，消费者或者只能接受，而无改变其内容的机会；或者只能拒绝，但却无法实现或难以实现消费需求，当该经营者处于独家垄断时更是如此。经营者作出的通知、声明、店堂告示等亦属于单方意思表示，侧重于保护经营者的利益。因此，在上述情况下，经营者的格式合同、通知、声明、店堂告示等含有对消费者不公平、不合理规定的，或者减轻、免除其损害消费者合法权益应当承担的民事责任的，其内容无效。
- 不得侵犯消费者人格权的义务。消费者的人格尊严和人身自由理应依法获得保障。经营者不得对消费者进行侮辱、诽谤，不得搜查消费者的身体及其携带的物品，不得侵犯消费者的人身自由。

消费窗口 1－5 从产品、促销、价格和分销四个方面列举出一些最常受到消费者批评的营销问题，这些问题中有许多都属于法律范畴或受法律限制。

消费窗口 1－5

营 销 问 题

产品问题

■ 不安全产品
■ 低质量产品
■ 售后服务、维修、保养差
■ 欺骗性包装和标签
■ 包装和产品的环境影响

促销问题

■ 欺骗性广告
■ 对儿童进行的广告宣传
■ 诱骗性广告
■ 引致焦虑的广告
■ 欺骗性个人销售手段

价格问题

■ 欺骗性定价
■ 欺骗性或误导性赊销条件
■ 保证金退款问题

分销问题

■ 销售假冒伪劣产品
■ 金字塔式传销
■ 商场内欺骗性销售影响

四、消费者行为学的研究原则

消费者行为学的研究原则主要包括：

（1）理论联系实际原则。消费者行为学虽然是一门源于对实践的观察和测量基础上的学科，但是它仍然需要在营销活动中加以检验，这样才能更好地指导企业的营销策划。

（2）发展的原则。一切事物都是变化发展的，唯一不变的就是变化本身，所以消费者的心理及行为也不例外。这就要求在研究的过程中也要坚持发展的原则，不断地把这门科学向前推进，以便更符合消费者的变化。

（3）全面性原则。消费者在消费过程中，会有各种各样的因素影响他们的购买决定，如需求、动机、态度等，这些因素既是相互联系，也是相互制约的。所以，消费者行为学的研究必须坚持全面性的原则。除了要了解消费者行为学的研究原则，还应该了解一定的消费者行为学的研究方法，熟悉这些，对于更好地了解顾客以及采用更好的策略是非常有益的。

第三节 消费者行为学的研究及其意义

一、消费者行为研究的历史

消费者行为学作为一门独立的、系统的应用科学是在资本主义工业革命后，随着商品经济的快速发展、市场问题日益尖锐、竞争加剧而出现的。从19世纪末到20世纪30年代，有关消费者行为与心理研究的理论开始出现，并有了初步的发展。19世纪末20世纪初，各主要资本主义国家尤其是美国，工业革命后的劳动生产率大幅度提高，生产能力开始超过市场需求，导致企业之间竞争加剧。在这种情况下，一些企业开始注重消费者需求的刺激和商品推销，推销术和广告术在这个时候登上了企业的"竞技"舞台。与此同时，一些学者根据企业销售的需要，开始从理论上研究商品的需求与销售之间的关系，研究消费者行为与心理同企业销售之间的关系。

最早从事这方面研究的是美国社会学家凡勃伦。19世纪末20世纪初，凡勃伦出版的《有闲阶级论》(1899年)提出了广义的消费概念。他认为过度的消费是在一种希望炫耀的心理下被激发的。以他为代表的消费心理研究引起了心理学家和社会学家的兴趣，也受到了企业的密切关注。

1901年12月，美国著名社会心理学家斯科特(W. D. Scott)首次提出在广告宣传上应用心理学理论。1903年，斯科特将其发表的12篇论文汇编成《广告论》一书出版，该书较系统地论述了如何在广告中应用心理学原理，引起消费者的注意和兴趣。

同时，美国心理学家盖尔的《广告心理学》问世，系统地论述了在商品广告中如何应用心理学原理增加广告的宣传效果，引起消费者更大的兴趣。

1912年，德国心理学家闵斯特伯格又发表了《工业心理学》一书，阐述了在商品销售中，橱窗陈列和广告对消费者心理上的影响。

科普兰(M. T. Copeland)于1923年提出将消费物品分为便利品、选购品和专门品的分类方法部分建立在对三个方面的消费者行为的分析之上。

另外，在一些市场学、管理学的论著中也介绍了有关消费心理和行为的问题，比较有影响的是"行为主义"心理学之父约翰·华生的刺激-反应理论即S-R理论。这一理论因为揭示了消费者接收广告刺激与行为反应的关系而被广泛应用于消费者行为研究中。不过，这一时期还是消费者行为与心理研究的初始阶段，研究的中心在促进产品销售，而非满足消费者的需求。另外，这种研究也仅限于理论层面，而没有应用到企业营销活动中去，因此，尚未引起社会大范围内的重视。

第二次世界大战之后，随着第三次科技革命的深入，劳动生产率空前提高，产品供过于求的买方市场更趋明显，消费者行为也日益多样化、个性化。20世纪40—50年代最著名的研究之一就是动机研究。1939年，维也纳心理学家恩斯特·蒂斯特(Ernest Dichter)就已开始运用弗洛伊德的精神分析法揭示消费者购买或不购买某种商品的深层动机。

20世纪50年代初期，美国心理学家马斯洛提出需要层次理论，把消费者的需要分为生理、安全、社会、尊重和自我实现五个层次，并指出，消费者只有在较低层次的需要得到满足后，才会产生较高层次的需要。同一时期，盖斯特(Guest)和布朗(Brown)开始了品牌忠诚问题的研究。

20世纪60年代以后，消费者行为研究呈现加速发展的趋势，消费者行为学作为一门独立的学科地位开始得到承认。哈佛大学的鲍尔(Bauer)做了大量有关消费者知觉风险的研究。六七十年代,罗杰斯(Rogers)关于创新扩散的研究,拉维吉(Lavidge)和斯坦勒(Steiner)关于广告效果的研究,菲什拜因(Fishbein)等关于态度及其行为关系的研究,等等,均产生了广泛而深远的影响。

消费者行为学是20世纪80年代中期从西方引入我国的,经过将近二十年的发展,实践证明,在我国发展社会主义市场经济的过程中,深入开展消费者心理与行为的研究具有极其重要的现实意义:能够加强与提高宏观经济决策水平,改善宏观调控效果,促进国民经济协调发展;有助于企业根据消费者需求变化组织生产经营活动,提高市场营销活动效果,增强市场竞争力;有助于消费者提高自身素质,科学进行个人消费决策,改善消费行为,实现文明消费;有助于推动我国尽快融入国际经济体系,不断开拓国际市场,增强企业和产品的竞争力。

二、消费者行为的研究方法

消费者行为研究始终具有多学科参与的特点,在跨学科研究的条件下,形成了不同的方法论体系,其中,最具影响力的研究范式包括下列三种。

(一)决策导向研究法

决策导向研究法,也叫实证主义(positivism),它强调人类理性的至高无上,认为存在单一客观真理,可以用科学来发现。该方法鼓励人们关注客体的功能,以消费者是一个积极、主动的问题解决者为出发点,试图重点了解消费者是如何形成策略或计划,在不同产品与品牌之间作出选择的。采用这一方法研究消费者行为,大量依赖认知心理学的研究成果,同时也依赖试验心理学和经济学的某些成果。具体研究方法主要来自自然科学领域,包括实验方法、调查技术和观察法,其研究结论是描述性和经验性的,并被广泛运用于较大规模的人口群体。

但有两个问题需要注意:一是消费者在有些产品购买上并不是采用一种系统、主动和理性的决策方式,很有可能是采用习惯性的反应方式,或者很少涉及有意识的决策。二是消费者的购买决策过程可能要跨越一个比较长的时段,作出决策所依赖的信息,往往带有模糊或含混的成分。以上两点,实际上意味着决策导向研究法在探究某些消费者行为时不可避免地存在局限。

(二)经验导向研究法

经验导向研究法,又被称为阐释主义(interpretivism)、后现代主义(postmodernism)、经验主义(experientialism)。持这种研究倾向的学者认为,在有些情况下,消费者并不是按照一种理性的决策程序作出购买决定。相反,人们有时购买产品或服务是为了有趣、好玩,为了产生一种离奇感,为了获得一种情绪或情感上的体验,冲动性购买、寻求多样化的购买是这种体验型购买的经典例子。当消费者长期消费某种产品或某一品牌的产品时,他会感到厌倦。为了降低或减少厌倦感,获得新的刺激,他可能转换品牌,即寻求购买上的多样化。

着眼从情绪和情感体验角度研究消费者行为,研究人员将致力于识别、发现与购买相伴随的各种感觉、情绪、想象和象征。广告、包装设计中所运用的情感性主题或诉求,通常需要运用经由此研究方法所获得的成果。经验导向研究法深深植根于动机心理学、社会学、人类学的研究土壤中,需要后者提供理论和方法论上的支持,其研究方法是人种学方法、符号学方法和深度访谈。

(三)行为影响研究法

由华生(J. B. Watson)所创、经过斯金纳(B. F. Skinner)发展而形成的行为主义心理学,基本上否定了对人类意识、情绪和情感等心理过程和状态的研究,坚持只有能被观察到的、可以客观记录和量化的行为才是心理学的研究对象。行为影响研究法强调,在外部环境力量的驱动下，消费者可能尚未产生或形成关于某种产品的情感和信念，就作出了购买决定。换句话说，消费者在购买一种产品或接受一项服务时，并不一定经过了一个理性的决策过程，也不一定依赖已经发展起来的某些情感；相反，行动可能来源于环境因素的直接影响。

从行为影响角度出发，研究人员分析消费者行为可能更关注或强调通过某些营销手段或刺激手段，直接影响消费者行为，而不一定采用先影响情感、态度，再通过这些中间变量来影响行为这样一种比较间接的方式。

决策导向研究法、经验导向研究法和行为影响研究法对于消费者行为研究都是有价值的。实际上，这三种研究方法相互之间并不矛盾，而是相互补充的。对形成完整的营销策略来说，这三种角度的研究都是必要的。

三、消费者行为研究的具体方法

调查法、观察法、实验法、深层访谈、人种学方法和符号学方法是目前广泛采用的消费者行为研究方法。

（1）调查法。调查法是指对消费者进行了解取证的方法，即向数量众多的消费者询问问题并记录他们的答案，以此来搜集信息的一种行之有效的方法。该过程可以通过信件、电话、因特网或面谈等方式进行。调查者可以通过语言交流的形式来了解消费者的心理及行为，如召开座谈会，请与会者畅谈一下对某个产品的看法等，还可以通过书面的形式进行调查，如发放调查问卷，了解消费者意向。

在迪希特学派的动机研究中，有一种被称为“深层访谈法”。深层访谈法是一种无结构的、直接的、个人的访问，在访问过程中，由一名掌握高级技巧的调查员深入地访谈一名消费者，以揭示对某一产品或服务的潜在动机、信念、态度和感情。与小组座谈会一样，深层访谈法主要也是用于获取对问题的理解和深层了解的探索性研究。不过，深层访谈法不如小组座谈会使用那么普遍。比如，为发掘消费者购买某产品的深层动机时，可采用深层访谈法。除了通过与消费者深入地交谈外，还通过其他的一些间接技术的辅助，如用罗夏测验、文字联想测验、“配套或配对测验”、“戏剧游戏”手段、“角色游戏”手段和群体讨论来分析消费者行为。

调查法的优点在于可以在十分广泛的范围内展开调查，不受时间和空间的限制，而且因为消费者与调查员互动交流，所以快速、易于输入数据，可以设计复杂问题。

（2）观察法。观察法是消费者行为研究的一般方法，它指的是研究者在未经控制的日常生活条件下，有目的、有计划、系统地观察记录消费者的外部表现，从而分析、判断其行为及心理活动的一种方法。由于人的各种消费行为都是在一定的经济需求和动机支配下进行的，因此，研究者有目的、有选择地在自然发生的条件下对被观察者进行细致的观察，并作详细的记录和分析，这样所获得的结果就比较客观。消费活动是一种复杂的社会活动，它牵涉到人们的切身利益，敏感度很大，在大多数场合，是不宜加以人为的干预和控制，比较适宜于通过自然观察的方式来进行研究，以确保研究具有较高的“自然生态效度”，其结果能反映客观经济现实。

（3）实验法。实验法指在控制条件下操纵某种变量来考察它对其他变量产生影响的研究方法，是指有目的地控制一定的条件或创设一定的情境，引起被测试者的某些心理活动而进行研究的一种方法。这种方法与调查法、观察法一个较明显的区别是，观察法通常回答“是什么”的问题，而不能回答“为什么”的问题，要想知道“为什么”的问题，就有必要采用实验法，因为它是以某些条件不变为前提的，它可以比较清楚地找出两种因素之间的因果关系。实验方法的主要优势集中体现在其基本特征上，即“可重复性”和“可控制性”。可重复性是指其他研究者能够重新进行同样一个实验，并由此证实单独发现。通俗而言，即“你能看到我所看到的问题”。在一定程度上可以说，缺乏可重复性是一切非实验性的观察所固有的弊端。

四、消费者行为研究模式

从个人角度，人人都是消费者，学习消费者行为学，对个人也有很多益处。可以更多地了解自己和其他消费者的行为，减少冲动购买的行为；了解企业如何运用消费者行为理论制定营销策略，在购买决策中更加理性和自信；理解影响消费者行为的因素，可以帮助和引导消费者作出更明智的购买决策。

图 1－5 显示了关于消费者行为的模型，以此模型可以描述消费者行为的一般结构与过程，本书即按此模型统领全篇。

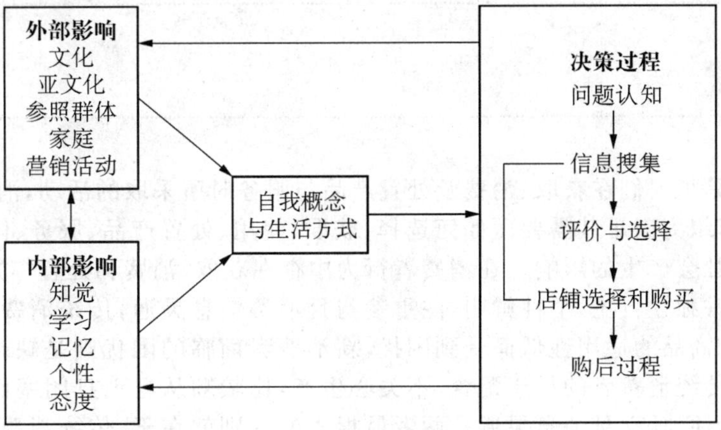

图 1－5　消费者行为模型

消费者在内、外部因素的影响下，形成自我概念与生活方式。内部影响包括知觉、学习等生理、心理方面的因素，外部影响包括文化、参照群体等因素。消费者自我概念与生活方式导致需求的产生，而这些需求大部分要求以消费来获得满足。一旦消费者面临对应的情境，消费决策过程就会产生。这一过程包括对问题的认知、信息的搜集以及评价选择，随之而来的是店铺的选择和实际购买，以及购后评价。整个过程以及随之而来的产品获取和消费体验会对消费者内部、外部环境产生影响，从而又引起自我概念和生活方式的改变。

图 1－5 中的每一个因素，都会在本书后面的章节里一一阐述。这里仅做简单介绍。

在外部影响中，文化是最有影响力的因素。第二章将讨论文化的内涵及文化价值观的差异，阐述中国文化特点及其对消费者行为的影响。

第三章重点讨论社会阶层的构成及其测定，分析针对不同的社会阶层采用什么样的营销策略。

第四章讨论各种群体的类型，以及参照群体如何影响消费者行为，群体内部如何沟通，怎样才能成为意见领袖，意见领袖的行为如何影响消费者。

第五章讨论家庭消费行为，包括家庭的特点，家庭生命周期与消费者行为，以及家庭如何进行消费决策，企业如何制定相应的营销策略。

第六章阐述创新的扩散过程和采用过程，包括群体在其中所起的作用，以及企业的营销策略。

内部影响始于知觉，即个体接触刺激物并对其赋予某种含义的过程。第七章将对其进行阐述。第八章论述了学习，包括学习的本质，学习理论和记忆。第九章讨论了消费者动机，即行为的动因或理由。第十章讨论消费者态度。消费者态度是指消费者在购买和使用商品活动中对商品劳务及其有关事物形成的反应倾向。第十一章讨论了个性、自我概念与生活方式对消费者行为的影响。

消费者决策始于消费者意识到或感觉到某个问题的存在和有解决这一问题的机会。第十二章讨论了消费者的决策过程，包括问题认知、信息搜集、购买评价与选择以及决策规则。第十三章论述了消费者的店铺选择，侧重讨论了影响店铺选择的因素及消费者特征对店铺选择的影响。第十四章讨论了购后过程与消费者满意。

第十五章，将个体和家庭消费者行为扩展到组织购买者的消费行为上，将讨论组织购买的类型，组织购买决策过程以及影响组织购买的因素。

本章小结

消费者行为是指人们在获取、消费及处置产品与服务时所采取的活动，消费者行为学是研究个体、群体和组织为满足其需要而如何选择、获取、使用、处置产品、服务、体验和想法，以及由此对消费者和社会产生的影响。在消费者行为中存在获取、消费和处置等方面的活动。

新消费者通常独立自主、个性鲜明，注重参与且消费信息灵通，传统消费者常常由于缺少现金、缺乏选择和商品的适用性低而受到困扰，新消费者面临的困扰则是缺乏时间、注意力和信任度。相对于传统消费者的易于配合、不关心生产，比较顺从且消息闭塞而言，新消费者比较有个性、行为专注、独立且消息灵通。两者最根本的区别就在于，传统消费者的购买行为在很大程度上受到便利性需求的驱动，而新消费者则是受到可靠性、真实性需求的驱动。

所有的营销决策和营销活动都是建立在有关消费者行为假定的基础上的，成功的企业会根据消费者需要的变化和环境趋势的变化进行调整。消费者行为的知识在各种群体之间广泛运用。

了解消费者是形成营销战略的基础，消费者对营销战略的反应决定了企业的成败，与此同时，这些反应也决定了消费者的需求是否得到了满足。

社会赋予消费者和营销人员一定的权利和义务，使他们具有一定程度的影响力。

消费者行为学作为一门独立的、系统的应用科学是在资本主义工业革命后。最具影响力的研究范式包括决策导向研究法、经验导向研究法和行为影响研究法。实验法、调查法、观察法、深层访谈、人种学方法和符号学方法是目前广泛采用的消费者行为研究方法。

关键词

消费者行为	customer behavior
生活方式	lifestyle
市场营销组合	marketing mix
市场营销战略	marketing strategy
市场细分	market segment
产品	product
价格	price
自我概念	self-concept
目标市场	target market
实证主义	positivism
阐释主义	interpretivism

练习题

1. 消费者行为领域是如何界定的?
2. 什么是消费者行为?消费者行为有哪些特征?
3. 试述企业营销对消费者行为的影响。
4. 消费者行为的研究对企业营销决策有什么影响?
5. 消费者行为研究的历史是怎样的?
6. 什么是实证主义、阐释主义和行为主义研究范式?
7. 阐述消费者行为研究中的方法。
8. 描述消费者决策过程。
9. 如何解释有许多消费者爱好在网上购物?
10. 访问以下产品的销售人员,了解他们自己在购买这些产品时的行为模式:
a. 游艇 b. 鲜花 c. 人寿保险 d. 高档珠宝

案例分析

Levi's 的"奢侈"之道[1]

对于年轻人来说,牛仔裤是衣橱里必不可少的装备,牛仔裤穿着随意自由,能够搭配各种款式的休闲服。没有人能否认牛仔裤给服装界带来的震撼,如果说到震撼,影响最大的非世界第一条牛仔裤——Levi's 莫属了。在很多时候,Levi's 作为牛仔原创的代名词被尊敬,作为经典的塑造者被铭记。而对全世界的人来说,它代表的是美国西部的拓荒力量和精神。

1853 年加州淘金热的消息使年轻的施特劳斯相当入迷,于是搭船航行到旧金山。偶然的机会,他把卖不完的帆布送到裁缝处订制了第一件 Levi's 牛仔裤,并卖给了淘金者,很快 Levi's 以其坚固、耐久、穿着合适获得了当时西部牛仔和淘金者的喜爱。大量的订货纷至沓来。李维·施特劳斯于 1853 年成立了牛仔裤公司,以淘金者和牛仔为销售对象,大批量生产"淘金工装裤"。

"独立"、"自由"、"冒险"、"性感"等是美国精神的鲜明符号象征。在世人心中,全球销售超过 35 亿条的 Levi's 牛仔裤不仅是时尚潮流的引领者,更是美国精神的一个典型服饰代表。19 世纪的淘金潮让美国成为冒险者的乐园,也间接造就了美国经济的腾飞,营造出进取和率性自由的文化氛围,这与当时讲究精致与华丽"贵族血统"的欧洲文化截然不同。而 Levi's 为粗犷不羁的淘金工人设计的牛仔裤,恰恰成为了渴望自由、独立、理想的新生活态度最直接的表现方式。因此,从某一个角度看,Levi's 牛仔裤一出现,就成了一种生活态度的象征,进而成为美式风格和欧洲大陆文化的分水岭。

20 世纪 50 年代,牛仔文化伴随着好莱坞的辉煌时代进军全世界,007 邦德身穿 Levi's 牛仔裤在银幕登场;马龙·白兰度、猫王、Rock、麦当娜这些不同时代的风云人物,都成了 Levi's 的拥护者。随着时代和环境的演变,Levi's 被赋予了更多的精神风貌和文化艺术气质,但 Levi's 最初的野性、刚毅的叛逆与美国开拓者的精神,始终是穿着 Levi's 的人最欣赏的一种生活态度。

1986 年,Levi's 断然抛却百年老牌的亲切形象,推出被称作"冷漠风暴"的洗旧系列。那些在摆上柜台之前就被穿洞和做烂的牛仔裤看起来触目惊心,父辈级的老 Levi's 迷们退避三

---

① 改编自 http://www.zzsmsc.com/html/wtscbrand/tactic/6131401056917.html.

舍，孩子们却欣喜若狂。这是Levi's首次主动颠覆自己的牛仔裤经典概念，开始努力迎合新一代的立场。美国有3 000多万12～19岁的青少年人群，他们每年会把超过1/3的钱用在买衣服上。2000年3D立体剪裁Engineered Jeans是Levi's一次里程碑式的创新，低年龄段的消费群趋之若鹜，每年至少可以销售8万至9万条。

Levi's之所以有名，不仅仅在于它生产了世界上第一条牛仔裤，更在其内涵，150多年来，其产品中融会了历史、艺术、文化、精神以及原创。Levi's证明了消费感性化正成为时尚与流行。一如在1976年美国200年国庆的时候，美国人将牛仔裤作为美国人对人类服饰文化的贡献送进了迈阿密的国家博物馆，载入了美国史册，Levi's功不可没。

问题

用消费者行为的知识解释Levi's的成功之道。

第二部分

外部影响因素

·第二章·
文化对消费者行为的影响

当耐克进军欧洲市场时，德国的阿迪达斯是耐克在欧洲的最大竞争对手。欧洲人出于本能，偏爱欧洲大陆上生产的一切。阿迪达斯正是利用这点向耐克展开强大攻势。

耐克运动鞋价格昂贵，每双售价高达80～200美元，使一些欧洲人难以接受。然而针对这点，耐克公司刻意揣摩迎合欧洲人的心理特点。比如，法国青年好标榜，美国人就在鞋上贴上价格标签，以满足法国青年的身份表现欲。荷兰25岁以上的人喜欢穿白色的运动鞋，25岁以下的人则喜欢色彩鲜艳的运动鞋，耐克就区分对待。

什么是文化？文化差异对消费者行为将起到怎样的影响？在消费者行为研究中，文化是影响消费者行为最广泛的环境因素，它影响着消费者的思维方式和生活习惯。

本章将阐述下列问题：

★ 文化的概念、特性和构成
★ 亚文化对消费者行为的影响
★ 文化差异对消费者行为的影响
★ 不同文化间的非语言沟通
★ 中国文化的特点与消费者行为

消费者行为并不是生来就有的，而是后天学习的结果。文化对消费者行为的影响是通过价值观和规范反映出来的。文化影响消费者的购买行为，因为购买行为反映了消费者从社会中学习到的价值观，如个人特性、追求独立和自我实现。在不同的国家、不同地区、不同时代的情况下，消费者行为会有不同的特点，这是因为，消费者行为本身是一种社会化的行为，受到消费者所处社会文化环境的影响。

第一节 文化概述

一、文化的概念

文化是一个群体中大多数人都具有的信念和价值，是人类社会的共享成果，包括人类所创造的一切物质的和非物质的东西。文化是通过学习获得的，不是通过遗传获得的。文化形成了社会中的个体赖以生活的基本环境，一个社会的文化既包括无形的方面——信仰、观念和价值，这是文化的内容，也包括有形的方面——实物、符号或技术，它们表现着文化的内容。

文化有广义和狭义之分，广义理解的文化，是指人类所创造的物质财富和精神财富的总和。狭义的文化，是指人类所创造的精神财富的总和，主要包括人类所创造的制度文化和思想文化。英国学者爱德华·泰勒曾经给文化下过一个有代表性的定义："文化是一种包括知识、信仰、道德、法规、习俗以及所有作为社会成员的人所获得的其他能力和习惯的复合整体。"对文化的概念虽然有不同的理解，但文化研究的内容却没有多么大的差别。有的认为文化是社会成员所享有的一切知识、思想、价值观和物质财富；有的认为文化是在社会互动中产生的，是社会成员在社会化的过程中习得的；有的认为文化是社会成员获得的、经社会认可的、满足生理和精神需要的方式、方法等。总之，文化是与自然现象不同的人类社会活动全部成果，包括人类所创造的一切物质和非物质的东西。

二、文化的特性

文化具有一定的特性，主要表现在以下几个方面。

(1) 象征性。提到金字塔，我们便想到古老的埃及文明；我们会自然地将太极拳与中国文化联系在一起；自由女神像象征了美国的文化。文化的象征性指一切具体的文化现象都只不过是一定文化类型的反映或象征。文化现象总是具有广泛的意义。麦当劳如今已经成为一种文化的象征。

(2) 习得性。文化不是先天遗传的，而是后天习得的。一个人的社会化过程便是学习所在群体文化的过程。对文化的学习可以是非正式的，如各种习俗的模仿；也可以是正式的，如家庭教育中对孩子该如何举止的教导；还可以是专门的，如各类学校中的教育。文化通过各种方式一代一代地传承下去，使得文化具有一定程度的稳定性。

(3) 互动性。个人在与他人的互动中才需要文化，才能接受和影响文化。文化也是在互动中产生的。人在互动中也要遵守一定的文化准则，如果脱离或违背了文化准则，社会就会对其进行惩罚、限制，促使其回到所处的文化中去。

(4) 复合性。任何文化都不能孤立地存在，而是由多种文化要素复合在一起。如电影这种文化现象便与所在社会的制度、技术、传统、习俗等有着不可分割的联系。

(5) 多样性。不同的国家、地区、群体都有着独特的文化。国家有国家文化、学校有校园文化、企业有企业文化等。

(6) 变迁性。虽然文化具有一定程度的稳定性，但是文化也不是静止不动的，文化随社会的改变而改变。自然条件的变化、不同文化间的交流、新发明新发现等因素都可能会引起文化的变迁。对于文化的态度也会随着社会的发展而发生变化。

三、文化的构成

（一）符号

文化的存在取决于人类创造和使用符号的能力。符号是指一群人所认可的任何能有意义地表达其自身之外的事物的东西。所有的文字和数字都是符号，此外，国旗、手势等也是符号。通过符号，我们能够理解现实，能够交换、保存复杂信息。有了符号，我们既能创造文化，又能从文化中学到很多的东西。

语言，即人们所使用的口头和书面的言说方式，是最重要的符号系统。语言对社会的建构而言是最重要的。它比任何其他符号体系都更为全面地帮助我们创造和使用文化。现代社会中的语言是多种多样的，语言不仅在不同文化间有区别，在同一个社会内部不同群体间也有差异。某些群体甚至还创造了只属于他们自己的语言用于特定的目的。语言能反映价值观。

（二）价值观

（1）价值观的概念。价值观是一个社会中人们所共同持有的关于如何区分对与错、好与坏、违背意愿或符合意愿的观念。价值观是决定社会的目标和理想的普遍和抽象的观念。价值观通常是充满感情的，它为一个人的行为提供正当的理由。

文化的主要价值观是通过其符号系统而传递下来的。价值观可从民间传说、神话、艺术、娱乐及其他媒介得到体现。

典型的价值观往往成对出现，有正面的价值观必有反面的情形。有被崇拜的价值，就必然有被唾弃的价值。崇拜勇敢，就必然厌恶懦弱。

（2）价值观与行为。价值观是如何与行为联系起来呢？关于这一问题有两种截然相反的观点：

第一种观点是价值观决定行为。基本价值观在个人生活的早期就已被接受。一旦价值观形成，就成为个人行为选择和态度形成的指南。行为方式的变革是社会价值观的外在逻辑结果。

第二种观点更关注行为在创造价值观方面的重要性。行为是自然形成的，价值观是一种事后的解释，通过它们，社会已存在的行为就变成一种需要的产物。

两种观点都有可取之处，很难说谁对谁错。因此很多相关的理论中都是两种观点并存的。一方面，确实存在一系列基本的价值观，它们成为每一个既定社会的基础。另一方面，价值观并不是突然形成的，它们通过日常生活而形成、强化和改变。在这个意义上，有理由认为价值观取决于行为，行为又决定于价值观。换句话说，价值观与行为是相互作用的关系。

要弄清行为上所体现的文化差异，首先应当了解不同文化背景下人们价值观的差异。

影响消费者行为的价值观很多。而且，这些价值观因文化而异。从较广泛的意义上可以将文化价值观分为三种形式，即他人导向的价值观、环境导向的价值观、自我导向的价值观。对消费者行为影响最深远的文化价值观都可归入其中的一种形式或类别。文化价值观可能影响个体行为的多个方面，但最基本的影响可以归入上述三种类别中的某一类。

- 他人导向的价值观。反映社会对于个体之间、个体与群体之间以及群体彼此之间应如何相处或建立何种关系的基本看法。如果社会重视集体的作用，消费者在做决策时可能会较多地依赖他人的帮助和指导，此时营销活动如果强调个体独立性，效果就不一定好。
- 环境导向的价值观。反映社会对其与经济、技术和物质环境之间相互关系的看法。
- 自我导向的价值观。反映的是社会成员认为应为之追求的生活目标以及实现这些目标的途径、方式。比如接受和使用信用卡很大程度上取决于人们对即时消费和延迟消费的基本态度。

表2-1列出了18种文化价值观，它们在大多数文化下都是非常重要的。这张表并未穷尽所有的价值观，但包括了工业化社会里与消费者行为密切相关的主要价值观。

表2-1　与消费者行为密切相关的文化价值观

分　类	价　值　观
他人导向的价值观	个人与集体。社会是重个人活动和个人意见还是重集体活动与群体依从？ 核心家庭和扩展家庭。在多大程度上一个人应对各种各样的家庭成员承担义务和责任？ 年轻与年老。家庭生活是更多地满足大人的还是小孩的需求与欲望？年轻人还是老年人更有权威？ 男与女。在多大程度上社会权利的天平自动偏向男性一方？ 竞争与合作。一个人的成功是更多地依赖超越别人还是更多地依赖与他人的合作？ 多样性与一致性。对不同观点是否有包容性？
环境导向的价值观	洁净。社会对洁净的追求在何种程度上超过健康所要求的限度？ 绩效与等级。社会流动是先赋因素重要还是自致因素重要？ 传统与变革。现行的行为模式是否被认为优越于新的行为模式？ 冒险与稳定。那些用于承担、勇往直前的达到目标的人是否更受尊重？ 问题解决与宿命论。人们是鼓励去解决问题还是采取一种听天由命的态度？ 自然观。人们视自然为被征服的对象还是敬畏的对象？
自我导向的价值观	主动与被动。积极主动的生活态度是否是被鼓励的？ 纵欲与禁欲。吃喝玩乐的享受在多大程度上会被接受？ 物质性和非物质性。获取物质财富的重要性几何？ 工作与休闲。拼命工作是否是社会所提倡的？ 延迟满足与即时满足。人们是被鼓励去即时享受还是愿意为获得长远利益而牺牲眼前享受？ 宗教与世俗。宗教对人们的影响有多少？

（三）规范

规范是关于特定环境下人们应当或不应当做出某些行为的规则。规范有正式的和非正式的。正式规范通常以法律法规的形式固定下来，对违反者会有惩罚。非正式规范是不成文的，但往往能被社会成员普遍理解。虽然也存在只对特定群体有效的规范，但大部分的规范都与人们的社会地位及所承担的社会角色密切相关。

虽然规范和价值观是相关的，但是两者也是不同的。价值观是一般的，经常被视为判断规范的标准，规范是具体的，受到具体情形的限制，通常被视为行动的指南。

（四）物质文化

一个社会普遍存在的物质形态称为物质文化，如书籍、衣物、机器等。人类利用自然环境为生活服务，将自然资源转化为房子、工具等，产生了丰富的物质文化。人类创造了物质文化，也能改变物质文化。我们可以把物质文化视为社会生活的一部分，非物质文化的所有要素（如规范、价值、语言等）都必须去适应物质文化。

四、文化的本质

文化、亚文化、社会阶层在不同的消费者间是有区别的。营销人员应该区分这些要素，弄懂它们是如何影响消费行为的。

营销人员在分析文化时应区分几个问题：

第一，可以分析不同阶层的文化方式。通常，人们在宏观社会乃至国家的高度分析文化的含义。但由于文化是被一群人共享的生活方式,营销人员也能分析亚文化或社会阶层的文化含义。

第二,共同的生活方式是理解文化的重要因素。如果一种方式被社会群体的多数人所共享,那么这种方式就成为了一种文化。有时这种文化方式是很复杂的,因为一个社会群体中的人不可能对某些事件或行为有完全相同的认识。幸运的是,文化方式是被大多数人所认可的。

第三,文化方式是被人们建构的。人类学家认为,文化方式是群体中的人通过相互的社会活动来建构的。在小群体中,这种方式的建构就更加明显(如大学生认为什么是本学期最流行的服饰这件事的社会含义)。宏观社会的文化组织如政府、宗教、教育机构、商业组织等也参与建构了文化方式。

第四,文化方式处在不断的运动中,经常发生迅速的变化。

下面我们讨论理解文化含义的两个方面:文化的内容和把文化当作一个过程。

(一) 文化的内容

理解文化常用的方法是理解它的主要性质或内容。营销人员主要分析社会的价值观,但文化绝不仅限于价值观。文化的内容包括信仰、态度、目标、社会中大多数人的价值观,也包括行为的方式、规则、大多数人遵循的习俗。文化的内容也包括社会环境和物质环境的主要方面,包括主要的社会机构和物质因素。

分析文化的目的是理解创造并使用文化方式的消费者的观点。文化不同情感反应也会不同。

行为也可能有重要的文化含义。例如,见面时是握手还是拥抱。一些相关的消费行为对不同的国家有不同的文化含义。有的讨价还价,有的不讨价还价。

社会环境因素也有丰富的文化含义。每个社会都有代表其文化含义的物品。

(二) 把文化当作过程

理解文化的内容有利于制定有效的市场战略,但我们也可以把文化当成一个过程。图2-1列出了高度发达的消费者社会里的文化过程的模型。该模型表明文化含义表现在三个方面——物质环境和社会环境、产品和服务、消费者。文化过程描述了文化方式是如何被组织和个人的行动在社会特定的区域里传播的。文化方式在消费社会里的传播有两种途径:第一,制定营销战略把文化方式从文化环境传播到产品和服务领域,以吸引消费者;第二,消费者在产品中寻找文化方式,以获得自我价值和自我肯定。

(1) 把文化含义传播到产品里。广告已成为把文化含义从物质环境和社会环境传播到产品中去的最常用方法。从文化的过程来看,广告可以看成是一个漏斗,通过它把文化含义倒入消费的商品中去。事实上,广告经营者应该判断他们的产品应该具有什么样的文化含义,然后运用象征物创意出能表达其文化含义的广告。营销战略中的其他因素也会影响文化含义的传播。如名人使用的产品会成为流行时尚。

(2) 产品中的文化含义。产品、商家、品牌都表达了文化含义。购买并使用这些产品,使得它们的文化含义得以体现,并可以传达给别人。

在不同国家产品的文化含义是不一样的。例如大多数国家都有自己喜欢的食品,它们代表了重要的文化含义。

(3) 将产品的文化含义传播给消费者。仪式有很强的文化意义。所谓仪式,就是消费者对某些文化意义进行创造、肯定、唤起或修改等一系列象征性的活动。如过年的时候吃鱼反映了人们"年年有余"的美好愿望。

但是并非所有的表达方式都像节日、典礼那样正式。许多表达方式是日常生活中最常见的行为,虽然大多数的消费者没有认识到这一点。下面我们讨论5种将产品中的文化含义传达给消费者的行为方式:获得、拥有、交换、修饰和剥除。

- 获得。产品中的某些文化含义可以通过简单的购买和消费方式传达给消费者,获得方式包括购买、寻找、砍价、收藏等。
- 拥有。消费者拥有产品有利于其更好地理解产品的文化含义。许多消费者购买了新东西会向亲朋好友展示,来确认购买的东西很好。拥有方式还包括将消费者个人的情感传达给产品。使用多年的物品会有感情,这种拥有会形成消费者与产品间的亲密关系。
- 交换。通过交换可以将某种文化含义传达给消费者。如在重要的日子送出的礼物,就表达了独特的文化含义。
- 修饰。某种文化含义随着时间的推移会消失。例如,个人洗浴用品就包含了一系列的文化含义。但是如果通过使用这些产品,其文化含义就会很固定。每次使用,其文化含义就会表现出来。修饰就是通过运用这些产品来使产品的文化含义传达给消费者。
- 剥除。消费者实施剥除行为使文化含义与产品脱离。某些特定产品对于个人来说可能是意义重大的,在它们被转卖或抛弃前,那些对个人有特定含义的物件应该从产品中剥除出来。在某些情况下,产品所包含的个人意义是不能与整个产品相脱离的,这时,消费者可能就会保留整个产品。

(4) 消费者中的文化含义。消费者通过购买方式来获得产品中文化含义的使用权,从而取得自我认同。人们通过购买方式使产品中的文化含义进入自己的生活,并与他人沟通这些文化含义。

尽管产品能够将文化含义有效地转移给消费者,但是商品并不能提供消费者构建自我认同所需的所有文化含义。人们可以通过工作、家庭、信仰等途径获得满足。然而,在高度发达的消费社会里,人们常常以消费产品的方式来实现自己重要的人生价值。有的消费者甚至到达病态的程度,疯狂地购买商品以获得自我满足。

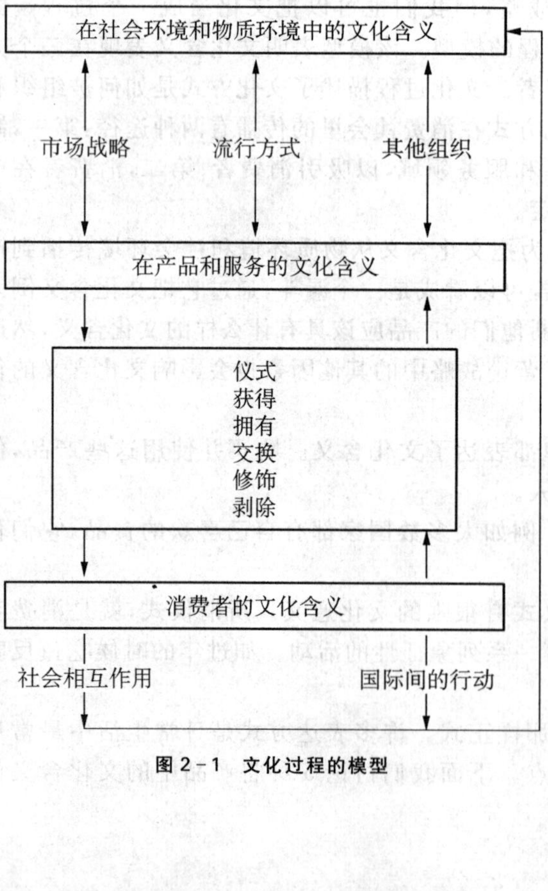

图 2-1　文化过程的模型

大多数消费者都拥有自己喜爱的带有鲜明个体意义的物品。人们会对这些物品投入巨大的热情。例如,老年人更喜欢带来怀旧和回忆照片等,年轻人则更喜欢个性鲜明、时尚的物品。

(5) 文化含义向文化环境的转移。图 2-1的文化加工过程表明,消费者中的文化含义能够通过消费者的行为转移到更为广阔的文化环境中去。在一个由多个人共同工作、生活而组成的社会里,文化是通过人们的行动来创造出来的。但是,有时人们也会有意识地创造一些新的文化来改变社会。例如,社会中的许多利益集团会尽力创造新的文化来使他人接受自己的观点。

总之,图 2-1 向大家展示了一个在社会文化整体环境、社会组织和个体之间展开的连续并且交互作用的文化处理过程。在消费者分析中,由于文化含义的转移是双向的,因此产生的影响也是相互的。

第二节 亚文化和跨文化

一、亚文化

（一）亚文化的概念

主文化，即主流文化，是在社会上占主导地位的，为社会上多数人接受的文化。亚文化，是仅为社会上部分成员接受的或为某一社会群体特有的文化。当一个社会的某一群体形成一种既包括主文化的某些特征，又包括一些其他群体所不具备的文化要素的生活方式时，这种群体文化被称为亚文化。

当亚文化处于与主文化相对立的位置时，就成了反文化。反文化是一种特殊的亚文化，是指一种否定和排斥一定社会形态中的主流文化的文化。

一般来说，主文化和亚文化的区分并不是绝对的。两者不一定是相互排斥的关系，一般能够共存。两者也可以相互转化。在一定条件下，主文化和亚文化可能会相互排斥并发生转化，主文化转化为亚文化，亚文化转化为主文化。

主文化是对现存社会秩序维护和支持的文化，反文化是对现存秩序的背离和否定，是对现存主文化的抵制和对抗。但并不是说主文化就是对的、应当肯定的，反文化就是坏的、应当否定的。

（二）亚文化的特点

亚文化对消费者行为的影响主要有以下几个方面的因素：

■ 亚文化的特色。一种亚文化越是要求一种独特的统一性，它的潜在影响力就越大。

■ 亚文化的同一性。一个拥有相同价值观的亚文化更可能对其成员产生影响。

■ 亚文化的排他性。在有些时候，亚文化会寻求从社会或被社会中独立出来。

（三）亚文化的分析

亚文化的分析通常是分步进行的。首先，根据某些广义的人口特征来得到一个范围较大的亚文化群（如日本的老年人、中国的中产阶级等）。接着，根据营销目标的不同，按照其他人口特征将这个范围较大的亚文化群划分为较小的亚文化群（如健康的日本老人和有疾病的日本老人、在城市住的中产阶级和在农村住的中产阶级）。如果有必要的话，还可以进一步细分下去，得到范围更小、更为精确的亚文化群。

为了更深入地了解亚文化，有必要对其进行更为细致更为深刻的分析。亚文化的分析同样可以采用文化分析的方法。一般来说，营销人员要通过描述该亚文化中人们共同具有的文化含义（尤其是价值观和生活方式）来考察亚文化的内容。

在亚文化分析中，营销人员要力求辨别出该群体中人们共同具有的典型的文化特征和行为特点。但是，绝大多数的亚文化群是多元化的。人们经常会用同样的方式来描述一个亚文化人群的共有特征，比如，年轻人总是追求时尚的，但在制定市场营销战略的时候这样看待亚文化就犯了极大的错误。年轻人这个亚文化群中的不同成员之间很可能存在非常显著的差别。因此，很难把一个人完全归纳到一个亚文化群中。

对于营销人员来说，最困难的就是在解决实际问题时决定在什么层次上来分析亚文化或者说亚文化群的划分要达到什么精度，之后才能在该层次上制定相应的营销战略。

(1) 年龄亚文化。年龄或年代群体是指经历过共同的社会、政治、历史和经济环境的一个群体。由于共同的历史经历会产生相似的观念和行为，这个群体就形成了亚文化。

年龄群体研究是描述和分析某个年龄群体的态度、观念、行为,并预测其未来的态度、观念和行为的过程。通过对年龄群体的分析,会发现这样一个事实,那就是每代人在经过各个年龄段时的行为,同其他各代人处于同一年龄段时的行为是不同的。各代人的生活受到不同因素的影响,因此,他们在整个生命周期内的行为都将是不同的。知青在我国是一个重要的亚文化群体,对这代人已有并继续有大量的研究。当80后逐渐成为社会的中坚,90后逐渐成人、参加高考的时候,80后、90后作为重要的亚文化群体被人津津乐道。他们的行为方式、消费习惯也有明显的不同。

(2) 地域亚文化。地域亚文化是由于不同地区具有不同的气候条件、自然环境和资源、人口特点,以及经历过不同的重大社会历史事件而形成的。地域亚文化会影响到消费行为的各个方面,我们可以视中国为一个由多个区域市场组成的大市场。在东北、西北、西南、中部、东南等不同的地区,饮食习惯(鲁菜、川菜、粤菜等菜系)、生活方式都有显著的不同。

(3) 民族亚文化。世界上约有2 000个民族。不同的民族都有独特的风俗习惯和文化传统。我国有56个民族,汉族人口占九成以上,少数民族人口较少。虽然各民族都有自己的传统,但是我国各民族都有明显的中华民族的文化烙印。

(4) 宗教亚文化。不同的宗教群体具有不同的文化倾向、习俗和禁忌。我国有佛教、道教、伊斯兰教、基督教、天主教等,它们有着不同的信仰、生活方式和消费习惯。宗教能影响人们的行为,也能影响人们的价值观。

宗教意味着禁忌,这些禁忌往往一方面限制了某些产品的需求,另一方面又会促进另一些产品特别是替代品的需求。宗教也可能意味着与一定宗教节日有关的高需求。对企业来说,宗教节日往往是一年中难得的商机。

(5) 种族亚文化。黄种人、黑种人、白种人等有独特的文化传统,不同种族的人即使生活在同一国家甚至同一城市也会有自己特殊的需求、爱好和消费习惯。在我国,营销中遇到的种族问题相对较少;在美国,种族是营销中不可忽视的重要因素,比如非洲裔美国人、拉美裔美国人、土著美国人、印度裔美国人、阿拉伯裔美国人等。

二、跨文化

越来越多的企业开始面临在其他国家和地区经营的问题。跨国企业在中国的营销也面临着跨文化的挑战。一般来说,公司通过认识消费者需要和习惯的地区差异是可以在跨文化营销中取得成功的。为了做到这一点,这些公司必须通过了解当地消费者的需要和价值观来进行文化适应。肯德基推出的许多食品都反映了其对中国饮食文化的适应和迎合。

(一) 跨文化因素

跨文化差异要求企业根据不同的国家制定相应的地区化策略,现实中,存在着以下几种影响企业营销策略的跨文化因素:

(1) 影响消费者行为的文化变迁

① 消费者习惯和价值观。文化价值观上的差别影响了消费者的购买行为,某个国家所重视的价值观到了另外一个国家可能会发生很大的变化。国家间文化价值观上的差别可能会导致产品偏好和产品使用上的差别。

② 产品偏好。在不同的国家,产品偏好可能存在巨大的差异。比如,在美国,形象最好的品牌是可口可乐、迪士尼、百事、柯达等,但这些品牌在日本没有一个能进入前十名。同样,在日本最有影响的品牌,比如索尼、松下、丰田等在美国也不在前十大品牌之列。

对产品的偏好是以当地文化为基础的,如对此缺乏认识会使一个公司陷入麻烦之中。当推出一个产品的时候,一定要对当地的文化偏好有足够的认识。

③ 产品的使用。当跨国从事经营的时候，管理人员必须考虑产品使用上的差别。迎合当地人的使用习惯会使产品取得成功。

④ 语言。不同国家和地区的语言差异必须被注意到。营销人员必须了解语言和方言的精妙之处。Coca-Cola 在中国翻译成“可口可乐”就是一个巨大的成功。

⑤ 象征意义。不同文化的象征意义也会影响到购买行为。必须特别注意广告中使用的颜色，不同国家对颜色的偏好和代表的意义是不一样的。例如，在中国，黄色代表着上流社会，是高贵的体现，但在阿拉伯地区却认为是低级的颜色；在中国，婚庆场合，更多的会使用红色，因为它象征着喜庆，但在西方，更多使用白色，象征纯洁。

其他事物的象征意义也会对行为产生影响。例如，蝙蝠在西方人的眼里，是比较忌讳的，经常与吸血鬼等形象联系在一起，但在中国的传统文化中，蝙蝠象征着幸福。

⑥ 经济环境。一个国家的经济环境也会对消费者的行为产生影响，其中三个因素具有特别重要的意义：生活标准、经济基础设施及其经济政策。

一个国家的生活标准对消费者行为有重要的影响。在电视和电话不太普及的国家，电视广告就不是一种好的产品宣传方法，类似的，调查消费者行为和态度的调查公司也不能通过电话调查来收集信息，因为只有高收入的家庭才有电话。

一个国家用来从事商业活动的设施，如媒体、远程通信、运输以及电力被称为该国的经济基础设施。营销人员不能想当然地认为各个国家都能满足经济运行的一些基本要求，如良好的公路和仓储设施等。

一个国家的经济政策也会影响消费者的行为。许多国家对进口设置关税壁垒以保护本国产业，会对消费者的选择造成影响。

消费窗口 2-1

中国传统文化图形

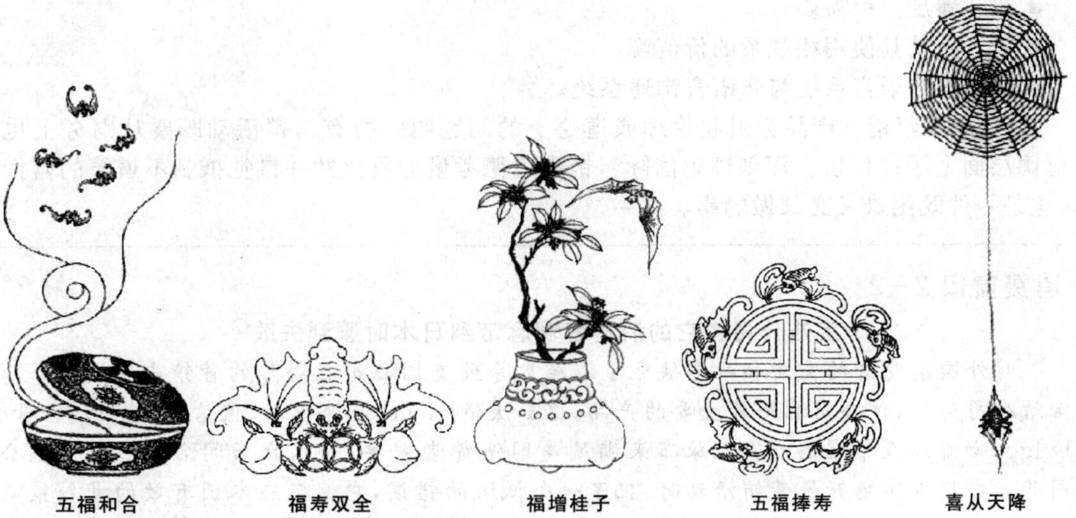

五福和合　福寿双全　福增桂子　五福捧寿　喜从天降

(2) 进入外国市场的考虑因素

在进入国外市场时，企业要考虑以下几个因素：

① 就文化层面而言，某一地域的消费者是同质的还是异质的？营销活动经常是在特定的地域范围内和一定的政治、经济体制下展开。法律要求和现在所有的分销渠道常常促使人们以上述方式提问和思考。这里隐含着一个假设，那就是地理或政治的边界等同于文化的边界。

虽然很多人持有这一假设,但遗憾的是该假设经常是不正确的。因此,营销策略不仅要针对不同的国家,而且要针对不同的文化群体来制定。

② 在某种特定文化下,某一产品能满足何种需要?很多公司进入新市场的时候,并不完全遵循现代营销观念,而是带着公司的现有产品和技术来评价该市场。需要回答的问题是,现有产品需做何种改进和调整,易与当地文化相适应?例如,在中国,自行车是一种基本的交通工具,但在美国,自行车主要是供娱乐之用。

③ 需要某一产品的群体有能力购买吗?回答这一问题,需要进行初步的人口统计分析,确定有多少人或家庭有能力购买该产品。另外还要考虑客户采用信贷方式购买,获得政府津贴或购买价格稍低的同类产品的可能性。

④ 哪些价值观与本产品的购买和使用有关?我们已经讨论了文化价值观及其对消费者行为的影响。价值观对拥有、购买、使用、处置产品的影响应当认真分析和探究,因为营销策略就是建立在这一分析的基础上。

⑤ 对产品有哪些政治、法律和分销限制?一国的法律制度对公司市场营销组合策略的制定产生重要的影响。对市场营销尤其是广告活动的限制在全球范围内有日益增强的趋势。中国禁止在广告中使用诸如"第一"、"最好"之类的词汇,金霸王由于法律限制不得不撤下其著名的"小兔"广告,而百威在中国市场不能使用其"啤酒之王"的说法。

一国的规制活动还会影响分销渠道的选择。日本禁止进行以日元结算的网上交易活动限制了这一分销渠道的发展。中国禁止传销,曾对安利、雅芳等产生了严重的影响。

不同国家的传统分销模式也不尽相同。在我国,香精被认为是一种化学用品,而桂皮则往往只有在中药店才能买到。在一个国家被认为是"正常"的分销渠道,在其他国家则可能存在一些不同之处。

⑥ 我们能以何种方式传播关于产品的信息?这一问题要求对以下各方面展开调查:

- 有哪些媒体可以利用,以及这些媒体的主要读者群;
- 产品满足何种需要;
- 与产品及其使用相联系的价值观;
- 文化中的语言系统与非语言沟通系统。

⑦ 在该国营销该产品会引起伦理或道德上的问题吗?所有营销活动既要从财务上也要从道德层面上予以评价。深刻理解国际营销中道德考量的重要性并自觉抵制不道德的营销行为,这是一件既困难又必须做的事。

消费窗口 2-2

宝洁公司将它的消费者观念带到日本时遭到失败①

对外国消费者的需要和习惯缺乏了解经常导致美国公司在海外的营销出现失误。以宝洁公司为例,该公司利用其主要的产品,诸如汰渍(Tide)洗涤用品、佳洁士(Crest)牙膏、Folger 咖啡以及帮宝适一次性尿布来满足美国消费者需要,并以此而闻名。但是当该公司开始在日本市场开展营销活动时,犯了一个低级的错误,它假定在本国有效的营销策略在外国仍旧会有效。

---

① 资料来源:"Procter & Gamble: Winning in Japan," Discount Merchandise(September 1994), p. 54;"Procter & Gamble Is Following Its Nose," Business Week(April 22, 1991), p. 28; "Japan Rise to P & G's No. 3 Market," Advertising Age (December 10, 1990), p. 42; Edward Artzt, "Winning in Japan: Keys to Global success," Business Quarterly (Winter 1989), p. 12-16.

该公司在一次性尿布营销方面的经验是有参考价值的。用其首席执行总裁的话说，"当公司于1977年向日本推出帮宝适一次性尿布时，使用的是美国的产品、美国的广告以及美国的销售手段和促销策略。"该产品专为那些希望长时间使用的美国妈妈设计，因此相对较厚，也比较笨重。宝洁公司没有意识到日本妇女非常讲究清洁卫生，她们给婴儿换尿布的频率是一般美国妈妈的两倍。日本公司看到了这个突破口，推出了一种更适合日本妈妈需要的更薄并且防漏的尿布。结果，帮宝适的市场份额从1977年的90%下降到1985年的7%。当时，新的国际业务主管Edward Artzt认识到了忽视跨文化差异的错误，鼓励开发一种厚度只有原来1/3的改进型尿布。到1990年为止，这种新型的尿布已占据了1/3的日本市场，并成为在美国市场上销售Ultra Pampers的原型。

（二）非语言沟通

对于任何一个进入某种外国文化的人来说，语言上的差异即刻便可以感受到。即使同在中国，各地的方言差别仍然非常明显。语言上的差异很容易被注意到并被人们所承认。

试图直接将营销传播信息从一种语言翻译成另一种语言，可能导致无效的传播。一种语言里的词语可能在另一种语言里难以找到对应的词汇，一些文字包含有独有的象征意义，以及某些文字在另一种语言里发音的困难性，均使翻译问题更加突出。

另外，在沟通过程中，即使是说同一种语言的人，如果文化背景不同，对幽默的理解、对于语言、文字的表达形式、节奏均会存在差别。虽然如此，只要小心翼翼，语言翻译一般还不至于成为跨文化沟通中的主要障碍。人们常常忽视或没有意识到的是，每一文化有其独特的非语言沟通系统。也就是说，存在与某种特定文化不可分割的非文字语言。这一类语言或非语言沟通系统，是一种文化赋予某一行为、事物、事件，具有某种主观色彩的独有含义。

和文字语言不同，大多数人认为我们的非文字语言是天生的或与生俱来的而不是后天习得的。因此，当面对一种外来文化，我们会不自觉地将我们自身文化所具有的含义赋予到这种外来文化下的事物或事件上。

下面将讨论我们视其为非文字语言的七个方面。如图2-2所示，这七个方面包括：时间、空间、象征、友谊、契约、事物、礼仪。

（1）时间。不同文化下时间的含义主要在两个方面存在差异。一是时间观，即一种文化的整体时间取向，二是对特定情况下运用时间所作的解释。

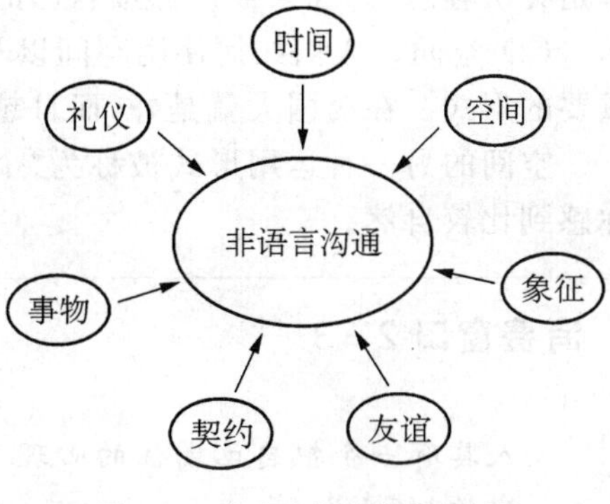

图2-2　非文字语言的七个方面

① 时间观。大多数美国人、加拿大人、澳大利亚人视时间为不可逃避的、固定的和线性的。时间是通向未来的路径，它被分成很多的小段或小节如小时、天、周等。时间如同有形物体，他们可以对它作出安排，可以浪费也可以失去它。他们认为一个人在某一特定的时间只能做一件事情，同时，他们有一种强烈的对现在和不久的将来的时间导向。对时间的上述看法被称为单向时间观。

另外一些文化下人们具有不同的时间观。亚洲人倾向于将时间视为更连续和更少受制于安排的东西。在他们看来，同时介入多项活动是十分自然的。人与人之间的关系较日程安排处于更优先的地位，各种活动有其自身的运行节律，而不是完全取决于事先规定的日程表。在这些文化下，人们有一种强烈的关于现在和过去的时间导向。基于这类看法形成的时间观被称为多向时间观。

持单向时间观的人和持多向时间观的人在思想和行为上存在很多差异。表 2-2 列出了一些主要差异。

表 2-2　时间观差异

单向时间观	多向时间观
特定时间只做一件事情	同时做多件事情
集中精力于手头的工作	易分心和易受干扰
对待截止日期和计划十分认真	将计划和截止日期置于次要地位
专心于工作和任务	专心于人和关系
严格遵循计划	经常改变计划
强调准时	准时性取决于关系
习惯短期关系	偏爱长期关系

在单向和多向时间观的文化背景下，营销活动应有哪些差异呢？很显然，人员推销与谈判风格，以及广告主题均需针对不同时间观作出调整。带有截止日期的竞赛和销售在单向时间观文化下将较多向时间观文化下更加有效。在多向时间观占支配地位的文化下，方便食品如果仅仅是依节省时间和方便来定位，通常可能会失败，因为这一文化下节省时间不是人们思维过程中一个特别重要的部分。

② 时间使用的含义。时间的具体运用在不同文化下具有不同的含义。在世界上大多数地方，某项决策所需要的时间是与其重要性成比例的。美国人通常在开始讨论某项业务之前已经做好了充分准备并备有“现成答案”，这样，在正式讨论该业务时反而小觑其重要性。很多情况下，日本和中东国家的经理人员被美国人坚持直接进入正题和快速成交的要求所吓跑。希腊管理人员认为，美国人为商务会面限定时间的做法具有侮辱性。

在有的国家，五分钟十分钟甚至几个小时的迟到都无所谓，但有的国家，不按时到就被看作是无法容忍的，如果彼此都按自己的方式办事，就很容易造成误解。

(2) 空间。人们如何使用空间以及赋予这种使用以何种意义构成了非语言沟通的又一种重要的形式。在美国大就是好，而且越大越好。公司办公室是按职位高低而不是按需要分配。

空间的另一种运用形式被称为“个人空间”，即在不同的情境下他人离你多远或多近才使你感到比较自然。

消费窗口 2-3

个体空间的范围

人具有一个把自己圈住的心理上的个体空间，它就像一个无形的“气泡”，为自己割据了一定的“领土”。

- 亲密距离（近段 15 厘米，远段 15～46 厘米）
- 个人距离（近段 46～76 厘米，远段 76～122 厘米）
- 社交距离（近段 1.2～2.1 米，远段 2.1～3.7 米）
- 公众距离（近段 3.7～4.6 米，远段 4.6 米之外）

(3) 象征。在文化的构成中我们谈到了符号，对颜色或其他符号所带有的象征含义缺乏了解将会导致严重的后果。比如，绝大多数中国商务旅客对联合航空公司机上服务员在环太平洋航线为头等舱乘客所作的短暂欢迎仪式感到震惊。在这个仪式上，每位服务员很自豪地佩戴一朵白花，而白花在亚洲是死亡的符号。因此，了解文化中物品或者其他符号的象征意义是尤为重要的。

(4) 友谊。与友谊相随的权利和义务是非语言沟通的另一种形式。中国人的友谊往往包含了许多另外的东西。美国人较生活在其他文化下的人更快和更容易结交朋友，同时也更容易放弃和终结友谊关系。很大程度上，这应归因于美国社会的高度的流动性。每隔几年就要换工作和居住地的人，必须能在较短的时间里结识朋友，同时很自然地面对与现有朋友分手的现实。在世界其他很多地方，友谊的形成极为缓慢，也极为投入，因为这种友谊意味着深远而持续的义务。在很多地方，友谊和商业活动是相互交织在一起的。

(5) 契约。不同文化下对契约的尊重和依赖程度是不同的。有的国家依靠其完备而富有效率的司法系统来确保义务得以履行、确保各种冲突得到解决。但在很多国家没有建立起这样一套严密的系统，只能依赖于友情、亲情、道德规范或者非正式的习惯来指导商业行为。

(6) 事物。事物的文化内涵导致可以预测的购买行为方式。不同文化赋予各种事物包括产品不同的含义，这使得送礼成为一件棘手的事情。例如，将座钟作为礼品送给客户在很多国家是很普遍的，但是在中国就不合适，因为中文的“送钟”和“送终”谐音。

在商业活动和很多社会情境下，需要赠送礼品。用于送礼的物品在不同的文化背景下是不同的。

(7) 礼仪。礼仪是指社交场合沟通的行为方式。在一种文化下被认为粗鲁和令人不快的行为，在另一种文化下可能是十分盛行的。

不同文化和语言下，正常声调、语速、音高均存在很大差异。西方人常把亚洲人高声和连珠炮似的说话视为愤怒和发泄情绪的信号，其实这是一种误解。

第三节 中国文化的特点与消费者行为

前已述及，文化对消费者行为有重要的影响。世界各民族都在自己特殊的自然环境和社会历史条件下创造了风格各异的民族文化。中国文化是中华民族在这片土地上创造的独特的文化，必然深刻地影响着中国人的消费模式和消费习惯。因此，要了解中国消费者的行为，必须了解中国文化的特点。

一、中国文化的特点

当代中国正处于深刻的社会转型过程中，中国文化也受到了深刻的影响。但是，中国文化总体上是比较稳定的，有着自己鲜明的特色。

梁漱溟在《中国文化要义》中总结了比较公认的中国文化的特点：

(1) 自私自利。此指身家念重、不讲公德、一盘散沙、不能合作、缺乏组织能力，对国家及公共团体缺乏责任感，徇私废公及贪私等。

(2) 勤俭。此指习性勤俭、刻苦耐劳、孜孜不倦、好节省以至于吝啬、极有实利主义实用主义之精神等。

(3) 爱讲礼貌。此一面指繁文缛节、虚情客套、重形式、爱面子以至于欺伪；一面亦指宁牺牲实利而要面子，为争一口气而倾家荡产等。

(4) 和平文弱。此指温顺和平、耻于用暴、重文轻武、文雅而不免纤弱、特喜调和妥协；中庸及均衡、不为已甚、适合而止等。

(5) 知足自得。此指知足安命，有自得之趣、贫而乐、贫而无怨、安分守己、尽人事听天命、恬淡而爱好自然风景、不矜尚权力、少以人力胜天之想等。

(6) 守旧。此指好古薄今、因袭苟安、极少进取冒险精神、安土重迁、一动不如一静等。

(7) 马虎(模糊)。此指马虎笼统、不求精确、不重视时间、不讲数字、敷衍因循、不彻底、不大分彼此、没有一定规律等。

(8) 坚忍及残忍。残忍指对人或对物缺乏同情，此最为西洋人所指斥谴责者。坚忍则谓自己能忍耐至甚高之程度。克己、自勉、忍辱、吃亏等皆属于此。对外对内两面实亦相连之事。

(9) 韧性及弹性。韧性止于牢韧，弹性则并有弹力。此不独于其个人生命见之，全民族全历史恰亦证明如此。此不独其心理精神方面为然，于其体质及生理现象亦证明如此。因有“温炖汤”、“牛皮糖”等称喻。

(10) 圆熟老到。此为中国民族品性之总括的特征，故列以为殿。其含义有：悠悠然不慌不忙，稳健、老成持重、心眼多、有分寸、近情近理、不偏不倚、不露圭角而具有最大之适应性及潜力。

而他自己概括的中国文化的特征有14个：广土众民、民族融合、历史长久、不产生科学、历久不变的社会、停滞不前的文化、几乎没有宗教的人生、重家庭、学术不向着科学前进、没有民主自由平等法制的观念、道德气氛重、国家类型特别、孝的文化、隐士文化。

中国文化价值观是造成中国消费者行为差异的深层次原因。有数千年历史文化的中华民族在哲学观、价值观、认知观、思维方式、处事方式、生活态度、风俗民情等方面都不同于西方人，中国人有其自己的行为逻辑，这种行为逻辑甚至是西方人无法理解的。电影《刮痧》生动地反映了这一点。

对中国消费者行为影响最大的社会和文化价值观，有学者认为是以下四个因素：生命的延续、人际关系、社会地位和(群体)同化。

一般来说，从文化的深层面，对中国消费者行为影响最大的文化价值观有：

(1) 人道主义。仁爱孝悌、尊长慈幼，对人尊重和关切。

(2) 先义后利。重义轻利的义利观。反对“见利忘义”、“取之不义”、“为富不仁”。

(3) 以“根”为本的文化。重家、族、国；生命血统延续；望子成龙、光宗耀祖、投资子孙。

(4) 中庸文化。阴阳平衡的行为导向；不过为好，福祸相依。

(5) 关系文化。礼尚往来、来而不往非礼也。

(6) 和文化。和谐、和气、和睦、和平、和满、和贵；天时地利人和。

(7) 面子与从众。有脸有面；群体舆论。

(8) 地位与礼仪。孔子强调举止行为与地位要一致。

二、关系主义文化

关系主义文化被视为了解中国社会消费者行为的核心概念。中国是一个“关系导向”的社会，关系在中国社会生活中具有重要的地位已有共识。这一点构成了中国社会营销与其他国家重要的文化差异。

(一) 关系格局

(1) 差序格局。费孝通认为，西方个人主义社会中的个人，像是一枝枝的木柴，他们的社会组织将他们绑在一起，成为一捆捆的木柴。中国社会的结构像是一块石头丢在水面上产生的一圈圈波纹。每个人都是他社会影响所推出去的圈子的中心，而跟圈子所推挤的波纹发生联系。该关系模型揭示了中国人关系的特点是：以家族血缘主义区分人际亲疏的，是一种存在圈子的“特殊主义”的关系；一切价值以“己”作为中心作评价，即“自我主义”(不同于个人主义)；关系网具有伸缩弹性的格局界线，即范围的伸缩性与边界的通透性。

(2) 情感性关系/混合型关系/工具性关系。黄国光在“人情与面子”模式中提出了情感性关系/混合型关系/工具性关系及其相应的关系互动法则。情感性关系依循“需求法则”以满足双方关爱、温情、安全与归属感等的情感需求；工具性关系依循“公平法则”进行纯计算式的获取资源；混合型关系则依循“人情法则”透过受恩回报来维持与经营关系。

(二) 对消费者行为的影响

(1) 关系影响消费者对交易对象的选择。在中国的商业社会中，人际关系对普通消费者选择交易对象具有十分显著的影响。特别是在商业经济不十分发达的乡土社会。在不考虑其他条件的情况下，关系强弱和关系质量决定了消费者的购买选择。一般而言，在其他购买条件差别不大的情况下，乡土社会的消费者更倾向于强关系购买；在同等的关系强度上，消费者倾向于高质量的关系购买。

在经济发达的地区，关系主义文化仍然会影响消费者对交易对象的行为选择。关系，特别是信任关系能够增强交易者在交易过程中的可预期性，相对节约人与人之间互动的交易承办、减小交易风险，并能带来大量的潜在资源，因此交易更容易发生。

(2) 关系影响消费者交易过程中的心理体验。西方社会的个人更具有独立性，在商业活动中常常有意识地排除非经济关系的干扰，在与其他人发生经济交往时，倾向于使交易关系与感情关系分离，其行为更接近于“陌生人”之间理性的计算。但在中国，人际关系对商业活动的影响则大得多，甚至常常为了使交易顺利进行，或改善交易条件，降低交易成本，有意识地使人际关系进入商业活动。

在关系主义文化条件下，消费者的交易活动往往不是单纯的经济利益算计，还有人情往来、互惠交换、面子问题等等微妙复杂的方面。中国人的关系是一种具有投资回报性的资本，在复杂的角色义务、责任等作用下，关系更可以储存、累计、转移。而这些既存的关系结构和历史的关系资本积累就会影响消费者现在的购买行为选择。并且消费者的购买行为往往不仅仅是一次经济交易，而且是一种社会互动和关系交往，它又一次强化了双方的关系。

本章小结

文化是与自然现象不同的人类社会活动全部成果，包括人类所创造的一切物质和非物质的东西。文化有象征性、习得性、互动性、复合性、多样性、变迁性等特性。文化的构成包括符号、价值观、规范、物质文化等。理解文化的本质要通过理解文化的内容和把文化当作一个过程。

主文化是在社会上占主导地位的，为社会上多数人接受的文化。亚文化是仅为社会上部分成员接受的或为某一社会群体特有的文化。当亚文化处于与主文化相对立的位置时，就成了反文化。亚文化对消费者行为有很大的影响。亚文化的分析通常是分步进行的。亚文化可以分为年龄亚文化、地域亚文化、民族亚文化、宗教亚文化、种族亚文化。

不同文化间存在着显著的文化差异，了解跨文化的消费者行为有重要意义。进入外国市场要考虑七个方面的因素。每一文化有其独特的非语言沟通系统。非语言沟通系统一般包括七个方面：时间、空间、象征、友谊、契约、事物、礼仪。

要了解中国消费者的行为，必须了解中国文化的特点。中国文化价值观是造成中国消费者行为差异的深层次原因。对中国消费者行为影响最大的价值观有人道主义、先义后利、关系文化等。

关键词

文化	culture
文化价值观	cultural values
环境导向价值观	environment-oriented values
他人导向价值观	other-oriented values
自我导向价值观	self-oriented values
单向时间观	monochromic time perspective
多向时间观	polychromic time perspective
关系	guanxi
个人空间	personal space

练习题

1. 什么是文化，文化有哪些特征？
2. 带有民族优越感的观点在国外进行营销活动有什么危害？请举例说明。
3. 有哪些特征可以用来确认某一亚文化？退休人员群体是否可以看作是一个亚文化？为什么？
4. 为什么很少有营销决策是试图改变文化价值观的？
5. 在跨国营销中，哪些因素会影响企业的营销策略？
6. 试述中国文化的特点。
7. 举例说明非语言沟通因素对消费者行为的影响。
8. 营销人员为什么要重视对文化的研究？
9. 关系文化对消费者行为有哪些影响？
10. 列举一种目前不为文化所接受的产品，试述如何克服这种文化障碍？

案例分析

肯德基二度进军香港[①]

1973年，赫赫有名的肯德基公司踌躇满志，大摇大摆地踏上了香港这个弹丸小岛。当时肯德基公司主席夸下海口：要在香港开设50至60家分店。1973年6月，第一家肯德基家乡鸡在美孚新村开业，其他分店亦很快接连开业。到1974年，数目已达到11家。肯德基家乡鸡首次在香港推出时，配合了声势浩大的宣传攻势。电视广告迅速引起了消费者的注意。电视和报刊、印刷品的主题，都采用了家乡鸡世界性的宣传口号："好味到舔手指"。声势浩大的宣传攻势，加上独特的烹调方法和配方，使得顾客们都乐于一尝，而且在家乡鸡进入香港以前，香

① 改编自：中国营销网 http://www.b770.com/.

港人很少品尝过所谓的美式快餐。

然而，肯德基在香港并没有风光多久。1974 年 9 月，肯德基公司突然宣布多家餐店停业，只剩 4 家坚持营业。失败的原因主要是没吸引住顾客。为了适应香港人的口味，家乡鸡快餐店采用了本地产的土鸡品种，但却仍采用以前的喂养方式，即用鱼肉饲养。这样，便破坏了中国鸡特有的口味，甚是令香港人失望。在广告上，家乡鸡采用了“好味到舔手指”的广告词，这在观念上也很难被香港居民所接受。而且，当时的香港人认为家乡鸡价格太昂贵，因而抑制了需求量。在服务上，家乡鸡采用了美国式服务，在欧美的快餐店一般是外卖店，驾车到快餐店，买了食物回家吃，店内通常不设座位。而香港的情况则不同，人们在买的地方进餐，通常是一群人或三三两两买了食品后坐在店内边吃边聊。家乡鸡不设座位的做法，等于是赶走了一批有机会成为顾客的人。因此，家乡鸡虽然广告规模较大，吸引了许多人前往尝试，但是回头客就不多了。

家乡鸡首次进入香港的失败，败在未对香港的环境文化作深入的了解。正如英国市场营销专家史狄尔先生的评价：“当年家乡鸡进入香港市场，是采用与美国一样的方式。然而，当地的情况，要求它必须修改全球性的战略来适应当地的需求，产品的用途和对产品的接受，受到当地的风土人情影响，食物和饮品类产品的选择亦取决于这一点。当年的鸡类产品不能满足香港人的需求，宣传的概念亦不适当。”

当肯德基再次进军香港市场时，营销策略已按香港的情况进行了适当的变更。首先，家乡鸡店进行了市场细分，明确了目标市场，目标顾客对象介于 16 至 39 岁之间，主要是年轻的一群。在食品项目上，家乡鸡店进行一些革新。品种上，以鸡为主，有鸡件、鸡组合装、杂项甜品和饮品。杂项食品包括薯条、沙拉和玉米。在价格上，公司将家乡鸡以较高的议价出售，而其他杂项食品如薯条、沙拉和玉米等以较低的竞争价格出售。降低杂项食品价格，能在竞争中取得一定的优势。在广告上，家乡鸡把 1973 年的广告口号“好味到舔手指”改为“甘香鲜美好口味”。在地铁车站和报纸、杂志上都能看到新的广告词。很明显，新的广告词已带有浓厚的港味！

肯德基也终于被香港人接受了。

问题

1. 肯德基失败的原因是什么？
2. 比较肯德基在大陆与香港的营销策略，有什么不同？为什么？

·第三章·
社会阶层与消费者行为

美国安休泽-布希啤酒公司（Anheuser-Busch）根据社会阶层推出3种品牌的啤酒：Michelob定位于中上层阶级（高价位，声望主题，中上层背景），Budweiser定位于中产阶级（价位较高，成就、责任分担主题，中产阶级背景），Busch定位于工人阶级（大众价，运动主题，工人阶级背景）。每种品牌针对特定的消费阶层，采用不同的定位和营销组合策略，结果产品覆盖了80%的美国市场，获得极大成功。

几乎在所有的社会里，生活中所欲求的东西的分配都不是平等的，每个人都属于一定的社会阶层。社会阶层意味着每个人在社会中处于不同的位置，有不同的消费水平和消费习惯。

本章将阐述下列问题：

★ 社会阶层的含义和特征
★ 社会阶层对消费者行为的影响
★ 消费者社会阶层的划分
★ 当代中国的社会阶层
★ 社会阶层与营销策略

目前，消费的阶层分化现象在我国正逐渐明显，每个阶层都呈现出各自独特的消费行为。研究不同社会阶层的消费者行为，了解不同社会阶层的所思所想和生活水平，将有助于进行有针对性的营销。

第一节
社会阶层概述

一、社会阶层的含义

社会阶层是一种普遍存在的社会现象，是指一个社会中的所有成员，按照一定的标准所划分成的若干个层次。产生社会阶层最直接的原因是个体获取社会资源的能力和机会的差别。社会阶层是由社会分层所定义的。在所有社会中，人们一生下来就面对着不平等——即缺少平等的途径以得到社会所提供的满足欲望的物品。文化不同对有价值物的认识也不一样，它可能是物质的，或者是非物质有价值之物。无论人们希望得到的物品是什么，但有一点是肯定的，即物品是稀缺的，并非每个人都能够拥有大量的黄金或者声名远扬，但有些人一生中得到好东西的机会比另一些人多得多。所谓社会分层是一种根据获得有价值物的方式来决定人们在社会位置中的群体等级或类属的一种持久模式。

二、社会阶层的特征

在社会中，确实存在着层级，而且在某一层级中的消费者与其他层级相比，确实拥有独特的行为模式。社会阶层具有以下特征。

（一）层级性

社会阶层是由社会分层所定义的。将消费者分成上、中、下层的社会分层方法暗含着，一个社会中的某些成员在威望和权力方面比其他成员的等级更高。不管是否愿意，社会中的每个成员实际上都处于某一特定的等级位置上，从而形成一个社会的等级结构。

由于一个社会与另一个社会关于权力和威望的定义基础不同，所以各社会阶层的构成会有所区别。社会分层依赖于社会的理想和价值观，不同社会的理想和价值观会有所不同。尽管如此，由于处在同一社会阶层中的消费者很可能具有共同的价值观、社会规范和相似的消费模式，所以社会阶层可以起到了解某一特定社会阶层中的消费者购买行为的大体框架的作用。

（二）符号象征性

社会阶层可以通过一定符号表现出来。一个人的社会阶层是与他的特定的社会地位相联系的。识别一个人的社会地位通常十分重要，然而，辨认一个人的社会地位可能很困难。由于决定社会地位的很多因素如收入、财富等不一定是可见的，因此人们需要通过一定的地位符号将这些不可见的成分有形化。

地位符号可能是随便什么东西，如衣服的样式、一件便宜或昂贵的物品、说话的方式等，它向别人表明其主人特定的社会地位。

当然，地位较低的人不会有意表现他们低等级的符号。不过，地位较高的人倒是努力展现他们的地位，保护他们的地位不被低估。事实上，人们的地位等级越往上，他们越喜欢有意表现更多的地位符号。

当人们炫耀性的表现地位符号来显示他们的社会经济地位时，他们是在进行凡勃伦所说的炫耀性消费(conspicuous consumption)。例如，刚刚获得巨大财富的人有时试图通过炫耀性消费来表明他们新的地位。

地位符号也可能产生误导。有些符号可能会被并不属于这个阶层的人欺骗性地利用。例如，为了给人以较高经济地位的印象，家庭可能购买他们几乎买不起的家具或者汽车。

随着社会的变迁和主流价值观的变化，能够象征社会地位的符号及不同地位符号的作用都在发生变化。随着收入水平的提高，很多过去只有上层地位才消费得起的产品以及服务已经或者正在进入大众消费领域。

（三）多维性

社会阶层并不是由单一的变量如收入和职业所决定，而是由包括这些变量在内的多个因素共同决定。决定社会阶层的因素既有经济层面的因素，亦有政治和社会层面的因素，具体包括收入、受教育程度、职业、生活方式、社会关系、政治权力和职务等多种变量。

（四）同质性

社会阶层的同质性是指同一阶层的社会成员在价值观和行为方式上具有一定的共同点和相似之处。这种同质性很大程度上是由他们共同的社会经济地位所决定的，同时也和他们彼此之间频繁的交流和互动有关。对营销人员来说，同质性意味着处于同一社会阶层的消费者会订阅类似的报纸、观看类似的节目、购买类似的产品、到类似的商场购物、到类似的饭店吃饭，这为企业根据社会阶层进行市场细分提供了依据和基础。

（五）流动性

个人可以在不同的社会阶层内部（水平流动）或社会阶层之间（垂直流动）流动。

水平流动指的是人们在同一个社会垂直分化阶层内部的位置转移。水平流动有时候起因于社会职业的结构性变化，如第一、第二产业转向服务业。大规模的水平流动往往是由科学技术发展推动的。

垂直流动是指人们在一个分层结构层面中的不同阶层之间的流动。垂直流动还可以细分为上向运动和下向运动。上向流动是指流入层次高于流出层次；下向流动则指流入层次低于流出层次。

一般来说，越是开放的社会，社会阶层的流动性越明显，越是封闭的社会，社会成员从一个阶层进入另一个阶层的机会就越小。比如改革开放前后的中国明显地具有封闭和开放的特征，社会流动的机会也截然不同。社会成员在不同阶层之间的流动，主要由两方面促成：一个是个人的原因，二是社会条件的变化。个人的原因可能是天赋的，即先天就具有的，也可能是自致的，即自己后天的努力。

（六）对行为的限定性

大多数人在和自己处于同一社会阶层的人交往时会感到很自在，而在与自己处于不同层级的人交往时会感到拘谨甚至不安。这样，社会交往较多地发生在同一社会阶层之内，而不是不同阶层之间。同一阶层内社会成员的更多的交流和互动，会强化共有的价值观和社会规范，从而使阶层内成员间的相互影响增强。另一方面，不同阶层之间较少互动，会限制产品、广告和其他营销信息在不同阶层的成员之间的流动，使得彼此的行为呈现更多的差异性。

三、社会阶层对消费者行为的影响

理解社会阶层的特征对于我们理解社会阶层如何影响购买行为有很大的帮助。社会阶层会影响消费者行为，消费者行为反过来又会展示他们各自所处的社会阶层。营销人员通常假设属于不同社会阶层的消费者在购买动机上存在差异，所以社会阶层经常被当作细分市场的一个因素。虽然影响消费者行为的环境因素很多，但是同一社会阶层的消费者在需求、偏好、价值观念和行为模式上会表现出某些共同之处。

（一）对消费者获取信息的影响

不同社会阶层的消费者利用不同的渠道来获取商业信息。教育程度比较高的消费者可能比教育程度较低的消费者利用更多类型的渠道了解商品信息。处于社会分层底部的消费者信息的来源比较有限，对林林总总鱼龙混杂的信息缺乏清晰的辨别能力，在购买时可能更多地依赖自己的亲友等关系网络，更加注重周围人的口碑。越处于社会分层顶部的消费者，获取消费信息的渠道也越多，甚至能够经常获得一些“内部”信息。

在偏好的媒体方面，低层的消费者对电视媒体的依赖性相对较强，越高层的消费者，对报纸、杂志等纸质媒体的信息获取能力越强。即使同样面对纸质媒体，不同阶层的消费者对内容的偏好也是不同的，这反映了不同阶层消费者兴趣爱好和理解能力上的差别。

不同阶层的消费者在消费之前进行信息调查的程度上有所不同。高层消费者倾向于在购买之前对商品信息通过不同渠道进行较为全面的了解。

（二）对消费者消费选择的影响

不同阶层消费者对商家的选择不同。较高阶层的消费者喜欢光顾高级商场、品牌专卖店，对消费环境比较注重；低层的消费者对折扣店兴趣较大，对价格、实用性比较注重。在消费的产品方面，奢侈品、高档产品可能只有较高阶层的消费者才能有能力消费，低层的消费者日用消费品在消费结构中所占的比例较大。

哪些商家适合哪些阶层的人去消费，消费者心中通常会有自己的看法，从而会选择符合自己阶层特征的商家去消费。有研究表明，消费者所处的社会阶层与他想象的某商店经常光顾者的社会阶层相差越多，则消费者光顾该商店的可能性就越小。较高阶层的消费者较少去较低阶层消费者去的购物场所，但相对而言，较低阶层的消费者则较多的去较高阶层消费者常去的购物场所。

（三）对消费意愿和态度的影响

消费意愿和消费能力紧密联系，而社会分层在很大程度上反映了这一阶层的消费者的消费能力。在消费态度方面，较低阶层的消费者主要维持基本的生活，还要考虑未来可能发生的事件，可能对储蓄比较热衷，对消费的态度不怎么积极；较高阶层的消费者由于条件较好，消费态度积极，有充足的财力和精力去消费。

消费窗口 3-1

社会阶层对消费者行为的影响①

社会阶层对消费者购买行为的影响具体体现在以下几个方面：

1. 对商店选择的影响

在一般人看来，人们总是愿意到高级豪华的商店里去购物。但研究表明，大部分人，尤其是妇女在选购商品时，喜欢去符合自己社会地位的商店购物。因为一些社会阶层较低的人到高级商店去买东西，反而会有一种压抑和紧张的不适感。当然这里也不排除一部分低阶层的消费者想通过在高级商店购物来享受一下高阶层的消费品味和意识。

2. 对消费和储蓄倾向的影响

研究认为，社会阶层的层级高低与消费倾向成反比，与储蓄倾向成正比。社会阶层越高，储蓄倾向越大，消费倾向越小；社会阶层越低，消费倾向越高，储蓄倾向越低。

3. 对产品选择的影响

高阶层的消费者常把购买活动看作是身份地位的一种象征和标志。他们买衣服更多关心的是式样是否入时，购买家具、电器多以豪华气派为主，在食品的消费上多考虑档次，同时也非常注重营养。此外，他们对属于精神享受的艺术品比较重视，同时也是奢侈品的主要光顾者。而低阶层的消费者更多注重经济实用。他们要求穿着舒适大方，家电要质

① 资料来源：陈峻松. 论社会阶层对消费者行为的影响. 经营管理者，1998(1)：43-44.

量好，易于保养维修。对于食品则要求味道好、分量足，但有时营养上则不一定能达到保健卫生学上的要求。他们在选购商品时总希望厂家提供良好的售后服务，以使所购商品能有一个较长的使用寿命。同时，高阶层的消费者要求商品的包装精美典雅，具有特色；而低阶层的消费者在购物时，对包装的要求则并不太高。

4. 对购买数量的影响

低阶层的消费者许多时候喜欢大批量地购买某些商品。一则可以因为买得多而获得一定的价格优惠或价格折扣；二来可以减少因某些商品涨价所带来的损失；三是可减少采购次数，降低交易费用。一般而言，大量购买的习惯较少反映在高阶层的消费者身上。这是因为他们更多地强调生活质量，比起冰箱里的速冻食品，他们更愿意消费当日的鲜活产品。另外，他们也能承担起让人送货上门的附加服务费，而且他们也无需为了获得那一点价格折扣而让自己的房间变成仓库。

5. 对娱乐、休闲方式的影响

高阶层的消费者从事更多的户外活动。这一点在西方表现尤为明显，他们多进行网球、高尔夫球、高山滑雪、海滨游泳等活动。而低阶层的消费者，一方面由于经济条件所限，无法从事那些高消费的娱乐活动；另一方面由于他们中间大部分人本来就是体力劳动者，所以也较少有开展户外活动的需要。此外，高阶层的消费者较少看电视，他们喜欢各种音乐演唱会、时装表演、歌剧等时尚活动，而低阶层消费者则把电视、电影、通俗小说作为消磨闲暇时光的主要方式。

6. 对媒介选择的影响

在新闻媒介选择方面，各阶层也截然不同。与低阶层消费者相比，高阶层消费者更偏爱报纸杂志，而低阶层的消费者多是信息的被动接受者，因此电视是他们接触的主要媒介。此外，即使是在同一种媒介内，每一阶层的偏好也存在差异，正因为如此，现在的西方国家，不同的报纸杂志、电视节目都有其处于特定社会阶层的目标消费者。

7. 对广告反应的影响

由于阶层不同，消费者对于信息的反应也不相同。就广告而言，具有比较深刻含义并富有幽默性的广告，对高阶层的消费者可能产生较好的效果；而对于低阶层的消费者，可能由于教育文化水平等因素所限而无法理解广告的含义。有鉴于此，广告商们必须了解各阶层所习惯的语言，针对他们的不同偏好和需要，设计合适的广告文案和图画。

8. 对价格心态的影响

低阶层的消费者倾向于把价格和质量联系到一起。他们认为一定的价格反映一定的商品质量。对于中层和中下层的消费者而言，他们对价格过低的产品总会产生怀疑，认为这必然意味着商品质量的低劣，他们更多的是追求适中的价格。但这并不排斥他们对打折商品感兴趣，特别是他们熟知的商品，或对质量要求不高的产品。而对于上层的消费者，他们评价和选择商品多是依据自己的喜好，注重商品的象征性。对他们而言，购买高价格的商品也是一种身份地位的体现，因此很多时候，价格和质量是可以脱离的。

9. 对品牌忠诚度的影响

比较而言，高阶层消费者具有更高的品牌忠诚度。这是因为某类商品中的高档品相对较少，而其中那些信誉好、知名度高的品牌就更少，这使得高阶层消费者的选择余地较小。此外，当今名牌产品的生产厂家通过各种营销策略，努力为自己的产品增加一些无形的光环和特殊的品味，因此高阶层的消费者为使自己的购买行为既符合自身的社会地位又保持独特的消费风格，因此总会选择那些比较适合自己的品牌。如长时间使用某一品牌的高档化妆品，只穿某一品牌的高档服装等。而对于低阶层的消费者，他们购买的多为生产厂家众多的大众商品，因此选择的余地也较大。他们可以根据自己不同时期的需要和厂家提供的不同优惠条件来不时地变换口味。

10. 对消费审美观的影响

就对商品的审美观而言，高阶层消费者的审美观较一致。他们喜欢那些感觉较温和的产品，他们强调古朴典雅、和谐宁静，希望产品能给人庄重和成熟而不是过分矫饰的俗丽。而对于低阶层的消费者，由于教育水平低，对于美感的体验多依赖于主观经验，因此差异性很大，他们多喜欢能给予较强感官刺激的产品。

第二节 消费者社会阶层的划分

一、划分社会分层的方法

用来测定消费者所属社会阶层的方法很多，根据判定的依据或指标的性质可以分为主观法、声望法和客观法。

（一）主观法

主观法又称自我评分法。调查人员将整个社会体系分为若干层次，请人们根据某项标准，自己对自己进行归类，指出自己在社会分层体系中处于哪一层。主观法的主要用途在于发现人们的分层意识，因为人们的分层意识对他们的心理反应以及行为表现有很大的影响。

（二）声望法

调查员选出一些熟悉情况的人作为评判员，让他们按照事先规定的高低层给成员分层归类。调查员可以对各层成员的情况进行比较分析，从中找出人们进行声望分层的标准。声望法要求评判人员熟悉评判对象，并且为了防止偏见，应该把那些与评判员相类似的人以及同属一个群体的人排除在他们的评判范围之外。

（三）客观法

应用可以直接测量的客观指标，如收入、教育程度等，对人们进行层次划分。由于不受主观因素的影响，客观法的应用范围十分广泛。

除了上述三种基本方法外，社会分层实证研究中使用的具体方法还有基尼系数法、恩格尔系数法、不平等指数法、社会经济地位（SES）测量法等。

二、划分社会阶层的标准

社会分层的标准有两类：第一，以外显地位为划分标准，如职业。第二，以潜在地位为标准，如收入、受教育程度、技术水平等。前一种划分主要是为了描述人口在社会垂直分层中的分布状况以及人们活动的时空范围。后一种划分则是为了了解人口内在素质的垂直分布状况以及对人们的影响。

确定分层标准首先要考虑到一定的社会条件和社会状况，并非任何可以对人们进行等级划分的因素都可以作为分层标准，只有那些对人们的心理和社会表现产生较大或持续影响的因素，才能作为分层标准，例如教育程度。

此外，确定分层标准时还应注意结合具体的研究目的，以便有的放矢地开展研究。常用的社会分层标准有以下几种。

（一）收入

收入与人们的消费方式、生活习惯、安全感和积极性有密切关系。收入是现代人赖以生存的基础。从某种意义上说，教育和职业的重要目的就是获得收入。收入一直被用来衡量人们的购买力和社会地位。很明显，财富能显示人的地位，也是消费能力的衡量标准。然而，一般情况下，收入对消费的影响没有教育和职业对消费的影响那么大。以收入作为评价标准会产生一些问题。最基本的问题是，研究者必须决定以哪种收入作为衡量标准，是个人收入还是家庭收入？是税前收入还是税后收入？是工资收入还是总收入？另外一个问题是，人们一般不愿意公开自己的收入。即使他们说出了自己的收入，也不一定是真实的收入。收入分层比较容易操作，有很大的应用价值，目前国家统计局每年都公布按照收入划分的各阶层收入的情况。

（二）职业

迪尔凯姆从社会分工角度阐述了社会分层的必要性，剖析了职业地位高低的原因。职业地位是人们在现代社会中的主要社会地位，是个人进行社会活动的主要场所。职业环境、职业声望、职业活动的范围和性质等等不仅影响着在职人员的社会表现，同时影响着社会流动的方向。在现代社会，职业对个人来说尤为重要，职业在很大程度上是生活的来源，是地位的象征，是身份的承载。事实上，人们初次见面，总是喜欢问"你是干什么工作的?"，人们往往以职业获得对对方最初的认识。职业之所以如此重要，因为职业包含了许多其他方面的信息，职业与教育及收入等有紧密的关联。大部分职业要求一定的教育程度，不同的职业有不同的收入，在人们的心目中，不同的职业也有不同的地位。一个人的职业代表着他的社会地位。一个人的工作类型以及与其共事的同事的类型直接影响着他的价值观、生活方式和消费过程的各个方面。

现代工业社会是以分工为基础的社会，分化出许多种不同类型的职业，而且不断有新的职业产生，我们经常会在媒体上看到劳动与社会保障部公布一批又一批的新职业。人们常用不同的方法给职业评分或评等级，最常用的是社会经济地位指数(SEI)，是由彼得·布劳和奥蒂斯·达德利·邓肯提出的。它是以不同职业人的受教育水平和收入为基础的一种评价方法。社会经济地位指数的每个组成部分都被赋予一定的权重，以使每个职业所得分数与公众对这个职业的地位评价标准相类似。一旦合适的权重被确定，那么任何职业的等级都可被评定出来。

SEI是目前衡量职业地位的最新方法，职业声望调查成为近年来中国社会分层研究最重要的视角之一。中国社会科学院社会学研究所研究员李春玲在2001年的研究根据161种职业的社会经济地位指数得分排列，得到24个社会经济地位等级群体，见表3-1。

表3-1　社会经济地位等级群体

等级	职　业	SEI
1	党政高级领导干部，如部级及以上级别干部	
2	高级专业技术人员，如大学教授、知名科学家	90
3	党政中层领导干部，如局长、处长	87

续表

等级	职　业	SEI
4	事业单位的负责人，如医院院长、报社社长、学校校长	84～85
5	党政机关、事业单位普通干部，如科长、乡镇长、街道主任	81～84
6	传媒、司法、教育等行业专业技术人员，如记者、律师、教师	79～83
7	三资、国有、私营企业厂长、经理，第三产业企业中层管理人员	78～79
8	执法人员，如警察、工商人员、税务人员	76～77
9	普通公务员，如政府机关的办事员	75～77
10	医疗、工程、经济类中高层专业技术人员，如医生、工程师、会计师	75
11	私营企业主	74
12	集体企业厂长、经理，第二产业中层管理人员，如乡镇企业厂长、工矿企业车间主任	68～73
13	中低层专业技术人员，如护士、技术员、小学教师、幼儿教师	69～73
14	党政机关和事业单位后勤、政工、文秘、财务人员	64～72
15	各类企业的后勤、政工、行政人员和业务员、经销人员	59～67
16	农村专业技术人员，如兽医、乡村医生	64
17	小店主、小作坊主、个体经营者	54～64
18	商业服务业普通员工，如邮递员、出租车司机	54～64
19	产业工人	48～59
20	农业专业户	48
21	普通农民和渔民	43～47
22	个体劳动者，如修鞋匠、街头小贩	39～54
23	重体力工人，如搬运工、建筑工人	45～51
24	保姆、钟点工、人力三轮车夫	10～34

（三）教育程度

教育程度直接影响着人的能力、知识、技术、趣味、价值观、审美观等等。教育程度全面地、持续地影响人的一生；同时，教育程度分层结构也是一个至关重要的因素。随着社会的发展，它在划分层级方面的作用将越来越大。教育不仅能提高人的社会地位，改变一个人的社会阶层，而且能影响个人品味、价值观和获取信息的方式。个人受教育水平影响其消费模式和生活方式的各个方面。但是，受教育水平很少能完全解释消费模式。在大多数社会中，一个人所受的教育程度越高，他的社会地位就越高。教育是提高社会地位的主要途径，因此，很多时候教育是评价社会地位的直接标准。教育是常用的评价标准，因为社会上人们有一种假设，即相应的教育程度代表了相应的能力，虽然有时候并不是这样的。

（四）权力

“权力”用来指称个人或者群体控制或影响他人行为的能力，而不管别人是否愿意合作。

很明显，权力有可能不随财富而存在：并不是所有的富人都有权力，同时并不是所有的有权者都富有，不过这两个方面密切相关。财富有时候能买到权力。在社会由传统到现代转型的时候同样出现这样的情况。权力意味着一个人在群体和社会中向别人施加影响的能力，因而权力的大小往往会影响一个人的性格、态度和行动意向。处于同一权力层的人，对社会政策的评价，对社会现象的看法具有较大的共同之处。我国自古以来官僚等级特征浓厚，直到今天，权力大小、高低依然是社会差别的重要标志，权力资源所能够发挥的作用常常超过了财产、收入。

（五）声望

声望是一种主观分层模型。一个人社会地位的高低，必须要得到公众的认可，如果没有公众的认可，也就谈不上有什么社会地位。声望是一个人从别人那里所获得的良好评价和社会承认。声望以多种形式出现：公众的接受与名誉、尊重与钦佩、荣誉与敬意。声望可以通过多种方式获得：特别善良、慷慨、勇敢，有创造性、聪明的人通常得到声望的回报。某种程度上来说，金钱可以买到声望，权力可以控制声望。

传统的主观分层模型的主要代表有沃纳（W. L. Warner）等人，亦称沃纳学派。沃纳和他的研究团队在1949年发表的《美国社会阶级》一文中提出了主观的阶级模型。他们采用了社区居民相互之间声誉评价的方法，提出了六个阶层的观点，即上、中、下三个阶级各自分为两层，六个阶层为：上上层，下上层，上中层，下中层，上下层和下下层。沃纳指数形成于二战以前，为了使其跟上时代的发展，科尔曼和莱茵沃特两位社会学家对这一指数进行了修改，修改后的结果被称为科尔曼-莱茵沃特社会地位层次（Coleman-Rainwater Social Standing Hierarchy），从职业、教育、居住的区域、家庭收入4个方面综合评估消费者所属的社会阶层，从总体上讲与沃纳阶层分类相似，但也有区别，后一分类对与各阶层相联系的权力和威望的反映更直接一些。见表3-2。

表3-2　科尔曼-莱茵沃特社会等级结构①

分　层	特　　征
上层美国人	
上上阶层(0.3%)——	继承财产的“社会高级阶层”，有贵族头衔
下上阶层(1.2%)——	新兴社会精英，来源于成功的专业人士、公司领导阶层
中上阶层(12.5%)——	正规大学毕业的管理人员和专业人员，以私人俱乐部、事业和艺术为生活方式的核心
中层美国人	
中产阶层(32%)——	可赚取到中等水平收入的白领和蓝领朋友，生活在“较好的城镇地区”，努力做“比较合适的事情”
工薪阶层(38%)——	拥有中等收入的蓝领工人，在收入、学历和职位方面都领导着“工薪阶层的生活方式”
下层美国人	
下上层(9%)——	地位较低，但还不是最低的社会成员，靠自己工作而不是社会福利过活，生活标准略高于贫困线，行为方式“粗鲁”、“拙劣”
下下层(7%)——	靠社会福利度日，贫困潦倒，经常处于失业状态或工作又脏又累

① 资料来源：Coleman R P Rainwater L P. Social Standing in American. Basic Books，1978.

科尔曼-莱茵沃特阶层与沃纳所分阶层相比，另一个好处在于对中产阶层和工薪阶层进行了区分。虽然中产阶层和工薪阶层同属于中层社会，但这两个群体在价值实现和职业上是有所区别的。

第三节 中国的社会分层

社会学界对中国的社会分层比较一致的看法是，建国以来，我国社会分层结构出现过两次重大变化，第一次是建国后至改革开放前，第二次是改革开放之后。由于分层机制的明显变化，改革开放前后存在两套不同的社会分层结构。

一、改革开放前的分层

1949 年新中国成立后，我国实行高度集中的计划经济体制，行政权力控制资源的再分配，城乡二元分割，城市社会"单位"化，社会流动很少。

在计划经济体制下，计划的制定者和实施者构成了社会的核心阶层即干部阶层，专业技术人员和知识分子构成了另一个稳定的社会阶层，工人阶级是当时社会的中坚阶层，农民处于社会分层体系的最边缘地带。这时候的社会分层是一种政治化、权力化、身份制的分层，表现为强烈的刚性，缺少变化。

二、改革开放后的分层

改革开放后，中国的社会结构发生了极为深刻的变化。中国开始从计划经济体制到社会主义市场经济体制的转轨，从农业的、乡村的、封闭半封闭的传统型社会向工业的、城镇的、开放的现代性社会的转变。经济因素、职业因素在社会分层中的影响越来越大。目前，我国的体制转轨仍在进行中，社会主义市场经济体制正在逐步完善，因此，社会分层体系也是在不断地变化中的。

中国社会科学院社会学研究所"当代中国社会结构变迁研究"课题组认为，1978 年以来的改革开放使中国社会阶层结构发生了深刻的变化，原来的"两个阶级一个阶层"（即工人阶级、农民阶级和知识分子阶层）的平行社会结构发生了显著的分化，以职业为基础的新的社会阶层分化机制逐渐取代过去的以政治身份、户口身份和行政身份为依据的分化机制。课题组在全国 12 个省、市、自治区，72 个市、县、区进行人群等距抽样，并由 2001 年 6 月起展开实地大规模调查工作。并对部分单位进行入户访谈，进行召开座谈会形式的调查。2002 年，《当代中国社会阶层研究报告》出版。该报告首次详细阐述了中国 1978 年改革开放 20 年来社会阶层结构的变迁。报告对当前中国社会阶层变化做了总体分析，提出以职业分类为基础，以组织资源、经济资源和文化资源占有情况为标准的社会阶层划分的理论框架，得出了中国当代社会阶层的分层研究结果。

组织资源（包括行政组织资源与政治组织资源）主要指依据国家政权组织和党组织系统而拥有的对社会资源（包括人和物）的支配能力；经济资源主要是指对生产资料的所有权；文化（技术）资源是指社会（通过证书或资格认定）所认可的知识和技能的拥有。在当代中国社会中，对这三种资源的拥有情况决定了各社会群体在阶层结构中的位置以及个人的综合社会经济地位。

报告对内地社会群体划分的10个阶层及其社会地位、特征等作出如下界定：

(1) 国家与社会管理阶层　在党政、事业和社会团体机关单位中行使实际的行政管理职权的领导干部，是当前社会经济发展及市场化改革的主要推动者和组织者。

(2) 经理阶层　大中型企业中非业主身份的高中层管理人员，是市场化改革最积极的推进者和制度创新者。

(3) 私营企业主阶层　拥有一定数量私人资本或固定资产并进行投资以获取利润的人。这一阶层的政治地位无法和其经济地位相匹配，但他们是先进生产力的代表者之一，是社会主义市场经济的主要实践者和重要组织者。

(4) 专业技术人员阶层　在各种经济成分的机构中专门从事各种专业性工作和科学技术工作的人员，是先进生产力和先进文化的代表者之一，还是社会主导价值体系及意识形态的创新者和传播者，是维护社会稳定和激励社会进步的重要力量。

(5) 办事人员阶层　协助部门负责人处理日常行政事务的专职办公人员，是社会中间层的重要组成部分，未来十几年仍会增加。

(6) 个体工商户阶层　拥有较少量私人资本并投入经营活动或金融债券市场而且以此为生的人，该阶层的实际人数比登记人数多得多。这一阶层是市场经济中的活跃力量。

(7) 商业服务业人员阶层　在商业和服务行业中从事非专业性的、非体力的和体力的工作人员，这一阶层和城市化的关系最为密切。

(8) 产业工人阶层　在第二产业中从事体力、半体力劳动的生产工人、建筑业工人及相关人员，其中农民工占产业工人的30%左右。经济改革以来，该阶层的社会经济地位明显下降，其人员构成发生了根本性的变化。

(9) 农业劳动者阶层　目前中国规模最大的一个阶层，是指承包集体所有的耕地，以农(林、牧、渔)业为唯一或主要职业及收入来源的农民。这个阶层几乎不拥有组织资源，在整个社会阶层结构中的地位比较低。

(10) 城乡无业、失业和半失业人员阶层　特殊历史过渡阶段的产物，是指无固定职业的劳动年龄人群(不包括在校学生)。

报告建议，为了使社会和经济稳定发展，应该培育中产阶级。根据这种分层原则，勾画了当代中国社会阶层结构的基本形态，它由10个社会阶层和5个社会地位等级组成。见图3-1。

改革开放以来，中国社会中间阶层的迅速扩张，使得中国社会阶层结构由原来的金字塔形逐渐向橄榄形转变，掌握和运作经济资源的阶层正在兴起和壮大。整个社会的消费能力正在增强。对于营销人员来说，认识中国的社会阶层的构成，认识到各阶层消费者的行为，可以更好地进行市场细分。因为这些消费者无论是消费方式，或是所利用的广告来源方面相互间都有明显区别。企业在营销时，或者是面向所有阶层，或者仅选出某一阶层为目标对象，以便更好地适应其口味。应该说明的是，对各阶层消费行为描述是一个总体的归纳，并不是绝对的。

同时也要注意到，消费者的社会阶层并不是一成不变的，也可能在不同的阶层之间流动。原来是产业工人阶层的消费者，失去工作之后就会向低层的阶层流动；原来属于农业劳动者阶层的消费者，通过教育(如读大学)等途径可能会不断地向较高的社会阶层流动；一个处于顶层的消费者，可能因为触犯法律而迅速流动到较低的阶层，等等。因此，不但要认识到现在的社会阶层，也要放眼长远，认识到未来的大致发展趋势。

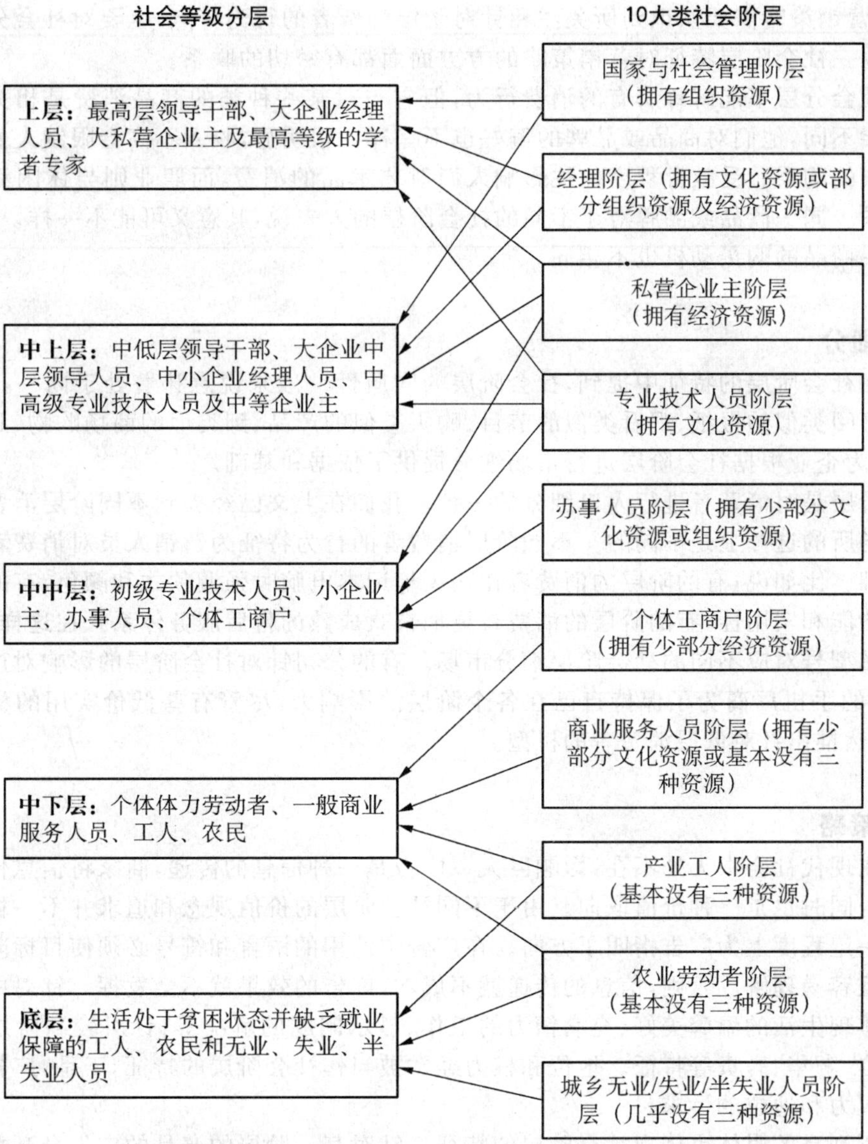

图 3－1　当代中国社会阶层结构

第四节
社会阶层与营销策略

消费已经成为这个世界上最大的活动。消费主义的观点之一便是，奢侈品是顶层消费者首先尝试和热衷的，并将不断下放和普及给普通百姓。这种观点表明，人们的生活标准总是向较高的社会阶层看齐，只要有机会，人们会努力地过更高阶层的生活方式。另一方面，随着社会的发展，奢侈品不断地放下身段，较低阶层的消费者的消费能力也在不断地增长，这样，较高阶层消费者的生活方式便会逐渐向下传递。温饱对中国大部分消费者来说已经不是问题，解决了温饱甚至小康之后，空闲的时间就会变得无聊，这时，对休闲、娱乐、游戏的需求便会增加。

因此，制定营销策略需要认识到所关注和针对阶层消费者的行为特点，也要对社会分层结构有整体的把握。社会阶层特征对营销策略的方方面面都有密切的联系。

虽然社会分层不能解释所有的消费行为，但它与对某些种类的商品消费是相关的。人们的社会阶层不同，他们对商品或品牌的偏好也不一样。很明显，收入不高会限制人们对昂贵的汽车和钻戒的购买。受教育程度往往影响人们对艺术品的消费，而职业则与休闲活动有较为密切的关系。同一商品或品牌对于不同的社会阶层的人来说，其意义可能不一样。同样，不同阶层对同一商品的购买动机也不相同。

一、市场细分

我们在社会阶层的特征中提到，社会阶层的同质性一般来说意味着处于同一社会阶层的消费者会订阅类似的报纸、观看类似的节目、购买类似的产品、到类似的商场购物、到类似的饭店吃饭，这为企业根据社会阶层进行市场细分提供了依据和基础。

社会阶层是对消费者进行人口细分的一种。我们在上文已经提到不同阶层消费者在对产品和消费场所的选择上是不同的。不同阶层消费者的行为特征为营销人员对消费者进行细分提供了基础。比如说，有的阶层的消费者在购买笔记本电脑时强调款式和颜色，有的阶层的消费者注重功能和实用性，有的阶层的消费者更加喜欢成熟的售后服务体系。在这样的情况下，不同的产品型号对应不同的社会阶层细分市场。有的公司针对社会阶层的影响对产品进行调整，比如有的手机厂商为了保持自己在各个阶层的影响力，尽管有些低价实用的机型并不赚钱，但是仍然推出针对低层消费者的机型。

二、广告策略

广告在现代社会中无处不在，影响巨大。广告是一种信息的传递，商家将信息传达给目标群体。广告同时也是一种价值取向。由于不同社会阶层的价值观念和追求并不一样，因此，社会阶层也一定程度上为广告指明了方向。在广告中使用的语言和符号必须使目标阶层的消费者能够而且容易理解。否则，信息的传递就不成功，广告的效果就不会发挥。针对中下阶层的广告往往体现生活的温馨美好、充满精力的工作、显示问题的解决等；针对较高阶层的广告往往体现地位、奢华、高贵等特征。地位和权力经常被当作社会阶层的特征，于是，广告也经常迎合人们对权力和地位的诉求。

广告所刊登的媒体也体现社会阶层的特征。针对某一阶层的产品的广告会刊登在这个阶层常浏览的媒体上。比如，《故事会》上的广告多是手机铃声、游戏下载，以及“办厂制佛香——赚钱真稳当”之类的加盟信息，而《财经》上的广告则是楼盘、手表、汽车、银行等。因此，了解社会阶层的偏好对广告的投放大有帮助。

三、产品开发和分销

产品的开发和分销也要注意到社会阶层的特征。不同阶层的消费者对产品的性能、款式的反应可能是不同的。在产品开发之前，有必要调查各种社会阶层的消费者对款式、性能、颜色等方面的偏好，以便有针对性地设计开发产品。

不同阶层的消费者的消费场所是不一样的。社会阶层特征可以为产品分销策略提供指导。如果目标群体是较低社会阶层的消费者，那么这些消费者集中地区的邻近商场就应成为向这些消费者提供产品的主渠道，而不能草率地依赖大型商场或购物中心。如果目标群体是较高阶层的消费者，就应该使用正规的较高层次的商场，并且要强调产品的品质。在中国针对农业劳动者所在的农村市场进行的营销，必须注重农村社会的亲情和友情关系网络，并且强调产品的实用性、实惠性和良好的售后保障，比如电冰箱的广告中会强调制冷性能好、省电、保修十年等信息，对款式、设计不做突出表现。

在运用社会阶层做营销研究的过程中会涉及一些问题和假设。首先，营销者倾向认为所有人都渴望提高社会地位或者希望效仿社会地位比他们高的人的行为。然而，正如我们已探讨的那样，事实往往并非如此。可能在有的国家，很多人对自己的社会地位或生活方式十分满意。不仅年纪大的人是这样，年轻人也同样如此。有的国家的青年渴望能过上他们父母所享有的生活方式，提高社会地位的诉求对这些人来说并无太大的吸引力。

但是在中国社会中，人们的等级意识比较强烈。一般而言，中国人习惯于按社会等级思考问题。因此，对很多人来说，直接或明显的以社会等级为基础的宣传对人们的影响较大。

消费窗口 3-2

不同社会阶层对体育消费者行为的影响[①]

1. 不同社会阶层在支出模式上的差异

不同社会阶层的体育消费者所选择和使用的体育产品是存在差异的。有的体育产品如品牌体育服装、高档体育器材等更多地被上层消费者购买，而另外一些产品如廉价体育服装则更多地被下层消费者购买。特别富裕的中层美国人将其大部分支出用于购买摩托艇、野营器具、大马力割草机、雪橇、后院游泳池、临湖住宅、豪华汽车或跑车等产品上；而收入水平与之差不多的上层美国人则花更多的时间和金钱于私人俱乐部、孩子的独特教育、古董、字画和各种文化事件与活动上。在我国，上层消费者会去高档次的健身场所，购买的体育用品和服装档次和品味都很高。中层消费者一般有很多存款，但他们中的很大一部分人对体育活动不是特别在意和讲究，体育服装和用品不少，但高档的不多，他们一般去比较大众化和平民化的健身场所。下层消费者没有足够的时间和金钱用在体育消费上，他们很少或者没有什么体育用品，一般也不去健身场所，因为他们已将大部分的精力投入在满足基本生存需要上了。

2. 不同社会阶层在信息接受和处理上的差异

信息搜集的类型和数量也随社会阶层的不同而存在差异。处于最底层的消费者通常信息来源有限，对误导和欺骗性信息缺乏甄别力。出于补偿的目的，他们在购买决策过程中可能更多地依赖亲戚、朋友提供的信息。中等阶层消费者比较多地从媒体上获得各种信息，而且会更主动地从事外部信息搜集。随着社会阶层的上升，消费者获得信息的渠道会日益增多。不仅如此，特定媒体和信息对不同阶层的体育消费者的吸引力和影响力也有很大的不同。比如，越是高层的体育消费者，看电视的时间越少，因此电视媒体对他们的影响相对要小。相反，高层体育消费者订阅的体育报纸、杂志远比低层体育消费者多，所以，印刷媒体信息更容易到达高层消费者。

3. 不同社会阶层在购物方式上的差异

体育消费者的购物行为会因社会阶层而异。一般而言，体育消费者会形成哪些商店适合哪些阶层消费者惠顾的看法。倾向于到与自己社会地位相一致的体育用品商店购物，或是健身场所消费。研究表明，消费者所处社会阶层与他想象的某商店典型惠顾者的社会阶层相去越远，他光顾该商店的可能性就越小。例如，较高阶层的体育消费者较少光

① 资料来源：徐桂霞，卓志伟．我国社会阶层体育消费分析．体育世界：学术版，2008(7)：98-99.

顾主要是较低阶层去的商店和健身场所。反之,较低阶层的消费者也很少去主要是较高阶层消费者惠顾的商店和健身场所。上层体育消费者消费时比较自信,喜欢单独购物或是单独去健身,他们虽然对服务有很高的要求,但对于销售和服务人员过于热情的讲解、介绍和指导反而感到不自在。他们特别青睐那些环境优雅、品质和服务上乘的商店和俱乐部,而且乐于接受新的购物方式。中层体育消费者比较谨慎,对环境和服务有较高的要求,但他们也经常在折扣店购物,去大众化的健身俱乐部健身,对于这一阶层的很多体育消费者,消费本身就是一种消遣。下层体育消费者由于受经济收入的限制,对价格特别敏感,多在中、低档体育用品商店购物,而且喜欢结伴而行,他们很少去健身俱乐部,多在免费的体育场所娱乐。

4. 不同社会阶层对新产品态度上的差异

体育消费者对新产品的态度也会受到社会阶层的影响。一般说来,高层消费者都是某一个或几个知名品牌或俱乐部的忠实顾客和拥护者,一旦有新产品问市,他们会很乐意地去接受、购买或尝试。他们大多不太在意产品质量的好坏,价格的高低,而更多地重视产品的外形,品牌和流行度。中层消费者由于更多地在意产品的性价比,对新产品一般均持比较慎重的态度。因此,当新产品打入市场时,他们会经过一系列的分析,例如,收集有关商品的信息,对商品进行评估后才会做出决策。价格和质量是他们是否接受新产品的两大重要因素。下层消费者由于受经济条件的限制,不会很关注新产品的问市,所以新的体育产品对他们来说基本没有吸引力和市场。

本章小结

社会阶层是一种普遍存在的社会现象,是指一个社会中的所有成员,按照一定的标准所划分成的若干个层次。社会阶层有层级性、符号象征性、多维性、同质性、流动性、对行为的限定性等特征。社会阶层对消费者获取信息、消费选择、消费意愿和态度方面有重要影响。

消费者社会阶层的测定通常有三种方法,社会地位的测量标准通常有收入、职业、教育程度、权力、声望等。

我国的社会阶层结构有其自身的特点。以改革开放为标志,有前后两个截然不同的社会分层结构。

当前我国的社会分层仍在变化,一般认为可以分为十大社会阶层。分别为:国家与社会管理阶层,经理阶层,私营企业主阶层,专业技术人员阶层,办事人员阶层,个体工商户阶层,商业服务业人员阶层,产业工人阶层,农业劳动者阶层,城乡无业、失业和半失业人员阶层。

社会阶层影响营销策略,具体表现在市场细分、广告、产品开发和分销等方面。

关键词

社会阶层	social class
社会等级	societal rank
炫耀性消费	conspicuous consumption

练习题

1. 什么是社会阶层？它有哪些特征？

2. “任何社会都不存在纯而又纯的社会阶层，只存在一系列社会阶层连续体”，这句话的含义是什么？

3. 简述科尔曼-莱茵沃特社会等级结构。

4. 试述社会阶层对消费者行为的影响。

5. 现在人们都在大力宣传环保，但是炫耀性消费依然存在，这些消费能被消除吗？如果不能，是否有可能减少其危害？

6. 在制定以下产品的营销策略时，如何应用社会阶层知识？

a. 奢华珠宝　b. 家庭安全系统　c. 皮鞋　d. 海外度假

7. 你认为营销人员通过大众传媒推销大多数下层居民或工人阶层居民买不起的商品，从道义上说得过去吗？

8. 分别在高档、中档和低档商店采访下列商品的推销人员，了解他们对消费者社会地位的观察，看看他们针对不同阶层消费者的销售策略是否相同？

a. 红酒　b. 女装　c. 男鞋　d. 手表

案例分析

美国米勒公司营销案①

在20世纪60年代末，米勒啤酒公司在美国啤酒业排名第八，市场份额仅为8%，与百威、蓝带等知名品牌相距甚远。为了改变这种现状，米勒公司决定采取积极进攻的市场战略。

他们首先进行了市场调查。通过调查发现，若按使用率对啤酒市场进行细分，啤酒饮用者可细分为轻度饮用者和重度饮用者，而前者人数虽多，但饮用量却只有后者的1/8。

他们还发现，重度饮用者有着以下特征：多是蓝领阶层；每天看电视3个小时以上；爱好体育运动。米勒公司决定把目标市场定在重度饮用者身上，并果断决定对米勒的“海雷夫”牌啤酒进行重新定位。

重新定位从广告开始。他们首先在电视台特约了一个“米勒天地”的栏目，广告主题变成了“你有多少时间，我们就有多少啤酒”，以吸引那些“啤酒坛子”。广告画面中出现的尽是些激动人心的场面：船员们神情专注地在迷雾中驾驶轮船，年轻人骑着摩托冲下陡坡，钻井工人奋力止住井喷等。

结果，“海雷夫”的重新定位战略取得了很大的成功。到了1978年，这个牌子的啤酒年销售达2 000万箱，仅次于AB公司的百威啤酒，在美名列第二。

问题

1. “海雷夫”为什么能赢得消费者的青睐？

2. 在蓝领阶层中存在哪些营销机会？

3. 不同社会阶层的消费者具有什么样的特点？如何针对这些特征制定营销策略？

---

① 根据 http://www.gh-2008.net/jf2006/article 改编.

·第四章·

群体对消费者行为的影响

美国的街头篮球爱好者是一个很典型的群体，热爱街头篮球的人会标榜自己是该群体的人，其行为、形象、价值观等都深受这种文化的影响。共同的目标也可以将他们聚集到一起，形成一个由吸引力组成的群体。

网络把大学生聚集到一起，网络游戏、聊天室、即时通讯工具、BBS等都是大学生中存在的虚拟社区平台。由于虚拟社区的进退自由方便，只有当某个人对某件事或某种东西具有了很强的热情时，他才会加入某虚拟社区。

现实生活中，每个消费者都生活在一定的群体之中，如家庭、学校、单位、左邻右舍或朋友集体。社会心理学的相关理论指出，人作为社会成员在共同生活、交往的过程中具有相互影响的特点。人们的消费行为也同样如此，不可避免地要受到这些群体的直接或间接影响。

本章将阐述下列问题：

- ★ 群体的类型
- ★ 参照群体与消费者行为
- ★ 群体内的沟通
- ★ 意见领袖与消费者行为

通常社会上每一个群体的成员都有相近的观念、行为特征，从消费角度看则表现为：为了寻求与群体其他成员一致，消费者会把自己所在群体人们的消费特征作为自己的参照标准，群体会影响到他们的购买取向、购买商品的特征。

第一节 群体类型

群体(group)是在追求共同目标或兴趣中相互影响、依赖的两个或两个以上的人，通过一定的社会关系结合起来进行共同活动而产生相互作用的集合体。群体规模既可以比较大，如几十人组成的班集体；也可以比较小，如经常一起上街购物的两位邻居。群体人员之间一般有较经常的接触和互动，从而能够相互影响。

社会成员构成一个群体，应具备以下基本特征：①群体是一个多数人的集合，群体成员需以一定纽带联系起来。例如，以血缘为纽带组成了氏族和家庭，以地缘为纽带组成了邻里群体，以业缘为纽带组成了职业群体。②成员之间有共同目标和持续全面的相互交往。公共汽车里的乘客、电影院里的观众不能称为群体，因为他们是偶然和临时性地聚集在一起，缺乏持续的相互交往。③群体成员有共同的群体意识和规范。④根据任务划分，群体成员间有组织性，在成员间产生整体观念。

从消费者行为分析角度，研究群体影响至关重要。首先，群体成员在接触和互动过程中，通过心理和行为的相互影响与学习，会产生一些共同的信念、态度和规范，它们对消费者的行为将产生潜移默化的影响。其次，群体规范和压力会促使消费者自觉或不自觉地与群体的期待保持一致。即使是那些个人主义色彩很重、独立性很强的人，也无法摆脱群体的影响。再次，很多产品的购买和消费是与群体的存在和发展密不可分的。比如，加入某一影迷俱乐部，不仅要参加该俱乐部的活动，而且还要购买与该俱乐部的形象相一致的产品，如印有某种标志或该影星头像的衣服、饰物等等。

一、群体的分类

群体可以按照不同的变量进行划分，营销人员发现有四种划分标准最为有用，即：成员资格、社会联系强度、接触类型和吸引力。如图 4－1。

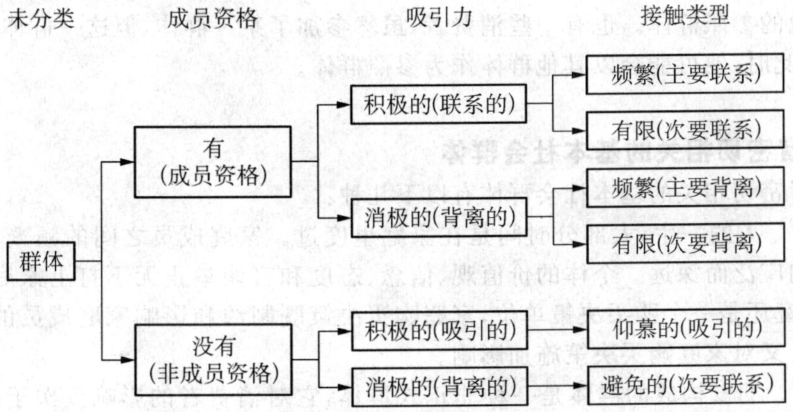

图 4－1　影响消费者行为的常见群体

成员资格的标准是两分，个体要么是某个群体的成员，要么不是；社会联系强度是指群体联系的紧密度；而接触类型则指相互之间的联系是频繁的还是有限的；吸引力指个人对群体成员资格的欲求程度，这种欲求也有积极的和消极的。

根据以上的划分标准，群体大致可以分成以下几类：

(1) 正式群体与非正式群体。按照构成的不同原则和方式，群体可以分为正式群体与非正式群体。

正式群体是指有组织结构界定的、任务责任划分非常明确的群体。在正式群体中，成员有具体的地位和角色规定，个体的行为是由组织目标规定的，并且指向组织目标。商场里某品牌的销售团队、企业里的新产品开发小组等均属于正式群体。

非正式群体是指人们在交往过程中，由于共同的兴趣、爱好和看法而自发形成的群体。它没有正式结构，无明确职责划分。非正式群体可以是在正式群体之内，也可以是在正式群体之外，或是跨几个群体，其成员的联系和交往比较松散、自由。由于非正式群体的形成，通常是以共同的利益、观点为基础，以情感联系为纽带，因此具有较强的凝聚力和较高的行为一致性。

(2) 主要群体与次要群体。按照群体成员的交往程度可以分为主要群体与次要群体。

主要群体或初级群体是指成员之间具有经常性面对面接触和交往，形成亲密人际关系的群体。这类群体主要包括家庭、邻里、儿童游戏群体等。主要群体通常是自然的人际交往形成的，没有严格的群体规范，其运作依赖于成员之间的情感联系，而非规定性的角色关系。

次要群体或次级群体指的是人类有目的、有组织地按照一定规范建立起来的，有明确社会结构的群体。它是社会根据一定的目标建立起来的。次要群体规模一般比较大，人数比较多，群体成员不能完全接触或接触比较少。而在主要群体中，成员之间不仅有频繁的接触，而且有强烈的情感联系。正因为如此，像家庭、朋友等关系密切的主要群体，对个体来说是不可或缺的。

(3) 隶属群体与参照群体。按照从属关系可以分成隶属群体与参照群体。

隶属群体或成员群体是消费者实际参加或隶属的群体，如家庭、学校等。参照群体，也叫标准群体或榜样群体，其标准、目标和规范可以成为人们行动的指南，成为人们努力要求达到的标准，该群体的看法和价值观被个体作为当前行为的基础。因此，参照群体是个体在某种特定情境下作为行为指南而使用的群体。群体中个人会把自己的行为与群体标准进行对照，并修正自己的行为。

美国社会心理学家 H. 海曼(Hyman)于 1942 年最先使用参照群体这一概念，用以表示在确定自己的地位时与之进行对比的人类群体。当消费者积极参加某一群体的活动时，该群体通常会作为他的参照群体。也有一些消费者，虽然参加了某一群体，但这一群体可能并不符合其理想标准，此时，他可能会以其他群体作为参照群体。

二、与消费者密切相关的基本社会群体

与消费者密切相关的基本社会群体有以下几种：

(1) 家庭。人的一生，大部分时间是在家庭里度过。家庭成员之间的频繁互动使其对个体行为的影响广泛而深远。个体的价值观、信念、态度和言谈举止无不打上家庭影响的烙印。不仅如此，家庭还是一个购买决策单位，家庭购买决策既制约和影响家庭成员的购买行为，反过来家庭成员又对家庭购买决策施加影响。

(2) 朋友。朋友构成的群体是一种非正式群体，它对消费者的影响仅次于家庭。追求和维持与朋友的友谊，对大多数人来说是非常重要的。个体可以从朋友那里获得友谊、安全，还可以与朋友互诉衷肠，与朋友讨论那些不愿和家人倾诉的问题，总之，它可以满足人的很多需要。不仅如此，结交朋友还是一种独立、成熟的标志，因为与朋友交往意味着个体与外部世界建立联系，同时也标志着个体开始摆脱家庭的单一影响。

(3) 正式的社会群体。像登山爱好者俱乐部、某影星的影迷会等组织均属于正式的社会

群体。人们加入这类群体，可能基于各种各样的目的。有的是为了结识新的朋友、新的重要人物，有的是为了获取知识、开拓视野，还有的是为了追求个人的兴趣与爱好。虽然正式群体内各成员不像家庭成员和朋友那么亲密，但彼此之间也有讨论和交流的机会。群体内那些受尊敬和仰慕的成员的消费行为，可能会被其他成员谈论或模仿。正式群体的成员还会消费一些共同的产品，或一起消费某些产品。比如，"驴友"俱乐部的成员要购买帐篷、背包、手电筒等出行装备。

(4) 购物群体。为了消磨时间或为了购买某一具体的产品而一起上街的几位消费者，就构成了一个购物群体。购物群体内的成员，通常是有空余时间的家庭成员或朋友。人们一般喜欢邀请乐于参谋且对特定购买问题有知识和经验的人一起上街购物。与他人一起采购，不仅会降低购买决策的风险感，而且会增加购物过程的乐趣。在大家对所购产品均不熟悉的情况下，购物群体很容易形成，因为此时消费者可以依赖群体智慧，从而对购买决策更具信心。

(5) 消费者行动群体。在西方消费者保护运动中，涌现出一种特别的社会群体，即消费者行动群体(Consumer-Action Groups)。它可大致分为两种类型，一种是为纠正某个具体的有损消费者利益的行为或事件而成立的临时性团体，另一种是针对某些广泛的消费者问题而成立的相对持久的消费者组织。学生家长临时组织起来，对学校的办学方针和政策提出质询，要求学校领导纠正某些损害学生利益的做法，就属于前一种类型的消费者行动群体。针对青少年吸烟、吸毒而成立的反吸烟或反吸毒组织就属于后一类型的消费者行动群体。大多数消费者行动群体的目标是唤醒社会对有关消费者问题的关注，对有关企业施加压力和促使它们采取措施矫正那些损害消费者利益的行为。

(6) 工作群体。工作群体也可以分为两种类型：一种是正式的工作群体，即由一个工作小组里的成员组成的群体，如同一个办公室里的同事，同一条生产线上的装配工人等等。另一种是非正式工作群体，即由在同一个单位但不一定在同一个工作小组里工作，且形成了较密切关系的一些朋友组成。由于在休息时间或下班时间，成员之间有较多的接触，所以非正式工作群体如同正式工作群体，会对所属成员的消费行为产生重要影响。

消费窗口 4-1

"超级妈妈"最爱上网①

浩腾媒体(OMD)和美国在线(AOL)的 Platform-A 进行了一项新研究。这项名为"当今父母的双重生活和双倍时间"的研究，主要探讨上网妈妈们的生活方式和媒体喜好。全球 7 000 多名妈妈接受了调查，其中包括来自印度、中国和澳大利亚的 1 800 名妈妈。OMD 和 AOL 认为，上网妈妈是一个特殊的重要消费群体。OMD 和 AOL 的关键研究领域包括妈妈们的媒体使用程度、她们的个人价值观、家庭动态、购买习惯和对广告的喜好等。调查结果显示，每位上网妈妈都成为了多面手专家。她们能在一天当中完成 27 个小时的工作量，包括工作、家庭、上网、家务劳动、饮食、购物等等。而"超级妈妈"一天当中花在媒体上的时间为 8 小时，其中包括 2.6 小时上网，2.1 小时看电视，1.2 小时收听广播，半小时看报纸和杂志以及玩游戏等。

在亚太地区，上网是最流行的媒体互动模式。与印度和澳大利亚的妈妈相比，中国妈妈的在线时间位居榜首。前者为平均 2.9 小时，中国妈妈们的平均在线时间为 3.5 小时，抚养教育是居于第一位的在线活动，超过了搜索、处理电邮和浏览新闻。关于在线广告和

① 资料来源：《现代广告》，2008(12)：149.

手机广告的接受程度，印度妈妈是全球接受程度最高的群体，有74%的印度妈妈每天浏览上述形式的广告，中国紧随其后为71%，澳大利亚则为55%。

第二节 参照群体与消费者行为

参照群体通常在个体形成观念、态度和信念时给人以重要的影响。参照群体的含义有一个逐渐变化完善的过程，起初它是指家庭、朋友等个体之间与之具有相关互动的群体，现在参照群体不仅包含了具有互动基础的群体，也涵盖了与个体没有直接接触但对个体行为有一定程度影响的个人和群体。诸如各类明星、政治领袖和其他公众人物的行为举止都有可能影响到消费者消费行为。

海曼(Hyman)在参照群体概念中强调了能用来与他人进行比较且可以解决问题的参照点。后来凯利(Kelly)强调了参照群体的规范性影响，把参照群体分成了为自我评价而被用做比较标准的群体和被当作个体价值观念、规范和态度的源泉的群体。这样参照群体就具有了规范和比较两大功能，一种是在于建立一定的行为并使个体遵照这一标准，一种是指个体把参照群体作为评价自己和别人的比较标准和出发点。

一、参照群体的分类

根据不同的划分指标，参照群体的分类也不尽相同。根据个体成员资格和群体对个体的态度、行为的正负面影响，可以将参照群体大致分为成员群体、期望群体、拒绝群体和回避群体。

成员群体是指个体已经是群体的一员，且个体一般对群体持有肯定的影响。根据成员群体的互动作用和接触的频繁程度又分成主要群体和次要群体，根据群体的组织建设结构又分成正式群体和非正式群体。这在第一节中已有详细的介绍。在消费者行为的研究当中，主要群体成员购买相同品牌的可能性更大，而非正式群体比正式群体在消费活动中起到的作用更加显著。

期望群体是指渴望加入并追求心理上认同的群体。期望群体根据接触程度可以分成预期性的期望群体和象征性的期望群体。预期性的期望群体是个体希望加入并保持经常接触的群体。象征性的期望群体则是个体没有成为其成员的可能性，但乐于接受某群体的价值观念、态度和行为准则的群体。

拒绝群体是这样一个群体，人们属于这个群体并时常彼此接触，但却并不认同和接受这个群体的价值观念、行为准则和方式。例如，某个公司的员工，由于工作的原因，他隶属于这个公司并与公司其他员工保持经常性的接触，但他可能根本并不认同该公司的价值观念和行为准则。

回避群体是人们不愿意与之发生联系，并且没有面对面的接触的群体。现实生活中，有些人为了尽力避开一些他不愿意接触的群体，会通过穿戴某种服饰、驾驶某种汽车等途径来加以区别。大部分消费者一般在肯定的动机下更容易产生信念或态度，所以企业在做广告时就更多利用肯定的参照群体而回避反面人物在广告中的出现。

另外，如果按照参照群体的不同作用，可以把参照群体划分为规范性参照群体和比较参照群体。前者帮助人们确立并实施基本的行为准则；后者为个人提供评价自己、别人、社会事件的标准和出发点。与此相应，参照群体在个人的行动定向上执行两种基本功能：规范功能和比较功能。规范功能表现在动机作用中。借助于规范功能，参照群体对个人施加压力，推动他按照群体规范行动。比较功能表现在知觉、认识上。借助于比较功能，个人对自己、别人、社会事件进行比较评价。参照群体的这两种功能往往是统一的。同一参照群体既可以实现规范功能，又可以实现比较功能。

根据是否具有成员资格，可以把参照群体分为"所属参照群体"和"非所属参照群体"。根据参照群体对个人吸引力的方向，可以把参照群体划分成"正参照群体"和"负参照群体"两类。把这两种标准合并起来，就可以得出四类参照群体：负非所属参照群体、正非所属参照群体、负所属参照群体、正所属参照群体。负非所属参照群体指的是个体不具有其成员身份、并力图回避的群体。负所属参照群体是这样的群体：客观上个体是其中的一员，主观上却力图否认自己归属其中。正所属参照群体，指的是个体隶属其中并在主观上认同它、与之频繁接触的群体。正非所属参照群体是那种个体不具有成员身份、却渴望加入或仿效的群体。

消费窗口 4-2

参照群体理论的历史研究综述①

社会心理学中研究参照群体问题开始于 20 世纪 40 年代。1942 年，美国社会心理学家 H. 海曼研究个人的社会地位，向他人问及"你一般把自己与什么样的群体或个人作比较"时首先采用了参照群体这一术语，用以表示个人在确定自己的地位时与之相对比的人类群众。他认为，个人对自己地位的评价乃是与参照群体相比较的结果。1943 年，T. M. 纽科姆研究大学生的社会观点，用参照群体这一概念表示个人在心理上所从属的群体。他认为，社会观点的形成是个人对某一或某些群体的肯定或否定态度的函数。凯莱和帕克等人的研究对参照群体理论的丰富起了重要作用。

凯莱按照参照群体的不同功能将其区分为规范参照群体和比较参照群体。这种区分与海曼最初的研究中的"对于参照群体可能采取的两种不同取向——认同和判断"是一致的，更加明确了两种不同性质的参照群体的影响力量。T. 史布达尼也形容了 3 种不同作用的参照群体：作为个人进行比较和对照之参照点的参照群体，个人期望获得其成员资格或保持被该群体认同的参照群体，其价值观构成个人行为之参照系的参照群体。帕克和 V. P. 莱斯戈将参照群体对其成员行为的影响归结为三种主要方式：信息性影响、规范性影响和价值表达影响。面临不确定性人们会从可利用的众多来源搜寻信息，信息性影响即是基于消费者想要制定明智决策的欲望，出现于个人把参照群体成员的行为和观念当作潜在的有用信息加以参考之时，其影响程度取决于被影响者与群体成员的相似性，以及施加影响的参照群体成员对个体所购买物品了解的专业程度；规范性影响又叫功利性影响，表现为个人为了获得群体的赞赏（或避免惩罚）而采取满足群体期望的行为；价值表现影响也叫认同性影响，其产生以个人对群体价值观和群体规范的内化为前提，个人对参照群体的响应源自于对群体的情感上的心理上的联系。这种分类与史布达尼所描述的三种类型的参照群体基本对应，更加明确地概括并界定出参照群体三种截然不同的功能。

① 资料来源：秦晓敏，盛敏. 参照群体理论综述. 管理与财富，2008(11)：156－157.

伯尔、威特等人关于参照群体影响程度的研究及著作对参照群体在营销、广告、公共关系等领域中的应用奠定了重要基础。伯尔提出：参照群体对产品和品牌决策的影响程度取决于两个维度：产品独特性程度和消费过程可视性程度。按照产品独特性将产品区分为奢侈品和必需品。购买奢侈品相比购买必需品，参照群体具有更大的影响力，因为收入差异，奢侈品购买因个人的品味和偏好而定，必需品则缺少这样大范围的选择。按照消费过程的可视性可将产品区分为公开消费品和私人消费品。购买公开消费品的品牌决策更容易受到参照群体影响，因为如果消费者所购买的物品不为其他人所注意的话，也就不会那么轻易因他人的意见而左右。

威特和布鲁斯在研究参照群体对品牌选择的影响程度时，提出参照群体影响的七种决定因素：产品或服务的显著性及其符号象征意义，感知风险，参照群体的吸引力大小及其专业程度，个人对社会认可的需求程度，满意与社会环境的关联程度。因此在某一特定情境下，参照群体可能对购买没有影响，也有可能会影响到某类产品或某种型号产品的使用或具体品牌的选择。对品牌的影响也可能是发生于一类产品品牌而不是单个品牌。肯尼斯，霍金斯等人则认为可以从5个方面来判定参照群体的影响程度：产品或品牌的使用可见性，产品的必需程度，个人对群体的忠诚度，消费行为与群体的相关性，个人购买的自信度。综合以上各种决定因素，可以归结至三个方面：产品或服务本身的性质，消费者个性，参照群体本身的因素。

二、参照群体对消费者行为的影响

参照群体影响是一个多维度的概念，关于它的测量，以 Park 和 Lessig(1977)的研究最具代表性。他们在前人研究的基础上，将参照群体划分为信息性(informational)、功利性(utilitarian)和价值表现性(value-expressive)三个维度，并开发了相应的量表。在此后的近三十年里，他们的三维参照群体影响量表得到了众多学者的认可，并沿用至今。信息性影响、功利性影响和价值表现性影响的划分以遵从理论和社会比较理论为基础，并与 Kelman(1961)提出的个体接受社会性影响的内化(internalization)、顺从(compliance)和认同(identification)三个过程一一对应。我们可以从动机、导向、过程、表现和结果五个方面对参照群体影响的三个维度进行剖析(表 4-1)。

表 4-1　参照群体影响各维度的动机、导向、过程、表现和结果①

维度	动机	导向	过程	表　现	结　果
信息性影响	规避风险	获得满意的产品	内化	从他人那里搜寻信息观察他人的消费决策	提升消费决策能力与知识
功利性影响	遵从社会	建立满意的关系	顺从	通过消费选择来迎合群体的偏好、期望、标准和规范	赢得来自参照群体的赞扬；避免来自参照群体的惩罚
价值表现性影响	提升自我心理隶属	获得心理满足	认同	通过消费选择来与自己所向往的群体建立联系	强化自我概念提升自我形象；表达对参照群体的喜爱之情

① 资料来源：贾鹤，等.《参照群体对消费者决策影响综述》.外国经济与管理，2008，30(6)：51－58.

（一）参照群体的信息性影响

当在消费情境中遇到不确定性时，消费者会试图搜寻信息以降低风险。参照群体的信息性影响，产生于消费者希望在信息充分的条件下进行决策的愿望。当遇到不确定性时，消费者会积极地从他们认为具备相应知识的人那里搜集相关的消费信息，观察那些他们认为是“产品专家”的人消费选择行为，或是依据某人或某群体的代言人来推断产品质量。如果来自参照群体的信息增加了消费者有关特定消费情境的知识，或是提升了消费者处理特定消费问题的能力，参照群体就对消费者产生了信息性影响。

（二）参照群体的功利性影响

功利性影响又叫做规范性影响。消费者总是处于一定的社会环境之中，会感受来自周围群体的压力，并被迫在消费选择或决策中遵从某些规范。于是，消费者在消费产品或选择品牌时，就会迎合参照群体的偏好、期望、规范或标准，以便获得参照群体的肯定，如对消费者所选的品牌表示赞同；或是为了规避参照群体的惩罚，如参照群体因不认同消费者购买的产品而不再承认其成员的资格。如果消费者预期某种消费行为会受到参照群体的惩罚，并且认为这种结果很重要，就会去迎合参照群体，这时参照群体就对消费者产生了功利性影响。

（三）参照群体的价值表现性影响

价值表现性影响也称作认同性影响。一方面个体有自我提升的需求，具体到消费情境中，个体可借助其所向往的参照群体，并通过特定的消费行为来实现自我提升，换句话说，消费者可以通过模仿其所向往的参照群体的消费行为，来与该群体建立联系，或是给别人留下自己属于该群体的印象，从而借助该群体的形象来表达、提升自我形象，使实际的自我概念更加接近其理想中的自我概念。

另一方面，社会成员个体还有在心理上隶属于某个群体的需求。因此，消费者也可能通过与某参照群体做出一致的品牌选择等消费决策，来对该群体做出积极的反应，这两种反应仅仅是源于消费者对该群体的喜爱。参照群体的价值表现性影响正是通过这两种方式产生的。

图 4-2，列出了一系列消费情境和在这些情境下，参照群体的影响及类型。

上述三种影响在现实生活中是普遍存在的，但在不同的消费情境下，参照群体对消费者行为影响的程度是有差异的。其影响因素是多样的，主要涉及产品的可见性、产品的必需程度、产品与群体的相关性、产品的生命周期、群体的安全感、个体在购买中的自信程度和个体对群体的忠诚程度。

（1）产品的可见性。大致讲来，产品在使用时的可见性越高，群体的影响力越大。研究发现对于可见性高的必需品，参照群体对是否要买这类产品影响较小，但在品牌的选择上影响比较大。

（2）产品的必需程度。就食品、日常用品等生活必需品，消费者比较熟悉，并且容易形成购买惯性，此时参照群体的影响力较小。相反，对于一些非日常用品，消费者在购买时受参照群体的影响比较大。

（3）产品与群体的相关性。消费者的消费行为与群体功能或价值实现的关系越密切，个体遵守群体规范的压力就越大。如对于经常出席重要会议的人来说，着装就非常讲究和重要，对于一般人的日常生活，其重要性就小一些。

（4）产品的生命周期。当产品处于投入期时，消费者购买这个产品时受到群体的影响较大，但品牌决策受群体影响较小。在产品的成长期，参照群体对产品及品牌选择的影响都很大。在产品的成熟期，群体影响在品牌选择上大，而在产品选择上比较小。在产品的衰退期，群体对产品选择和品牌选择的影响都比较小。

（5）群体安全感。如果个体对群体有安全感，那么群体的活动规则、行为准则对消费者的

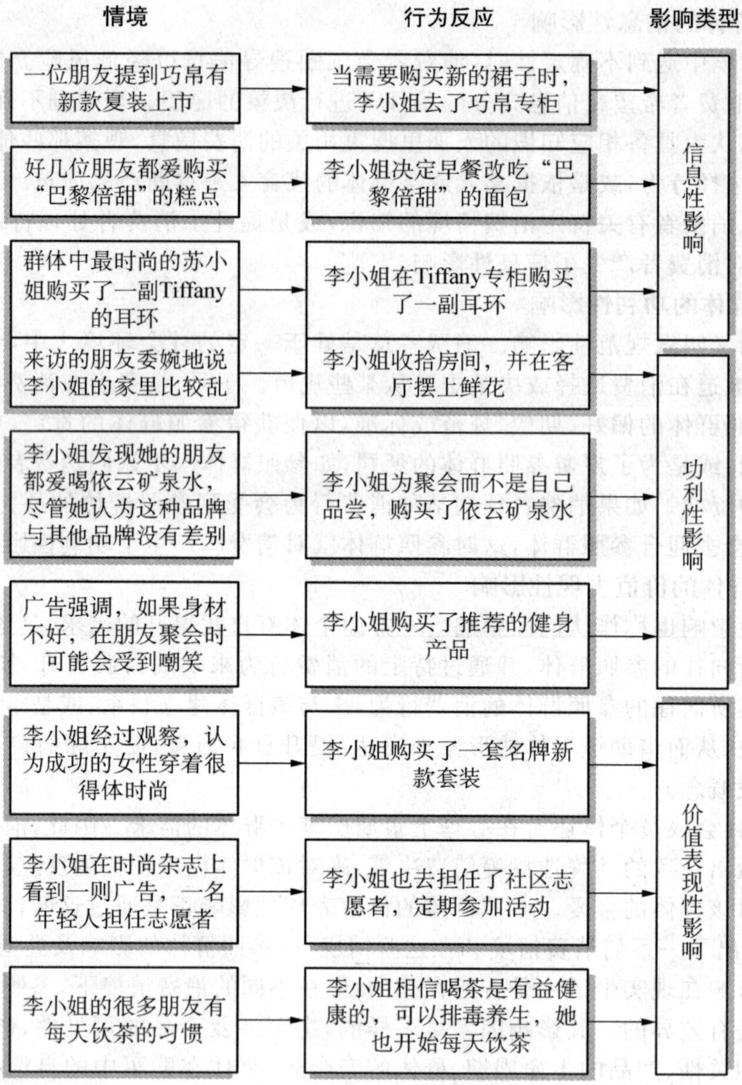

图 4－2　消费情境和参照群体影响

影响会比较大，消费者也会拥护群体；但如果个体对群体缺乏安全感，就会产生脱离群体的欲望，那群体对该个体的影响自然小。

（6）个体在购买中的自信程度。个体在购买冰箱、汽车等耐用品时，比较容易受参照群体的影响。这主要是因为个体在选择这些产品时，拥有的是有限的相关知识和信息，而群体影响力则在于个体购买此类产品时给予强大的支持，使个体具有购买信心。自信程度并不一定与产品知识成正比，倒越是知识丰富的人在购买此类产品时越容易与群体内其他个体交换意见和信息。

（7）个体对群体的忠诚度。个体对群体越是忠诚，越容易受到群体的影响。相反，个体对群体缺乏忠诚度，群体的规则、行为准则则不太容易对个体产生影响。

对营销人员而言，可以通过这种结构来判断参照群体可能在多大程度上影响个体对他们品牌的消费。

三、参照群体概念的营销运用

企业在营销活动中，通过参照群体来影响或改变消费者的消费行为，以达到预期目标。常用的策略有以下几种。

（一）名人效应

明星或其他名人对公众尤其是对崇拜他们的公众具有巨大的影响力和感召力。故用名人做广告较不用名人做广告效果更好。利用名人做形象代言人，在媒体上频频做广告，将名人的名字和肖像运用到产品包装和起名上，邀请名人参加企业的有关活动，以宣传其产品等等。

（二）专家效应

专家由于其丰富的知识，使其在介绍、推荐产品与服务时较一般人更具权威性，从而产生专家所特有的公信力和影响力。

（三）普通人效应

运用满意顾客来宣传产品或服务，使得广告很有亲和力与说服力，且成本更低。由于此类广告贴近消费者，反映了消费者的现实生活，因此他们能更容易感动认可。

（四）经理代言人

越来越多的公司用公司总裁或总经理作代言人。大公司的总裁或经理具有很多光环，他们的成就和不平凡的经历会令许多人羡慕，他们在广告中的出现可以吸引更多人对广告的兴趣，同时也表明管理层对消费者利益的重视，进而激起消费者对公司及其产品的信心。

第三节 群体内沟通与意见领袖

群体内沟通是在两人或更多人之间，如参照群体成员之间或消费者和销售人员之间所进行的人与人的沟通。通过沟通对购买施加影响，这种个人的影响极其有力，因为消费者一般认为朋友和亲戚比商业信息来源更加可靠和更加值得信赖。群体内沟通的重要性与文化价值紧密地联系在一起。在群体团结和遵从群体规范占统治地位的文化中，群体成员的沟通会更有影响力。

一、群体内沟通的类型及其过程

群体内沟通的类型根据现有研究成果大致有三种：关于产品信息的沟通、提供建议和个人经验。这些类型反映出群体沟通的两种功能：提供信息和施加影响。产品信息给消费者提供信息；提供建议和个人经验则可能影响消费者的决策。因此，每种沟通类型可能分别在购买决策的不同阶段起到作用。

群体沟通的过程可以看作是在意见领袖和其追随者之间的信息沟通。这种沟通的关键重点在于被沟通的信息是积极的还是消极的。

（一）两级沟通

两级沟通是将沟通描述为一种从大众到意见领袖，然后从意见领袖到追随者的两级沟通。两级沟通理论的重要贡献在于它否定了长期以来认为的大众媒体是影响消费者的主要手段和担当主要信息来源的观点。

（二）多级沟通

虽然两级沟通对理解个人影响的过程很重要，但它不是一种描述信息沟通和影响的精确陈述。群体沟通一个更为实际的模式是多级沟通。大众媒体能接触到的是信息收集者、意见领袖，或直接与追随者接触。信息收集者虽然对意见领袖和追随者都充当了一种信息来源，但他们传播信息给意见领袖的可能性更大。意见领袖和追随者之间的沟通是一种双向的信息沟通。

图 4－3 对比了两级沟通与多级沟通。

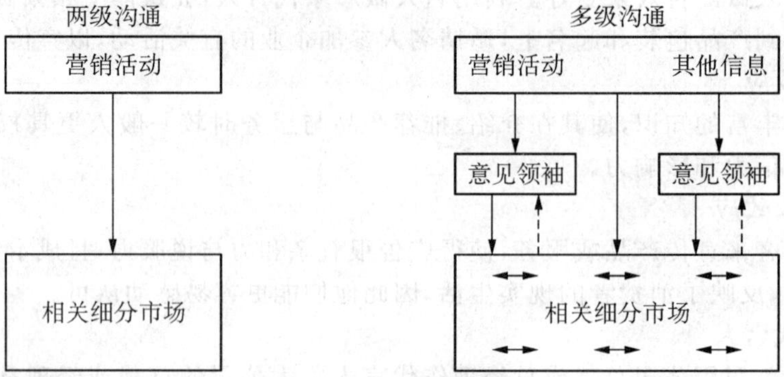

图 4－3　沟通传播信息流

（三）负面群体沟通

群体沟通既可能是正面的，也可能是负面的。负面的群体沟通通过两个途径表现出来：通过传达消费者的直接经历（如劣质的产品性能、劣质的服务、高昂的价格等等）和通过传达有关产品的谣言。负面群体沟通比正面群体沟通更有影响，往往会对企业产品造成很大的负面作用。

二、意见领袖与消费者行为

（一）意见领袖的含义与特征

意见领袖是指那些频繁地向其他消费者提供信息，在更大程度上影响他人的消费态度和消费行为的人。相对应的是，那些被影响的消费者通常被称作"意见征求者"。意见领袖对意见征求者的影响主要是通过非正式的口头传播来实现的，但这种影响有时可能是消费者之间的互相观察和模仿的结果。意见领袖的作用一般集中在特定的产品领域，当涉及其他产品时，往往会发生角色转换，原来的意见领袖则可能变成为一个纯粹的意见接收者。如果把意见领袖加以区分，分成"专家型"意见领袖（在某个相关产品领域的意见领袖）和"通才型"意见领袖（在多个产品领域内的意见领袖），那么在不同的文化背景影响下这两类意见领袖的地位往往不一样。

由于上述原因，要对所有意见领袖的特征作出明确的识别是非常困难的，综合已有研究成果，意见领袖的主要特征有以下几点：

- 意见领袖主要通过人际沟通和观察来发挥作用，而且这些沟通和观察活动经常出现在有着相似人口统计特征的个人中间。
- 意见领袖比一般人更合群更健谈，并且具有公开的独特个性，愿意以与众不同的方式行动。
- 意见领袖通常也是消费的创新者。意见领袖不一定就是新产品的最早使用者，但他们倾向于成为消费的创新者，他们向其他消费者提供有关新产品的信息或意见的时候具有相当的权威性。
- 意见领袖偏爱专业性的趣味读物。意见领袖对于那些专注于自己擅长或喜爱的领域的出版物往往表现出较大的偏爱性。由于意见领袖比普通消费者更多地接触他们感兴趣的信息媒介，媒体机构便利用这一点吸引潜在的客户。

■ 意见领袖在个性、社会阶层和人口统计特征方面也具有一定的共性。其个性特征决定了他们在信息传播过程中的重要作用，一般来说意见领袖必须对自己及其持有的意见要有自信。意见领袖往往具有较高的职业地位，或较高的收入，或被其他人看作更有知识，但他们并非处于更高的社会阶层，而是属于同一个社会群体。

消费窗口 4-3

“二八”法则下的意见领袖①

“二八”法则是一百年前意大利经济学家巴莱多创立的。他认为：在任何一组东西中，最重要的只占其中一小部分——约20%，约80%尽管是多数，却是次要的。“二八”法则在营销环节中，主要体现为两个方面：一是重点产品，二是重点客户。即企业80%的销售是由20%的重点商品完成的；企业80%的销量是由20%的核心客户完成的。如果能把这20%的客户找出来，提供更好的服务，对于公司的发展和业绩的增长无疑具有巨大的帮助。

这个法则在口碑传播上同样适用，即给一个公司带来80%声誉的是20%的客户；在用户中传播最广的只是产品信息中的一项或者两项。

所以对企业来说，在实施口碑营销过程中，有两件事特别需要注意：一是要找出这20%最有价值的口碑传播者，也就是意见领袖，通过他们将产品信息扩散出去；二是要知道在众多的产品信息中哪些最能激发用户的兴趣。“二八法则”之所以得到业界的推崇，除了其普遍性以外，很重要的一条还在于其提倡的“有所为，有所不为”的思想，能将企业有限的资源得到最大化的利用，给企业带来最大的成果。

三、意见领袖概念的营销运用

许多营销人员都在找机会鼓励消费者对其产品进行有利的宣传和谈话。营销人员都知道，消费者更加信赖非正式的个人信息来源，而非专业的销售人员或商业广告。从这一点上讲，意见领袖在营销过程中的作用非常重要，营销人员要想在营销过程中有效、有利地运用意见领袖，可以采取以下策略。

（一）提供特色产品

新产品或者是特色产品为顾客提供某种“谈资”。新产品的开发人员应该通过富有特色的产品设计，赋予产品一定的新意，充分利用口传效应，开发产品本身的信息传播力。

（二）刺激意见领袖

直接刺激意见领袖是一种常见的营销策略，鼓励意见领袖对该产品做出积极的宣传。采用刺激意见领袖的做法其目的就是要通知意见领袖并激发他们的兴趣，促使他们与其他消费者谈论产品的利益和价值，使其他消费者对该产品建立起初步的好感。

（三）模拟意见领袖

当企业直接刺激意见领袖比较困难或刺激成本较高时，可以考虑在广告中模拟一位意见领袖来展示现实生活中群体之间非正式沟通的情景，以替代真实的意见领袖对该产品所进行的宣传。值得注意的是，在选择形象代言人特别是名人作为虚拟的意见领袖时，形象代言人应该符合潜在消费群体和产品的特点，并且最好是潜在消费群体普遍认同的形象。

① 资料来源：祁定江. 消费者自主时代的口碑传播. 中外管理，2008(3)：70-71.

（四）有效利用口头传播

口头传播非常有效，但非正式的口头传播可能发展到难以控制的地步，特别是，当口头传播的内容是负面的，其对产品的打击将是致命的。常见的负面传播包括：产品是在不卫生的条件下生产的，产品中含有不利于健康的配方，产品中含有致癌物质，产品是某个臭名昭著的公司生产的等等。有效利用口头传播就是要积极引导、利用正面评价，积极杜绝负面谣言的传播。通常开通免费咨询电话、迅速处理客户的抱怨、加强售后产品的服务是控制谣言的有效途径。

（五）营造意见领袖

营销人员相信，如果能够将营销对象划分为意见领袖和意见的接收者，并且直接将有效信息传播给那些最有可能影响大众市场的意见领袖，他们的营销绩效将会大幅度提高。然而由于识别意见领袖存在困难，研究人员建议为特定产品去营造意见领袖可能是更为有效的方法。营销人员可以针对那些具有积极的社会参与或影响力的人群，适当增加他们对某类产品的兴趣和热情，来营造真实的意见领袖。

本章小结

群体是在追求共同目标或兴趣中相互影响、依赖的两个或两个以上的人，通过一定的社会关系结合起来进行共同活动而产生相互作用的集合体。

群体具备以下基本特征：①群体是一个多数人的集合，群体成员需以一定纽带联系起来。②成员之间有共同目标和持续全面的相互交往。③根据任务划分，群体成员间有组织性，在成员间产生整体观念。

群体可以按照不同的变量进行划分，最为有用的四种划分标准，即：成员资格、社会联系强度、接触类型和吸引力。

正式群体是指有组织结构界定的、任务责任划分非常明确的群体。非正式群体是指人们在交往过程中，由于共同的兴趣、爱好和看法而自发形成的群体。它没有正式结构，无明确职责划分。

主要群体或初级群体是指成员之间具有经常性面对面接触和交往，形成亲密人际关系的群体。次要群体或次级群体指的是人类有目的、有组织地按照一定规范建立起来的，有明确社会结构的群体。

隶属群体或成员群体是消费者实际参加或隶属的群体，如家庭、学校等。参照群体，也叫标准群体或榜样群体，其标准、目标和规范可以成为人们行动的指南，成为人们努力要求达到的标准。

与消费者密切相关的基本社会群体有家庭、朋友、正式的社会群体、购物群体、消费者行动群体和工作群体。

期望群体是指渴望加入并追求心理上认同的群体。根据接触程度可以分成预期性的期望群体和象征性的期望群体。预期性的期望群体是个体希望加入并保持经常接触的群体。象征性的期望群体则是个体没有成为其成员的可能性，但乐于接受某群体的价值观念、态度和行为准则的群体。

拒绝群体是这样一个群体，人们属于这个群体并时常彼此接触，但却并不认同和接受这个群体的价值观念、行为准则和方式。

回避群体是人们不愿意与之发生联系，并且没有面对面的接触的群体。

信息性影响、功利性影响以及价值表现性影响在现实生活中是普遍存在的，但在不同的消费情境下，参照群体对消费者行为影响的程度是有差异的。其影响因素是多样的，主要涉及产品的可见性、产品的必需程度、产品与群体的相关性、产品的生命周期、群体的安全感、个体在购买中的自信程度和个体对群体的忠诚程度。

群体沟通的过程可以看作是在意见领袖和其追随者之间的信息沟通。这种沟通的关键重点在于被沟通的信息是积极的还是消极的。

意见领袖是指那些频繁地向其他消费者提供信息，在更大程度上影响他人的消费态度和消费行为的人。

营销人员要想在营销过程中有效、有利地运用意见领袖，可以采取提供特色产品、刺激意见领袖、模拟意见领袖、有效利用口头传播和营造意见领袖。

关键词

群体	groups
信息性影响	informational influence
功利性影响	utilitarian influence
价值表现性影响	value-expressive influence
首要群体	primary group
次要群体	secondary group
参照群体	reference group
正式群体	formal group
非正式群体	informal group
期望群体	aspiration group
预期性期望群体	anticipatory aspiration group
象征性期望群体	symbolic aspiration group
拒绝群体	disclaimant group
回避群体	dissociative group
意见领袖	opinion leader

练习题

1. 什么是群体？什么是参照群体？两者有什么区别？
2. 营销人员使用什么标准来划分群体？
3. 参照群体什么时候最有可能施加影响？
4. 营销人员如何利用参照群体影响的知识制定广告策略？
5. 什么是意见领袖？意见领袖与沟通中的多级沟通有什么关系？
6. 意见领袖有什么特征？营销人员如何识别并利用意见领袖？
7. 购买以下产品，参照群体的影响程度如何？参照群体会影响品牌或型号的选择吗？影响属于信息性影响、功利性影响还是价值表现性影响？

a. 牙膏　b. 运动鞋　c. 音响系统　d. 汽车　e. 自愿加入某个公益团体

8. 描述两个期望群体，它们是如何影响你的消费模式的？

9. 运用参照群体理论提出减少青少年酒精或香烟消费的办法。

10. 找出三个使用参照群体赢得消费者的广告。描述这些广告，广告中所使用的参照群体及其影响类型。

案例分析

旅店和度假村：迎合家庭消费者[1]

多年以来，旅店业的服务不能使儿童感到满意，他们对许多高档的旅店和度假村感到失望。但是，最近一些大型旅游产业，包括美国一些著名的大旅店和度假胜地，开始将儿童作为一个重要市场来对待了。

美国家庭人口组成的重要变化是这些旅店和度假村改变营销战略的根本原因。从20世纪80年代开始，生育高峰一代陆续开始生儿育女。一位旅游产业专家说："这些生育高峰一代是最喜欢旅游的一代人。现在他们有了孩子，但是仍希望能带孩子一起去度假，希望能有时间参加属于成年人的娱乐活动。"因为生育高峰一代人生育孩子的时间较晚，并且大多数是双收入家庭，因此，许多家庭在旅游和度假上的支出相当高。1993年，这些家庭有20%的夜晚是在旅店里度过的，而1989年的比例为15.6%。1994年有5 000万人和自己的孩子在外面度假，为旅店业带来了127亿美元的营业额，而旅店业的总营业额为690亿美元。

为了迎合这个市场的消费者，许多旅店和度假村想办法来满足小朋友的需求。即使是豪华酒店也增加了白天照顾孩子的项目，其中包括每晚房价200美元的旧金山Four Seasons Clift Hotel。管理者已经意识到他们必须要让和父母一起来的这些小朋友们感到满意。"许多人喜欢住在高档豪华酒店，并且要把孩子带在身边"，酒店的一位管理人员说。

为了适应这种趋势，保住自己的生意，这家大酒店推出了Clift居民项目。现在，酒店成了一家人的安乐窝，酒店要询问孩子的姓名和年龄。当一家人出现在酒店里的时候，服务台的人也会向孩子表示欢迎，并赠送一份适合他们年龄的玩具或者图书。在住店的第一天婴儿会得到免费的尿布和婴儿食品。孩子们会有和父母在一起并有属于自己的房间，并且这种房间可以享受打折优惠。Clift大酒店会派人照顾孩子，带他们参观博物馆或者动物园，收费标准是每小时5美元。酒店提供夜宵，全天24小时都可提供食品。酒店还欢迎小朋友到豪华的餐厅就餐，那里身穿燕尾服的侍者早已接受过如何接待这些小朋友的培训了。

其他的酒店和度假村也为迎合这些孩子而推出了自己的项目。夏威夷所有的Sheraton酒店都增加了为4到12周岁儿童服务的项目。只要每天交纳10美元的费用，酒店就可以给儿童安排一系列活动，包括学打网球和学变魔术等。华盛顿的Hyatt度假村为周末晚会提供方便，孩子们可以钻进睡袋里在起居室过夜，而他们的父母可以住在旁边的卧室里。曾经被冠以"美国商业胜地"的希尔顿大酒店也为商务旅行的家庭推出了周末促销活动。芝加哥的希尔顿大酒店将婴儿床位增加了3倍，在小房间里放了玩具熊，并且想出办法使父母们可以通过收费电视系统观看成人电影。

旅行社和度假的组织者们对市场的变化也做出了反应。以家庭为目标市场的旅行社生意非常火爆。现在甚至有了一份月刊《和您的孩子一起旅游》，介绍家庭旅游市场的最新发展动态，并介绍为孩子增加的服务项目。20世纪80年代初期，只有1/12的旅店提供适合孩子的服务项目(迪士尼这样适合家庭的主题公园除外)。10年过去了，现在夏威夷一个地方就有50家为整个家庭提供服务的旅店了。

---

① 资料来源：Peter J P, Olson J C. Consumer Behavior and Marketing Strategy. 4th ed. McGraw-Hill Companies Inc，1996.

那些曾经忽略过儿童的公司也开始学习如何来迎合小朋友了。Club Med 曾经是独身者旅店的缩影，这家旅店价格固定，顾客可以在旅店自己设在世界各地的度假地观光。但是由于生育高峰一代年纪逐渐变大，开始结婚生子，旅店正面临顾客减少的危险。

因此，20 世纪 80 年代中期以来，Club Med 一改从前单身者乐园的形象，开始将注意力集中到家庭旅游市场。1987 年，旅店接待了约 80 000 名儿童(当然还有他们的父母)，这个数字比上一年增长了 10%。1988 年，公司在佛罗里达开设了第一家“婴儿俱乐部”，在开业的头一年就接待了 1 500 名 2 周岁以下的孩子。现在该旅店一半以上的顾客是已婚者，许多人是和孩子一起住店的。到了 90 年代中期，Club Med 已经开设了 6 个家庭村。旅店将继续增加适合家庭的新项目，包括一家为离异家庭建的旅店，在这家旅店里，孩子和父亲住一个星期，再和母亲住上一个星期。

家庭旅游线路的营业额已经增长了 28%。现在有两条主要为家庭开设的旅游线路。迪士尼公司在 1998 年又新开了一条家庭旅游线路。

《家庭旅游指南》的作者相信，市场营销战略的这些新趋势仅仅是一个开始。美国有许多人在等待着自己的孩子来到这个世界上，他们有钱，并且已经习惯了某种旅游方式。如果旅店不想办法留住他们，他们就会住到其他旅店里去。预计 90 年代中后期，休闲旅游市场会高速发展起来，而商业旅游的发展速度将要慢一些。因此，我们希望有更多针对家庭旅游市场的营销战略出现。

问题

1. 对于如下三种类型的家庭来说，决定到哪里度假这一家庭购买决策过程会有什么差异？这三种家庭分别是：孩子年纪在七八岁以下的家庭，孩子年纪在 9～14 岁的家庭和孩子年纪在 15～19 岁的家庭。这些差别对于文中提到的旅店和度假村的营销战略有什么启示？

2. 在问题 1 所列的三种家庭中，购买决策形成过程中会发生什么类型的冲突？这些冲突可以怎样解决？从中可以得到什么启示？

3. 讨论一下旅店和度假村该如何利用现代家庭生活循环来找到潜在市场，并且制定出相应的市场营销战略。

4. 参照群体是如何影响家庭度假决定的？从中可以得到什么启示？旅店和度假村可以采取什么营销战略来强化这种参照群体影响？

·第五章·

家庭消费行为

时值6月，天气越发闷热，但对啤酒业来说，这却是让人喜上眉梢的好天气。于是，各显神通的啤酒品牌全武行正式在各个城市开演，除了继续"开瓶有奖"加大现饮终端常规促销力度外，许多品牌在旺季开始关注啤酒家庭消费业务——将啤酒直接销售到居民家庭。

在炎热的夏季，啤酒的家庭消费比重越来越大，一般以箱为单位购买，因此，能解决"配送到户"问题的城市送水站，就成了啤酒家庭消费的最主要销售渠道。城市水站的优点很突出：配送网络全，效率较高，能直接与消费家庭一对一接触，展开针对性推广。但水站也有其局限性：一般围绕既有客户服务，开拓新客户能力较差，对利润要求高，如果控制不力，则厂家让利给消费者的资源一定会被水站截留。

家庭是影响其成员消费行为的一个主要因素，大量事例表明了这种影响的存在及其深远意义。作为一种重要的购买和消费单位，家庭也是许多产品或服务的目标市场。营销人员理解家庭与消费者行为之间的关系及其作用机制，对于营销策略的制定和实施是至关重要的。

本章将阐述下列问题：

- ★ 家庭的含义与特征
- ★ 家庭的功能
- ★ 家庭生命周期
- ★ 家庭决策与营销策略

第一节

家庭与消费者行为

人的一生中绝大部分时间是在家庭中度过的，家庭是构成人类社会的基本单位，是消费者行为研究中不可缺少的一个环节。家庭是购买、消费和处置各种产品的主体，同时也是影响消费者个体行为的一个重要社会因素。通过社会化的过程，我们每一个人的消费行为都有各自成长的家庭，即本原家庭所留下的深刻烙印。

一、家庭的含义与特征

大多数研究人员会将单个消费者作为自己的分析对象，了解消费者个体是如何作出购买决定，以帮助营销人员制定出更为有效的营销战略。而将家庭作为研究对象则需要了解家庭的类型、家庭的功能、家庭决策的过程等等，以帮助营销人员制定相应的营销策略。

一般认为，家庭是指以婚姻、血缘或收养关系为纽带而组成的一种社会生活组织形式或社会单位。婚姻、血缘或收养关系的存在是构成家庭的基础。家庭按其构成可分为多种类型：(1)配偶家庭，即只有一对夫妇而没有子女的家庭。(2)核心家庭，即由夫妇或其中一方及其未婚子女构成。(3)扩展家庭，也称复合式家庭，即由核心家庭成员和其他亲属如祖父母、叔伯婶母、堂兄妹等组成的家庭，如中国式的三代同堂或四代同堂的大家庭。(4)其他类型的家庭，如未婚兄弟姐妹组成的家庭等。此外，人的一生中通常要经历两种家庭，即本原家庭和生育家庭。本原家庭是指人们出生或被养育的家庭。生育家庭是指一个人结婚、生育后组建的家庭，它标志着一个新的独立消费单位的出现。

与家庭相比，住户(household)是一个范围更广泛的社会群体或购买决策单位。住户是指那些在一个居住单元里单独生活或是与他人共同生活的人们。虽然家庭与住户有时被交替使用，但两者既有联系又有区别：一方面，住户包括了家庭；另一方面，住户强调的是其成员生活在同一起居空间，而不注重其中的婚姻、血缘关系。

住户可分为家庭住户(family household)和非家庭住户(nonfamily household)。当住户中的成员有婚姻、血缘或收养关系时，即为家庭住户。非家庭住户是指一个人独自居住，或者同其他没有亲属关系的人共同居住而构成的住户，如室友、同居者所组成的住户。在西方国家，非家庭住户占有相当大的比重且呈逐渐增多的趋势。我国现阶段的家庭和住户基本上是一致的，绝大多数的住户属于家庭住户，当然也应当看到，随着社会的变迁，我国的非家庭住户正呈日益增长的趋势。

正如在第四章中提到的，在与消费者相关的各类群体中，家庭对消费者的决策有最大的影响力。这是因为，对孩子来说，父母的影响是最早的，孩子们感知每一件事情都源于父母的言传身教。对父母来说，当他们为家庭购物时，为孩子买最好的产品的愿望影响他们的购物决定。例如，购买奶粉和尿不湿，广告以婴儿的舒适为吸引点是一成不变的。从市场营销的观点看，许多产品的需求水平是由家庭的数目而不是由成员的数目决定的。家庭与营销的关系更多是与消费者行为相联系的，而与消费者需求等级联系较少。

作为一个涉及群体的功能而言，家庭具有以下特征：

- 面对面接触。家庭成员差不多每天都见面，而且在进行家庭决策时，每个人都能以建议者、提供信息者，甚至是决策者的身份进行接触。
- 共享消费品。例如冰箱、电视和家具这样可持续消费的消费品可以共用，食物是可以统一购买和烹饪的。购买这些物品通常是统一的，孩童甚至也会参与购买汽车、房屋等主要产品的决策。在消费过程中，家庭是分享大多数家庭用品的。
- 个体的次级需求。因为消费品是共享的，一些家庭成员会发现，购买方案的选择并不能满足所有需求。因此，家用轿车生产商在广告宣传时，可以强调产品的组合功能——既能满足家庭上学用车需要，也能满足父亲驾驶跑车的需求。这样的广告诉求显然能够打动消费者，最终产生购买行为。尽管在其他群体中也可能发生此类情景，但在家庭中，这个效应更加显著。
- 购买代理。因为共享消费品，大多数家庭会让某一成员担任大部分的购物任务。传统中，母亲将担当这样的角色。但是，在今天的社会，由于大多数母亲都是职业女性，因此她们只有较少的时间购物。很多孩子或是父亲也加入到购买队伍中来。这种现象对销售人员意味深长，因为不同年龄，不同性别的消费者对营销策略、沟通方式的理解是不同的。

消费窗口 5－1

为孩子花钱[①]

20 世纪 90 年代中期，美国以 5 岁以下的儿童(包括婴幼儿、初学走路的幼儿和学龄前儿童)为目标市场的营销业务量是相当大的。1995 年美国共有 5 岁以下儿童 2 400 万，而 1980 年的数字为 2 000 万。这些学龄前儿童人数的增加是生育高峰一代开始生儿育女的必然结果。

在美国经济中儿童消费是增长速度最快的部分。当然，并不是所有的家庭都有能力在孩子身上大把花钱，但是许多家庭还是有能力的，并且正在将大把钞票用在孩子身上。许多孩子出生在双收入家庭，他们的父母必然会在子女身上不惜金钱。许多家庭生育孩子时年纪已经较大了(1970 年后在 30 岁以后生孩子的妇女人数增长了 4 倍)，而此时他们的收入也相当高了。另外，家庭正在向小型化发展，许多父母都不想多要孩子。祖父祖母也是因素之一。65 岁以上的老年人比其他年龄段的人可自由支配的收入都要高，而自己的孙子孙女并不多，他们有能力为孙子孙女购买奢侈消费品。一家零售商店估计在儿童产品市场上，25％的钱是由祖父祖母支付的。

对于有能力，也有愿望为子女消费的父母来说，他们有充分的选择余地。一位居住在纽约的母亲在一年中为自己的两个不到 5 岁的孩子买了 5 000 美元的衣服。另一位母亲说："女孩的服装简直使你的心都融化了。从她出生以来，我几乎没有为自己买过什么，我宁愿为她花钱。"一位 32 岁才有孩子的母亲解释说："当我们这样大年纪的人有孩子时，简直是被套牢了。这些孩子太贪婪了，什么样的衣服都觉得不好。"这些都促进了 5 岁以下儿童服装和其他产品市场的高速发展，现在 5 岁以下儿童服装市场每年的营业额高达 250 亿美元。

为满足不断增长的市场需求，许多新公司进入了儿童用品市场。曾经有一段时间儿童服装几乎被 Macy's，Sears 和 Saks 这样的大型商场所垄断，但是随着市场竞争的不断激烈，它们不得不减少儿童服装的销售量。Gap 公司首先认识到了儿童市场高速发展的趋势，开设了 Gap Kids 商店。该商店是 Gap 公司 37 年中销售额增长速度最快的部分。1995 年 Gap 开设了 300 多家儿童用品店 Baby gaps，这是位于 Gap kids 内部的特种百货店，销售儿童所需的小号码夹克、T 恤衫等。连 Ralph Lauren 也开始经营儿童服装了，所经销的产品包括 62 美元一件的棉开衫和 275 美元一件的亚麻上衣等。

出生在瑞士的设计师 Gun Denhart 的亲身经历正是市场发展趋势的真实反映。由于在商场里买不到自己喜欢的儿童服装，她索性开始从瑞士进口手感柔和的棉布，生产自己设计的 Hanne Andersson 系列儿童服装。Denhart 通过邮购的方式把自己的产品销售给消费者，并在产品目录中附上棉布样品。1983 年其销售额为 30 万美元，而到了 1994 年销售额已经达到了 5 000 万美元。

---

① 资料来源：Peter J P，Olson J C. Consumer Behavior and Marketing Strategy. 4th ed. McGraw-Hill Companies Inc，1996.

以儿童为目标市场的玩具和旅行等其他业务也迅速发展起来。加利福尼亚的一家名为 Imaginarium 的玩具连锁店专门销售智力玩具，这家连锁店的设计看起来根本不像一家商店，而更像一个大操场。商店有两个入口，一个供成年人使用，另一个高 4 英尺的门是专门为儿童使用的。一家名为 discovery Zone 的公司在购物街上建立了运动场，儿童可以在里面的坡道和梯子上爬上爬下，可以玩球，还可以荡秋千。大人们可以把自己的孩子放到运动场里玩耍，而自己就有机会安安静静地喝杯咖啡了。

二、家庭的功能

一般来说，家庭的功能受家庭性质、结构所制约，不同的社会形态构成不同的家庭功能。有些是共同的，任何社会都具有，被人们普遍接受并认同；有些功能会随着时代的改变，在内容和形式上有新的变化，有些功能则是新派生出来的。

自 20 世纪 70 年代提出“家庭功能”概念以来，对家庭功能的定义可谓众说纷纭，Beavers、Olson、Epstein 等人，分别从家庭的关系结构、反应灵活性、家庭成员交往质量和家庭亲密度、适应性、家庭完成的任务等方面来定义家庭功能。如 Epstein 和 Skinner 认为，家庭的基本功能是为家庭成员生理、心理、社会性等方面的健康发展提供一定的环境条件。为实现这一基本功能，家庭系统必须完成一系列的任务，主要有三种必须克服及完成的任务：基本任务范围，包括如何处理衣食住行等基本的物质需要问题；发展任务范围，包括如何处理不同成长阶段带来的问题，处理青少年初次离家、升学、结婚或怀孕等事务并促进家庭及其成员的发展；危险任务范围，包括如何处理疾病、意外、失业、工作转变等因素带来的危机。家庭应满足个体在衣、食、住、行等方面的物质需要，适应并促进家庭及其成员的发展，应付和处理各种家庭突发事件等等。

因此，与消费者行为研究联系比较密切的，首先是家庭的经济功能。在现代社会条件下，为每一个家庭成员提供生活福利和保障，仍然是家庭的一项主要功能。传统上，丈夫是家庭的主要经济来源，由此使他在家庭中占有支配性地位。而现在，越来越多的妇女参加工作，她们对家庭所作的经济贡献越来越大。

其次是情感交流功能。家庭是思想、情感交流最充分的场所。一个人在工作、生活等方面遇到困难、挫折和问题，能够从家庭得到安慰、鼓励和帮助。在现代竞争日益激烈的社会里，人们对获得家庭的关爱有更强烈的要求。然而，由于生活节奏的加快和大多数家庭夫妻双双工作，家庭成员之间，尤其是父母与子女之间的沟通常常由于时间的匮乏而面临考验。如果家庭不能提供其成员所需要的足够的情感支持，他们就可能转而求助于职业的咨询人员或心理医生，将其作为家庭的一种替代方式。因此，有很多机构开设亲子乐园、咨询热线，以解决现代社会快节奏所衍生出来的此类问题。例如，现在很多社区都会提供社工，为那些希望孩子们改善学习和沟通技能，或者促进他们更好地适应环境的父母提供专业的援助。

再次是赡养与抚养功能。抚养未成年家庭成员和赡养老人及丧失劳动能力的家庭成员，是家庭成员的基本义务。当子女还没有独立生活能力的时候，父母负有抚养他们的责任和义务，否则他们就无法生存，人类也就不能延续。同样，父母抚养了子女，当父母老了，丧失了劳动能力，子女也负有赡养老人的义务。家庭的这类功能，将随着社会保障制度的完善部分地由社会承担，但它不可能完全外移。

最后是社会化功能。家庭成员的社会化尤其是儿童的社会化，是家庭的主要或核心功能。每个人从呱呱坠地开始，就开始了他的社会化过程，这个过程大部分是在家庭中完成的。孩子通过接受父母的教育，或通过模仿大人的行为，获得了待人接物、适应社会的各种观念、规范、技巧和行为方式。即使在子女长大成人以后,他们与其父母的联系不再紧密了,这种影响仍然是存在的。可见,家庭对消费者行为的影响是深远的。

第二节 家庭生命周期

大多数家庭都会经历结婚成家、生儿育女、儿女成人自立门户、夫妻退休、丧偶等变化,家庭发展过程中所经历的这一系列不同阶段被称为家庭生命周期(Family Life Cycle,FLC)。这是一个循环往复的过程,P. E. Murphy 和 W. A. Staples 曾提出一个现代家庭生活的循环过程,见图 5-1。

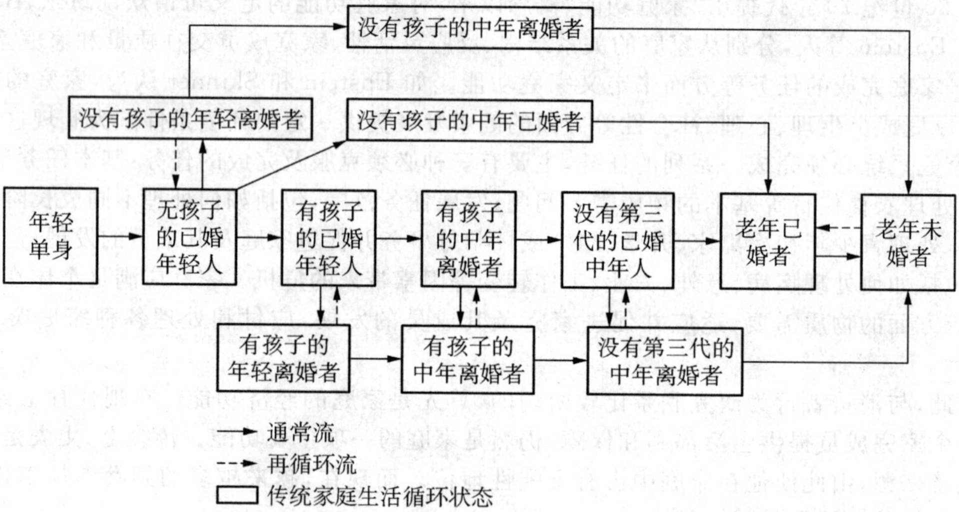

图 5-1 一个现代家庭生活循环①

如图 5-1 所示,这个循环是建立在传统家庭生活循环的基础上的。每个家庭在其生命周期的不同阶段都会面临一系列的问题,需要家庭成员进行决策予以解决。这些问题与生活方式、产品消费有着密切的联系。例如,在单身阶段,消费者可能喜欢旅游,因而对户外旅游装备特别感兴趣;在新婚阶段,年轻夫妇可能喜欢浪漫的情调,因而对去咖啡厅喝咖啡,去电影院看电影有浓厚的兴趣;而一旦有了小孩,可能又会将多数精力放在婴幼儿产品,如奶粉、学步车、衣服等等。

长期以来,社会学家和消费者行为研究人员都使用家庭生命周期概念对家庭单位进行分类。每一阶段的家庭都有不同的需求和经历,对于营销人员来讲,家庭生命周期分析是一种重要的战略工具,他们可以将家庭作为一个购买单位,根据各个家庭单位所处的生命周期阶段细分家庭市场。

---

① 资料来源:Murphy P E, Staples W A. A Modernized Family Life Cycle. Journal of Consumer Research, 1979(6): 12-22.

一、传统家庭生命周期

传统的家庭生命周期是大多数家庭都要经历的一系列的阶段，它从单身期开始，依次经历婚姻（基本的家庭单位的建立）、家庭成长（伴随着孩子的出生）、家庭收缩（成年的孩子离开家庭）等几个重要阶段，最后以基本单位的解体（配偶之一死亡）而结束。尽管不同的研究人员划分的家庭生命周期阶段不尽相同，但许多传统的家庭生命周期模型都可以综合成5个基本阶段，即单身阶段、新婚阶段、满巢阶段、空巢阶段、解体阶段。

（一）单身阶段

单身阶段（bachelorhood）由年轻的（18～34岁）未婚的单身成人所构成。在这个阶段，他们离开父母并逐渐建立起自己的生活空间，这是一个成长和变化的时期。

现在，随着结婚年龄的推迟，这一群体的数量正在增加。这些单身成人倾向于将其收入花费在房租、基本的家用器具、汽车的购买和养护、旅行和娱乐以及服装和饰品等方面。单身阶段的消费者经常有足够的可支配收入放纵自己。许多产品或服务的目标市场就是这个群体。在许多大城市，旅行代理、住宅开发、健康俱乐部、运动俱乐部以及许多其他产品和服务的营销人员，都发现这一生命周期阶段是一个赚钱的目标利基（niche）。他们喜欢聚会，多数人开始约会与择偶。接近和达到这个群体是相对容易的，因为他们年轻，生活丰富，社交广泛。

在这一群体中，又可以分为两类。一类是跟父母住在一起的未婚者，通常年龄比较小，大多数人是在读书或刚从大学毕业，刚刚开始工作。收入比较低，但是他们也没有什么大的固定支出。另一类是跟别人合住的单身者通常是有合租者。他们比前者有着更大的经济压力，因为他们要把相当一部分收入花在房租、家居用品上。他们的年龄稍微大一些，收入也高，但花费也更多。他们中的部分人已经开始为今后打算，将收入分散在股票、债券、基金等众多活动中。

（二）新婚阶段

新婚阶段（honeymooners）始于新婚夫妇正式组建家庭，止于他们的第一个孩子出生。在这一阶段，夫妻双方都需要作出调整以适应他们婚后的生活。由于许多年轻的夫妇双方都有工作，他们的共同收入往往允许他们去寻求一种愉快的生活方式。因为刚组建新的家庭，他们会有大量的购买活动。大小家电、起居室和卧室家具、床上用品、地毯、装饰品、厨具、碗碟等，都是他们的购买对象。这类家庭大部分拥有双份收入，相对于其他群体较为富裕。他们是剧院门票、昂贵服装、高档家具、餐馆饮食、奢侈度假等产品和服务的重要市场。在这个阶段，对于新婚夫妇来说，其他已婚夫妇的忠告和经验是相当重要的。一些家居和生活杂志，如《时尚家居》、《家具》等，也可能是这一阶段的家庭获得新产品信息的重要来源。

为了形成一种共同的生活方式，夫妻双方各自的生活方式必须作出调整。一方面，共同决策和分担家庭责任对他们来说是一种全新的体验；另一方面，许多新的问题也应运而生，诸如储蓄、保险、购买大宗物件等，这就需要夫妻双方仔细商量并决策。

（三）满巢阶段

从第一个孩子出生，到所有孩子长大成人和离开父母，被称为满巢阶段（full-nest stage）。由于这一阶段持续时间很长，一般超过20年，所以一些研究人员根据孩子的年龄将它进一步分为满巢Ⅰ、满巢Ⅱ和满巢Ⅲ。

满巢Ⅰ是指由年幼（6岁以下）小孩和年轻夫妇组成的家庭。第一个孩子的出生常常会给家庭生活方式和消费方式带来很多变化。例如，处在这一阶段的家庭需要购买婴儿食品、婴儿服装、玩具等很多与小孩有关的产品。同时，在度假、用餐和家居布置等方面也要考虑小孩的需要。此外，如果妻子停止工作在家哺乳和照看小孩，家庭的收入则会随之减少。如果请祖父母或外祖父母照看孙子、孙女，或者请保姆打理家务，由于住户成员的增加，在生活起居、家庭购买等方面也会发生一些变化。

满巢Ⅱ是指最小的孩子已超过6岁，都在小学或中学念书的家庭。因为孩子不用大人在家里照看，夫妻中原来专门在家看护孩子的一方也已重新工作，这样，家庭经济状况得到改善。在我国，这一阶段的家庭基本上是以孩子为中心。家庭不仅要为孩子准备衣、食、住、行等方面的各种物品，而且还要带孩子参加各种音乐班、学习班，购置诸如钢琴、小提琴之类的乐器。

满巢Ⅲ是指年纪较大的夫妇和他们仍未完全独立的孩子所组成的家庭。此阶段，小孩中有的已经工作，家庭财务压力相对减轻。由于妻子重新参加工作，加之有职业的子女也能不时贴补家用，所以家庭财政状况好转，往往会更新一些耐用消费品，购买一些新潮的家具，在健康俱乐部、体育器材、餐馆用餐等方面的花费也会增多。

（四）空巢阶段

空巢阶段(empty-nest stage)始于小孩不再依赖父母，也不与父母同住，这一阶段延续的时间也比较长。对一些父母，孩子不再在自己的身边，会产生落寞感，而对另外一些父母来说这可能是一种"新生"、一种"解脱"。很多父母可以做他们以前想做、却由于孩子的拖累而无法做的一些事情。例如，对于母亲来说，这个时期她可以接受舞蹈、摄影、书法培训等；对于父亲来说，他可以沉溺于新的嗜好；对于父母双方来说，他们可以共同去旅游、娱乐、重新装修他们的居室，或者干脆卖掉旧房屋再买一所更好的住宅。

这一阶段可能是已婚夫妇在财政上最宽裕的时期。与过去相比，现今处于空巢期的夫妇一般享有更多的闲暇时间。他们更频繁地旅行，度更长的假期，还可能在气候温暖的地区购买他们的第二处住所。由于储蓄和投资，也由于花费减少(不再需要返还贷款本息和支付子女的学费)，他们拥有较高的可支配收入。所以，处于空巢阶段的家庭是奢侈品、新车、昂贵家具以及远距离度假等产品或服务的一个重要市场。

在经济衰退时期，一些空巢家庭发现他们已成年的孩子有更多"回巢"的趋势。这种趋势在18～24岁之间的年轻人身上表现得更为明显。有许多动机驱使他们"回巢"。比如，完成大学学业，待业或失业，为了更多的可支配收入，更舒适的生活方式，分居或离婚等，都是可能导致他们"回巢"的原因。在许多情况下，父母(尤其是母亲)都会欢迎这些"游子们"的归来。

在空巢的后期，户主到了退休年龄，经济收入随之减少。由于大多数人是在身体很好的情况下退休，而且退休后可用的时间特别多，所以不少人开始追求新的爱好和兴趣，如出外旅游、参加老年人俱乐部等。许多公司，如旅馆、航空公司、汽车租赁公司等，都对这个市场作出了反应，通过提供优惠的价格折扣或频繁营销措施，吸引这些潜在的消费者。此一时期，在健康类产品和服务上的支出更多。年纪大一点的消费者花相当多的时间看电视，电视成为他们主要的信息来源和娱乐方式。

（五）解体阶段

当夫妻中的一方过世，家庭便进入解体阶段。如果在世的一方身体尚好，有工作或有足够的储蓄，并有朋友和亲戚的支持和关照，家庭生活的调整就比较容易。由于收入来源减少，此时在世的一方，过上了一种更加节俭的生活方式。他们中的许多人开始从家庭之外寻求朋友关系；或者开始第二次(甚至第三次、第四次)婚姻。处于这一阶段的家庭会有一些特殊的需要，如更多的社会关爱和照看等。

消费窗口 5－2

筑巢期家庭——各种饮料和饮用水的主要消费群①

由于很少在家吃饭，筑巢期家庭也很少自己烧开水喝，32％的家庭喝得最多的是饮水机的桶装水，12％的家庭喝得最多的是瓶装饮用水。

对于一些高收入的筑巢期家庭（家庭月收入＞5 000元），他们在果汁、酸奶和牛奶上的消费也非常高。近6成的家庭表示经常喝果汁，近8成的家庭经常喝酸奶和牛奶。另外可能与他们繁忙的工作、教育等有关，在高收入的筑巢期家庭中，有25％的经常饮用咖啡，是咖啡的绝对消费主力。除了啤酒外，筑巢期家庭对其他酒的消费都比较少。在筑巢期家庭中，男女的角色是对等的，他们通常一起购物、男女主人服用保健品的比例也差不多。由于时间的关系他们通常集中购买，重视食品的口味和品牌，但是不计较价格，并且容易受广告影响。

幸福的满巢Ⅰ期家庭，家庭角色已经明确化，休闲食品消耗较大，保健品消费以孩子为主，对促销比较敏感。

满巢Ⅰ期家庭经常购买饼干、干果、口香糖等食品的比例较高。对膨化食品的需求最大，14％的家庭经常购买。由于孩子的关系，除了休闲食品外，86％的满巢Ⅰ期家庭会经常饮用牛奶，这一比例在不同家庭中也是最高的。接近70％的家庭在半年内使用过保健品，其中70％的家庭是给孩子服用。女主人服用的为45％，只有30％左右的男主人服用。保健品的种类主要是补钙和补充维生素以及女主人美容养颜和抗衰老等。满巢Ⅰ期家庭对食物的营养和品牌都比较看重，同时也要考虑价格。他们有时间对产品进行比较，通常会选择有促销的那个产品。

大富之家——富裕的满巢Ⅱ期及空巢期家庭，各种休闲食品的主要消费群体，各种酒类特别是葡萄酒的重要消费群体，对品牌与价格的双重重视。

高收入（家庭月收入＞5 000元）的满巢Ⅱ期及空巢期家庭是巧克力、果冻、果脯等各种休闲食品的主要消费群体。同时经常饮用茶饮料、果汁、牛奶、酸奶等。他们用微波炉加工食品的比例最高，也是微波食品的主要消费群体。在这样的家庭中，50％经常饮用啤酒、13％经常饮用黄酒，45％的人会经常或偶尔饮用保健酒。他们也是葡萄酒的主要消费群体，有27％的家庭经常饮用。大富之家经常是很固定的购买各种食品饮料，没有事情的时候也会经常去逛逛。这些人通常很重视品牌，愿意买最好的产品。但是他们也有很多时间比较价格，非常希望购买的商品确实能够物有所值。

普通的满巢Ⅱ期及空巢期家庭——节俭的食物购买者。低收入（家庭月收入＜5 000元）的满巢Ⅱ期及空巢期家庭主要在小超市购买食品，最注重的是价格，不太关心品牌和口味。他们对休闲食品和饮料的消费也很少。这类家庭中有18％经常饮用白酒，是白酒的主要消费者。

二、非传统的家庭生命周期

传统的家庭生命周期理论描述的曾经是典型的家庭模式。这就是说，传统的家庭倾向于经历相同的生命周期阶段，而只有很少的家庭会偏离这种模式。但是，由于近几十年来的社会变迁，出现了许多新情况：(1)平均结婚年龄和生育年龄的推迟、人们寿命的延长，相应的家庭

① 资料来源：摘自 http://hi.baidu.com/loveyou_oh_no/blog/item/803b50b552da2dcf36d3ca56.html.

生命周期阶段延长；(2)离婚、未婚先育人群增加，单亲家庭日益增多；(3)生育率下降，较大地改变了各阶段的年龄分布和人口规模；(4)双收入家庭增多，各阶段的家庭财政状况发生了变化。

当住户经历某种变化时，如离婚、暂时退职、住户中增加新的成员和配偶的一方死亡等，他们常常会同时经历品牌偏好的变化，并因此成为对许多营销者具有吸引力的目标市场。例如，离婚通常会导致配偶的一方或双方寻找新的住处，购买新的电话和申请新的电话号码，购买新家具，或许还要寻找一份新的工作。这些新的需求意味着离婚人员可能需要与房地产经纪人进行接触，打电话或上门与电话公司联系，光顾家具商店以及拜访职业中介机构。这些都为营销人员创造和提供了新的市场机会。

而且，由于越来越多的婚后妇女参加工作导致的双收入家庭的增加，也使传统生命周期理论中隐含的生活方式假设变得不再有效，不同家庭的生活方式更趋多样化。大多数双收入家庭都有孩子(孩子的年龄主要在6～17岁之间)。因此，许多富裕的双收入家庭都是“拥挤”的满巢家庭并不奇怪。这种双收入家庭如果有一个成年的孩子生活在家里，还可能多一个额外的收入来源以贴补家用，从而更有条件追求优越的生活方式。

第三节 家庭决策与营销策略

家庭购买决策是两个或两个以上的家庭成员直接或间接作出购买决策的过程。作为一个集体决策，家庭购买决策在许多方面不同于个人决策。在家庭购买决策的过程中，不同家庭成员可能会扮演不同的角色，他们之间存在着重要的相互影响。

一、家庭购买角色的性质

在典型的家庭中，家庭成员一般包括丈夫、妻子和孩子。他们在不同的购买决策中可能会扮演不同的角色。有时，一个角色由几个成员共同扮演；有时，一个成员又扮演着几种角色；有时，在特定的购买决策中可能并没有太多的角色。一般而言，在家庭购买决策中可能出现6种角色，即倡议者、看门人(gatekeeper)、影响者、决策者、购买者、使用者。图5-2描述了为子女购买产品决策过程中的各种参与角色。

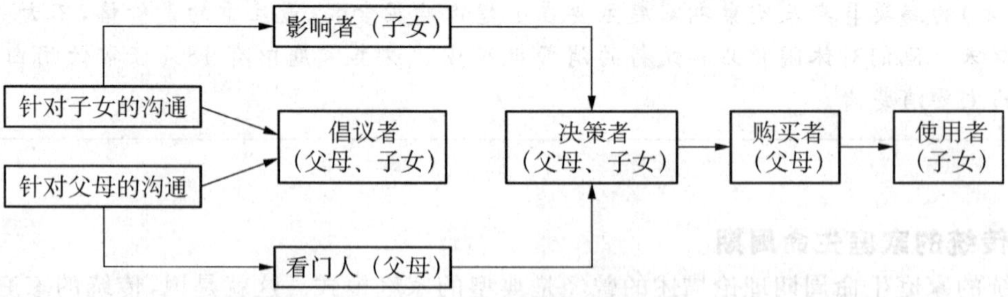

图5-2 家庭购买决策

通常，倡议者和使用者多为同一个人，他们首先意识到问题或需要，提出建议和要求，但不一定被采纳，这主要取决于他们在家庭中的地位和影响力。影响者指对评价选择、制定购买标准和作出最终选择有影响力的人，是购买决策中不能忽视的一种角色。看门人为家庭购买决策提供所需的信息，他们是对某项购买具有专长和兴趣的人。实际购买者有时也承担了信息搜集的任务，因为他们对将要购买的商品较为熟悉，所以对于具体的执行工作也能顺利完成。值得注意的是，实际购买者往往也有某种程度的决定权，比如对商店或品牌的选择。此外，家庭中有些产品的使用者也可能不是购买者，比如儿童饮料，购买者通常是他们的父母。总之，由于所扮演的角色不同，家庭成员在购买决策中的作用是有差异的。

要理解家庭购买决策过程，必须分析家庭成员在购买决策中的相互作用关系。戴维斯和里高克斯(Davis, Rigaux, 1974)根据夫妻在购买决策过程中的相互作用关系，区分了4种家庭购买决策方式：

- 自主决策(autonomic decision)，即对于不太重要的购买，由丈夫或妻子各自独立作出购买决定。
- 丈夫主导决策(husband-dominant decision)，即在决定购买什么问题上，丈夫起主导作用。
- 妻子主导决策(wife-dominant decision)，即在决定购买什么的问题上，妻子起主导的作用。
- 共同决策(synergetic decision)，即丈夫和妻子共同作出购买决定。

具体购买活动中，夫妻购买决策的形式会因商品性质的不同而有所不同。戴维斯和里高克斯发现，人寿保险的购买通常属于丈夫主导型决策；度假、孩子上学、购买和装修住宅多由夫妻共同作出决策；清洁用品、厨具和食品的购买基本上是妻子做主，而像饮料、花园用品等产品的购买一般是由夫妻各自自主作出决定。他们的研究还发现，越是进入购买决策的后期，家庭成员越倾向于共同决策。

在家庭决策过程中，不同的家庭成员会参与到不同的阶段去。夫妻双方在进行决策的过程中，其角色会根据不同的服务以及决策过程的不同阶段而发生变化。

二、决定家庭购买角色的因素

家庭成员如何在购买决策中相互作用，主要依赖于以下因素：不同家庭成员角色的专门化，每个家庭成员对产品的介入程度，家庭成员的个性特征以及家庭所属的文化和亚文化特点。

角色专门化对家庭购买决策是很关键的，这种角色也逐渐成为家庭生活方式以及家庭责任的一部分，因为每年家庭都要购买一定数量的各种产品以保持家庭的供应。例如，家庭负责做饭的成员（通常为母亲）对采购食物承担主要责任，开车最频繁的家庭成员（通常为父亲）对购买汽车及零配件、汽油的选择服务作主要决策，家庭养花的成员主要买养花用品等等。

四种角色专门化的类型已被确定：妻子主导型，是妻子作决定；丈夫主导型，是丈夫在决策中担任主角；混合型(Syncretic)或民主型是共同作决定；自主型的决定完全由伴侣独立作出。例如，妻子可能在抚养孩子的决策上起最大作用，而丈夫在选择家庭买车中占主导地位，他们可以共同决定家庭其他用品的购买，而丈夫可以单独选择购买家庭所需的肥料。营销人员需要确定哪一种角色专门化的类型在目标市场中起主要作用，以便于确定促销活动的目标。

对产品的介入程度影响着角色专门化和制定决策系统。毫无疑问，夫妻中的一方对某个产品介入越深，在这个产品领域进行购买时，就越有可能影响其他家庭成员。当产品有可分享的使用性（假期或汽车）时，集体决策的组成部分也相应增加。相反，当产品只因家庭的某一成员主要使用时，即使是主要购买，这个成员还是会支配决策的制定（比如，家庭里的厨师对新炊事用具的事宜可作大部分的决定）。

个性特征也会影响个人在购买决策中的作用。教育背景、性格、控制力等都会影响在家庭中的决策地位。

文化对于家庭决策的风格也有显著的影响。宗教信仰和国籍经常影响决策制定的方式，例如，非洲文化倾向于男性主导决策，而欧洲和北美文化在决策上表现出更多的平等。家庭成员会根据决策的不同阶段担任不同的角色。比如，在问题出现阶段，孩子需要买新鞋，孩子自己是问题的主要提出者，母亲会决定应该买哪种鞋子，而父亲可能会带着孩子去买鞋。较为合理的假设是：产品的主要使用者在起始阶段是重要的，而在决定最后购买上可能是共同决策。

其他决定性因素包括父母是否都在挣钱。如果是，决策更多的是联合制定，因为每一个人都涉及家庭财政支出的利害关系。一些研究表明，当父亲是家里惟一挣钱的人时，家庭决策更多由父亲作出，而夫妻双方都挣钱，则共同作出决策。男性也更倾向于支配高技术耐用产品的购买权（比如家用电脑）。

性别角度倾向对决策也是很重要的。对性别角色持传统观念的丈夫（和妻子）倾向于认为，绝大多数有关花销的决策应由丈夫作出。然而，即使在这种决策系统类型中，丈夫也会经常考虑妻子的态度和需要，而调整自己的观点。

消费窗口 5-3

骊威 LIVINA——家庭最佳用车①

骊威 LIVINA 是一个兼顾家居生活与商务活动的多面手，从而为消费者带来非凡的移动居家体验；骊威的内部空间上尤其是宽大的行李箱空间和超大的行李箱开启面积，使全家乘坐或运输大件物品都得心应手；凭借超大的室内空间，骊威还取得了“成功装载 31 个成年人的 5 座轿车”的吉尼斯世界纪录。

“全时多能轿车”所反映出的，恰恰就是兼顾了“家庭决策”及“全家用途”两方面的考虑。骊威看起来像是一款多功能车，但它却不失家庭轿车的影子，它既设有多功能车的那种中规中矩的中庸风格，又不失家庭轿车那种超强的动力和活跃四射的优美造型，整个车型凸现出一股青春活力、但又给人不失庄重的大气感和安全感。正是这种既拥有家用轿车的舒适性和操控性，又具备多功能车的超大空间和安全感的完美结合体，使骊威脱颖而出，不枉“全时多能”这几个字。

最后从传播策略来看，围绕“一款 Cross 家居生活与商务活动的新型多功能两厢轿车”这样的核心去展开，并且将“连连看”这样的游戏活动，与骊威进行了符号化的对接，成功地打造了一个品牌营销活动的同时，极大地提高了用户黏度，有力拉动了销售。

三、争议的解决

家庭每天都要作出大量决策，因此意见不一致是在所难免的。有争议的决定在家庭决策中越来越重要，原因很明显，因为更多的人牵涉到家庭购买中，每一个人都有自己的需求和内在反抗的要求去解决。争议解决方法如表 5-1。

① 资料来源：http://www.chinapr.com.cn/ExpertOnLine/ShowArticle.asp?ArticleID=35726.

表 5-1　争议解决方法

解决方法	说　明
通过信息交换劝服	争议发生时,每个家庭成员寻求说服别人的观点,从而导致讨论;最终,一些家庭成员作出妥协
角色期望	如果劝说没有作用,会指派一名家庭成员作出决策,这个人通常是在被讨论的有争议的领域中最有经验的。随着家庭决策的更加民主化,这种方法逐渐不流行
建立常规	家庭经常采用的制定决策规则,如家庭成员轮流作出决策。例如,选择餐厅,选择度假地点
行使权利	某个家庭成员会努力行使权利,迫使其他成员遵从。最具权利的人是最不依靠别人的成员,当然,如果家庭可以忽视,最终该成员也会放弃

孩子在某些特殊购买决策上,也扮演着一个对父母施加压力的角色。孩子们的力量可以是巨大的,父母经常会屈服于孩子的需要。除了孩子们需要直接购买东西之外,他们在很大程度上影响决策。孩子们成为消费者经历五个阶段,即,观察——产生需求——作出选择——作出辅助性购买——作出独立性购买。

四、家庭决策与营销策略

对于大多数消费品来说,要制定有效的营销策略,营销人员需要详尽地了解目标市场中相关产品的家庭决策程序。家庭决策过程常常随细分市场所处的亚文化的不同,或者所处家庭生命周期阶段的不同而不同。因此,营销人员必须在确定的目标市场范围内,对家庭决策过程进行分析。一般而言,在每个市场内,需要确定在决策的每一阶段有哪些家庭成员参与,确定他们的动机和兴趣所在,制定能够满足每位参与者需要的营销策略。图 5-3 显示了一个家庭决策模型。

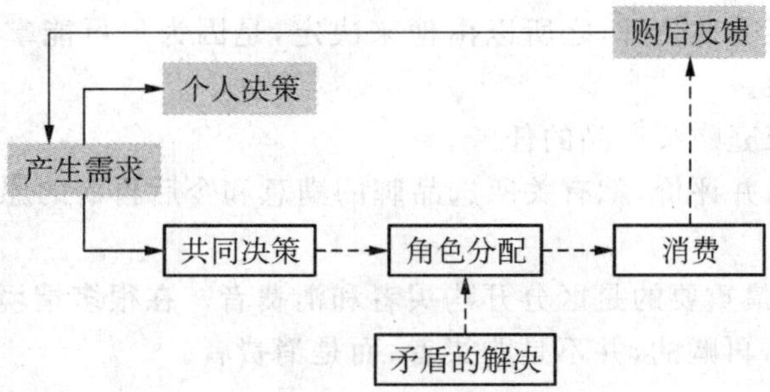

图 5-3　家庭决策模型

如图 5-3 所示,家庭决策与个人决策的不同之处在于:共同决策的可能性;决策过程中家庭成员不同的特定角色以及需要解决决策过程中家庭成员间的矛盾。一旦确定了需要共同决策,决策角色将在家庭成员之间进行分配。

例如,学校放暑假了,小明的爸爸妈妈决定带他出去旅游。因为地点的选择很重要,因此这成为一项家庭决策。当爸爸告诉小明这个消息时,小明开始搜集相关的旅游信息,可以去云南丽江欣赏原生态风情,也可以去青海领略西部的粗犷,还可以就近欣赏江南的秀丽风光。这里,主要的影响者是小明,因为他提出了若干度假方案。决策者是爸爸,因为将由他控制度假的后勤和预算。购买代理是妈妈,一旦确定好方案,她将预先安排航班、宾馆等事宜。

但是在信息搜集过程中产生了矛盾:小明爸爸的单位接到了一个大型项目,原定的休假时间可能被取消,因此休假地点只能安排在当地。尽管令人沮丧,小明一家还是积极行动,最终圆满解决了这个矛盾:自驾车去当地的旅游点"碧海金沙"参加首届国际动漫节。

从海边回来,小明一家都觉得不虚此行,充分享受了沙滩、阳光和海水,还有形形色色的动漫人物。他们决定,若时间允许,暑假里还要再去一趟。

(一) 共同决策

Sheth 指出,共同决策更多地发生在以下情形中:

- 当购买中可预见风险较高时。因为错误决策将会影响整个家庭,所以就会产生共同决策以减小风险和不确定性。例如,关于买车的决策多半是共同决策,因为其中包含了财务风险、舆论风险、价值风险以及心理风险等。
- 当购买决策对家庭很重要时。重要性和风险性是密切相关的。一旦消费者认为该决策很重要,多半会进行家庭决策,以期望家庭中的每一位成员对决策进行责任分担。
- 当没有时间压力时。时间压力会促使由家庭中的某一位成员作出决策。而一旦没有了时间的压力,通常情况下,均会进行共同决策。
- 针对一些特定的人口统计群体。有一些人口统计因素可能会促使作出共同决策。例如,新婚阶段的家庭往往显示出较高频率的共同决策,随着家庭的成长,共同决策也趋向减少。如果家里还没有小孩时,共同决策更有可能发生,一旦有了孩子,角色就变得比较清楚,丈夫和妻子更愿意互相委托权力,这样,共同决策的需要就减少了。在社会经济地位中占据中等水平的家庭,进行共同决策的可能性比较大。而当夫妇双方中有一方没有工作时,因为没有了时间压力,共同决策也就成为可能。

(二) 角色分配

家庭成员在进行家庭决策时,将担当如图 5 - 2 中的角色。

- 看门人将通过控制家庭所受到刺激的强度和类型来影响家庭获得信息的过程。看门人在获得信息和评价信息方面具有更多的专业知识。
- 影响者建立了用于比较品牌的决策标准,并影响家庭内其他成员对品牌的评价。
- 决策者决定购买哪种品牌,之所以由他来决定,是因为他可能掌握着家庭的财政大权,所以才有确定权。
- 购买者执行为家庭购买产品的任务。
- 消费者使用产品并评价,就有关所选品牌的满意和今后再购的愿望,给其他家庭成员以反馈。

对营销人员而言,最重要的是区分开购买者和消费者。在很多情境下,真正对产品作出事后评价并决定日后是否再购的,并不是购买者,而是消费者。

(三) 矛盾的解决

无论何时,一旦进行家庭决策,矛盾的产生是无可避免的。

营销人员必须知道这些矛盾,并相应地调整营销策略。例如,家庭一起到商场购买彩电,妻子可能更注重价格,而丈夫会强调款式及功能。此时,营销人员必须对双方都进行诉求,最终找到折衷的解决方法。

家庭成员也会采取相应的措施来解决矛盾。家庭决策中的矛盾主要源于:选择哪个方案,或是用来评价备选方案的标准不一。家庭成员的矛盾大多数是关于产品的选择而不是有关购买的目的,可以采用讨论或妥协的方式。像上文中度假的例子就是运用了这种方法。

当然,当家庭为丈夫决策型或妻子决策型,即将家庭决策权完全交给某一个人,承认此人具有决策权威,就很容易地解决决策矛盾。或者,当某一名家庭成员比其他人要更多地参与到决策中时，家庭可能会同意让此人来全权决策。例如，丈夫是一名IT技术人员，那么家庭在购买电脑时，就很少会产生矛盾，而是让丈夫独立决策。在有些时候，夫妻双方也会在决策时屈从于对方的偏好。

消费窗口5-4

家庭消费对儿童消费观的影响①

家庭消费行为对儿童消费观的影响

家庭消费行为对儿童消费观的影响，具体表现有积极和消极两个方面。从积极一面来说，家庭的合理消费过程，可以使孩子学习到消费的相关知识，了解到金钱的重要作用，掌握一些市场与购物相关技能，这些对儿童日后的成长和生活都是至关重要的。同时，家庭量入为出、理性成熟的消费行为会使孩子懂得金钱来之不易，有助于孩子养成健康良好的消费观念。

相反，倘若一个家庭经常有冲动购物、盲目消费的行为，则无疑会使孩子的消费观陷入误区。一旦儿童不能形成消费和理财的正确观念，对家庭收入、消费需求、经济承受能力没有概念，就会经常提出家庭经济条件无法满足的消费要求，对自己可支配财产也会大手大脚全无节制，甚至进行一些不健康不安全的消费行为。在这一点上，家庭对孩子的影响尤为突出。根据调查，不同文化层次家庭日常消费比例有明显差异，仅考察教育投入所占比例，初中文化层次家庭仅占全部收入的11.5%，高中23.8%，大专31.2%，本科及本科以上则达到50%。可见文化程度越高的家长，在教育和文化方面投入的资金比例越大。很显然，越注重教育和文化投入的家庭，其子女形成攀比物质享受、追求名牌、贪图享乐等不健康消费观的比例越低。反之，则很可能使孩子养成讲求吃穿等不良消费观念。

家庭消费观念对儿童消费观的影响

在今天中国社会里，孩子，尤其是独生子女在家庭生活中享受着前无古人的呵护和宠爱。这一点在家庭消费上体现得尤为明显。"再穷不能穷孩子"。在种种消费行为背后作为支撑的，是家庭一切以孩子为中心的消费观念。除了这种消费观念外，家庭还有多种消费观念，如讲求实用、希图炫耀、追求个性等等。而所有这些消费观，都会或多或少在孩子身上显示出来。在消费观养成的过程中，孩子不但是看父母如何做的，更是听父母如何说和如何看待自家和他人具体消费行为的。因此，父母的消费观念，对儿童消费观的形成，起着最重要和最深远的影响。

家庭消费结构与习惯对儿童消费观的影响

文化程度越高的家庭，在家庭消费中对教育和文化的投入比例就越高，这就显示出不同类型家庭消费结构的区别。同样，不同家庭的消费习惯也是不一样的。有一个球迷父亲与有一个追求名牌化妆品母亲的家庭消费必然有很大差异。这些不同的消费结构与习惯都会潜移默化地影响到孩子，使孩子养成与父母相似的消费习惯。所以，家庭日常消费结构与习惯，对儿童消费观的形成起着重要的塑造作用。

家庭教育对儿童消费观的影响

儿童的消费观，是随着父母日常消费行为、习惯、观念逐渐形成的。在儿童消费观形成的过程中，家庭教育起着不可忽视的作用。要使儿童从小养成良好的消费习惯，树立正确的消费观，必须重视对儿童消费观的教育。作为家长应该合理安排支出，科学控制消费

① 资料来源：改编自叶冬霞.浅论家庭消费对儿童消费观的影响.商场现代化，2008(24)：154-155.

比例。在日常教育中，还应让孩子懂得钱的来之不易，教育孩子珍惜家长的劳动报酬，节约用钱。家长应正确引导孩子消费。更重要的是，家长要以身作则，言传身教。儿童具有极强的模仿性和可塑性，父母挑吃挑穿，滥买东西，不注意节约，孩子花钱也会大手大脚。家长要时时注意自己的言行，以身作则，教孩子学会怎样花钱，养成正确的消费习惯和消费观念。需要指出的是，教育在儿童消费观的养成中固然有不可替代的作用，但是教育不是万能的。儿童耳濡目染的父母消费行为、习惯和观念仍是其消费观养成的决定性因素。因此不宜夸大教育的作用，父母的行为必须时刻注意。

本章小结

家庭是指以婚姻、血缘或收养关系为纽带而组成的一种社会生活组织形式或社会单位。婚姻、血缘或收养关系的存在是构成家庭的基础。家庭按其构成可分为多种类型：配偶家庭，核心家庭，扩展家庭和其他类型的家庭，如未婚兄弟姐妹组成的家庭等。

人的一生中通常要经历两种家庭，即本原家庭和生育家庭。本原家庭是指人们出生或被养育的家庭。生育家庭是指一个人结婚、生育后组建的家庭，它标志着一个新的独立消费单位的出现。

住户是一个范围更广泛的社会群体或购买决策单位，是指那些在一个居住单元里单独生活或是与他人共同生活的人们。一方面，住户包括了家庭；另一方面，住户强调的是其成员生活在同一起居空间，而不注重其中的婚姻、血缘关系。住户可分为家庭住户和非家庭住户。

家庭具有以下特征：面对面接触，共享消费品，个体的次级需求，购买代理。家庭具有经济功能、情感交流功能、赡养与抚养功能以及社会化功能。

传统的家庭生命周期模型都可以综合成5个基本阶段，即单身阶段、新婚阶段、满巢阶段、空巢阶段、解体阶段。

在家庭购买决策中可能出现6种角色，即倡议者、看门人、影响者、决策者、购买者、使用者。

家庭成员如何在购买决策中相互作用，主要依赖于以下因素：不同家庭成员角色的专门化，每个家庭成员对产品的介入程度，家庭成员的个性特征以及家庭所属的文化和亚文化特点。

对于大多数消费品来说，要制定有效的营销策略，营销人员需要详尽地了解目标市场中相关产品的家庭决策程序。营销人员必须在确定的目标市场范围内，对家庭决策过程进行分析，需要确定在决策的每一阶段有哪些家庭成员参与，确定他们的动机和兴趣所在，制定能够满足每位参与者需要的营销策略。

关键词

家庭购买决策	family decision making
家庭	family
住户	household

家庭生命周期	family life cycle, FLC
家庭住户	family household
非家庭住户	nonfamily household

练习题

1. 住户被描述为“消费物品的基本消费单位”,为什么?

2. 家庭住户与非家庭住户有什么区别?

3. 家庭有哪些特征与功能?

4. “家庭生命周期的每一阶段都会出现一系列问题,要求家庭决策者予以解决”,这句话的含义是什么?

5. 描述家庭生命周期各个阶段的特点。

6. 什么是家庭决策?不同的家庭成员如何介入决策过程的不同阶段?

7. 对于大多数消费品来说,要制定有效的营销策略,营销人员需要详尽地了解目标市场中相关产品的家庭决策程序,为什么?

8. 影响家庭成员参与购买决策的因素有哪些?

9. 家庭成员如何解决购买决策中的冲突?

10. 访问符合下列结婚年限的一对夫妇,描述他们在购买决策中发展起来的角色专门化的程度和性质,同时确定面临冲突时采用何种方法解决。

a. 1 年　b. 1～5 年　c. 6～10 年　d. 10 年以上

案例分析

小鬼当家——“吞时代”[①]对家庭消费的影响[②]

美国得克萨斯农基大学詹姆斯·麦克尼尔教授分别对 7 到 11 岁中国儿童消费行为及其对父母消费的影响作了两次调查(即 1995 年时对出生于 1984 年至 1988 年孩子的调查,2002 时对出生于 1991 年至 1995 年孩子的调查),写成《中国儿童的消费行为:1995—2002》。该调查发现,20 世纪 90 后出生的中国儿童的经济来源是原来的两倍,而花销是原来的三倍,并且他们独自去商店的次数增长了 32%。同时,他们平均每周存款率达到 35.18%,超过他们总收入的三分之一,比 80 年代的 60%的存款率要低得多。从四五年级开始,消费就变得再平常不过,因为他们已经有了丰富的购物经验。中国的传统文化是提倡存钱以备明日之需,虽然孩子们的收入越来越多,但存款率却大大下降了。这就是再明显不过的证据,他们具有非常明显的超消费观。

从某种意义上讲,“吞时代”们对钱的认识已经完全改变。对他们而言,只要自己认为该花钱,就自然花了,在购物时,他们似乎很少考虑商品的价格。“吞时代”直接或间接的消费,只要问一问做父母的,他们就会告诉你,他们的可支配所得有多少是用来满足子女的需求。对于大多数家庭而言,孩子一人的消费几乎占家庭所有支出的 50%。而这样的数字,仍然低估了吞时代的广度。因为孩子不只是直接消费,还深深影响与他们本身无关的家庭消费,这类间接消费远远大于其直接消费的金额。

因此,他们的成长为激活家庭消费起到推波助澜的重要作用,同时也引来家庭消费行为和

---

① “吞时代”(Tweens)——Teens(青少年)和 Weans(追求时尚的年轻人)音译组成而来。

② 资料来源:http://club.china.alibaba.com/forum/thread/view/6_22427256_.html.

消费观念的重大变革。

这样的一群未来的主人翁客观存在于这个星球，他们充分利用电脑和网络，吞吃着大量的资讯，是完全“数字的一代”。他们对数字产品和服务的敏锐是其他时代的孩子所不能比拟的，他们虽然年纪尚小，但像许多成年的数字一族一样崇尚数字化生活，了解数字产品和服务的动态，渴望拥有新的数字产品和服务。他们可能会在快吃饭的时候按动手机或者电脑键盘寻找就餐的最佳场所。这一切都会引导家庭消费数字化时代的到来，引导家庭享受数字生活。

首先，引导家庭消费产品的数字化。随着孩子的长大并成为一个真正的消费者，家庭的消费决策似乎不能由父母独掌，他们渴望参与家庭的消费决策，否则他们的抗辩将会引来更麻烦的亲子冲突。事实上，科技的发展，对于父母而言，只能听从销售人员的鼓吹，对于“吞时代”而言，他们拥有丰富的资讯，对最新科技的产品非常熟悉，同时，他们也会以各种充分的理由（如家庭和个人的“面子”）激起父母对数字化产品需求的欲望。家庭电视机、电脑、手机等产品的更新都是他们发挥决策的最佳时机。

其次，引导家庭消费服务的数字化。作为操控着鼠标长大的一代，他们熟悉网络。网络给他们带来的数字化，使他们能即时接触社会，即时了解世界的消费状况。对于他们来说，时尚的来临不再是慢悠悠地从巴黎、纽约传到东京、香港和汉城，再来到上海和北京。他们可以通过网络了解世界，也通过网络触摸世界。如在网络上购买商品，在网络上搜寻信息，这些都将引导家庭消费服务的数字化发展。

“吞时代”是中国消费社会转型中物质富足体验最为纯粹的一代，他们堪称诞生在独生代、“物质消费社会”和 e 时代三重母体上的时代骄子。作为未来消费的主人翁，他们的成长不仅是个人消费行为的体现，更影响整个家庭和社会消费行为变化。

问题

1. 90 后的消费观念发生了怎样的变化？
2. “吞时代”具备什么样的特征？将如何影响家庭消费决策？
3. 作为营销人员，将如何调整营销策略，以迎合“吞时代”的需求？

·第六章·
创新扩散

晨光文具是中国领先的制笔企业，也正在成为全球制笔业的“世界级选手”。晨光以“书写创意”为品牌理念，以“让人们享受书写而激发创意”为经营使命，建立起遍布中国每一个城市街头的“晨光文具样板店”，形成“每周一，晨光新品到！”的密集、强势冲击波。

晨光以“创意密集型企业”的产品创意开发能力；完善的全球采购和原材料生产、模具开发、设备开发的“全能工厂”制造能力；训练有素和严密管理的5 000名“知识工人”的质量控制能力；“伙伴天下晨光系”的强大分销和终端掌控能力；还有CCTV最佳雇主20强的优秀企业文化力，已成为“隐形冠军”式的优质企业。

作为成本领先的中国制造业一员，晨光并未以对外加工为发展路径，而是一直坚持走“中国创造”的自主品牌之路，今天，晨光不仅是中国消费者，特别是大、中、小学生的至爱品牌，也以“M&G晨光”品牌走向世界，并正在一个又一个国家成为领导品牌。

何谓创新？创新对企业有哪些重要意义？创新包括哪些内容？消费创新者，即最先采用或购买新产品的消费者具备哪些特征？对企业而言，如何识别和达到消费创新者？

本章将阐述下列问题：

★ 创新的扩散过程
★ 创新的采用过程
★ 创新扩散与营销策略

研究人员对创新的兴趣往往集中在两个相互关联的领域：扩散过程和采用过程。新产品(创新)从发明者到消费大众的推广过程即扩散过程，是一个“宏观”的过程，而采用是一个“微观”过程，它涉及个体消费者在决定接受或拒绝一种新产品时所经历的几个阶段。

第一节
创新扩散

所谓创新扩散，是指一种创新在一定时期内通过传播在特定的社会群体中逐步被接受的过程。其中，创新可以是新的产品、新的服务、新的观念或者新的实践，传播的媒介可以是大众媒体、销售人员或者人际间非正式的交流。依据这一定义，扩散过程包括四个基本要素，即创新、传播渠道、社会系统或群体、时间。

一、创新的定义

在英文中，Innovation（创新）这个词起源于拉丁语。它原意有三层含义：①更新，就是对原有的东西进行替换。②创造新的东西，就是创造出原来没有的东西。③改变，就是对原有的东西进行发展和改造。

创新是人类为了满足自身需要，不断拓展对客观世界及其自身的认知与行为的过程和结果的活动。在消费者行为学中，创新可以看作被相关的个人或群体视为新颖的构想、操作或产品。某个产品是否是创新产品，取决于潜在市场对它的感知。

（一）创新概念的产生与发展

创新概念的起源可追溯到1912年美籍经济学家熊彼特的《经济发展概论》。熊彼特在其著作中提出：创新是指把一种新的生产要素和生产条件的“新结合”引入生产体系。它包括五种情况：引入一种新产品，采用一种新的生产方法，开辟一个新的市场，获得原材料或半成品的一种新的供应来源，实现任何一种工业的新的组织。

到20世纪60年代，新技术革命迅猛发展。美国经济学家华尔特·罗斯托提出了“起飞”六阶段理论，把“创新”的概念发展为“技术创新”，把“技术创新”提高到“创新”的主导地位。

美国国家科学基金会也从20世纪60年代开始兴起并组织对技术的变革和技术创新的研究，迈尔斯和马奎斯作为主要的倡议者和参与者。在其1969年的研究报告《成功的工业创新》中将创新定义为技术变革的集合。认为技术创新是一个复杂的活动过程，从新思想、新概念开始，通过不断地解决各种问题，最终使一个有经济价值和社会价值的新项目得到实际的成功应用。到70年代下半期，他们对技术创新的界定大大扩宽了，在NSF报告《1976年：科学指示器》中，将创新定义为“技术创新是将新的或改进的产品、过程或服务引入市场。”明确地将模仿和不需要引入新技术知识的改进作为最终层次上的两类创新而划入技术创新定义范围中。

著名学者弗里曼把创新对象基本上限定为规范化的重要创新。他从经济学的角度考虑创新。他认为，技术创新在经济学上的意义只是包括新产品、新过程、新系统和新装备等形式在内的技术向商业化实现的首次转化。他在1973年发表的《工业创新中的成功与失败研究》中认为，“技术创新是一技术的、工艺的和商业化的全过程，其导致新产品的市场实现和新技术工艺与装备的商业化应用”。其后，他在1982年的《工业创新经济学》修订本中明确指出，技术创新就是指新产品、新过程、新系统和新服务的首次商业性转化。

进入21世纪，信息技术推动下，知识社会的形成及其对技术创新的影响进一步被认识，科学界进一步反思对创新的认识：技术创新是一个科技、经济一体化过程，是技术进步与应用创新“双螺旋结构”共同作用催生的产物。知识社会条件下以需求为导向、以人为本的模式进一步得到关注。

（二）创新的类型

对于消费者，在使用产品时，决定新产品创新性的并不是产品在技术或功能上的变化，而是采用新产品所要求的行为（包括态度和信念）与生活方式的改变程度。据此，如果某种产品相对市场上已有的产品来说具有一定的特色，那么它就可以被看作是一种新产品。根据新产品对消费者现有行为模式的影响或破坏程度，可以将新产品分为三种类型：连续创新、动态连续创新和非连续创新。

（1）连续创新。连续创新，指对消费者行为模式影响非常小的一种创新，它主要涉及改进型产品而不是全新产品的引进。一般来说，在原有产品上增加、改变或减少某种或几种不太重要的属性以及改进产品质量或可靠性等都属于这种创新。例如，沃尔沃推出的全新V70、S80、XC60车型，光明牛奶推出的燕麦果肉酸奶，必胜客的新茶店等。

虽然这种创新对消费者行为模式的影响不是很大，但它的影响却是存在的。这些产品少数具有复杂的突破性技术，大多数产品的使用只要消费者细微的态度和行为的改变，更多的可能是某种心理上的影响。

（2）动态连续创新。动态连续创新的影响比连续创新要大一些，但还没有完全改变消费者的行为模式。采用这种产品要求消费者在某个不太重要的行为领域里做出重大改变，或者在重要的行为领域做出中等程度的行为改变。例如，上网购物，MP3手机，一次性的纸尿布等，这些产品的使用都会在相当程度上引起消费者行为的改变。

（3）非连续创新。非连续创新是会引起消费者行为发生重大改变的创新。这种创新的采用将要求消费者在行为模式和生活方式上作出实质性的调整，通常是由技术上的重大突破引起的。国际互联网的发明、电动汽车等均属这种类型的创新。

图6-1描述的是洗衣机的发明这种非连续创新所引发的各种连续和动态连续创新，甚至是非连续创新。

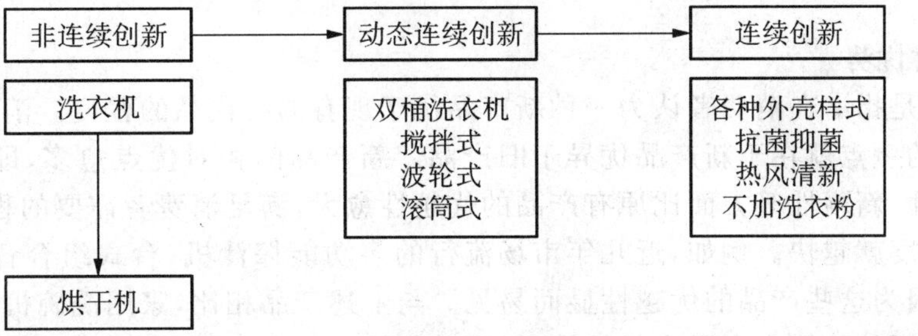

图6-1　由洗衣机的发明引起的相关创新

非连续创新的采用需要消费者在行为模式上作出重大调整，因此要被消费者接受往往遇到困难。就像洗衣机的普及一样。1858年，一个叫汉密尔顿·史密斯的美国人在匹茨堡制成了世界上第一台洗衣机。该洗衣机的主件是一只圆桶，桶内装有一根带有桨状叶子的直轴。轴是通过摇动和它相连的曲柄转动的。但这台洗衣机使用费力，且损伤衣服，尽管这台机器标志了用机器洗衣的开端，却被广大的消费者拒绝使用。直到20年后，1874年，美国人比尔·布莱克斯发明了木制手摇洗衣机，“手洗时代”才受到了前所未有的挑战。洗衣机的问世，让那些为提高生活效率而冥思苦想的人士大受启发，洗衣机的改进过程开始大大加快。到今天，随着科技的进一步发展，各种结构类型的洗衣机已经成了大家耳濡目染的产品。伴随着科技的进一步发展，相信新型更适合人们使用的洗衣机会给消费者的生活带来新的方式。

上述表明，在基础技术扩散和接受方面的差异，可能会在相当程度上影响相关技术的市场命运。

还有一种衡量新产品的方法是根据产品的有形特征或属性对用户满意度的影响，来决定是否以及在多大程度上将某种产品视同新产品。根据这一标准，消费者从新产品中得到的满意度越高，这种产品就越“新”。相应地，我们可以将产品分为假的新产品、有限的或勉强够格的新产品和真正的新产品。真正的新产品是能够以完全不同于老产品的方式使消费者获得满足感的产品。足够“新”，因而可以被看作真正新产品，如G3手机、MP4等。

二、影响创新产品扩散的因素

影响创新产品的扩散速度取决于10个因素，包括群体类型、决策类型、营销努力、所满足的需要、相对优势、兼容性、复杂性、可试用性、可观察性以及所感知的风险。

（一）群体类型

有些群体比另外一些群体更容易倾向于接受改变。一般来说，年轻、富有和受教育程度高的群体能够迅速接受包括新产品在内的改变。因此，目标市场是决定创新产品扩散速度的重要因素。

（二）决策类型

根据决策参与人数的多少，决策可以分为个人决策和集体决策。做出决策的人数越少，创新产品扩散得就越快。一般来说，涉及两个或两个以上家庭成员的创新产品，要比只影响一个人的创新产品扩散得慢。

（三）营销努力

企业的营销努力程度极大地影响着扩散速度。

（四）所满足的需要

创新产品所满足的需要越是显而易见，扩散速度也就越快。例如，“霸王”洗发水能够防止脱发，加上巨星成龙的代言宣传，在为经常掉发、脱发而犯愁的消费者群中迅速得到试用。

（五）相对优势

相对优势是指潜在消费者认为一种新产品优于现有的替代品的程度。消费者对新产品的要求，很重要的一点就在于新产品优异于旧产品。新产品的相对优点愈多，即在诸如功能性、可靠性、便利性、新颖性等方面比原有产品的优越性愈大，满足消费者需要的程度就愈高，市场接受和扩散速度就越快。例如，近几年市场流行的多功能榨汁机、台式组合音响等，其扩散速度比较快，是因为这些产品的优越性显而易见。与上述产品相比，家用洗碗机的扩散速度相当缓慢。虽然家用洗碗机也有很多优越性，但这种优越性却不容易为人们认知和觉察，而且在设计家用洗碗机时，制造商忽略了城市的大部分家庭厨房面积狭小、三口之家在不断增加这两种重要因素，故很多小家庭对这样一个功能单一、既费电又占地方、很不实惠的“庞然大物”是很难产生需求的。相对优点少，就是家用洗碗机市场扩散缓慢的重要原因。

除了独一无二的产品特色或优势外，一定的促销策略如价格折扣、“买二送一”、承诺和各种特别的增值服务，也可以用来建立相对优势，进而增加消费者的接受程度。例如，在液晶电视机的广告和销售中进行图像清晰、音响效果好的诉求，并承诺如果达不到顾客的要求，可以无条件退货，这样有助于建立产品的相对优势。

（六）兼容性

兼容性是指潜在消费者认为某种新产品与他现有的需求、价值观和行为相一致的程度。当新产品与目标市场的消费习惯、消费方式和价值观念相适应或较为接近，就会加速产品的推广使用。反之，一种新产品的使用，需要改变消费者原有的消费方式、消费习惯和价值观念，那么新产品的扩散速度就会受到影响。

（七）复杂性

复杂性是指一种新产品难以理解或使用的程度。显然，如果某种产品理解和使用起来越容易，它就越有可能被消费者接受；反之，如果使用一种新产品需要掌握复杂的知识和技能，那就不容易被消费者接受。例如，一些方便食品，如速冻饺子、方便面以及真空包装的微波食品，在消费者中越来越受欢迎，重要原因便在于这些食品准备起来非常方便，能够帮助消费者节省时间。一般照相机的使用需要相当多的知识背景，很多人觉得难以掌握其要领，因此，一般照相机的扩散速度受到了限制。在简化操作程序，调整一般相机结构基础上生产出来的"傻瓜"相机，适应了消费者操作简单、使用方便的心理要求，一投放市场便迅速地得到了扩散。所以在设计新产品时应尽量简化操作程序，大众化、方便化将有利于新产品的扩散。

就高科技产品而言，复杂性问题的重要性更显突出。有四种"技术恐惧症"会对新产品的采用起到阻碍作用：①害怕技术的复杂性；②害怕很快被淘汰；③害怕被社会拒绝；④害怕伤害身体。一项研究发现，技术复杂性在消费创新者中存在最广泛的担心。

（八）可试用性

可试用性是指一种新产品在一定条件下是否可以试用的情况。越容易在低成本或低风险条件下试用新产品，产品扩散就越快。例如，超市商品的营销人员通常使用折价券或免费样品，鼓励消费者试用，让他们获得直接的产品体验。这些促销措施为消费者提供了几乎无风险或风险很小的新产品试用机会。另一方面，诸如美容手术等产品，消费者很难在现实环境中试用，因而其扩散也受到一定阻滞。

（九）可观察性

可观察性是指一种产品的属性或利益可以被潜在消费者观察、想象或表达的容易程度。社会可见性很高的产品（如流行商品），要比私人用品（如新香型的沐浴露）容易扩散得多。类似地，有形产品也要比无形产品（服务）容易扩散一些。例如，流行服装不用广而告之，即可知晓，因而流行较快；反之，某些减肥产品因不能立即看到效果，市场扩散就比较慢。

（十）所感知的风险

与采用创新产品相联系的风险越大，扩散就越慢。风险包括经济的、身体的或社会的。知觉风险取决于三方面的因素：①创新产品无法产生预期效果的可能性；②不能产生预期效果造成的后果；③可修复性，修理费用和其他问题。例如，很多爱美的消费者想要获得美容手术带来的好处，也认为成功率较高，但是他们会考虑到万一手术失败会有严重的和不可修复的后果，因此不敢使用这项新产品。

上述十个方面的影响因素，都依赖于消费者的知觉。一种被感知具有明显的相对优势，能满足消费者的需求和价值观，容易在一定条件下试用，也容易理解和观察的产品，将比那些知觉上与之相反的产品更可能被消费者购买。

需要指出的是，一种创新在不同的文化中可能出现完全不同的扩散情况。例如，听装中药汤剂在日本、新加坡甚至西方已经成功地销售多年，但大多数中国人对这种包装仍然抵制。

新产品问世之后，要么几乎在一夜之间就取得成功，家喻户晓，要么就是为了赢得消费者的认可和接受而不得不苦苦挣扎。究其原因，消费者对新产品有抵制心理。Ram 于 1989 年提出的创新抵制理论对此进行了详尽解释。图 6－2 显示了创新抵制模型。

根据这一模型，消费者对新产品的抵制程度是由产品特征决定的。如果知觉的相对优势、兼容性、可试用性及可观察性很低，而同时知觉的复杂性又很高，那么消费者的抵制就会非常强烈。由模型可以看出，消费者对创新的抵制是在一定的文化、情景和社会因素的影响下发生

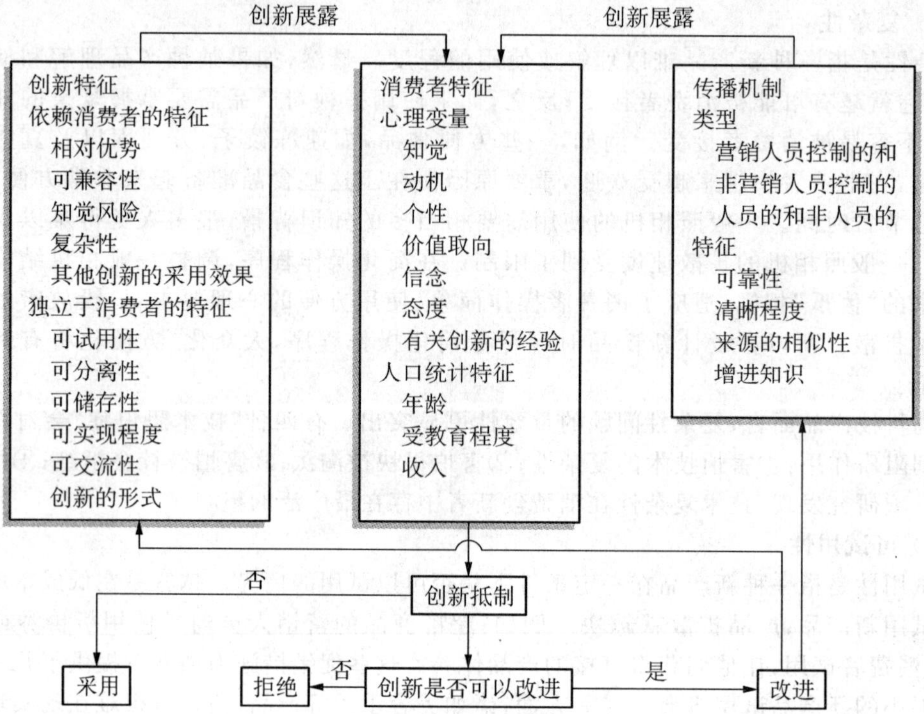

图 6－2　创新抵制模型

的，模型中的每一个因素都会影响到消费者的抵制。表 6－1 列举了一系列可以用来消除或缓解创新抵制的营销组合策略。值得注意的是，对于每一种创新抵制，都可以有许多不同的策略选择。

表 6－1　克服消费者创新抵制的营销策略①

抵制的原因（采用的障碍）	营销策略				
	产品策略	沟通策略	价格策略	市场策略	撤退策略
功能障碍 使用障碍 价值障碍 风险障碍 心理障碍	发展系统的观念 整合相关创新 改进产品表现 改善产品定位 使用知名品牌	提供保证和证明	控制成本 降低价格	市场开发 促进试用 增加市场展露	
传统障碍		教育消费者 使用不同的代理商			理解和尊重传统
形象障碍	借用好的形象（品牌名称）	拿消极的形象开玩笑 创造独一无二的形象			

① 资料来源：Ram，Sheth L N Consumer Resistance to Innovations：The Problem and Its Solution. Journal of Consumer Marketing，1989(6)：10.

第二节
创新的采用过程

创新采用过程是指消费者个体在作出是否试用、继续使用或放弃使用某种新产品的决策时所经历的一系列阶段。从本质上讲，它等同于消费者的决策过程，实际上是消费者个人由接受创新产品到成为重复购买者的各个心理阶段。与一般决策过程不同的是，新产品的采用涉及更大的风险，需要搜集更多的信息，因此决策过程相对更为复杂。

一、创新采用过程的阶段划分

一般认为，消费者在决定购买或拒绝一种新产品时要经历五个阶段，见图6－3。

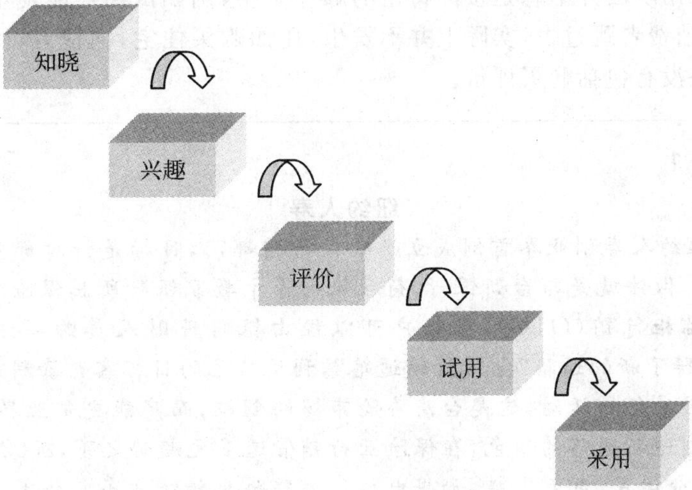

图6－3　采用过程1

(1) 知晓。消费者获得某种新产品的展露，但这种展露在一定程度上是中性的，因为消费者还没有足够的兴趣搜寻更多的有关该产品的信息。

(2) 兴趣。消费者发展出对该产品或产品种类的兴趣，开始搜寻有关创新如何给其带来利益的信息。

(3) 评价。基于已获得的信息，消费者得出有关创新的结论或确定是否有必要进一步搜寻信息。评价实际上是一种"心智试用"(mental trial)，如果评价是满意的，消费者就会实际试用创新产品；如果心智试用的结果不满意，产品就会被拒绝。

(4) 试用。在这一阶段，消费者将有限制地使用创新产品。从使用中获得的经验为消费者提供了作出继续使用或拒绝该产品的决策所需的关键信息。

(5) 采用(或拒绝)。基于试用和有利的评价，消费者就可能决定全面和经常地、而不是有限地使用该产品；或者决定拒绝该产品。

实际上，在试用和采用之间可能还会出现两种情况，即直接的产品体验(结果)和产品评价(确认)。也就是说，消费者从知晓创新开始，依次经历兴趣和评价，新产品在购买之前或之后可能被拒绝或试用，试用提供了直接的产品体验，而体验的结果则被用来确认产品评价。如果产品评价是积极的，或者得到直接体验的确认，则会导致最后的采用；否则，就会导致直接的拒绝，见图 6－4。

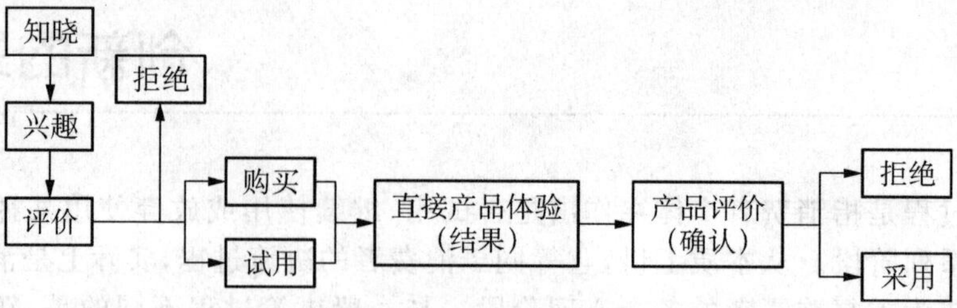

图 6－4　采用过程 2

需要指出的是，相对于消费者的决策过程，传统的创新采用过程模型仍然存在以下局限：①在知晓阶段之前，还可能存在一个认识问题或需要的阶段；②在试用之后，消费者可能拒绝产品，或者从来不连续地使用该产品；③评价会发生在整个决策过程中，而并不仅仅出现在评价阶段；④各个采用阶段并不总是按照特定的顺序发生，例如试用可能发生在评价之前，或者有些阶段可能被消费者跳过去，实际上并不发生，比如购买住宅，消费者可能根本就没有机会试用；⑤该模型并没有包括购买评价。

消费窗口 6－1

纽约人寿①

1994 年，纽约人寿创业界首例成立了项目行销部门，目标是针对那些“不想通过业务员买保险的人”，做法就是与台新银行、荷兰银行等十数家银行所属保险代理人公司合作，通过银行进行临柜行销（OTC），即客户可以经由银行理财人员购买纽约人寿的服务。1997 年时又开辟了新的通路“电话行销通路”，利用自己的目标客户资料库，使用电话来进行一系列整合性的行销活动，这是台湾寿险市场的创举，而产能更是业界中的顶尖。纽约人寿一直扮演创造新通路的角色，在保险业行销管道多元趋势之下，2002 年纽约人寿更强化整合资源、充分运用、相互支持，如将电话行销整合至传统业务员体系，在多元行销管道中，成为业界的通路专家。

探讨：创造新的沟通管道，这是创新扩散理论中很重要的一部分。影响创新扩散程序包含了四个主要因素，分别是创新本体、传播管道、时间以及社会体系，无论哪一种新的发现和创新，都必须经过适当的传播管道来扩散它。而纽约人寿就是利用了史无前例的电话行销模式，达到他们所预期的行销作用。

二、消费者创新决策过程

为了克服上述局限，传统的采用过程模型被修改为更一般化的决策模型，即创新决策过程模型。该过程由美国著名的学者埃弗雷特·罗杰斯（Everett M. Rogers）提出，他认为，创新决策过程包括五个阶段，即知识阶段、说服阶段、决策阶段、实施阶段和确认阶段。这五个阶段又受到一系列变量的影响，它们不同程度地促进或延缓了创新决策过程，见图 6－5。

（1）知识（knowledge），即消费者知道某种创新的存在，并对它的功能有所了解。在知识阶段，消费者要受个人因素（如个人的性格特征、社会地位、经济收入、性别年龄、文化水平等）、

① 资料来源：http://web.ncyu.edu.tw/jacky/96mot－m8.pdf.

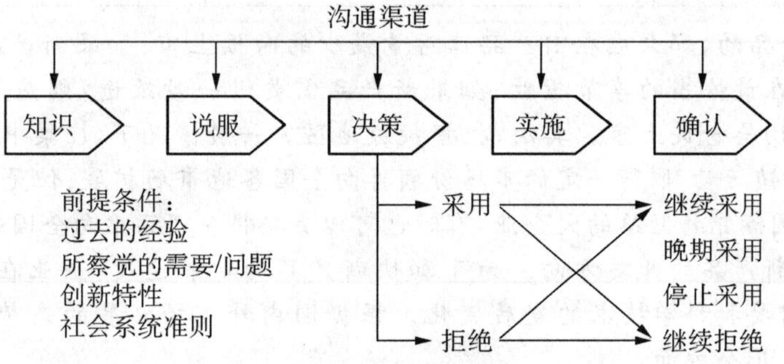

图 6-5 消费者创新决策过程

社会因素（如文化、经济、社会、政治、科技等）和沟通行为因素的影响。他们逐步认识到创新产品，并学会使用这种产品，掌握其新的功能。研究表明，较早意识到创新的消费者同较晚意识到创新的消费者有着明显的区别，一般地，前者较后者有着较高的文化水平和社会地位，他们广泛地参与社交活动，能及时、迅速地搜集到有关新产品的信息资料。

(2) 说服（persuasion），即消费者形成对该创新的积极或消极态度。在知识阶段，消费者的心理活动尚停留在感性认识上，而到了说服阶段，消费者的心理活动就更具影响力了。一旦消费者对创新产品产生喜爱和占有的愿望，决策行为就进入说服阶段。在说服阶段，消费者常常要亲自操作新产品，以避免购买风险。不过，即使如此也并不能促使消费者立即购买，除非营销部门能让消费者充分认识到新产品的特性。

(3) 决策（decision），即消费者从事一些活动，由此导致采用或拒绝该创新的选择。通过对产品特性的分析和认识，消费者开始决策，即决定采用还是拒绝采用该种新产品。他可能决定拒绝采用，此时又有两种可能：①以后改变了态度接受了这种创新产品；②继续拒绝采用这种产品。他也许决定采用创新产品，此时也有两种可能：①在使用之后觉得效果不错，继续使用下去；②使用之后发现令人失望，便中断使用（可能改用别的品牌，也可能干脆不使用这类产品）。

(4) 实施（implementation），即消费者使用创新。在决策阶段，消费者只是在心里盘算究竟是使用该产品呢还是仅仅试用一下，并没有完全确定。到了实施阶段，消费者就考虑以下问题了："我怎样使用该产品？"和"我如何解决操作难题？"这时，企业营销人员就要积极主动地向消费者进行介绍和示范，并提出自己的建议。

(5) 确认（confirmation），即消费者寻求支持其创新决策。人类行为的一个显著特征是，人在作出某项重要决策之后总是要寻找额外的信息，来证明自己决策的英明和果断。消费者购买决策亦不例外。如果获得的产品信息是冲突或矛盾的，消费者可能会改变原来的决策。

消费窗口 6-2

新产品扩散策略

第一，抓住时机，广而告之。新产品刚上市，消费者对其一概不知或知者甚少。对此，必须抓住时机展开广告、公关攻势，大力宣传新产品与旧产品相比有哪些特点、优点，结构是否合理、造型是否新颖、功能是否齐全、操作是否简单、价格是否便宜，运用新产品能给消费者带来哪些利益和效用。通过广而告之，可以使消费者在短时期内了解某一新产品，加快扩散速度。

与此同时，在营销活动中现场示范、模拟操作、免费赠送样品等都能达到广而告之、促使消费者加深对新产品的印象、加快新产品扩散速度的目的。

第二，把握新产品的投放时机和投放地区。首先，把握投放时机。如果新产品是用来代替本企业旧产品的，那么应在旧产品库存量最少的时候上市；如果新产品的需求具有明显的季节性，应在最恰当的季节投放；如果新产品需要进一步改进，则应等到产品进一步完善后再投放，切忌仓促上市。其次，把握投放地区。一般情况下，应集中在某一地区市场上开展广告和促销活动，取得一定的市场份额再向全国各地市场扩展；但是，实力雄厚、并拥有通畅的国内、国际销售网络的大企业，有时也可以直接将新产品推向全国或国际市场。

第三，把握新产品的开发方向。为了加快新产品的扩散速度，企业在开发新产品时，必须适应消费需要和科学技术的发展变化。根据国内外市场发展的态势，新产品的发展趋势表现在以下几个方面：

① **多能化**，即一种产品具有多种功能和多种用途。一物多用可使消费者节约时间和空间，带来多种使用价值和利益。

② **多样化**，即产品尽量多种品种、多种式样、多种规格和型号，以满足消费者的不同需求。

③ **微型化**，即在产品性能不变的前提下，产品重量要轻、体积要小。日本专家认为自1990年到2000年是产品向"轻"、"薄"、"短"、"小"发展的时代。

④ **绿色化**，即新产品必须节约能源和材料，其生产与使用过程中对环境没有污染，不产生公害。21世纪是"绿色营销"的时代，"绿色产品"将受到普遍欢迎。

⑤ **健美化、舒适化**，即产品不仅要具有基本的使用价值，而且要给消费者带来美和愉快的享受，使人心情舒畅。随着人们生活水平的提高，消费者将越来越注重消费质量，追求产品的象征性价值。企业的产品能否受到消费者的青睐，关键看新产品的开发、研制是否符合了这些发展趋势。

第三节 创新扩散与营销策略

在创新扩散的过程中，我们还要考虑时间问题。在创新扩散的分析中，有三个方面涉及时间问题，包括：购买时间、创新采用者的类别和采用速率。

一、购买时间

购买时间是指消费者从最初听说某种新产品或服务到购买或拒绝所花费的时间。表6-2描述了消费者在购买一种超小型笔记本电脑时经历的购买时间。

表6-2 消费者选购超小型笔记本电脑经历的时间阶段①

周	起促进作用的情景或因素
0	消费者在乘飞机旅行时在商务舱里看到一位乘客使用一种小型的电脑。他从这位乘客了解到这是一种新的只有3磅重的超小型笔记本电脑。作为反应，他认识到自己老式的8磅重的膝上电脑太重并且运行速度太慢(这是它不再被使用的原因)。

① 资料来源：Schiffman L G，Kanuk L L. Consumer Behavior. 5th. New York：Prentice-Hall International Inc，1995.

续表

周	起促进作用的情景或因素
1～4	**决策过程的开始** 消费者感觉到他需要了解更多这种新电脑的特色和可获得性。他开始搜寻近期计算机杂志中的一些相关主题的文章,阅读几篇支持和反对这种笔记本电脑的背景文章以及一些不同品牌的相关产品的广告。
5～8	**暂时不再考虑这种超小型笔记本电脑** 在某种程度上已被征服的消费者因工作上的压力和问题而分散了注意力,有关该产品的想法暂时被抛诸脑后。
9	**兴趣被再度激发** 阅读到一篇有关某品牌的一种超薄型笔记本电脑的文章,这篇文章重新激发了他为商务旅行购买一台超薄型笔记本电脑的兴趣。 **从意见领袖处征询意见** 同一工作单位的“电脑行家”被找到,并向他征询超薄型笔记本电脑的意见。
10	**评估特色和品牌** 根据意见领袖的建议,各种替代品迅速被剔除,剩下三种品牌型号。
11～12	**获得更多的有关三种选择的信息** 拨打800免费电话,向三个计算机制造公司寻求更详细的产品信息(如索要产品宣传手册)。
13～14	**自我学习阶段** 在阅读了宣传手册并与意见领袖讨论了替代品的优缺点之后,作出购买决策。消费者最终选择其中某个品牌,是因为一本杂志中有一篇文章给这个牌子的超薄型笔记本电脑在屏幕和键盘上以很高的评价,这两种特色被认为是非常重要的。 **订购电脑** 消费者拨打该公司的800免费电话,并与电话营销员讨论了几种产品选择。公司承诺在两个工作日内将产品送到消费者手中。
15	计算机通过快递服务公司送达。

表6－2中不仅描述了消费者决策所需的时间长度和复杂性,而且也表明了不同的信息来源在不同的扩散阶段的相对重要性。购买时间是一个重要概念,因为消费者采用某种新产品所需的平均时间是该产品获得广泛采用所需时间的“指示器”。如果个体消费者的购买时间较短,我们一般可以推断这种新产品的总体扩散会相对快一些。

二、创新采用者的类别

在新产品的市场扩散过程中,由于社会地位、消费心理、消费观念、个人性格等多因素的影响,导致不同顾客对新产品接受快慢程度不同。美国学者罗杰斯在对新产品扩散过程的研究中发现,某些人性格上的差异是影响消费者接受新技术和新产品的重要因素。就消费品而言,罗杰斯按照顾客接受新产品的快慢程度,把创新采用者分为五种类型,见图6－6。

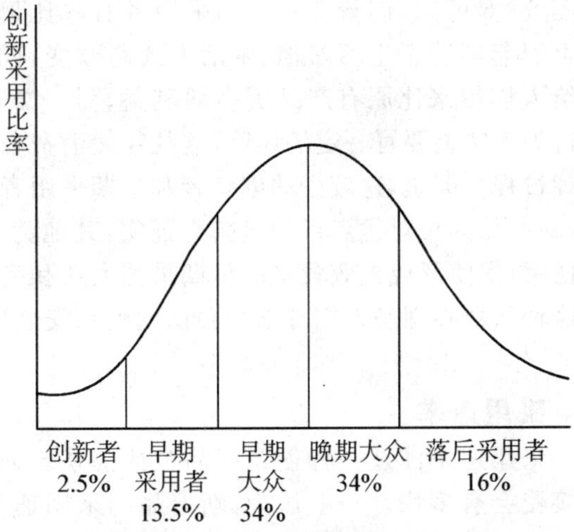

图6－6 创新采用者类别

(1) 创新者(innovator)。该类采用者约占全部潜在采用者的2.5%。任何新产品都是由少数创新采用者率先使用,因此,他们具备如下特征：极富冒险精神；渴望尝试新的观念，愿意挑战大的风险；一般是年轻人，具有广泛的社会关系，信息灵通，并且渴望与其他创新者进行交流；收入水平、社会地位和受教育程度较高。

企业市场营销人员在向市场推出新产品时，应把促销手段和传播工具集中于创新采用者身上。如果他们的采用效果较好，就会大力宣传，影响到后面的使用者。不过，找出创新采用者并非易事，因为很多创新采用者在某些方面倾向于创新，而在其他方面可能是落后采用者。

(2) 早期采用者(early adopters)。早期采用者是第二类采用创新的群体，占全部潜在采用者的13.5%。他们大多是某个群体中具有很高威信的人，受到周围朋友的拥护和爱戴。他们更深地融入了当地的社会系统，在采纳某种新观念前会慎重考虑，并且往往是其他群体成员的榜样。正因如此，他们常常去收集有关新产品的各种信息资料，成为某些领域的意见领袖。这类采用者多在产品的介绍期和成长期采用新产品，并对后面的采用者影响较大。所以，他们对创新扩散有着决定性影响。

(3) 早期大众(early majority)。这类采用者的采用时间较平均采用时间要早，占全部潜在采用者的34%。其特征是：深思熟虑，态度谨慎；决策时间较长；受过一定教育；有较好的工作环境和固定收入；对舆论领袖的消费行为有较强的模仿心理。他们虽然也希望在一般人之前接受新产品，但却是在经过早期采用者认可后才购买，从而成为赶时髦者，很少属于意见领袖。由于该类采用者和晚期大众占全部潜在采用者的68%，因而，研究其消费心理和消费习惯对于加速创新产品扩散有着重要意义。

(4) 晚期大众(late majority)。这类采用者的采用时间较平均采用时间稍晚，占全部潜在采用者的34%。其基本特征是多疑。他们的信息多来自周围的同事或朋友，很少借助宣传媒体收集所需要的信息，其受教育程度和收入状况相对较差，所以，他们从不主动采用或接受新产品，直到多数人都采用且反映良好时才行动。显然，对这类采用者进行市场扩散是极为困难的。

(5) 落后采用者(laggards)。这类采用者是采用创新的落伍者，占全部潜在采用者的16%。他们思想保守，拘泥于传统的消费行为模式。他们与其他的落后采用者关系密切，极少借助宣传媒体，其社会地位和收入水平最低。因此，他们在产品进入成熟期后期乃至进入衰退期时才会采用。与一般人相比较，在社会经济地位、个人因素和沟通行为等三个方面存在着差异。这种比较为新产品扩散提供了重要依据，对企业市场营销沟通具有指导意义。

罗杰斯对消费者接受新产品的上述五种类型的划分，是新产品市场扩散理论的重要依据。从图6-6可知，创新者和早期采用者所占比例比较小。因为一种新产品的使用，能在一定程度上引起消费者生活习惯、生活方式的改变，同时其质量、性能、使用效果、价格和服务等方面能给人们带来比原有产品更多的利益；另一方面，消费者都存在不同程度的疑虑心理，采取购买行为事实上要冒一定的风险，这往往使消费者接受新产品都要经过或快或慢，或简单或复杂的心理过程。但是，这较少的创新者和早期采用者对新产品的扩散极为重要。因为经过他们试用后，新产品的相对优点得到显露与证实，其他消费者就会减少或消除疑虑心理，增强对新产品的信任感，促使形成人数较多的早期采用大众和晚期采用大众，直到最后守旧者也开始使用。消费者这种从众心理是人们寻求社会认同感和安全感的表现，是产品得以流行的重要条件。

三、采用速率

采用速率涉及一种创新产品被社会系统的成员采用所需时间的长短，即它被最终采用的人接受会有多快。一般认为，新产品的采用速度有逐渐加快的趋势。同时，有研究表明，全球的产品扩散也正在变得越来越快，不同文化之间在产品的采用速率上的差距正在迅速地减少，而不是在扩大。

新产品营销的目标通常是尽可能快地赢得消费者对产品的广泛接受。他们希望实现快速的产品扩散或市场渗透，在其他竞争者采取有效行动之前迅速地建立自己的市场领导者地位。因此，对企业而言，在目标市场大致选定以后，应当首先把注意力集中在目标市场内最有希望成为创新者和早期采用者的人身上。在向这群人宣传产品功能特点时，应强调产品的新颖和革新特点。营销人员可以将重点放在产品的技术特征上，让消费者自己去理解这些特点会带来的好处。

在创新产品得到认可后，企业就可以将注意力集中到早期大众和晚期大众身上。可以利用不同的媒体进行宣传。同时，将重点从强调新颖性转移到强调产品已获得认可和证明它们的优越功能上来。表 6－3 列出了促进扩散的一些营销策略。

表 6－3　促进扩散的策略①

影响扩散的因素	阻碍扩散的情况	扩散促进策略
群体性质	保守	寻找其他市场，以群体内的创新者为目标
决策类型	群体决策	选择可以达到所有决策者的媒体，提出化解冲突的主题
营销努力	有限	以群体内的创新者为目标，使用地毯式轰炸策略
所满足的需要	弱	做大量广告表明产品利益的重要性
兼容性	冲突	强调与价值规范相符的属性
相对优势	低	降低价格，重新设计产品
复杂性	高	在服务质量高的零售店销售，使用有经验的推销人员，使用产品演示、大量的营销努力
可观察性	低	大量使用广告
可试用性	困难	向早期采用者免费提供样品，对租赁机构提供优惠价格
感知风险	高	成功记录，权威机构认证或证明，担保

消费窗口 6－3

三精制药——把红海装进蓝瓶②

三精制药是中国制药行业的领先企业，三精制药以前瞻性的战略规划，实施以营销为导向的产品线开发，从一个以水针剂生产为主的企业，发展成为一个以非处方药建立品牌，处方药、原料药、新药研发并重的综合性制药企业。三精在营销上的创新，主要体现在三精的“蓝瓶战略”。三精从产品战略上在口服液制剂集中，通过葡萄糖酸钙口服溶液、葡萄糖酸锌口服溶液、双黄连口服液等几个拳头产品的成功运作，树立起在口服液制剂领域的权威地位。2007 年后三精制药以“开创口服液蓝瓶时代”为品牌战略，不断丰富旗下口服液产品种类，并以精益求精再求精的“蓝瓶标准”打造高质量的口服液制剂。三精正一

① 资料来源：Hawkins D I，Mothersbaugh D L，Best R J，Consumer Behavior：Building Marketing Strategy. 10th ed. McGraw-Hill Companies Inc，2003.

② 资料来源：根据 http：//finance1. jrj. com. cn/news/2008－06－12/000003747809. html 改编.

步一个脚印地走在成为“中国消费者口服液习惯品牌”的道路上，从“补钙，我要蓝瓶的”走向“口服液，我要蓝瓶的”。

三精的成功不仅带来丰厚的经营回报，也成为中国消费者信赖和喜爱的品牌，三精制药位于哈尔滨的蓝瓶工厂，甚至成为国家AAA级旅游名胜。

本章小结

创新扩散，是指一种创新在一定时期内通过传播在特定的社会群体中逐步被接受的过程。其中，创新可以是新的产品、新的服务、新的观念或者新的实践，传播的媒介可以是大众媒体、销售人员或者人际间非正式的交流。

在消费者行为学中，创新可以看作被相关的个人或群体视为新颖的构想、操作或产品。某个产品是否是创新产品，取决于潜在市场对它的感知。

根据新产品对消费者现有行为模式的影响或破坏程度，可以将新产品分为三种类型：连续创新、动态连续创新和非连续创新。

影响创新产品的扩散速度取决于10个因素，包括群体类型、决策类型、营销努力、所满足的需要、相对优势、兼容性、复杂性、可试用性、可观察性以及所感知的风险。

消费者在决定购买或拒绝一种新产品时要经历五个阶段，即知晓、兴趣、评价、试用和采用。创新决策过程包括五个阶段，即知识阶段、说服阶段、决策阶段、实施阶段和确认阶段。这五个阶段又受到一系列变量的影响，它们不同程度地促进或延缓了创新决策过程。

在创新扩散的过程中，还要考虑购买时间、创新采用者的类别和采用速率。

关键词

创新	innovation
采用者分类	adopter categories
采用过程	adoption process
扩散过程	diffusion process
创新者	innovator
早期采用者	early adopter
早期大众	early majority
晚期大众	late majority
落后采用者	laggards

练习题

1. 什么是创新？创新有哪些定义？
2. 什么是创新扩散？扩散过程包括哪些要素？
3. 创新产品有哪几种类型？它们之间有什么不同？

4. 描述影响创新产品扩散速度的因素，如何利用这些因素制定营销策略？

5. 什么是创新采用过程？它可以分为哪几个阶段？

6. 什么是采用者类型？描述每种类型的采用者。

7. 营销人员应该如何利用采用者分类知识来制定营销策略？

8. 星巴克咖啡是一个创新产品吗？试说明原因。假设该产品在校园中被广泛使用，那么采用者将具有什么样的特征？以学校的学生作为细分市场，评价产品的性能。校园中的哪些人将成为该产品的意见领袖？

9. 识别一项最新的：a. 连续创新，b. 动态连续创新，c. 不连续创新，说明理由。

10. 为某种创新产品进行扩散分析并制定恰当的营销策略。

案例分析

乐活新生活理念成消费品创新元素①

现在有这样一群人，他们关心生病的地球，也担心自己生病，于是发起了一种新的生活运动。他们吃健康食品与有机菜，穿天然材质棉麻衣物，利用二手家居用品，骑脚踏车或者步行，练瑜珈健身，听心灵音乐，注重个人成长。这群人通过消费和衣食住行的生活实践，希望自己心情愉悦、身体健康、光彩照人。他们称自己为“乐活族”。

乐活的英文为 LOHAS，是 Lifestyles Of Health And Sustainability 的缩写，专指健康和可持续性的生活方式，美国社会学者保罗·瑞恩在 1998 年提出了这个新词汇。他带领的研究团队发现了一条消费者心理倾向的变化曲线——高质量的健康生活且不对自然造成破坏的内敛消费，正成为越来越多人的自发的新生活理念。十余年来，乐活已经从少数人的另类生活态度发展成为主导下一轮消费革命的潮流运动。近年来，以可持续发展和创意经济为导向的商业企业和组织如雨后春笋般大量涌现。

国内市场乍现乐活商机。2006 年 9 月，乐活城第一家店在北京京顺路建立，短短一年间，就在北京、上海开了五家分店。乐活城是目前国内第一家以“乐活”概念为经营理念的连锁超市，从产品到服务，处处体现着健康悠游的乐活精神。乐活城在自己的广告刊内写道：“我们出售的不只是商品，我们出售的是一种生活态度。”乐活城总裁余崇正先生解释说：“我们的名字是乐活城有机健康生活馆。在这里，‘有机’是手段，‘健康’是目的，有机只是其中一种方法，并不是说你买我们的有机产品，你就一定会健康，我们只是向大家提供一种乐活的生活概念。”

乐活城所有的产品都以有机、健康为主题，产品尽量以纸质和简单的再生塑料包装，尽量就地取材，就地销售。乐活城有机超市的生鲜蔬菜来自北京密云县高岭镇的“之万农庄”。农庄里天然种植和养殖产品是超市出售有机成品的来源，主要有有机蔬菜、粮果、畜禽类产品，并已达到欧盟有机农业技术标准认证水平。乐活概念产品畅销在发达国家，已经形成了针对“乐活族”的成熟市场，乐活市场的涵盖面很广，从可再生产品、有机食品、生态建筑、生态旅游到个人护理、疾病防治、美体健身以及杂志、CD 等精神消费品。

问题

1. 乐活城是创新产品吗？为什么？

2. 如果你是乐活城的营销经理，你将怎样宣传你的企业？

---

① 资料来源：根据 http://hi.baidu.com/lohas8848/blog/item/ae8be7c6986a46189d163d89.html 改编.

第三部分

内部影响因素

·第七章·
知　觉

RCA在为其品牌电视机做的电视广告中用了一位漂亮模特，这一模特衣着保守。目光跟踪仪(一种可以检测人们对广告的注意程度的仪器)显示观众注视这个产品的时间相当长。72小时以后，仍有36%的观众记住了这一品牌。与此对照的是一部相似产品的广告，使用了一位衣着暴露的性感女郎。目光跟踪仪器显示此广告也相当引人注意，但观众只顾看那位性感模特了。72小时以后的品牌记忆率只有9%。

同样是吸引了消费者的注意力，但是两个广告的效果却不尽相同。不同的消费者会对相同的刺激产生不同的知觉，现实和知觉之间存在巨大的差异。营销人员想要避免与目标市场沟通时各种问题的发生，将品牌信息有效地传递给消费者，就必须了解消费者知觉有关的知识，掌握影响消费者知觉的相关因素，才能避免信息传递过程中出现的问题。

本章将阐述下列问题：

★ 知觉的性质
★ 展露
★ 注意
★ 理解
★ 消费者认知质量
★ 消费者风险知觉

第一节 知觉的性质

一、感觉和知觉

感觉是人脑对客观事物个别属性的反映;而知觉是人脑对客观事物整体属性的反映,是对感觉信息加工和解释的过程。我们可以通过一个简单的例子来说明感觉和知觉的关系。把一只手放在面前尽可能远的地方,然后把手移近面孔。当手向面孔靠近时,它在你的视野中占据的面积越来越大。这时你可能无法看到被手遮住的海报。手变大了?海报变小了?你的感觉告诉你手在变大,但是你的知觉加工使你懂得,尽管投射到视网膜上的图像在变化,但是你的手和海报的实际大小是不变的。

感觉受感觉器官的生理特征及外界刺激物的物理特征的影响,是一种生理和心理活动;而知觉受一个人的兴趣,爱好,价值观和知识经验的影响,是一种心理活动。知觉以感觉为基础,没有对刺激物个别属性的感觉,就不会有知觉的存在。感觉消失了,知觉肯定随即消失。而知觉又不仅仅是对感觉材料的简单加总,感觉到知觉有一个对信息加工、解释的过程。感觉是客观的,每个人看到的、听到的、闻到的都是相同的客观事物,但是知觉过程中却有思维、经验、记忆等的参与,因而对于同样的一个客观事物,才会有"仁者见仁,智者见智"。

二、知觉过程

消费者对信息的处理分为四个阶段:展露、注意、解释、记忆。知觉被定义为个体选择、组织刺激并以一种有意义的、整体的方式对之加以解释的过程。从知觉的定义中我们就可以看出,消费者对信息处理的前三个阶段就构成了消费者的知觉过程,参见图 7-1。

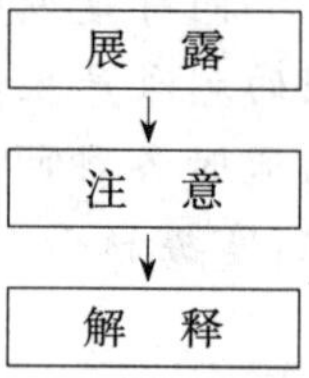

图 7-1　消费者知觉

在消费者知觉的三个阶段中,展露(exposure)指刺激物出现在人的感觉接收神经范围内,如广告牌出现在人的视觉范围内。注意(attention)指接收神经将感觉信息传递到大脑进行处理的过程,是对刺激物的进一步加工,如观察到竖立在路边的广告牌。解释(interpretation)指个体赋予刺激物含义或意义的过程,如对于相同的广告每个人得到的最终结论可能不同。

知觉的三个阶段缺一不可,刺激物信息依次通过知觉的三个阶段,如果不能在其中的某个阶段生存下来,就很难储存到消费者的记忆中,也就很难对消费者的行为产生影响。

三、知觉的性质

仔细观察下边的图 7-2,你会看到什么?这幅图是为了英国女王在位 25 周年纪念所特别设计的,它以丹麦心理学家爱德加·罗宾的著名的二维雕像地面幻觉为基础创作,它看起来是一个花瓶,但也可看出是伊丽莎白女王与菲利浦亲王的侧影。这幅图形象地说明了知觉的选择性。

图 7-2　知觉选择性图像

知觉的选择性也称为知觉防御(perceptual defenses),指的是消费者对于刺激物并不都是被动接受,在很多情况下,消费者会有选择性地对碰到的信息进行处理。消费者对环境刺激的选择是基于对刺激本身的期望和动机的相互作用。在营销环境中，人们倾向于依据自己的期望来知觉产品及产品属性。与消费者期望严重冲突的刺激相比那些与期望一致的刺激受到更多的注意。与此同时，人们还倾向于对其需要的或想要的东西有所察觉，需要越强烈，就越容易产生注意。

在我们的开篇案例中，第二种情境下的消费者对模特选择性的注意，忽视了广告所要表达的真实目的，因而很难在大脑中留下有关品牌的记忆。知觉的选择性主要有选择性展露、选择性注意等，具体内容在以后的章节中会详细讲述。了解知觉的选择性可以避免在与消费者沟通中出现问题，也是营销人员与消费者成功沟通的一大挑战。

第二节 展露

在知觉的最先阶段，消费者必须首先看到或听到某种刺激，然后才能做出反应。当某种刺激出现在消费者的感觉(视、听、触、嗅)通道内，消费者的感官有机会被激活时，展露就发生了。展露的发生并不一定要求消费者接收到刺激信息，只要刺激信息展现在消费者面前，就是一种展露。你可能正在和朋友聊天时，电视里出现一则饮料广告，也许你并没有注意到，但是这就是一种展露。你每天上班途中会路过一个很大的路边广告牌，即使你一直都没有正式地去看它，但是它已经展露在你的面前了。

现在是个信息爆炸的社会，每天都会有成千上万的刺激信息，但是展露在我们面前的却往往只是很少一部分。你在一个超级市场中可能一直就只逛熟悉的那几个货架，在一段时间内只观看一个电视台的节目，在餐厅每次都点一样的菜。展露在个体面前的刺激信息很大程度上是个体自主选择的结果。消费者会根据自身的喜好或目的，自主选择或回避某些刺激信息，因而我们可以把展露分为选择性展露和自愿性展露。

展露水平的确因展露的方式不同而不同。电视台或广播电台一般以收视率或收听率来衡量展露水平，印刷品则是以发行量来衡量。

一、选择性展露

相信很多人在看到电视里脑白金的广告时会选择转换频道，这就是一种选择性展露。在遇到广告时，人们会选择快速跳过广告节目、转换频道或广告静音，展露的主动性和选择性通过这些广告躲避活动体现出来。消费者对于刺激信息并不是一味的接受，会有选择性地展露某类刺激信息。

遥控器的存在使得人们快速跳过广告、转换频道和降低声音变得十分方便，闭路电视也让人们对电视频道有更多的选择。在任何一个播放时点，有 6%～19%的观众正在用遥控器转换频道，以避开广告节目①。TiVo 的一项研究表明，观众在观看事先录制好的电视节目时，会跳过 77%的广告时间。这就说明随着数字硬盘刻录机的逐步普及，广告躲避现象会越来越严重。广告躲避现象在广告扎堆时更可能发生，广告缺少了新鲜度，一再重复出现会使得消费者感到乏味、甚至是厌烦。在互联网中，很多的浏览器有“防止弹出广告”的作用，研究表明约 20%～37%的网络用户厌烦弹出式广告，主动选择拦截。

---

① Background on Zapping. Marketing News, 1984(14):36.

媒体是商业广告主要的信息载体，包括电视、广播、杂志、直邮、广告牌和互联网。一般来说，企业的媒体广告会占营销费用的很大一部分，如果发生展露失败，一方面企业会损失很大的营销费用，另一方面会因为与消费者缺少沟通而减少销售机会。因为应对选择性展露的一个重要办法就是选择新的展露方式。近年来逐渐发展起来的地铁和公交车上的移动媒体就是一种很好的展露方式。在这些交通工具上绝大多数人无其他事情可做，会把视线聚焦在移动电视上。一些办公大楼和住宅楼宇里的楼宇广告也是一种很好的广告展露方式。电影放映前的几分钟消费者的注意力集中，在这时进行产品广告展露也是一种很好的避免消费者回避广告的方式，网上流媒体在线视频缓冲时的广告也如出一辙。

二、自愿性展露

选择性展露更多的是从回避的角度来描述展露，但是消费者对刺激信息并不都采取回避态度。知觉警惕即消费者更可能意识到与他们目前需要有关的刺激物。当消费者有消费需求时，也会主动寻找某些广告。当你饥肠辘辘时，你会迫不及待地翻开抽屉，找出对面那家拉面馆的外卖菜单。

一般而言，消费者在有购物需求的情况下会主动搜索产品或服务信息：向一些熟悉的朋友打听，到互联网、电视、报纸杂志上主动寻找广告信息，在互动社区听取有过此类购物经验的网友的建议等等。调查发现，有购车意向的消费者会在购车前平均访问 7 个相关网络站点，花费大约 5 个小时来获得汽车的有关信息，参见图 7－3。

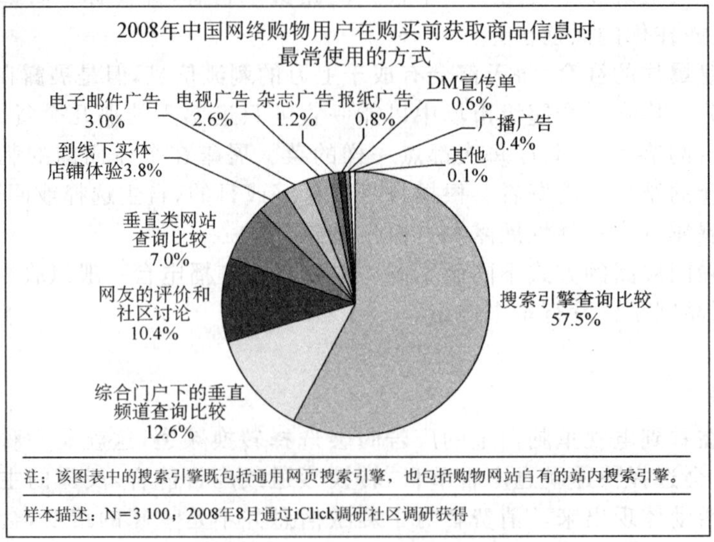

图 7－3　2008 中国网络消费者获取信息常用方式

第三节 注　意

当刺激物激活我们的感觉神经，由此引发的感受被传送到大脑做处理时，注意就产生了。注意指的是信息加工行为对特定刺激的投入程度。营销环境具有高度的集聚性。研究表明，一般的成年人每天要接触 3 000 多条的广告信息。互联网上每天我们要面对各种标题广告的狂轰滥炸。但是每个人处理信息的能力、时间有限,因而就会出现选择性注意:消费者对所注意到的信息是有选择性的,人们只注意他们所接触刺激的一小部分。企业面临的是注意力经济时代,因特网的首要目标是吸引消费者的目光。在有限时间、有限能力的情况下,网络媒体的一个目标就是购买和销售“注意力”。

美国联邦粮食保险公司四年里花了 1 350 万美元宣传费用于增加农场主对于联邦农业保险业务的了解。这一活动包括给数百万农场主和 FCIC 投保人直接发送宣传邮件;在全国及地方召开新闻发布会;在全面性杂志上登发专题报道;在广播台发广告、出小册子等。然而,宣传活动结束后农场主对这些保险业务的了解仍停留在原有水平。一位发言人评价此项活动时这样说:“广告做得不错,也很有效,问题是很难使受众停下来阅读其内容。”

对于营销人员来说,单单展露产品或服务信息只是很小的一步,如何抓住消费者的眼球,吸引他们的注意力是个很重要的问题。一般而言,影响注意的因素主要有三种:刺激因素、个体因素和情境因素。只有在对这几种影响因素认真分析后,才能在此基础上设计出更能引起消费者注意的广告、包装等营销刺激物。

一、刺激因素

刺激因素指的是刺激物自身的特征,这些因素涉及刺激物的各个方面,不依赖消费者个体的特征独立地吸引消费者的注意力,包括刺激物的大小、色彩、位置、格式等。营销人员在设计刺激物时,对刺激物本身的特征具有完全的主控权,因而利用刺激物的特征来吸引消费者的注意是营销中最常用的手段。

刺激因素引发的注意多是自发的,在消费者无意识的情况下吸引他的眼球。即使你没有购买彩妆的打算,可是在杂志中看到满是黑白的画面中一个娇艳欲滴的红唇时,还是会不由自主地贡献你的注意力。

(一) 大小和强度

大的刺激物比小的刺激物更容易吸引消费者的注意力。户外广告逐渐变大,甚至变成挂在整栋大楼外面的巨幅广告,就可以吸引更多的注意力。除了刺激物本身的大小外,刺激物与竞争物的相对大小也会影响消费者的注意。在杂志中,全页广告比半页广告或四分之一页版面广告就更容易被注意。

刺激的强度也会影响注意。广告播放的时间越长,越容易被注意。消费者在一定时间内接受某种刺激的次数与注意之间存在反向关系。注意会随着刺激重复的次数的增加而下降。研究表明,在浏览同一本杂志中同一广告的多幅插页时,人们的注意程度从第一幅到第三幅会下降 50%。

(二) 色彩和运动

颜色是吸引注意的一种有效方式,选择合适的色彩可以使得产品与众不同。彩色广告比黑白广告会更多地受到人们的注意,更经常、更长时间被翻阅。此外,每一种颜色都有着不同的含义,例如红色代表热情,蓝色代表忧郁、纯净,根据所要体现的产品的特性选择不同的颜色,才可以更好地突出营销人员希望展现的产品特性。一般来说,鲜艳的包装比色彩暗淡的包装更能吸引人的视线。暖色调更容易令人兴奋,聚焦注意力,产生购买行为。

动态的刺激物较静止的刺激物更容易吸引消费者的注意。夜晚闪烁的霓虹灯广告牌、印刷在公交车车身的移动广告、购物网站上逐渐兴起的电子相册都是“以动易静”,来吸引更多的注意。

(三) 位置和隔离

容易看到的刺激更容易引起注意。处于视野正中的物体比处于边缘的物体更容易被人注意，因而在超市中与视线平行的货架往往是商家的必争之地。因为人们阅读习惯的影响，杂志右侧位置上的广告更能吸引读者的注意，而报纸左上角的信息则更有吸引力。位置另一方面体现在广告的播出顺序上。广告随着播出顺序由先到后，其收视率逐渐降低。

隔离指将一个刺激物与其他物体隔开。"留白"是中国古代文学中的重要技巧，中国画中，画家们为了在有限的形象之外寄托不尽的意趣，往往在画面上留出大片空白，启发欣赏者自己去想象和补充，留白应用在广告中就是一种隔离。在某牛奶广告"跳高篇"中，全篇开头只有一个教练的角色，没有任何台词，但却巧妙地利用声效让受众自己去完成了"学生与教练进行一次跳高训练"的全部广告内容，极大地吸引了观众的注意力。最近热播的某手机广告也很好地应用了隔离，广告中出现的短暂静音让消费者的注意力都集中在后面出现的手机音质中，而这也是营销人员希望达到的目的。

（四）对比和新颖性

一般而言，与背景反差很大的刺激物更能引起人们的注意，例如彩色杂志中突然出现的一页黑白插页广告。

对比和期望是相对的概念。"久闻不觉其臭，久闻不觉其香"，各种各样的营销刺激物因为被消费者所熟悉而丧失了效果。根据适应水平理论，人们对某一刺激物变得适应后就不再注意。因而那些与消费者预期大相径庭的广告即新颖的刺激物，才会更加有吸引力。在香草可乐的广告中，一个男子走在街上，看到人行道旁的木墙上有个洞，于是将头伸进去，立刻被一个黑衣绑匪抓住，另一个黑衣绑匪将一瓶香草可乐递到这个人的嘴边。这则广告以其出人意料的情节安排极大地吸引了观众的注意力。

（五）格式

格式指信息展现的方式。晦涩的文字、难懂的口音、不当的背景杂音等都会降低消费者的注意力。一般而言，简单、直接的信息呈现方式更多地受到注意。不过刺激物或信息的呈现格式所产生的影响与个体因素有很大的关系。对于同一个广告，有的消费者会觉得过于简洁，而有的则会格外偏好这种简单的形式。

（六）信息量

信息量是指营销刺激中线索的数目。人类是认知吝啬者，过多的信息会使消费者处于信息超载状态，从而降低信息处理水平，做出次优选择。研究发现，消费者的购买行为随着收到商品目录数量的增加而增加，但是到一定阶段，商品目录的增加反而会减少消费者的购买行为。这时，过多的商品目录带来了信息超载，消费者停止了对目录的阅读，也就不会再有购买行为的发生。

消费窗口 7－1

"丑女"多芬大冒险①

2008 年 9 月第一季开播仅一个月，《丑女无敌》便创造了湖南卫视四年来的最高收视率。出人意料的追捧从演员波及道具——在办公室政治和多角恋爱的热辣剧情中，女职员们对立顿奶茶抱有相同狂热，男主角们头发上清扬洗发水的香味几乎溢出电视屏幕之外，所有角色也心存默契地选用同一个品牌的沐浴露：多芬。

已经近乎一个共识：和墨西哥原版相比，这部山寨版青春励志剧的影响力早已超越单纯的娱乐事件。凭借这部季播剧，多芬、清扬和立顿奶茶的制造商联合利华（Unilever）给

① 资料来源：《环球企业家》http://www.gemag.com.cn，2009.4.7

中国商界带来了最受瞩目的植入营销案例。

然而，在长达半年的灼热舆论下，联合利华公司和负责多芬品牌创意的奥美行动(Ogilvy Action)的主创者们却始终惴惴不安——直至2009年3月15日。

这天，上海正大广场，《丑》剧主演参与多芬品牌"美丽无敌，发现真我"的主题推广活动，上千名消费者拥挤在五层到七层，从演员走秀到互动环节，观众群几乎未出现大幅流动，每个主演所拥有的粉丝团不断将现场气氛推向高潮。这个经典案例的主创者们终于相信自己真正征服了中国市场：在这个中国最为挑剔的城市，多芬"效应"同样超出预期。此前，联合利华认为《丑》剧的"山寨"风格及审美内涵很可能将多芬品牌的影响力局限于二三线城市。

联合利华本应足够自信。2008年10月至12月，多芬的销售额同期增长21%，这个时段，全球经济下滑已牵累了日化行业。"公司在推新品，但是销售普遍很疲软。"一位宝洁销售部人士透露，且联合利华旗下大部分品牌均未能如愿完成销售指标。多芬显得鹤立鸡群，近6个月来，其销售额始终超出预期目标。在全球，联合利华已经将这次植入项目编入公司培训学校的教材，视为经典案例。

业绩尤其集中于以往难于拓展的二三线城市。《丑》剧第一季播出不久，联合利华便接到各地经销商的求购电话。"我们自己也看了电视剧，觉得不错。"一位安徽的经销商说。一些观众甚至到商店，指名道姓购买"多芬"。通常，零售品牌进入二三线城市不仅需数百万元成本，还要花费大量精力说服经销商辟出销售空间，并将面临被退货的风险。《丑》剧对多芬品牌知名度的提升直接降低了铺货成本。"要吸引新的消费者，肯定要渗透到二三线城市，现在多芬在上面的花费是正常投入的大约1/3。"奥美行动业务总监陈希彦说。

二、个体因素

个体因素指个人的特征，与刺激因素不同，营销人员对这部分因素不能直接控制。影响消费者注意的个体因素一般包括动机、态度和适用性水平。

(一) 动机

动机是由兴趣和需要所产生的一种驱动状态。消费者存在某种需求时，会对能够满足这种需求的刺激信息主动关注。正如我们之前讲过的，当消费者有需求时，会自愿展露在某种营销刺激下，并且进一步地会更可能注意到此类刺激信息。例如，运动爱好者会主动寻求教育器材的相关广告，并且会对其投入更多的注意力。

动机是消费者自身的因素，企业无法完全控制消费者动机的产生，但是却可以采用一些措施来激活消费者的某种特定需求。因而，对于企业来说，一方面要开发更加吸引人注意的刺激信息来激活消费者的潜在需求，另一方面采用行为定位策略定位具有某种需求的消费者，有针对性地投放刺激信息。

(二) 态度

态度是一种包含了情感与评价成分的特殊类型的信念。从某种意义上讲，态度是对特定对象的积累性的评价。研究表明，认知系统中的不一致会引发心理不安和紧张，因而人们倾向于接纳与自身态度相一致的信息。喜爱肯德基的人注意到的是它既美味又便捷，但是不喜欢的人注意到的可能就是它是一种所谓的"垃圾食品"。消费者会分配更多的注意力给其偏好的产品信息。

（三）适用性水平

人们适应了某一事物后就会更少地注意此类事物。“情人眼里出西施”的一种解释就是长时间的相处，彼此熟悉、适应，对其外貌不再敏感。消费者对某一产品广告熟悉、适应后就很难再注意到它。在对品牌熟悉度的研究中发现，对品牌高度熟悉的人由于已经有很丰富的相关知识，就会较少地注意该品牌的广告信息。相反，当品牌熟悉度很低时，第一次看到品牌时点击率很低，到第五次则显著提高。

三、情境因素

情境因素指环境中除主体刺激物以外的刺激，以及因环境导致的暂时性个人特征如个体当时的身体状况、情绪等。例如，在喧闹的大街上我们对某一刺激信息的注意，可能就比在安静的胡同里看到相同信息时给予的关注少。环境中刺激信息越密集，消费者的注意度就越低。大量广告的存在会分散对某一特定广告的注意力。

广告等营销信息一般出现在电视或广播节目、报纸、杂志等具体情境中。我们在观看电视节目或是浏览杂志时，目的是为了欣赏节目或阅读杂志上的文章内容，而不是为了看广告。很多消费者通过转换频道或将目光移到他感兴趣的内容上而主动避开广告。消费者对某一节目或某一版面内容的关心程度或介入程度，会影响他对插入其中的广告的注意或关注水平。随着介入程度的提高，消费者对刊登在杂志的广告的注意程度也随之提高。而且，当介入程度由低转向中等水平时，对广告注意力的提升幅度最大。

第四节 理解

理解是个体赋予刺激物以某种含义或意义的过程。两个不同的人对同一事物的理解可能大相径庭。理解由刺激物、个体、环境共同决定。一般而言，理解是一个相对的过程，任何理解的做出，都有一个参照点。例如，在观看了很多美女的照片后，男士会觉得自己初次约会的女朋友对他们的吸引力明显降低。一个二手车经纪人，会在卖场摆一部年久失修的旧汽车，以便让摆在旁边的汽车看上去更好。

理解有两种类型：认知理解和情感理解。认知理解是指在消费者既有的认知经验、知识范围内对刺激信息的理解过程。认知理解与文化和个人特征有关。例如，对于一些网络流行语，不经常上网的人就很难理解。情感理解指的是消费者对刺激物的情感反应。同样，情感理解也会受文化和个人特征影响。例如阿迪达斯的标志一直是黑白色调，在西方的广告也是以暗色调为主，但是在中国的广告中就增加了一些中国人更喜欢的红色，来引发正面的情感理解。对于同一则可口可乐的新年广告，如果你已经在家与亲人团聚，那么你可能感知到的是一种喜庆和团圆，但是如果你仍在异乡，感知到的却可能是一种对家的思念和渴望。

一、知觉组织

消费者对刺激物的理解建立在对刺激物组织的基础上。人们无法经受来自环境的大量独立的信息，所以会把这些刺激组织成组，将其作为统一的整体来感知。知觉组织过程就是要把刺激信息组织到一起，形成一个连续的知觉过程。知觉组织过程强调的是消费者是从一系列的刺激中获得刺激意义，而不是从单一刺激中获得。

知觉的组织原则以格式塔心理学为基础,主要有以下三点。

(一) 封闭性原则

封闭性原则指的是消费者倾向于根据自己的经验、知识,把不完整的刺激信息主动补充完整,对刺激信息形成一个完整的感知图像。研究表明,人们更容易记忆不完整的任务,也更容易参与其中。因而,在营销策略中,因为封闭性原则的存在,营销人员可以利用它来鼓励消费者参与,激发其对刺激信息的介入度,增加其对广告的注意。右图 7-4 是一则新光百货的平面广告,画面中只有简单的一个线条,但是根据自己的经验以及广告文案中提到的信息,消费者会非常自然地知觉到它是一只完整的、优雅的高跟鞋,这就是知觉的封闭性在起作用。

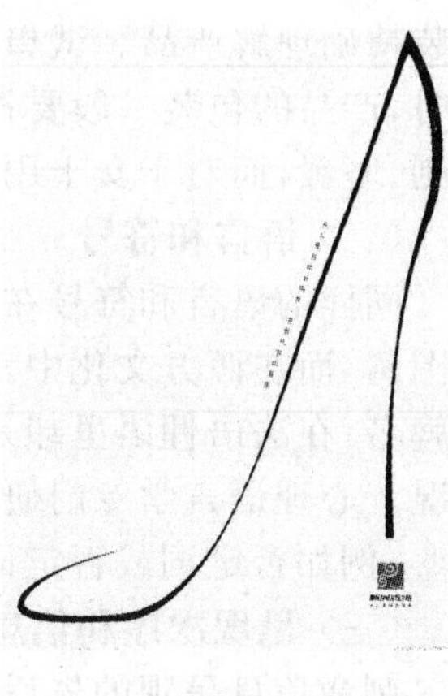

图 7-4 新光百货平面广告

(二) 相似性原则

相似性原则指的是在其他条件相同的情况下,消费者倾向于将相似的元素组织到一起。这些彼此相似的元素可以是形状、颜色、方位或其他维度。刺激信息中的各个部分,在色彩、明度、空间方位、运动速度等越相似,看上去它便越统一。例如,一则丰田车广告,画面中本是一个完整的"車"字。但是,由于知觉组织的相似性规则,人们很容易将同一色彩的画面归为一类。因此第一眼看去图片上显示的是一个红色的"丰"字;而黑色的部分则是一个"田"字。利用知觉相似性这一原则,一个简单的画面生动地表现出了多层意思。

(三) 图形-背景原则

对于一个刺激信息,消费者往往会自动地将其分成信息焦点和知觉背景。信息焦点是在知觉范围内最受关注或得到最多注意的因素。而知觉背景就是对消费者意义较小甚至被消费者忽略的那部分信息。人的认知能力有限,很难在同一时间注意到所有的刺激信息,所以在欣赏照片时,我们最先看到的往往是中间位置那个聚焦清晰的物体。

在营销广告中,正确使用图形-背景原则,把所要展现的产品信息作为焦点,才能达到最好的营销目的。但是,值得注意的是,一方面越来越多的广告选用明星来作为广告代言人,但是在很多时候消费者事后记住的可能只是那个明星,而对产品却并没有什么印象。另一方面,为了吸引消费者的注意,很多广告为了标新立异,采用很隐晦的方式来展现产品信息,最后的效果可能是消费者记住了这个广告,却不知道这个广告的目的是什么。因而,营销人员必须正确处理好产品信息和知觉背景的关系,避免背景喧宾夺主。

二、刺激物特征

(一) 颜色和包装

颜色具有使人产生某种心理联想和唤起某种情感的作用,不同的颜色对于消费者来说有不同的含义。在日常生活中,人们已经把特定的颜色同一定的对象以及心境或情绪体验联系起来。红色同节日喜庆连在一起,另外还同火、血、危险建立起联想;橙黄引起阳光明媚、充满希望的感受;绿色使人想起春天、万象更新的景象;蓝色与天空、海洋发生天然的联系;洁白更容易与纯洁对应;灰黑则令人伤感不安。由于不同的颜色各有其不同的心理意义,所以在进行企业形象的视觉设计以及个别广告的创作设计时,应该注意颜色的运用要与广告活动的理念、主题、基调以及产品的特点相协调。例如万事发香烟广告,都是以天蓝色为基调,来衬托该商品的"淡雅飘逸"的特点,而万宝路香烟则以红色作为广告的基色,来进一步突出西部牛仔的"冲劲"。

刺激物的包装也会影响消费者的理解。包装应该象征产品的属性和规范,使消费者通过包装精确理解产品。试想如果看到一个粗糙包装的 Chanel NO.5,有几个人会信任它的品质?同时,产品的包装一般要符合消费者的习惯和心理定势,对于男士用品,在包装上就要表现出阳刚、坚毅,而对于女士用品就要展现温柔、细腻。

(二) 语言和符号

同样的语言和符号在不同的文化和情景下含义可能不同。在中国文化中"龙"是一种神圣的图腾,而在西方文化中,"dragon"(龙)却是一种很可怕的动物。CUE 作为美国一个牙膏的品牌名,在法语俚语里却是屁股的意思,可想而知如果它以这个名称进军法国市场会出现什么情况。心理语言学专门研究涉及字、词语理解的心理因素,其中很多的研究结论值得营销人员借鉴,例如否定词或否定语更难以被理解。

(三) 呈现次序和信息量

刺激信息呈现的先后顺序和信息量可以影响消费者对其的理解。

信息呈现顺序的影响体现在两个方面:首因效应和近因效应。首因效应是指最先出现的刺激信息会在消费者形成理解的过程中被赋予更大的权重。近因效应与首因效应相反,是指在多种刺激一次出现的时候,印象的形成主要取决于后来出现的刺激。心理学者卢钦斯做了这样的实验:分别向两组被试者介绍一个人的性格特点。对甲组先介绍这个人的外倾特点,然后介绍内倾特点;对乙组则相反,先介绍内倾特点,后介绍外倾特点。最后考察这两组被试者留下的印象。实验结果呈现首因效应,甲组被试者记住的是实验对象的外倾特点,乙组被试者记住的是实验对象的内倾特点。卢钦斯把上述实验方式加以改变,在向两组被试者介绍完第一部分后,插入其他作业,如做一些数字演算、听历史故事之类不相干的事,之后再介绍第二部分。实验结果表明,两个组的被试者,都是对第二部分的材料的印象深刻,近因效应明显。首因效应和近因效应多用来形成消费者的品牌认知方面。

信息量对理解的影响主要体现在稀释效应上。稀释效应指的是中性的、无关的信息有弱化印象的趋势。对于营销人员来说,在营销活动中应该抓住所要体现的产品或服务的重点属性,而不应贪多,每个属性都一一介绍,这样只会减弱消费者对产品或服务的认知。另一方面,在品牌形象出现负面评价时,可以利用稀释效应来弱化消费者的负面印象。

三、个体特征

刺激信息在被消费者理解后才能起到营销作用,因而消费者自身的个体特征对理解过程有很大的影响,具体来说主要有动机、知识或经验、期望等。

(一) 动机

同样是一张画,有一个模糊的圆的白纸,对于一个饥饿的人来说,它看上去更像是一个大饼;对于一个半路抛锚的司机来说更像是一个轮胎。不同的动机会使消费者对刺激信息产生不同的理解。

动机还可以影响消费者对刺激信息的加工程度。当刺激信息被认为与消费者动机一致,可以使其达到某种目的或是可以向消费者提供某种利益时,消费者对刺激信息的加工程度就越深。

(二) 知识或经验

消费者对刺激信息的理解是以自身的经验和知识为基础的,因而知识和经验在很大程度上会影响消费者对刺激信息的理解。新手和专家对同一则广告所表达的信息理解可能会差别很大。一般而言,新手容易受到广告的影响,得到营销人员希望广告能传达的产品含义。而经验丰富的专家会在广告中寻找产品相关的专业属性,然后根据经验、知识形成对产品的独有的理解。

研究表明，消费者倾向于对其所偏好的品牌做出正面评价。对于同样品牌的一条负面信息，与品牌有过良好接触经验的消费者更倾向于对其持怀疑态度。

（三）期望

消费者对刺激信息的理解往往跟他的期望相一致。奥利森和尤尔对不同啤酒评价的实验证明了品牌带来的期望对消费者感知的影响。在实验中，被试第一次是在没有标识的情况下对不同啤酒做出评价，结果不同品牌之间的评价值并无差异。被试第二次是在有品牌标识的情况下对不同啤酒做出评价，结果出现了显著差异。对于刚发完批改后的考试卷的学生，成绩好的学生会在只看见一个0的情况下判断出自己考了90分，而对于成绩不好的学生很有可能会认为自己考了20分。对于自身成绩的不同期望，使得他们对于同一个刺激信息做出了不同的理解。

四、情景特征

（一）文化背景

文化背景强调的是一种长期形成的会对消费者理解产生影响的因素。很多大型国际公司，往往在本土经营时广告效果非常显著，然而一旦到了国外就会水土不服，甚至全军覆没，就是因为在不同的文化背景下，消费者对同一刺激信息做出了不同的解释。

风俗习惯、价值观念、宗教信仰等都可以影响消费者对刺激信息的理解。我们最常见的牙膏广告都是以"美白"作为其第一诉求点，"高露洁"牙膏在马来西亚开拓市场时，广告诉求同样是一再强调其增白的功能，却遭遇了滑铁卢。因为在该地区的风俗中，牙齿黑黄为高贵的象征，当地人经常通过咀嚼槟榔来使牙齿变黑，显然"美白"牙膏会帮倒忙。耐克精心打造的广告语"Just do it"（想做就做），以其对自我、个性、叛逆的推崇和张扬而风靡美国，影响了整整一代人的精神理念。但是这一广告所宣扬的价值观在香港和泰国等地却没有产生应有的共鸣，该广告被认为有诱导青少年不负责任、干坏事之嫌而屡遭投诉，无奈耐克只得将广告语改为"应做就去做"以平事端。

（二）环境特征

环境特征强调的是在某一特定情境下，消费者对刺激信息的理解，包括一些暂时性的个人特征如情绪、身体状况等，以及传播媒体的性质等外部环境特征。研究表明，不同的网页背景会影响人们对网页下载速度的感知。相对于红色背景，人们在蓝色背景的网页下，感觉更加放松。因而，即使在下载速度相同时，蓝色背景下的人们会感觉速度更快。

营销人员应该为刺激信息选择合适的传播媒体。例如，可口可乐的一贯政策是不在新闻节目中做广告，就是因为其助兴、放松的基调与新闻节目的严肃不相匹配。研究表明，在正面的电视节目中的广告得到的正面评价更多。

第五节 消费者质量知觉

一、质量知觉

在高度全球化的市场竞争中，产品质量所发挥的作用越来越突出。产品质量能够发挥战略性作用，能够增加企业的市场份额、价格和利润，使企业获得竞争优势。一般而言，产品质量是消费者购买决策时考虑的一个重要因素。产品客观质量一般指的是对产品特点，如设计、耐用性、性能和安全等方面的无偏见评价，是能够测量或者能够证实的在某些预先设定的理想标准方面的优越性，包括了所有能够满足顾客需求的属性。

质量知觉是消费者根据自己的消费需要，在对产品的性能、生产技术等各种属性进行全面感知的基础上，形成的对产品质量的整体认识和看法。质量知觉以产品客观质量为基础，即使两种产品的客观质量可以完全一样，但是消费者对它们的质量知觉则可能相去很远。运动巨头耐克 2005 年公布的海外制造商中，有 124 家中国企业。相信同样一家企业生产出来的运动鞋，消费者对贴有耐克商标和没有贴耐克商标的运动鞋的感知质量会有很大的不同。

质量知觉是消费者购买活动的基础，有助于减少消费者的购物风险，也积极影响消费者对产品的评价和态度，从而影响其消费行为。质量知觉还是品牌存在的基础，影响企业经营效果。具体地说，知觉质量越高，越能引起购买，市场占有率越高。知觉质量高的商品可通过高价位策略提高销售利润。

影响消费者产品质量知觉的因素包括产品本身的因素、消费者个人方面的因素和社会文化因素。

二、质量知觉的形成

根据线索利用理论，消费者利用一些线索作为判定产品质量的工具。线索是由编码者释放并被解码者接受的作为评估标准的信号。产品的内部属性和外部属性构成了消费者评价产品质量的线索。

线索对消费者的价值可以分为两类，一是预示价值，是消费者认为或者感知一个线索预示产品质量的程度，是消费者把一个给定的信号与产品质量相关联的程度，表示了这个线索的可靠性，以及消费者把它用来判定产品质量的准确程度；二是信心价值，是消费者对自己能够正确地判定和使用线索能力的信心程度。

线索可以分为内部线索和外部线索。一般而言，产品的特征，如外形、所用原料或材料、光洁度等都可作为形成认知质量的内在线索。外部线索是与产品有关的属性，但是不是物理产品的一部分。价格、品牌名称、包装、商店名字、颜色和零售商的商店声誉构成了消费者用来形成质量知觉的外部线索。在国际营销中，原产地、生产国、品牌国等也是消费者进行产品质量判定的外部线索。

消费者对产品质量的知觉是在内部线索和外部线索共同作用下的结果。线索利用理论认为，外部线索和内部线索在感知质量中的重要性由线索的预示价值和信心价值决定。该理论认为，高预示价值和高信心价值的线索，将在价值评价中发挥重要的作用。当内部线索可得，但是有比较低的预示价值或信心价值，或者两者都比较低时，消费者倾向于使用外部线索；当内部线索有比较高的预示价值和信心价值时，消费者倾向于使用内部线索。一般而言，价格、品牌名称等外部线索比较轻易让消费者确认，所以外部线索比内部线索有较高的信心价值。内部线索是比外部线索准确的质量指示器，产品成分、口味、质地等对质量非常重要，所以内部线索比外部线索有较高的预示价值。

消费者在使用内部线索时，受产品属性的调节影响，同一个消费者对不同的产品可能使用不同的内部线索。对于同样一辆汽车，有的消费者看到的是它精致的座椅设计，可有的消费者看到的是它过于狭窄的内部空间。而外部线索使用不受产品因素的调节影响，如在很多产品中都会使用价格、品牌名称、广告等。

消费者在评估产品质量时的线索不是固定不变的，因为竞争、促销、消费者需求偏好和其他信息的变化而使得消费者对同一产品的评估线索发生变化。

三、营销启示

消费者根据线索形成质量知觉，所以在什么情况下消费者更倾向于选择哪种线索来感知产品质量就是营销人员需要了解的一个重要问题。研究表明，消费者在以下三种情况将更多地使用内部线索，一是在消费地点时；二是在购买之前，在搜索产品时。搜索产品指的是消费者对产品各方面的属性都比较熟悉和了解，在购买之前能够确定产品质量的产品；三是内部线索有更高的预示价值时。消费者在以下三种情况将更多地使用外部线索，一是在内部线索不容易获得时；二是当内部线索需要更多努力和时间搜索时；三是当产品质量难以评估时，或者是因属性复杂而导致不轻易认知时。

相对于内部线索，产品的外部线索更容易获得，特别是品牌会在很大程度上影响消费者对产品的质量感知。绝大多数的消费者在选择产品时会考虑品牌因素，以品牌作为判断产品质量的首要标准。因而，强化品牌形象，通过品牌传达消费者可感知的质量是营销人员最常用的一种手段。

消费窗口 7-2

感知质量带来的热销奇迹[①]

如果现在告诉你，"祈福新村"的热卖不是来自楼宇本身，而仅仅来自与"会所"有关的接触点，也许你会感到诧异。那么，我们来看吧！

实话实说，"祈福新村"的房子本身与遍布于广州市郊的楼盘并没有多大的差异性。因此，产品同质化是不争的事实。透过消费者洞察，我们会发现一个很重要的事实：工作与生活的沉重压力已经成为了现代都市白领的一个疲于奔命的理由。每日频繁应对各种压力，使得他们中的许多人都呈现出了不同程度的焦虑。逃避都市的喧嚣，甚至是逃避现实的动机在白领群体中是较为普遍的心态。"拼命工作，拼命玩"几乎被这个群体奉为座右铭。这也就是时下许多白领喜欢自驾车出游和热衷于背包远行的重要缘由。

但是对职业生涯和家庭未来的规划又注定他们不可能随时有时间出行游玩。而此时一个满足其"暂时逃避"的心理接触点就呈现出来了。于是，"祈福"在这个接触点上集中了很强的火力。

在祈福，田园的、现代的、都市的、古朴的、天然的、人工的，一切想到想不到的全都有了，做陶艺、看电影、潜水、健身、美容、骑马……这一切项目全在"祈福"的服务范围内。

腻了餐厅，周末自己下厨。想吃新鲜蔬菜，绕个圈，去农庄亲自摘点，还可以带上今天刚挤出的牛奶，去酿酒坊和茶艺轩坐坐。吃完晚饭，出来走走，或者只是站在阳台上看湖景，不然白白浪费了"祈福"那么多的主题公园和好空气。即使周末突然有商业事务要处理，"祈福"俱乐部也提供了一切必备的商业设施，再重要的客户也敢往里带，显然，这是"祈福"吸引白领人士很重要的一个筹码。

因此，我们可以说，许多选择在"祈福新村"置业的白领除了看重该楼盘与其收入匹配的价格之外，最重要的诱因是来自"祈福新村"的生活方式这个接触点上。正是这个接触点上所传达出的"可感知的质量"，使得"祈福新村"的品牌力十分强劲。

---

① 资料来源：全球品牌网，http://www.globrand.com/，2006.8.9.

第六节 消费者知觉风险

一、知觉风险

知觉风险是指消费者所知觉到的购买决策中存在的风险。其核心是消费者在购买活动中经常察觉到的风险。知觉风险和实际风险有很大区别。知觉风险以实际风险为基础，是消费者对实际风险的一种感知。“毒奶”被报道出来之前，对于消费者就有这种风险，但是因为消费者对此风险并没有感知，所以没有形成知觉风险。知觉风险的对象是消费者购买结果的优劣。即所购买的产品或服务能否达到消费者所预期的需求。风险本身就是一种不确定性，因而人们对风险的知觉也必然具有不确定性。

消费者知觉风险主要有以下类型。

（一）财务风险（Financial Risk）

财务风险指的是商品是否值得花费一定数量金钱的风险。消费者购买产品是为了满足某种需求，因而会为了这种需求承担一定的资金成本，但是产品无法满足其需求，给消费者带来金钱损失，所获得商品的使用价值的满足程度与所付出的金钱不相当时，对于消费者来说就是一种财务风险。由于机会成本的存在，消费者选择某种商品就意味着放弃另一种，财务风险也意味着消费者当前选择并非最优。产品价格过高，使得消费者在购买后面临财政危机也是一种财务风险。

（二）功能风险（Performance Risk）

功能风险指的是商品的性能未能达到消费者的期望水平所带来的风险。大部分的消费者在购买产品前会对产品的性能产生一定的预期，这种预期一方面是根据自己的需求做出，另一方面是根据消费者对此类产品的认识或是使用经验得到。在很多情况下，消费者对某类产品并没有很深的认识，特别是一些高科技新产品，因而其对产品的预期与产品本身的性能很可能出现不匹配，这就给消费者带来了功能风险。例如，你计划购买一个 MP4，预期的电池续航时间是 5 个小时视频播放，但是在购买前你害怕一部电影没有看完，电量就已经不足了，这就是你对产品感知到的功能风险。

（三）物质风险（Physical Risk）

物质风险指的是消费者对商品的安全性感知到的风险。产品质量不合格，会使消费者自身或是他人的健康和安全受到损害，如劣质酒，导致消费者饮酒中毒；啤酒瓶、高压锅等爆炸造成消费者精神上、身体上的损害。在“三鹿”奶粉事件后，消费者在购买牛奶时总会担心会不会对身体有伤害，这就是一种消费者感知到的物质风险。

（四）社会风险（Social Risk）

社会风险指的是消费者所购买的产品不被社会价值认同带来的潜在损失。一个错误的购买决策，例如购买到假名牌，带来的可能是亲朋好友的同情，但更多的可能是消费者担心来自他们的嘲笑、疏远。特别是在当今中国社会中，大多数人在乎的是别人对自己的看法——他们是不是会赞同你的选择？你购买的产品符不符合你的身份？这些都是消费者感知到的社会风险。

（五）心理风险（Psychological Risk）

心理风险指的是消费者预期在做出错误的购买或使用行为后产生的焦虑、不安和后悔的心理感受。心理风险因消费者的错误决策而起，是消费者自我情感受到伤害的风险。害怕购买到假名牌一方面是担心有社会风险，另一方面对于消费者自身而言会担心下一次面临同样的选择时，自己会因为上一次的决策错误而丧失信心，后者就是一种心理风险。

二、知觉风险的影响因素

知觉风险的大小因不同的商品、不同的个体、不同的情境而有差异。具体说来，知觉风险的影响因素有以下几点。

（一）产品特征

一是技术领先的新产品或功能属性较复杂的产品消费者一般了解较少，如电子类产品的购买往往有较高的功能风险；二是与消费者健康或者安全紧密相关的产品，如消费者对食品和化妆品也容易有较高的物质风险。

（二）产品价格

消费者在购买价格较高的产品时会对其是否物有所值心存疑虑，容易产生财务风险。在购买价格较低的产品时会担心其质量得不到保证，容易产生功能风险。

（三）产品信息

消费者在做出购买决策前，会搜索相关的产品信息。产品信息越充分，消费者对购买决策就越确定，知觉风险就越小。

（四）机会成本

消费者在做出购买决策前，会面临多种选择。大多数情况下，我们选择了一种往往就要放弃另一种，这样就会产生机会成本。消费者不能确定选择是否最优、机会成本是否最小时知觉风险就会更高。

（五）消费者的购买经验

消费者的购买经验会影响各种知觉风险，一方面消费者在购买从未有过购买经验的产品时知觉风险会很高，另一方面消费者以往在消费同类产品有过不满意的经历时，知觉风险也会较高。

（六）特殊购买目的

当消费者购买商品的目的特殊时，知觉风险就会更高。例如，消费者购买某种产品不是为了自用，而是用来作为礼品、招待客人之用时往往社会风险较高。而购买收藏品时，社会风险、财务风险、心理风险都会很高。

（七）消费者的个体特征

消费者个体特征也会影响知觉风险。女性比男性在购买决策中知觉风险更高。遇事谨慎小心、收入较低、受教育程度较低的消费者往往对购买不自信，因此在购买决策中往往有较高的知觉风险。

三、知觉风险与营销策略

随着消费者生活节奏的加快，时间成为了一种日益稀缺的资源，消费者没有足够多的时间搜集足够多的信息；技术的不断发展使得新产品层出不穷，消费者的购买行为经常面临着新生事物；在信息爆炸的时代中，通过外部信息渠道，消费者可以得到越来越多的信息，甚至是一些负面的信息；随着生活质量的提高，消费者对自身在健康、社会形象方面的关注度比以往有大幅度提高；某些产品信息的不对称性使得消费者无法得到关于产品的确切信息……这一系列的因素都加剧了消费者的知觉风险。因而，在这样严峻的环境下，企业应该努力通过营销策略来降低消费者的知觉风险。

（一）建立强势品牌

品牌知名度是消费者借以降低知觉风险的常用工具。"品牌消费"现象在现在的中国很明显。对于没有购买经验的消费者而言，名牌商品是"放心商品"的代表，大多数消费群体缺乏足够的购买知识，常常借助品牌衡量产品质量。而对于另一部分消费者来说，品牌意味着品味，购买品牌产品是一种地位、身份的象征，更容易得到周围的人的认同，降低社会风险。

因而，对于企业来说，通过各种营销手段提升品牌价值、建立强势品牌，也就在一定程度上降低了消费者对产品的知觉风险。

（二）选择有效的产品信息呈现方式

一方面，可以通过权威或强势媒体的信息渠道降低消费者的购前知觉风险。中国几千年的等级制度留给中国人"崇尚权威"的习惯，中国消费者对权威媒体或强势媒体相对比较信服，企业在权威媒体如中央电视台发布的广告信息能在一定程度上降低消费者的知觉风险，这也是为什么企业争相竞标CCTV黄金时段广告的原因之一。同时，通过在某一领域有一定资历或权威的形象代言人对产品的代言能降低消费者的知觉风险。之前闹得沸沸扬扬的"全国牙防组"事件中，牙膏广告中来自牙防组的权威检测，就是一剂让消费者相信牙膏质量和效果的强心针。

（三）针对不同的知觉风险选择不同的策略

消费者对不同产品的知觉风险类型的重视程度不同。对于容易使消费者产生功能风险的产品，营销人员就应该采用各种营销手段将产品的功能属性，特别是功能属性上的优势明确地传递给消费者。对于可能存在物质风险的产品诸如药品、保健品等，企业应该通过权威机构的认证和相应担保降低消费者的这类担忧。对于存在社会风险的商品，如服饰、礼品等，则应该通过选择合适的代言人来传递产品的品味、价值，增强消费者对该产品的信心。

（四）采用口碑营销

口碑营销是指企业有意识、有步骤地利用社会公众人际之间的信息传播机制，宣传推广产品信息的过程。在口碑营销中，口碑传播者是和自己一样的消费者，因此从消费者的角度看，相比广告宣传而言，口碑传播者传递的信息被认为是客观和独立的，也更容易取得消费者的信任。在中国市场，口碑相传是一种有独特效果的信息传播渠道，因为信息传播者的自发性、主动性和非功利性使得这种信息传播方式对于消除消费者的知觉风险效果最佳。因此，企业的营销努力不能仅仅在更多销售商品上，而应该重视和消费者的沟通、情感交流、售后关怀，让消费者自发地做企业产品的宣传者。

消费窗口 7-3

网络社区口碑营销①

相宜本草采用网络社区口碑营销的策略，借助互联网社区营销新媒介，展开迎合精准群体心理的营销策略，利用网络快速传播的特点，实现低成本的广泛传播效应。

相宜本草是化妆品领域的年轻品牌，其市场价格也非常适合年轻态群体，唯伊社区的用户群体与相宜本草的定位相互吻合，这为最终的营销效果奠定了坚实的基础。

整个营销过程大致分为：

第一个环节为免费申请品牌试用装。对于女性消费者而言，申请新品试用装的诱惑力还是比较大，最重要的是她们会重新发现一个也许就存在于她们周边的品牌，但她们从

① 资料来源：杨雷，http://www.blog163.com.

资料来源：根据，http://www.webwoo.net/webbiz/BizPlan/200807/14-16383.html 改编.

未在专卖店里尝试过，这有很多心理因素。互联网却实现了很多新鲜的尝试，同时她们也会在这个过程中关注这个品牌，并了解其他消费者对该品牌的口碑评价，这个过程无形使得品牌受到了极大的关注，抓住受众的眼球，其实已经成功了一部分。

第二个环节是收集申请者的数据资料。（包含：真实姓名、性别、住址、邮箱、电话、QQ号码、品牌消费习惯等信息），并向品牌进行反馈，以便数据挖掘。这个过程中相宜本草充分利用了数据的资源，为这些潜在消费者进行了电话营销，并且为每个潜在消费者邮寄了相宜本草的会员杂志，很多用户反馈相宜的服务很贴心，使得消费者对相宜本草这个陌生品牌产生了好感。

第三个环节为网络整合营销传播。唯伊联合国内知名社区站点，做联合推广，活动有更丰富的传播载体，更广阔的传播范围，快速提升品牌在网络中的知名度和影响力。这个过程线上线下有着交叉互动的关系，包括高校人群的覆盖，短信平台的精准营销，都为整个事件的传播起到了极大的推广作用。

第四个环节为用户分享试用体验。以奖品为诱饵，吸引试用用户分享产品体验，引导消费者的正向口碑，实现推广产品在网络传播的知名度和美誉度一定程度提升的效果。因为唯伊社区有稳定活跃的用户群，收到试用装的用户很快就开始试用体验，并且她们非常愿意与大家分享试用的过程，这个和社区的气氛、气质有很多关系。因为有高质量的人群和特定的氛围，当然还有奖品为诱饵，试用评论的质量非常高，90%以上的评论都超过500字，这在化妆品评论网站、社区是罕见的事情。正因为有高质量的评论，对于产品的口碑才有充分的传播意义。对于一个新兴品牌，唯伊社区可能会最终汇集大量的口碑评论，通过互联网的复制传播效应，口碑逐渐扩散开来。

第五个环节为试用达人 BlogMedia 推荐。试用达人 Blog 目前拥有 1 700 多个网络订阅，拥有忠实的读者群，在网络试用领域有着较高的知名度和影响力，在活动结束阶段，重点推荐活动期间优秀的网友评论，为品牌网络传播划上完美的句号。

相宜本草选择了唯伊网作为核心传播载体，以唯伊社区为营销传播中心，整合浙江本地社区及线下高校资源，实现了线上线下互动整合营销。

本章小结

感觉是人脑对客观事物个别属性的反映，而知觉是人脑对客观事物整体属性的反映，是对感觉信息加工和解释的过程。知觉过程包括展露、注意、理解三个阶段。知觉具有选择性，消费者会有选择性地对碰到的信息进行处理。

当某种刺激出现在消费者的感觉（视、听、触、嗅）通道内，消费者的感官有机会被激活时，展露就发生了。展露可分为自愿性展露和选择性展露，展露水平的确定因展露的方式不同而不同。

注意指的是信息加工行为对特定刺激的投入程度。理解是个体赋予刺激物以某种含义或意义的过程。理解具有相对性，可分为认知理解和情感理解。理解以消费者对刺激信息的组织为基础，组织三原则包括：封闭性原则、相似性原则和图形-背景原则。刺激物特征、个体特征、情境特征都会影响消费者对刺激信息的注意和理解。

知觉质量是消费者根据自己的消费需要，在对产品的性能、生产技术等各种属性进行全面感知的基础上，形成的对产品质量的整体认识和看法。消费者通过内部线索和外部线索形成产品的质量知觉。

知觉风险是指消费者所知觉到的购买决策中存在的风险，主要有五种类型：财务风险、功能风险、物质风险、社会风险和心理风险。知觉风险的大小因不同的商品、不同的个体、不同的情境而有差异。企业可以通过建立强势品牌、选择有效的信息传递方式、口碑营销等营销策略来降低消费者的知觉风险。

关键词

感觉	sensation
知觉	perception
展露	exposure
注意	attention
解释	interpretation
知觉防御	perceptual defenses
封闭性原则	law of closure
相似性原则	law of similarity
图形-背景原则	figure-ground theory
质量知觉	perceived quality
知觉风险	risk perception

练习题

1. 试论知觉与感觉的关系。
2. 信息处理与知觉有何区别?
3. 影响注意的因素有哪些? 企业如何加以利用?
4. 认知理解和情感理解有什么区别?
5. 列举两个运用封闭性和相似性的例子。
6. 消费者如何形成知觉质量?
7. 知觉风险有哪些类型? 影响知觉风险的因素有哪些?
8. 企业如何降低消费者的知觉风险?
9. 什么是口碑营销?
10. 情境如何影响消费者知觉?

案例分析

一起 2008，没有不可能?

阿迪达斯(adidas)以“一起 2008，没有什么不可能”为主题的奥运系列广告，宣传片制作阵容非常豪华，郑智、隋菲菲、女子网球队等一批中国奥运选手都在广告片中露面。郑智踏在一群呈灰色的人头上，轻松运球前进；篮球运动员隋菲菲则接过郑智踢过来的球，依然踩在一群欢呼着的面呈灰色的群众头上，轻盈跃起，将球送入篮筐；更让人震撼的是，跳水运动员胡佳登上一群人梯组成的跳水板，从高空跃下，然后被下面灰色的、伸出长手的人群吞没。

这一系列广告在国际广告评比中拿奖拿到手软。从营销策略角度来看，阿迪达斯这则“一起 2008，没有不可能”广告推广非常有创意——既邀约群众一起参与奥运，也表达了阿迪达斯的核心理念：众志成城、团结一心，没有什么是不可能的。“我们想要做的不是一个普通的奥运广告，仅仅传递简单的商业信息。通过这个创意，我们希望为每一个普通中国人营建起一个人人可以参与的空间，加入奥运的行列，这才是奥运精神的真正所在。”负责 adidas 这一系列广告创意的 TBWA\中国创意总监周锦祥如此介绍他们的创意。

可是，在中国，这些广告让人觉得很奇怪。“一起 2008”，将明星运动员们与万人追捧的场景结合起来，非常有创意，可整个创意在执行的时候，呈现出来的画面让人备感压抑——到处是灰色，不管是平面还是影视作品。从奥运的整体表现色调来说，这则广告片的表现手法有待商榷——在中国的文化认知中，红色是热情、是喜庆、是胜利，灰色则是沮丧、是失败（灰色人生）、甚至是死亡的代表（面如死灰），灰色在中国普通消费者的认知里是和死亡、不吉利等负面的情感和情绪相联系的。这是中国文化上千年的积累在消费者头脑里的映射。这种固有的文化认知，不管男女老幼、不管是不是阿迪达斯的目标顾客，都是客观存在的。在奥运大背景下，宣传以奥运为主题的广告片，竟然起用如此大片的灰色人群来表现，有些令人吃惊——当然，创意的初衷或许是想用灰色与红色来代表虚拟与现实的界限，但却忘记了在中国的文化认知中，如此面呈灰色的人群、如此灰色的万头涌动的场面让人有着恐怖的联想，这实在是与阿迪达斯的设想背道而驰。

“灰色”一直是阿迪达斯 LOGO 的主色调，在阿迪达斯的网站、专卖店、广告作品，甚至专卖店里的一张 DM 宣传画，都是冷峻的黑色和灰色，这种格调与来自中国的李宁大相径庭。李宁显然比阿迪达斯更懂中国人，它的主色调是红色，无论李宁走到哪里，以何种形式与受众互动，都是一片灿烂的红。中国人喜欢红，红色代表运动、活力和张扬，更符合本土审美，而习惯让国际 4A 广告公司代理其广告的阿迪达斯，显然对中国本土的审美观缺乏起码的认知。

任何品牌在推出广告宣传时，必然要考量创意与文化认知之间的准线，虽然可以以逆向思维和出位广告博得轰动效应，但如果创意逾越文化的雷池，则可能给品牌造成难以估量的损失。

问题

1. “一起 2008，没有不可能”能在国际评比中获奖无数的原因有哪些？

2. 为什么中国消费者对阿迪达斯这一系列广告不认同？营销人员应如何处理影响消费者感知的因素？

·第八章·

消费者学习

周强的新一天开始：天刚蒙蒙亮，周强一骨碌就翻身下了床，这是他从上世纪70年代就养成的习惯。洗漱后，他很得意地欣赏起昨天刚买的一双白网鞋。这是小时候哥们最喜欢穿的运动鞋。他今天又要去跑步了。跑步回来，一边听着军港之夜，一边刷牙。“中华牙膏的味道就是好。”周强想。该到食堂吃早餐了，品种很多，可是选来选去，还是选择了肉包子。“这肉包子也忒小了点，为什么不做成像读大学时的包子那样二两一个呢？那才够劲嘛！现在连包子都缩水了。”吃完早餐，周强照例搬出一张八字丫的小凳子，打开上世纪80年代末买回来的钻石牌鸿运扇。“以前的东西就是耐用、好用！”

许多营销者意识到，产品与记忆之间习得的联系是一种重要的商机，也是培养和保持品牌忠诚的有效途径。学习对于消费过程来说是非常关键的，实际上，消费者行为绝大多数是习得性行为。

本章将阐述下列问题：

- ★ 学习的本质
- ★ 行为学习理论
- ★ 认知学习理论
- ★ 记忆

营销人员对消费者的学习深感兴趣，因为他们需要通过了解消费者如何学习，以便更有效地向消费者传播有关产品的信息，告知如何购买，在何处购买，如何处置，进而影响消费者的价值观、兴趣、态度、偏好和行为。本章中，我们主要讨论学习的本质、主要的学习理论，以及记忆在学习中的作用。

第一节 学习的本质

一、学习的概念

人的知识和经验是后天习得的，学习是由经验引起的相对持久的行为或行为潜能的改变的过程。

首先，学习只有通过体验，在经验的基础上才能发生。本能不需要经验，但是学习却是由经验产生。学习体验包括吸收、处理信息（也就是上一章提到的消费者知觉过程）和做出反应来影响环境。根据经验获得的方式，我们可以把学习分为两类：自主学习和偶然学习。自主学习指的是有计划的练习和培训而产生的学习。例如，学生从小到大接受的知识教育、在技能培训学校对各种技术的学习，都属于自主学习的类别。偶然学习指的是由于偶然的生活经历而产生的学习。例如，看到别人利用热胀冷缩的方法来清除水壶中的水垢，而予以效仿；看到一则大学生被骗的新闻，自己外出时更加小心注意身边的人。

其次，学习是行为或行为潜能的改变。学习是一种人脑内的变化，我们无法直接观察学习，但是学习可以通过行为的改变来反映。当你可以开车时，我们就可以推知，你对开车进行了学习。行为的直接改变往往是对技能学习的结果，但是很多情况下学习并不带来行为的直接改变，你获得的是一种一般性的态度，这种学习影响的是个体的价值观和将来对待某些事物的态度，在这种情形下，你获得的就是一种行为潜能的改变。行为潜能很多时候并不马上转化成外显行为。例如，在领悟了道家的"师法自然"后，你的行为可能并不会立即改变。

最后，学习带来相对持久的行为或行为潜能的改变。相对持久指的是一旦学会了某种行为，行为或行为潜能的变化在不同的场合应表现出一致性。在体育比赛中，因服用兴奋剂而获得的破纪录的成绩，在另一种场合下可能就不再会存在，因而就不算是一种学习。而一旦你学会了折纸玫瑰，那么在相当长的时间内，不管是在什么场合，你可能都会折出一朵美丽的玫瑰，这才算是一种学习。但是，学习所获得的行为也并非都是永久性的。你学会了折纸玫瑰，但是却在学会后就放弃了折纸玫瑰，那么过段时间后你可能就会忘记怎么去折。一般而言，以身体活动为基础的技能学习，能维持的时间较长，如骑车、游泳等一旦学会几乎终生不忘。而对文化知识的学习因为会被新的内容所取代，维持的时间相对就较短。

消费者的学习是指消费者在购买和使用商品的活动中，不断地获取知识、经验与技能，不断地提高自身能力，完善自身购买行为的过程。通过正式与非正式的方法，消费者在消费活动中，不断积累经验，获得商品知识与消费技能，形成消费观念，这就是消费者的学习。消费者不仅能够保存过去获得的经验，而且能够运用这些经验来改变或调整自己的消费行为。

二、学习过程的重要概念

（一）动机

动机是激发和维持个体进行活动，并导致该活动朝向某一目标的心理倾向或动力。动机是在需要的基础上产生的。当某种需要没有得到满足时，它就会推动人们去寻找需要的对象，从而产生动机。动机对于学习来说是一种刺激，会驱使消费者去学习相关的知识。动机可以增强行为方式促进学习，而所学到的知识反过来又可以增强学习的动机。对于营销人员来说，探求消费者的动机是一项基本任务。把握了消费者的动机，可以有针对性地呈现相关信息，促进消费者学习。

（二）暗示

消费者的动机在很多情况下是一种潜在动机，可能很多消费者自己都没有意识到，这时暗示就是一种直接作用于动机的刺激。利用暗示，营销人员可以激发消费者的潜在需求。当你看到一则制作精美的旅游广告时，本来没有旅游打算的你很可能突然“意识到”出去旅游是个不错的想法。在这种情况下，旅游广告对你来说就是一种暗示，促使你产生出去旅游的动机。

在营销实践中，营销人员必须注意的一个问题是暗示要尽量与消费者预期相一致。产品的包装设计、品牌名称等本身就是一种暗示，你可以想象如果一个灯泡品牌被命名为“无光”，消费者会出现怎样的反应。

（三）反应

反应是消费者在动机、暗示、刺激的情况下采取怎样的行动。相同的刺激可以唤起消费者不同的反应水平。消费者的学习依赖先前的反应，先前刺激唤起的反应满足了消费者需求，这种反应就会被消费者不断地强化，最终形成一种持久性的行为改变。营销人员要特别注意消费者对营销刺激的反应，一旦反应不好，就要避免这种刺激的再次出现。同样，反应也依赖于消费者先前的学习。一个初中生和一个大学生看过《红楼梦》的反应肯定会有很大的不同。

（四）强化

强化是指驱使力对具有一定诱因的刺激物发生反应后的效果。强化提高了某种特别的反应在将来的情景中再次发生的可能性。在你旅行的过程中，如果旅行社让你感觉很舒服，对于你来说这就是一种正强化，你在下一次选择旅行社时很可能再次选择同一家。强化和惩罚是操作条件反射的核心思想，在后面的章节会详细讲述。

第二节 行为主义学习理论

消费者学习理论是理解和实践市场营销顾客导向理念的逻辑起点。消费者的行为在很大程度上是后天习得的。目前，关于个体的学习过程有两个主要的理论流派：行为主义学派和认知学派。

行为主义学派的学者主要研究外显的可观察的行为，认为学习是个体在受到刺激时所表现出来的反应结果。行为主义学派由约翰·华生(John Watson)创立，斯金纳继承并扩展了华生的理论，将研究重点放在发现学习和行为的环境决定因素上。行为主义学习理论也被称作刺激-反应理论，该理论假定：如果存在对特定外部刺激的可观察的反应，则意味着学习已经发生。特定的外部刺激是消费者学习的输入，可观察的反应是消费者学习的输出，行为主义理论关注的是怎样的输入或带来怎样的反应，而把刺激为什么会带来相应的反应的学习过程看作是一个黑箱。

经典条件反射和操作条件反射是行为主义理论的典型代表。经典条件反射试图在一个刺激（如品牌名称）和某种反应（如购买行为）之间建立联系。操作条件反射试图在一个反应（如购买某个品牌）和某种强化反应的结果（如满意）之间建立联系。

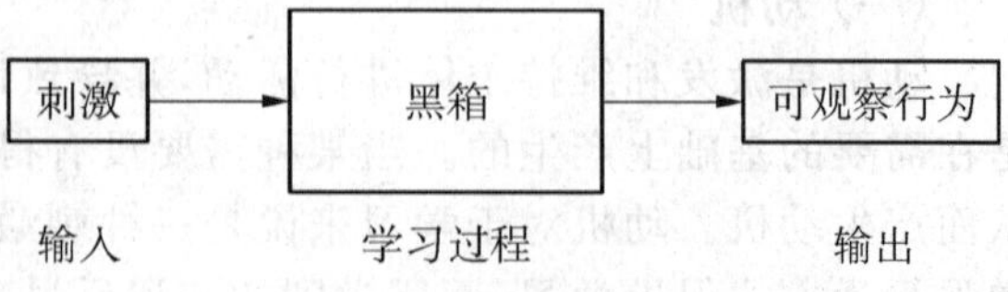

图 8-1 刺激-反应理论

一、经典条件反射理论

经典条件反射是指借助某种刺激与某一反应之间的已有联系，经由联系可以建立起另一种中性刺激与同样反应之间的联系。具体地说就是本来不能引起反应的刺激，在与能引起反应的刺激建立联系后，也能引起相同的反应。

经典条件反射由俄罗斯生理学家伊万·巴甫洛夫(Ivan Pavlov)第一个发现，因而也被称为巴甫洛夫条件反射。巴甫洛夫在研究狗的消化过程中，偶然发现在助手把肉末放到狗的嘴巴几次后，即使看见食物甚至只是听到助手的脚步声，狗就已经开始分泌唾液。在发现了这个有趣的现象后，巴甫洛夫放弃了原来的研究方向，转而研究心理学，对心理学做出了巨大的贡献。

巴甫洛夫通过一个实验归纳总结了经典条件反射学习。实验分为三个阶段(图 8-2)：条件反射之前，单独呈现给狗食物时狗分泌唾液，单独摇铃时狗不分泌唾液；条件反射期间，将食物和摇铃配对，以固定的时间间隔同时呈现食物和摇铃，并且将这一过程重复数次；条件反射之后，仅仅听到铃声而不呈现食物，狗同样出现唾液分泌。实验表明，在建立了食物与铃声之间的联系后，摇铃这种本来不能引起唾液分泌的中性刺激，引起了狗分泌唾液的反应。在这个过程中，我们把能够自然地引起反应的食物叫做无条件刺激(UCS)，唾液分泌成为无条件反应(UCR)。铃声和食物之间建立的联系成为条件反射，处于这种条件反射关系中的铃声成为条件刺激(CS)，而在条件刺激下引起的唾液分泌成为条件反应(CR)。参见图 8-2。

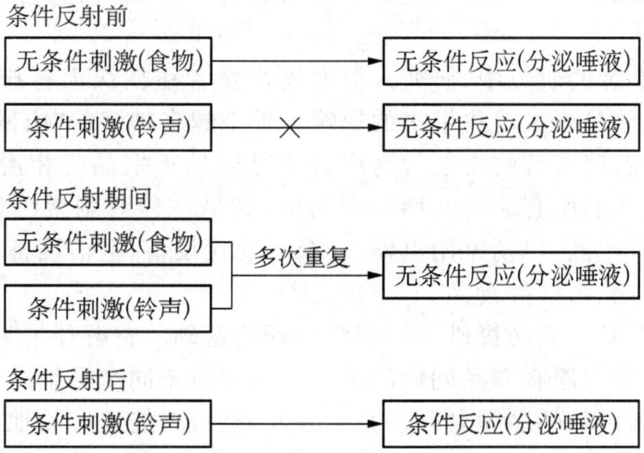

图 8-2　经典条件反射

在现实生活中，有很多经典条件反射的例子。例如很多的中国家庭喜欢边吃晚饭边看新闻联播，因而只要听见新闻联播的声音，你可能就会觉得肚子饿。飞舞的拳头或者口头的威胁会让你感到恐惧，但当你把特定的面部表情，比如怒吼和冷笑与最终会出现的暴力行为联系起来，那怒吼和冷笑同样会让你感到恐惧。经典条件反射也被广泛地应用到了营销实践中。在一些楼盘的销售画册中，我们经常会看到一些成功人士的形象。营销人员试图建立一种居住在这里的都将是成功人士这样的条件暗示，增加消费者对楼盘的好感，从而诱发他们购买的兴趣。消费者每次饮用可口可乐品牌(条件刺激)的碳酸饮料(无条件刺激)后，都备感清凉爽口、精神倍增(无条件反应)。于是，消费者以后再看到可口可乐的标志(条件刺激)时，都能联想到那种清凉爽口、精神倍增的感觉(无条件反应)。

但是值得注意的是，条件刺激多次重复而不伴随无条件刺激，条件反射会逐渐削弱直至消失，这个过程称为消退。虽然在过了一段时间后，条件反射会自发恢复，但这种自发恢复是不完全的，即不能达到原来的强度。而且，自发恢复的反射，只要有几次不伴随无条件刺激，就会迅速消退。

在经典条件作用的过程中，有三个重要的因素会对条件反射产生影响：重复、刺激泛化、刺激辨别。

(一) 重复

不断地重复可以提高条件刺激和无条件刺激之间关联的强度，防止这种关联在记忆中淡化。条件刺激和无条件刺激之间的联系会随着时间不断的淡化，甚至消退。因而需要通过不断的重复来强化这种条件作用。很多的广告词如“中国人，奇强!”等就是通过不断地重复，给消费者留下了很深的印象。

一般而言，一则刺激信息第一次会引起消费者对产品的知觉，第二次会引起消费者与产品之间的某种联系，第三次则会提醒消费者该产品的用途和优点，重复三次可以确保消费者对刺激信息完全加工。但是研究表明，重复的次数应该有一定的限度，随着重复次数的增加，消费者的注意力和记忆力都会下降，容易产生广告疲倦效应。

重复的有效性依赖于消费者接触到的竞争性的广告的数量。竞争性的广告越多、水平越高，消费者受到的干扰就越大，就越容易遗忘之前通过重复学习得到的广告信息。

(二) 刺激泛化

通常，一旦特定的条件刺激形成条件反应后，与条件刺激类似的刺激也能诱发条件反应。这种反应自动扩展到从未与最初的无条件刺激匹配过的刺激上的现象，就叫做刺激泛化。例如，巴甫洛夫进一步发现，不光是铃声，其他一些相似的声音如钥匙碰撞的声音也能使狗分泌唾液。

在一项对洗发水品牌的研究中，研究人员发现消费者往往认为有相似包装的洗发水具有类似的质量和效果，这就是刺激泛化带来的影响。近来越来越多的“山寨货”的出现，其实也正是因为刺激泛化的存在，消费者将山寨货与广告中见到的正宗品牌相混淆的结果。采用家族商标的策略，让企业生产的所有商品共用一个商标，就是一种对刺激泛化的应用。例如，日本三菱商标用于它的所有产品，包括家用电器、办公自动化设备、电信设备及汽车等；“蒙牛”商标用于它生产的酸奶、牛奶、雪糕等食品。

刺激泛化为品牌扩展的成功提供了心理学的理论基础。它解释了为什么人们在面对同一品牌的新产品时，会产生与原有产品同样的反应。商家将不同产品纳入到已有的品牌体系中，由于新产品与一个有名可信的品牌名称联系到一起，消费者能更容易地接受。例如，以雀巢咖啡成名的雀巢品牌，延伸使用到奶粉、巧克力、冰淇淋、饼干以及矿泉水等产品上，由于雀巢良好的品牌形象和良好的产品品质，这些产品相继获得成功，而使雀巢品牌市场影响力日益强大。因许可经营闻名的 Christian Dior，我们可以从许多不同种类的产品上看到其品牌的踪影，从鞋子到时装，从眼镜到香水，不可否认都取得了很好的市场反应。

消费窗口 8-1

品牌扩展陷阱

品牌延伸曾经是许多知名品牌的陷阱。品牌延伸最忌讳品牌价值没有穿透力。太阳神曾经是中国保健品市场的知名品牌，从 1993 年开始，吹响了多元化进军号角，一年内上马了包括石油、房地产、化妆品、电脑、酒店等 20 个项目，在新疆、云南、广东和山东相继建立了经济发展总公司，进行大规模的收购和投资，投入资金高达 3.4 亿元。但是到了 1997 年，太阳神全年亏损 1.59 亿，在香港的股价由前一年的 2.2 元跌到 9 分港币。

无独有偶，宁波奥克斯也曾经是一个品牌延伸的失败者。2005 年 3 月奥克斯扛着“汽车行业暴利终结者"大旗，宣布将投资80亿元闯入汽车业，2006年4月黯然退出汽车业，至少4 000万元的"学费"就此打了水漂。由于奥克斯根本没有汽车销售服务能力，不能提供售后服务就意味其根本不可能获得销售汽车的资格。先前的美好承诺使消费者充满了期待，后来对消费者的冷落使购买者对其感到很失望。奥克斯集团的这次品牌延伸不但没有获得营销汽车的利润，而且大大损害了奥克斯的品牌价值。

三九集团以"999"胃泰创品牌打天下，非常成功。然而，三九集团随后进行了品牌扩展，将"999"扩展到啤酒，犯了品牌定位不可任意扩展的错误。虽然广告上说的是"九九九冰啤酒，四季伴君好享受"，但消费者喝着999冰啤时，总会觉得有胃药的味道。"荣昌肛泰"是一个深入人心的品牌。荣昌集团曾经做了一个感冒药，而荣昌深植入消费者心中的"荣昌肛泰"是贴肚脐治疗痔疮的药物，让人产生的品牌联想总是和屁股这个不雅的部位在一起。因此，用荣昌做感冒药的品牌推广，让消费者听起来就有点倒胃口。后来，这个感冒药只能改掉名字。

一个品牌的确立，是建立在消费者对产品的认知和喜爱之上的，所以品牌扩展要谨慎和适度，不能盲目地"借壳上市"和无限制地扩大品牌的数量。

（三）刺激辨别

刺激辨别与刺激泛化正好相反，指的是当受到一种类似于条件刺激的刺激时，条件反应并不发生。这就意味着消费者在某种维度上可以区分条件刺激和与其相类似的刺激。通过刺激辨别，消费者有选择地对某些刺激做出反应，而不对其他刺激做出反应。

刺激辨别是定位策略的基础。在信息超负荷的社会里，刺激辨别的关键是有效的定位。一种产品或服务在消费者头脑中的形象或定位对它的成功是十分重要的。当商家把与消费者建立稳固联系作为计划目标，强调它的产品是唯一能满足消费者需要的产品的时候，他就希望消费者能从其他同类竞争产品中辨别出它的产品来。大多数零售商对与他们相似的商店品牌时刻保持警惕，对那些他们认为冒用其品牌的零售商提出控告，他们想要他们的产品被消费者认为是唯一能满足需要的产品。有效的定位与刺激辨别能使消费者对该品牌产生良好的态度，而长期购买该品牌。

一旦刺激辨别产生，就很难剥夺一个品牌的领导地位，消费者已经将他们的品牌名称与产品牢牢地联系在了一起。在电子词典还不是很普及的时候，文曲星有着"一统天下"的气势。在那段时间，"文曲星"就是电子词典的代名词，很多那个年代的学生现在说到电子词典意识到的第一个品牌就是"文曲星"。

二、操作性条件反射

（一）迷笼实验

美国心理学家和教育家桑代克（Edward L. Thorndike）在巴甫洛夫发现经典条件反射的同时，观察了猫如何尝试从迷笼中逃脱。他将一只饥饿的猫关入笼中，笼外放一条鱼，饿猫急于冲出笼门去吃笼外的鱼，但是要想打开笼门，饿猫必须一气完成三个分离的动作。首先要提起两个门闩，然后是按压一块带有铰链的台板，最后是把横于门口的板条拨至垂直的位置。经观察，刚放入笼中的饿猫以抓、咬、钻、挤等各种方式想逃出迷笼，在这些努力和尝试中，它可能无意中一下子抓到门闩或踩到台板或触及横条，结果使门打开，多次实验后，饿猫的无效动作越来越少，最后一入迷笼就会立即以一种正确的方式去触及机关打开门。

实验结果表明，跟随着满意结果的反应，以后出现的概率会越来越大，而跟随着不满意结果的反应，以后出现的概率会越来越小。在尝试错误学习中，行为的后果是影响学习关键的因素，如果行为得到了强化，证明尝试是正确的行为就能保留下来，否则就会作为错误尝试而放弃。总之，正强化会促进行为，而负强化或惩罚或削弱行为，桑代克称之为“效果律”。

（二）操作性条件反射

桑代克认为学习是一种刺激-反应联结，强调环境结果对行为的影响。斯金纳接受了桑代克环境结果影响行为的观点，提出了操作性条件反射理论。该理论认为，学习是一种反应概率上的变化，而强化是增强反应概率的手段。

斯金纳改进了桑代克的“迷笼”设计，设计了“斯金纳箱”。早期的斯金纳箱结构简单，在一个木箱内装有一个操作用的按键或杠杆，还有一个提供食物强化的食盒。动物一触按键或按压杠杆，食物盒就出现一粒食物，对动物的操作行为给予强化，从而使动物按压杠杆的动作反应概率增加。斯金纳认为，这种先由动物做出一种操作反应，然后再受到强化，从而使受强化的操作反应的概率增加的现象是一种操作性的条件反射。

经典性条件反射是建立无条件刺激和条件刺激之间的联系，由条件刺激引起反应的过程，是对可预期信号的学习。而操作性条件反射是首先做某种操作反应，然后得到强化的过程，是对行为结果的学习，强调的是消费者如何习得刺激-反应关系。

斯金纳进一步把人和动物有机体的习得行为分为两种：应答性行为和操作性行为。

(1) 应答性行为是指由特定的、可观察的刺激所引起的行为，如在巴甫洛夫实验室里，狗看见食物或听到铃声就分泌唾液的行为，其中食物或铃声是引起流唾液反应的明确的刺激。

(2) 操作性行为指在没有任何能观察的外部刺激的情境下的有机体行为，它似乎是自发的，如白鼠在斯金纳箱中的按压杠杆行为就找不到明显的刺激物。

（三）强化和惩罚

正如本章前面所讲到的，强化能够增加某种反应在未来重复发生的可能性，而惩罚与强化正好相反，惩罚的目的是为了降低反应发生的概率。工具性条件反射发生的方式可以分为四种：阳性强化、阴性强化、阳性惩罚、阴性惩罚。

阳性强化也叫做正强化，指的是在某一反应后伴随喜爱刺激的出现。例如，你在做完某一件事后得到了别人的表扬，那么你下次就更可能去做同样的一件事情。阴性强化也叫做负强化，是在某一反应后伴随令人讨厌刺激的解除。我们在大雨天打伞，以避免感冒，女性在夏天外出时涂防晒霜都是阴性强化的例子。阳性惩罚是某一反应后伴随讨厌刺激的出现，为了避免这种讨厌刺激，这种反应就会减少。例如，在你购买了某种不受别人欢迎的产品后，你就很难再去买同样的产品。阴性惩罚是某一反应后伴随喜爱刺激的解除。跟家里人吵架后，家里人不再在雨天给你送伞，你可能就不再会跟家人吵架，这就是一种阴性惩罚。

对于营销人员来说，强化是广告中经常使用的方法。在很多的洗发水广告中，模特都是一头亮丽乌黑的长发，对于消费者来说这就是一种阳性强化，消费者为了达到同样的效果就会增加该产品的购买。

现在逐渐流行的试用网也是营销人员对强化理论的应用。产品或服务只要相对于竞争对手给消费者带来独特的好处，只要有可能，企业首先选择的就是低成本（风险）甚至零成本（风险）的让产品与消费者亲密接触。商品的免费赠送、食品免费品尝、服务的免费体验都是非常有效的营销手法。对于价值过高的商品比如汽车、房子，可以选择让消费者免费体验。汽车免费试驾，少则一个小时，多则自驾一日游。房子，也可以在样板房里住上一天，度个愉快的周末。在免费试用、体验后，营销人员就可以通过采用适当的行为逐步强化消费者的反应，从而改变其行为，做出购买决策。

上面说的都是工具性条件反射理论中的正强化。实际应用中，负强化的策略也经常使用，尤其在广告诉求时频繁使用。1984 年春节晚会上，相声大师马季在单口相声《宇宙牌香烟》

中，扮演一个推销员角色，为了推销他的宇宙牌香烟，说过“如果你不抽我的宇宙牌香烟，年轻人你就搞不上对象”，这是典型的负强化策略。在某牙膏广告中，有一个广告画面是上火的人牙龈疼痛、口气不佳，在使用该品牌的牙膏后所有问题迎刃而解。这也是利用负强化，通过鼓励消费者避免广告中出现的负面后果，来刺激消费者购买的很好例子。

第三节 认知学习理论

行为主义学习理论认为，学习者的行为是他们对环境做出的反应，学习是被动的；学习是因刺激而引起的行为变化；学习的发生就是刺激与刺激、刺激与反应之间的联结；所有行为都是习得的，学习即习得新的联结。行为主义学习理论强调邻近和强化在学习中的价值。

认知学习理论探讨学习的角度与行为主义者相反，他们认为，学习是主动的，是个体作用于环境；学习的基础是消费者内部心理结构的形成和改组；学习的发生是消费者积极地认知，是由心理推断引起的心理结构的变化构成的；对学习过程和消费者内心活动很重视。

格式塔学习理论是认知学习理论中的一个重要组成部分，它是 20 世纪初由德国心理学家韦特墨、柯勒和考夫卡在研究似动现象的基础上创立的。似动现象是形成格式塔心理学的基础，一些独立的一开一关的灯，在构成一个整体之后给人造成这些灯在动的印象，格式塔心理学家们通过这一现象发现了整体与部分的原理。“图形与背景”的研究表明格式塔心理学家们认为的整体是一个可分离的整体，他们承认整体的可分离性。顿悟理论是格式塔心理学对学习研究的又一重大贡献。格式塔心理学家们对猩猩解决问题的情景做了深入的研究，把香蕉放在猩猩看得见但够不着的地方，猩猩要通过它们经验中不曾有过的新方法才能获得香蕉。通过实验发现，猩猩不是逐渐学会拿到香蕉的，而是突然学会解决这类问题，在这一过程中，强调的是知觉的重组，知觉重组是学习的核心，注重的是认清事物的内在联系、结构和性质，只有完成了知觉的重组，才有可能找到解决问题的办法。

美国心理学家托尔曼观察到即使在没有任何强化的情况下，有时动物也会学习。他及其同事设计了一个方位学习的复杂迷宫，训练三组老鼠走迷宫。第一组老鼠走迷宫给予食物强化（在迷宫的出口放置食物），第二组不给强化，第三组在头十天不给食物强化，第十一天开始像第一组那样给予强化。实验结果显示，第一组老鼠的表现比第二组好，第三组老鼠在头十天里的表现和第二组表现没有多少差异，但只经过第十一天的强化，它们在第十二天的表现就和一直受到强化的第一组老鼠的表现几乎一样好。为什么以前从未受到强化训练的第三组，一经强化训练就表现出与一直受到强化训练的第一组一样的成绩呢？很明显，仅用强化理论是不能解释这一现象的。托尔曼认为，未受到强化的老鼠在迷宫中到处游走，也在学习，并且已学到了整个迷宫的认知地图。所以它们一旦受到强化物的引发，很快就表现出与第一组几乎一样好的学习成绩，只是在未找到食物之前没有表现出来而已。这种学习称为潜伏学习，是一种不立即表现出外显成绩的学习。

建构主义观点是由瑞士心理学家让·皮亚杰于 1966 年提出的，是认知发展领域中最有影响的学派。在皮亚杰看来，学习并不是个体获得越来越多外部信息的过程，而是学到越来越多有关他们认识事物的程序，学生掌握解决问题的方法比掌握知识内容更重要，即要建构新的认知图示。他们认为认识是一种以主体已有的知识和经验为基础的主动建构，强调认识主体的能动作用，这正是建构主义观点的核心所在。皮亚杰对“学习”的认识和对认知发展过程的研究是该理论的核心之一，他认为认知发展是受三个基本过程影响的，即同化、顺化和平衡。一切认识都离不开同化和顺化，个体的认知图示只有通过同化和顺化才能得到发展，达到较高水平的平衡状态。

到目前为止，认知学习理论方面缺少统一的理论体系，其研究范式比较松散。对于营销人员来说，以下三种学习形态尤其重要。

一、图标式机械学习

图标式机械学习指的是在没有条件作用的情况下建立的一个概念与其他概念之间的联系。在图标式机械学习中消费者不需要很多认知努力的加工活动，只是在某种情景下不断地接触某个简单信息，因而导致了对该信息的学习。很多学龄前儿童背诵《唐诗三百首》就是一种图标式机械学习。通过图标式机械学习，消费者可以在没有意识到信息来源的情况下不知不觉地形成关于产品特征和属性的信念。

二、观察学习

观察学习，也称替代学习，是指学习者通过观察他人（榜样）所表现出的行为及其后果而进行的学习。学习者可以不直接做出行为反应，也不需要直接体验强化，而只是通过观察他人在一定环境下的行为及该行为所带来的正面或反面的后果就可完成学习。例如，儿童学习新歌或做家务、玩游戏等，几乎与其父母的活动一模一样，他们常常在观察之后立即模仿出一连串的新行为，这就是观察学习的结果。

观察学习不一定具有外显的行为反应。人们可以通过观察他人的示范行为，在自己尚未表现行为时就已经学到了如何去做，这样就可能避免许多不必要的错误。观察学习并不依赖直接强化。因为观察者仅仅通过观察别人的行为就能学习到复杂的行为过程，因此，不需要亲自体验强化。强化在观察学习中并非关键因素，没有强化，观察学习照样可以发生。观察学习具有认知性。个体通过观察他人的行为就能学到复杂的反应，这种学习无疑具有认知性。观察者需要利用内部的行为表象来指导自己的行为，学习活动必然包含内部的认知过程。观察学习不等同于模仿。模仿仅指学习者对他人行为的简单复制，而观察学习指的是从他人的行为及其后果中获得信息，观察学习既可能包含模仿，也可能不包含模仿。但是观察学习可以通过模仿的方式发生。

观察学习在我们的日常生活中很普遍。小学生跟着老师一字一句地读课文，游泳馆里跟着教练一个动作一个动作的学习都是一种观察学习。现实生活中，经常会出现一段时间的流行时尚，很多消费者“跟风消费”，也是观察学习的很好例子。对于营销人员来说，要认识到必须要满足以下四个问题，消费者才会形成观察学习，即①为消费者选择合适的榜样；②使消费者记住榜样的所作所为；③消费者必须将观察信息转变成行为；④消费者的行为受到激励。

三、分析推理

分析推理是学习最复杂的形式，推理是由一个或几个已知的判断推出一个新的判断的思维形式。在分析推理中，消费者结合自身的经验，创造性地把已有信息和新信息结合起来，形成新的理解和联想。消费者最常用的一种推理方式是类推。对于同一个品牌的不同类别的商品，如果消费者对于其中某一种产品有过使用经验，就会很自然地把这种消费经验类推到其他类别的产品中。因而，对于有很多产品类别的品牌来说，要努力保证每种产品的质量，一旦消费者对其中一种有了不好的消费体验，难免不影响到其他产品。

第四节 记 忆

记忆是过去的经验在人脑中的反映，在心理学中记忆被定义为存储和提取信息的容量。在信息处理过程中，最后一个步骤就是人们对于刺激信息的记忆。记忆对于学习至关重要，记忆是以往学习经验的积累。

一、记忆的三个环节

记忆包括识记、保持、再认或回忆三个环节。记忆从识记开始，识记是外部世界的对象和现象的映像在记忆中巩固和保持的过程，它是记忆的一个重要环节。再现的完整性和精确性、保持的巩固性和长久性都依赖于识记。保持和遗忘是相互对立的过程。保持是对材料的积极加工，使之系统化，进而概括和掌握它们，并把它们储存在记忆中的过程；遗忘是材料在记忆中消失的过程，即没有把材料保持下来。因此，保持的过程实质上也就是同遗忘作斗争的过程。识记和保持的结果具体地表现在再认或回忆上，人们应用所获得的经验是借助于再认或回忆实现的。再认或回忆是以前感知过的东西的恢复过程，再认指的是消费者再次面对有过经验的事物时可以把它认出来。例如，在看到那著名的“一挑”时，你会认出那是耐克的标志。而回忆则是即使消费者有过经验的事物目前不在眼前，消费者也可以重新回想起它的相关信息。当你坐在一个咖啡厅里，想起昨天送给朋友的那份生日礼物时，就是一种回忆。

记忆在我们的日常生活中十分重要。人们在学习中进步，不断地获得经验，只有这些经验储存在大脑形成一种记忆，才会对以后的行为产生影响。对于营销人员来说，消费者能否记住有关产品和服务的信息，并在日后做出购买决策的情形中应用，是一个很关键的问题。

根据信息加工理论的观点，人们有三种不同的记忆系统：感觉记忆、短时记忆和长期记忆。

二、感觉记忆

感觉记忆又叫瞬时记忆或联想记忆，是信息加工过程的最初阶段。感觉记忆只留存在感官层面，以刺激物真实描写的映像在感受器中保持一个非常短暂的时间，不超过 2 秒，一般只有几分之一秒，如果不加注意，很快就会消失。感觉记忆有不同的类型，如视觉记忆、听觉记忆等。那些看过即忘，在翻阅杂志、报纸，或是坐车经过的广告牌，如果没有特别注意，这些都是一种感觉记忆。

感觉记忆的特点是：①信息完全依据它所具有的物理特性编码，具有鲜明的形象性。研究表明，它的正确率达 76%，接近全显示映像。②作用时间短。视感觉记忆约为 0.25～1 秒；听感觉记忆虽可超过 1 秒，但也不长于 4 秒。③一般认为感觉记忆的容量为 9～20 个字母或物体，有时更多些。其容量的大小与感受器的解剖生理特点和刺激物的物理能量有关，但是感觉记忆的容量比短时记忆大。④感觉记忆痕迹很容易衰退，只有受到特别注意的材料，才转入短时记忆，否则就会很快消失。

三、短时记忆

很多时候记忆只能保存很短的时间。在课堂上，学生一边听老师讲课一边记笔记，很多时候在刚写完上半句时已经忘记了下半句，这种只能短暂存储在大脑中的记忆被称为短时记忆。

短时记忆保持时间虽比瞬时记忆长，但也是很短的。一般认为，它的保持时间是以秒计算的，最长也不过是一分钟左右。感觉记忆中的信息如果被注意和处理，就会进入短时记忆。短时记忆是感觉记忆和长时记忆的中间阶段。

（一）短时记忆短暂存在

短时记忆保持的时间极短，没有复述，短时记忆会衰退。这一特点意味着，消费者只有在对刺激信息不断地保持复述的情况下，短时记忆才能转移到长期记忆。营销人员在广告中不断地重复品牌名称就是想通过保持性复述来增强消费者的短时记忆。

（二）短时记忆的容量有限

短时记忆的数量或广度也很有限。美国心理学家米勒把短时记忆的容量大体上分为7个信息块。每一个信息块就是个体进行信息处理的一个单位，可以是一个数字、一个字母或是一个单词、词组。个体在对信息进行处理时，会把多个信息块组合成一个组块。组块是个体将小片信息结合成自身熟悉的信息模式，并作为一个整体来操作。研究表明，信息有效提取组块的最佳容量是三到四个。对于消费者来说，一个品牌名称就可以作为归纳了大量有关该品牌信息形成的组块。

（三）短时记忆可以迅速提取

短时记忆的提取非常迅速。斯腾伯格设计了一套由一到六个项目构成的记忆测试。例如，向被试呈现在短时记忆容量以内的（如1—6个）、不同长度的数字系列（如5、2、9、4、6），接着呈现一个探测数字（如9），要求被试回答在呈现的数字系列中是否有探测数字。如果数字系列中有探测数字，就按下"是"键，反之，则按"否"键。研究表明一个人在一秒内可以做出30次这样的判断，证实从短时记忆中提取信息非常高效。

四、长期记忆

长期记忆是指存储时间在一分钟以上的记忆。有的长期记忆甚至可以保留终生。长期记忆中存储着我们过去的所有经验和知识，为所有心理活动提供了必要的基础知识。长期记忆的信息在脑中存储的时间长，容量没有限制。信息的来源大部分是对短时记忆内容的加工，也有因印象深刻而一次获得的。

长期记忆中的信息是有组织的知识系统。这种有组织的知识系统对人的学习和行为决策有重要意义。它使人能够有效地对新信息进行编码，以便更好地识记，也能使人迅速有效地从头脑中提取有用的信息，以解决当前的问题。例如，我们知觉事物、理解语言和解决问题等，都需要提取头脑中各种有关的信息。知识系统的组织程度不同，提取的速度不同，知觉、语言理解和问题解决的速度也就不一样。长期记忆构成了个体关于外界和自身的全部知识经验。长时记忆的信息容量没有限制，良好的编码能够改善信息在长期记忆中的保持和提取。

（一）长期记忆的类型

一般而言，长期记忆可以储存各种类型的信息，如概念、过程、情感状态等等。长期记忆以两种形式储存，即情节记忆和语义记忆。情景记忆接收和储存的是关于个人的特定时间的情景或事件以及这些事件时空关系的信息。语义记忆是运用语言时必须用到的，它接收和储存的是各种知识。消费者一般对于情节的记忆会特别深刻，主要原因在于消费者自身参与到了其中。因而营销人员可以尝试通过各种手段唤起消费者的情节记忆，例如唤起消费者对婚礼、毕业典礼等情节中美好情感的回忆，来形成其与产品或服务之间的情感联系。

（二）可达性

信息从长期记忆中被回忆起来的可能性和容易程度被称为可达性。可达性可通过复述、重复和加工来提高。一般而言，越常出现在消费者知觉范围内的品牌，其可达性越高。见多了、听多了关于肯德基、麦当劳的广告，现在消费者一旦想到快餐就会在大脑中出现这两个名字。可达性还跟进入消费者头脑的联想的强度和数量有关。当某个概念与消费者记忆中的其他概念相联系时，可达性就会提高。在记单词的过程中使用联想记忆法，就是一种提高记忆可达性的方式。营销人员应该通过各种手段建立品牌和产品功能之间的联系，例如"飘柔"就建立了和产品功能之间很强的联系，在消费者的记忆中有着很高的可达性。

消费窗口 8-2

回忆营销[1]

佐丹奴推出了一款全球限量发行 2 000 件的 Li Lei&Han MeimeiT 恤。T 恤上的人物就是 80 后们再熟悉不过的中学英语教材中的人物：Li Lei 和 Han Meimei(李磊、韩美美)，这款 T 恤的销售对象是过亿的曾经从 1990 年至 2000 年使用过人民教育出版社出版的英语教材的学生，这些学生今天已经成为了具有很强消费能力、时尚、感性的中青年消费者。

当若干年后，都已经走上工作岗位，甚至成家立业的 80 后们再看到这些熟悉的形象，那段尘封的学生时代的记忆如星火般被点燃，继而如火山一样喷发。Li Lei & Han Meimei 的 T 恤销售情况异常火爆，2 000 件 T 恤被迅速抢购一空，当然，购买的主要人群是那些对 Li Lei 和 Han Meimei 有着集体回忆的 80 后们。设计 Li Lei 和 Han Meimei 的衍生产品并不是设计者一时的心血来潮，产品能够畅销，也不是市场的偶然现象，因为，从一年多前，有关 Li Lei 和 Han Meimei 的话题就已在网上广泛热议，商机已经隐现。在搜索引擎进行关键词搜索，有几万条相关的信息：有漫画、有以 Li Lei 和 Han Meimei 等人物为基础的另类英语学习教材、还有狗尾续貂的故事等。80 后们一同议论那个青涩的学生时代，晒着共同的回忆，宣泄着曾经压抑的观点与主张。

在线下，还有以 Li Lei&Han Meimei 命名的乐队，追捧者众多，当然，主要也都是 80 后，Li Lei&Han Meimei 乐队把英语课文中的英文歌修饰后重新演绎出来，还把《让我们荡起双桨》等那个时代的学生歌曲加入时尚流行元素进行重新翻唱。

回忆的力量

在今天这个跨越了温饱需要，继而追求更高精神层面需求的消费时代里，我们除了在追求物质生活上的满足外，还在寻找一种精神层面的感受。在一个群体中，大家对曾经一起共享、构建以及传承的事物的共同回忆，在经历了一段时间后，在特定环境与行为的指引下，这段记忆被唤醒，当事人则会产生强烈的共鸣、认同与超乎想象的热情，应用在市场中，则是一股强大的销售推动力。

这种集体回忆的召唤需要一些载体或道具，如纪念馆、纪念碑就是一种召唤集体回忆的形式与载体，这其中包含了一个国家、一个民族的集体回忆，在它们面前，能唤起我们集体的共鸣。严格来讲，集体回忆可能是一个家庭的所有成员的共同回忆，比如追忆某位过世的亲人，而更为广泛的集体回忆应该叫做社会性回忆。这种社会性的集体回忆包括曾经一起参与的流行风潮、一起参与过的劳动、一起学习等。

---

① 资料来源：史光起，慧聪商业服务网，http://www.service.hc360.com，2009.4.28.

本章小结

学习是由经验引起的相对持久的行为或行为潜能的改变的过程。消费者的学习是指消费者在购买和使用商品的活动中，不断地获取知识、经验与技能，不断地提高自身能力，完善自身的购买行为的过程。在学习的过程中，动机、暗示、反应、强化起着重要作用。

关于个体的学习过程有两个主要的理论流派：行为主义学派和认知学派。行为主义学派的学者主要研究外显的可观察的行为，认为学习是个体在受到刺激时所表现出来的反应结果，包括经典条件反射和操作性条件反射。经典条件反射是指借助某种刺激与某一反应之间的已有联系，经由联系可以建立起另一种中性刺激与同样反应之间的联系。操作性条件反射理论认为，学习是一种反应概率上的变化，而强化是增强反应概率的手段。

认知学习理论探讨学习的角度与行为主义者相反，他们认为，学习是主动的，是个体作用于环境。认知学习理论没有统一的研究范式，主要有格式塔学习理论、潜伏学习理论、建构学习理论、观察学习理论等。对于营销人员来说，图标式机械学习、观察学习、分析推理尤其重要。

记忆是过去的经验在人脑中的反映，在心理学中记忆被定义为存储和提取信息的容量。记忆对于学习至关重要，记忆是以往学习经验的积累。根据记忆储存时间的长短，可以把记忆分为感觉记忆、短时记忆和长期记忆。

关键词

经典条件反射	classical conditioning
操作性条件反射	operant conditioning
认知学习	cognitive learning
图标式机械学习	iconic rote learning
观察学习	observational learning
分析性推理	analytical reasoning
情节记忆	episodic memory
语义记忆	semantic memory
感觉记忆	sensory memory
短时记忆	short-term memory
长期记忆	long-term memory
可达性	accessibility

练习题

1. 什么是学习？
2. 刺激泛化是什么意思？如何运用？
3. 什么是刺激辨别？为什么对于企业来说刺激辨别很重要？
4. 简述经典条件发射的过程。

5. 图标式机械学习与操作性条件反射有何区别？

6. 观察学习是不是就是模仿？

7. 区别感觉记忆、短时记忆和长期记忆。

8. 营销人员如何运用强化？

9. 什么是情节记忆？

10. 可达性如何获得？

案例分析

苏格兰威士忌的品牌形象更新①

20 世纪 90 年代，美国各种酒类消费无一例外呈下降趋势，苏格兰威士忌的处境更令人担忧，年轻人普遍将威士忌视作祖父辈的杯中爱物，消费群的老龄化现象日益严重。当时 Dewar's 品牌在美国消费者心目中形象较积极，市场份额在同类酒中位居榜首。但从长远眼光来看，忠实的消费者在逐渐老化与离去，新客户的吸引日益困难，若不采取更加积极主动的营销策略，Dewar's 会最终失去已有的市场地位。

1992 年 5 月，Dewar's 的美国进口商 Schieffelin & Somerset(S&S)公司为 Dewar's 品牌提出了更新形象的设想。S&S 找到广告代理公司 Leo Burnett Co., USA (LBC)，其后一年里，S&S 的营销人员与 LBC 密切合作，在深入市场调研的基础上，制定出一整套形象更新战略，开始重振 Dewar's 威士忌的雄风。

市场诊断与研究

20 世纪六七十年代，Dewar's 的销售额每年以 10%的速度增长，当时 Dewar's 的管理层忽略了吸纳新消费者，结果失掉了整整一代人。

市场调查显示，苏格兰威士忌的消费者明显呈老化趋势。18～35 岁的消费者在总人口中虽占到 36%，但在苏格兰威士忌的消费者中所占比例竟不足 28%，为所有调查年龄组中所占比例最低的。尤其不容乐观的是，这一比例十年来还在逐渐降低。分析其原因是，二三十岁的消费者对某种酒的忠诚度低，喜欢尝试新口味，随着这些年轻人年龄的增长，消费习惯逐步稳定，导致苏格兰威士忌在烈性酒市场上所占的份额进一步下降。

为扭转这种不利的局势，Dewar's 必须集中力量开发潜在的消费者市场。Dewar's 以往的广告虽然在保持品牌形象、维持市场份额方面卓有成效，但却未能有效地吸引到新的消费者。因此，必须运用非凡的创意去扩展、更新品牌形象。

要成功吸引到年轻消费者，首先要做到以下几点：

第一，改变年轻人认为"威士忌是父亲喝的酒"、"味道很差"的看法。这绝非易事，Dewar's 只有建立起更为积极、年轻的品牌形象，才可能让年轻一代接受威士忌。至于味道的改善，根据调查，当时男性消费者流行在饮酒时加入其他饮品，认为更可口更有趣，因此可以推荐消费者在饮用 Dewar's 时掺入苏打水、果汁等其他饮品。

第二，LBC 为 S&S 提供客户服务的队伍应该拥有更多的自主权，以便提高工作效率。

目标人群定位

LBC 开始对参与社交、可以饮酒并乐于接受试验的年轻人(21～34 岁)进行广泛的定性调查，以便弄清他们的生活方式和价值观，然后确定新的营销战略。

经反复论证，最后确定 25～34 岁的消费者为 Dewar's 的主要目标消费人群，这一年龄段

① 资料来源：曾朝晖. Dewar's 威士忌品牌形象更新案例。糖烟酒周刊，2004(25)：[页码不详].

的人崇尚独立与个性，乐于尝试新东西，成熟自信有胆量。他们希望通过发展自己独特的个性及喜好来把握自己的生活。他们既有年轻人的激情和奔放，又胸怀大志，追求个人及事业上的成功。Dewar's 威士忌有可能成为他们的生活的一部分。

确定广告主题

找到目标人群以后，LBC 和 S&S 的又一重要任务是确定广告宣传活动的主题。1992 年 6 月，LBC 将 25～34 岁的消费者按年龄、婚姻状况及饮酒爱好等划分小组，然后分别向他们展示已经拟好的多种主题设想，如“最后的边陲”、“欢乐时光”、“享受的艺术”等等，同时了解他们的反应。

4 个月后，LBC 初步为品牌选定了一个独具创意的定位宣言：“Dewar's 拥有清爽、大胆无拘的特性”。但问题马上就来了，“清爽”虽然可以在一定程度上消除目标人群对威士忌口味的负面印象，却与 Dewar's 品牌的实际形象不符。同时，广告若过分强调混合饮用的概念，就会与威士忌强硬、大胆、独立的形象相抵触，而且还可能遭到现有消费者的排斥。理想的定位应该能够兼顾老主顾和新目标。

经反复斟酌，最后 LBC 将品牌定位为“Dewar's 威士忌，自信、有个性人士的佳酿”，这种定位出人意料，而且使广告氛围充满活力与人性，切合目标人群的心理。接下来的问题是如何用广告活动将 Dewar's 威士忌与目标人群的生活方式及价值观联系起来。

拟定广告方案

在纽约与波士顿地区，S&S 请专门的调查公司对 LBC 设计的广告方案进行定性调查，了解消费者的反应。有两个方案脱颖而出：“真实”与“忆往昔”。最终 LBC 确定用“真实”作为此次广告活动的具体方案，但由于“真实”与品牌之间的直接联系不够，不足以树立独特的品牌形象。LBC 据此将定位宣言修改为“Dewar's 体现了自信的成长”，并建议广告要直接反映目标消费群成功渡过关键成长阶段的积极形象，以加强品牌与目标人群之间的联系。

1993 年的第四季度，Dewar's 的营销人员选择美国的东北部地区，包括波士顿、费城、普罗维登斯及纽约几个威士忌主要消费城市作为广告的重点投放市场。其中，印刷广告针对全东北部地区，户外广告则集中在以上四个主要城市。25～34 岁年龄段的消费者被视为 Dewar's 重获新生的关键。

现场促销

广告可以解决 Dewar's 的形象问题，而现场促销活动则可以解决味道问题。配合广告活动，S&S 雇佣美国专业促销公司 U. S. Concepts 在各个消费点进行一系列的现场促销。

Dewar's 威士忌的现场促销活动选在目标消费者聚集的酒吧进行。酒吧内的酒杯、海报、杯垫及桌布上都印上 Dewar's 的标识，Dewar's 品牌代表给每位光顾的消费者发放一张样品礼券，填上姓名与联系地址后，消费者可凭此换取一杯 Dewar's 威士忌。举办一场这样的促销活动大概需花费 1 000 美元。按照计划，现场促销活动将分两次在波士顿、纽约、费城和罗德岛举行，一次定在 9—11 月，另一次是 3—5 月。

促销活动将直接影响到参与活动消费者对 Dewar's 威士忌的看法，他们今后到其他酒吧仍可能选饮 Dewar's，而且还会带动起亲朋好友选用该酒。有效的现场促销活动再加上媒体广告，Dewar's 的新形象很快便会通过口耳相传的方式以及同龄人之间的相互影响而传遍全城。

随后，公司还请一家名为 Marketing Information Systems International (MISI) 的统计调查公司利用样品礼券上收集到的资料，定期对顾客进行电话追踪调查，以评估促销活动的影响。

问题

1. 定位目标顾客、品牌的目的是什么？
2. 有哪些原因使得苏格兰威士忌的品牌可以成功转型？

第九章
消费动机

如今,为迎合中国市场消费者的需求,许多品牌纷纷推出“加长”优势的车型,如沃尔沃S80L、奥迪A6L和BMW5等。有数据显示,今天,加长后的奥迪A6销售势头相当强劲,仅用了不到两年时间,就让它的第10万辆奥迪A6L下线。而宝马5系长轴距版的热卖,也让市场顿生艳羡。继此之后,宝马继续在中国推出7系长轴距版。凯迪拉克也将赛威“SLS”加长版引入中国,雷克萨斯LS460L、奥迪A8L等豪华车的加长版,都主要面向中国市场销售。

“加长”是除“三厢”之外,中国人汽车消费的另一大典型特征。中国消费者一向喜欢追求空间的宽大与舒适,轿车后排加长现在似乎又形成一种规律——“加长版”便意味着档次与豪华。因此,“加长版”车型几乎成了商务人士、私营业主的首选。

对豪华车车主而言,“加长”带给他们的不仅是舒适,还有莫大的心理满足感。

动机(Motivation)是行为的内在原因,是个体基于某种欲望或需要的心理冲动。人只要处于清醒的状态,他所从事的任何活动都是由一定的动机引起的。消费动机是指直接驱使消费者进行某种活动的内在动力。

本章将阐述下列问题:

- ★ 消费者的购买动机
- ★ 购买动机理论
- ★ 根据购买动机理论制定营销策略

动机就是行为的原因,正如本章开头的引导案例里所揭示的,消费者行为背后有各种各样的动机。对营销人员而言,需要通过对消费者动机的研究去解释消费者的具体行为。

第一节 动机本质

消费者动机是影响消费行为的内在因素之一，购买动机是直接驱使消费者实行某种购买活动的一种内部动力，反映了消费者在心理、精神和感情上的需求，实质上是消费者为达到需求采取购买行为的推动者。

一、消费者购买动机的本质

动机(motivation)这一概念是由伍德沃斯(R. Woodworth)于1918年率先引入心理学的，他把动机视为决定行为的内在动力。一般认为，动机是"引起个体活动，维持已引起的活动，并促使活动朝向某一目标进行的内在作用"。

人们从事任何活动都由一定动机所引起，引起动机有内外两类条件，内在条件是需要，外在条件是诱因。需要经唤醒会产生驱动力，驱动有机体去追求需要的满足。例如，血液中水分的缺乏会使人(或动物)产生对水的需要，从而引起唤醒或紧张的驱力状态，促使有机体从事喝水这一行为满足。由此可见，需要可以直接引起动机，从而导致人朝特定目标行动。

由于动机具有指向性，即方向性、目的性，它能使行为保持一定的方向和目的，因此动机具有自觉性。同时，由于动机是一个内在的心理过程，属于主观的范畴，这种心理过程本身是看不见摸不着的，只能从动机所推动的行为来分析它的内容和特征。因此动机与实践有密切的联系，消费者的任何行为与活动都是由动机所支配的。

消费者购买动机要研究的中心问题，是消费者行为中的"为什么"问题。例如，消费者为什么需要某种产品？为什么从多种品牌中选择了某一品牌？为什么消费者对同一产品广告具有截然不同的态度？为什么消费者经常惠顾某些零售商店？为什么消费者只钟爱某一品牌？为什么消费者能够接受的价位不一样？等等。回答消费者行为的"为什么"的问题，是最重要、最中心的问题，也是最难理解、最难于调查的。这个问题解决了，消费者动机的根源就找到了。同时，对消费者行为现象的解释和说明也就有了坚实的基础。

消费者购买动机的研究，主要围绕3方面问题而展开：首先，消费者被激发的个人内在能量问题，也就是消费者的个人内在能量、行为的源泉如何产生；其次，消费者反应的目标定向问题，也就是消费者从许多具有不同性质的行为中如何选择；最后，消费者行为系统定向问题，即如何维持消费者的行为。

二、消费者购买动机的特征

消费者购买动机具备以下几个特点。

(一) 原发性

动机是基于需要形成的，而需要源于消费者自身，外部条件或刺激只能唤醒个体业已存在的需要。动机一旦形成，个体将围绕实现动机而进行活动，从而使个体内在的需要和欲望与现实世界的具体对象建立了心理联系。无论外界刺激如何变化，如果没有人的心理活动则无所谓动机。

(二) 内隐性

内隐性是指消费者由于某种原因将次要的动机或别的动机掩盖其主导动机或真正动机。比如某个消费者购买小汽车时，也许会说是为了工作或生活中交通方便的需要，而真正的动机可能是显示他的生活的富有和生活优越等。

(三) 复杂性(模糊性)

复杂性是指消费动机是多层次的,因此往往主导动机不易辨认清楚,有时连消费者本人也说不清楚,因为有些顾客的消费行为有时是在潜意识指导下进行的。

(四) 转移性(可诱导性)

转移性是指主导型动机和辅助性动机的相互转化或转移。一项消费行为如果在决策或选购过程中出现了较强的新刺激,如消费者发现钱不够,或发现商品质量不合适,则会使购买的主导动机受到压制,主辅动机就会相互转化。

(五) 冲突性

动机的指向和强度是可以被诱导的。多种消费动机的相互冲突或抵触,在购买时内心出现矛盾心理、左右为难的情形,也叫动机斗争。当个体同时存在两种以上消费需求,且两种需求互相抵触,不可兼得时,内心就会出现矛盾。人们常常采用"两利相权取其重,两害相权取其轻"的原则来解决矛盾。只有当消费者面临两个同时具有吸引力的需求目标而又必须选择其一时,才会产生遗憾的感觉。真所谓"鱼和熊掌不可兼得"。

三、消费者购买动机基本类型

消费者的动机是多种多样的,一般性消费动机可以分为生理性消费动机和心理性消费动机。

(一) 生理性消费动机

生理性消费动机是指消费者由于生理上的需求而产生的消费动机。比如饿了要吃饭、渴了要喝水等产生的对事物的购买动机。包括:

(1) 生存性购买动机。生存性购买动机是消费者纯粹为了满足其生存需要而激发的购买动机。由于人是生命的有机体,因此,人具有饥饿、温暖、寒冷、口渴等各种生理本能,与此相适应就会产生各种生理的需求。例如,一日三餐是为了满足饥饿的本能,冬天戴围巾是为了保暖。

(2) 享受性购买动机。享受性购买动机是消费者对享受资料的需求而产生的购买动机。随着经济的发展,人们在满足吃、喝、穿、住、行等基本生活需要之外,衍生了享受的需要。人们不仅要穿暖,还要美观漂亮;不仅要吃饱,还要有营养;不仅要有栖身之所,还要住得宽敞舒适,要充分享受现代社会为人们提供的现代化设施与用具。在现代人的生活中,享受性购买动机越来越成为支配消费者购买活动的主要动力。

(3) 发展性购买动机。发展性购买动机是由于消费者的发展需要而引发的。消费者的发展需要包括体力和脑力两个方面。体力发展的需要表现在:提高身体素质,免除疾病困扰等;脑力发展的需要表现在:提高智力水平,发展认识能力等。

这三种不同的购买动机被统称为生理性购买动机。这是因为它们都与维持和发展生命有机体相关,享受性购买动机和发展性购买动机是在生存性购买动机的基础上产生和发展的。

(二) 心理性消费动机

心理性消费动机是指消费者由于心理上的需求而产生的消费动机。消费者心理性消费动机比生理性消费动机复杂得多,具有深刻、隐匿、多样性的特点,是人所特有的。我们将在下文具体阐述。

消费者的消费行为常常不是单一的消费动机引起的,而是由几种消费动机共同作用的结果,既包括生理性消费动机,也包括心理性消费动机。

四、常见的具体心理性消费动机

按照心理活动的特征，可以将消费者的心理消费动机划分为以下几类。

（一）求实动机

求实动机指消费者以追求商品或服务的使用价值为主导倾向的购买动机。在这种动机支配下，消费者在选购商品时，特别重视商品的质量、功效，要求一分价钱一分货，相对而言，对商品的象征意义，所显示的“个性”，商品的造型与款式等不是特别强调。比如，在选择布料的过程中，当几种布料价格接近时，消费者宁愿选择布幅较宽、质地厚实的布料，而对色彩、是否流行等给予的关注相对较少。

（二）求新动机

求新动机指消费者以追求商品、服务的时尚、新颖、奇特为主导倾向的购买动机。在这种动机支配下，消费者选择产品时，特别注重商品的款式、色泽、流行性、独特性与新颖性，相对而言，产品的耐用性、价格等成为次要的考虑因素。一般而言，在收入水平比较高的人群以及青年群体中，求新的购买动机比较常见。改革开放初期，我国上海等地生产的雨伞虽然做工考究、经久耐用，但在国际市场上，却竞争不过我国台湾省、新加坡等地生产的雨伞，原因是后者生产的雨伞虽然内在质量很一般，但款式新颖，造型别致，色彩纷呈，能迎合欧美消费者在雨伞选择上以求新为主的购买动机。

（三）求美动机

求美动机指消费者以追求商品欣赏价值和艺术价值为主要倾向的购买动机。在这种动机支配下，消费者选购商品时特别重视商品的颜色、造型、外观、包装等因素，讲究商品的造型美、装潢美和艺术美。求美动机的核心是讲求赏心悦目，注重商品的美化作用和美化效果，它在受教育程度较高的群体以及从事文化、教育等工作的人群中是比较常见的。据一项对近 400 名各类消费者的调查发现，在购买活动中首先考虑商品美观、漂亮和具有艺术性的人占被调查人总数的 41.2%，居第一位。而在这中间，大学生和从事教育工作、机关工作及文化艺术工作的人占 80%以上。

（四）求名动机

求名动机指消费者以追求名牌、高档商品，借以显示或提高自己的身份、地位而形成的购买动机。当前，在一些高收入层、大中学生中，求名购买动机比较明显。求名动机形成的原因实际上是相当复杂的。购买名牌商品，除了有显示身份、地位、富有和表现自我等作用以外，还隐含着减少购买风险，简化决策程序和节省购买时间等多方面考虑因素。

（五）求廉动机

求廉动机指消费者以追求商品、服务的价格低廉为主导倾向的购买动机。在求廉动机的驱使下，消费者选择商品以价格为第一考虑因素。他们宁肯多花体力和精力，多方面了解、比较产品价格差异，选择价格便宜的产品。相对而言，持求廉动机的消费者对商品质量、花色、款式、包装、品牌等不是十分挑剔，而对降价、折让等促销活动怀有较大兴趣。

（六）求便动机

求便动机指消费者以追求商品购买和使用过程中的省时、便利为主导倾向的购买动机。在求便动机支配下，消费者对时间、效率特别重视，对商品本身则不甚挑剔。他们特别关心能否快速方便地买到商品，讨厌过长的候购时间和过低的销售效率，对购买的商品要求携带方便，便于使用和维修。一般而言，成就感比较高，时间机会成本比较大，时间观念比较强的人，更倾向于持有求便的购买动机。

（七）模仿或从众动机

模仿或从众动机指消费者在购买商品时自觉不自觉地模仿他人的购买行为而形成的购买

动机。模仿是一种很普遍的社会现象，其形成的原因多种多样。有出于仰慕、钦羡和获得认同而产生的模仿；有由于惧怕风险、保守而产生的模仿；有因缺乏主见，随大流或随波逐流而产生的模仿。不管缘于何种原由，持模仿动机的消费者，其购买行为受他人影响比较大。一般而言，普通消费者的模仿对象多是社会名流或其所崇拜、仰慕的偶像。电视广告中经常出现某些歌星、影星、体育明星使用某种产品的画面或镜头，目的之一就是要刺激受众的模仿动机，促进产品销售。

（八）好癖动机

好癖动机指消费者以满足个人特殊兴趣、爱好为主导倾向的购买动机，其核心是为了满足某种嗜好、情趣。具有这种动机的消费者，大多出于生活习惯或个人癖好而购买某些类型的商品。比如，有些人喜爱养花、养鸟、摄影、集邮，有些人爱好收集古玩、古董、古书、古画，还有人好喝酒、饮茶。在好癖动机支配下，消费者选择商品往往比较理智，比较挑剔，不轻易盲从。

以上我们对消费者在购买过程中呈现的一些主要购买动机作了分析，需要指出的是，上述购买动机决不是彼此孤立的，而是相互交错、相互制约的。在有些情况下，一种动机居支配地位，其他动机起辅助作用；也有可能是几种动机共同起作用。因此，在调查、了解和研究过程中，对消费者购买动机切忌作静态估计和判断。

消费窗口9-1

影响购买动机和购买行为的社会因素①

人口

（1）总人口

人口多少是决定消费需求量的主要因素。在收入不变的情况下，人口总数与消费总量成正比例关系。

（2）人口的地理分布

人口的地理分布对消费者的影响也是比较明显的。不同地区，由于气候、自然环境、风俗习惯和经济发展水平的差异，具有不同的需求。

（3）年龄结构

消费者购买产品不仅要购买一件有形的物品，而且要获得欲望的满足。由于消费者年龄的差异，对各种市场产品的欲望与要求也不同。在企业营销活动过程中，可根据消费者的年龄结构，把市场分为婴儿市场、儿童市场、青年及少年市场、中年市场、老年市场等。各市场对消费品的需求各有特征，如青少年市场对文教体育用品的需求较大，老年市场对保健药品的需求量较大等。

（4）人口性别

消费者性别的差异，也直接影响了消费者的消费需求。

（5）文化程度和职业

文化程度和职业与消费者的收入、社交、居住环境及消费者的消费习惯有着密切的关系。文化程度高的消费者对文教用品及精神生活方面的用品需求量较大，购买产品的理性程度也较高。反之，消费量就较少，理性购买程度较低。

（6）家庭户数与家庭人口数

---

① 资料来源：www.wiki.mbalib.com/wiki/消费者购买动机.

文化

(1) 消费习俗

人们的信仰、饮食、婚丧、节日、服饰等物质与精神的消费习俗。

(2) 宗教信仰

宗教信仰对人们消费动机与行为的影响表现出模式化的特点。

(3) 道德规范

道德是社会调整人们之间及个人与社会之间的关系的行为规范的总和。比如,西方人比较注重个人价值、个人需要、个人地位、个人意志,而我国的人民则考虑家庭的、风俗的以及社会的标准与效果,希望自己的行为被别人和社会认可。"和谐"、"友善"、"求同"是我国人民消费行为的三大表现。

(4) 价值观念

一辆轻骑摩托车,有的人觉得骑上它精神抖擞,神气十足;有的人则觉得既发噪音又危险;有的人感到需要迫切,有的人感到可有可无,而还有部分人则感觉根本不需要。

(5) 审美观念

审美观念在消费活动中对消费者购买动机和行为的影响主要表现在人们对形式美、环境美、健康美等的追求。实质上,消费者在市场挑选、购买商品的过程,就是一次完整的审美活动。这个审美活动的全过程,完全是由消费者的审美观念来支配的。消费者个体的审美活动表面上看起来纯属是个体的行为,但实质上都反映了一个时代、一个社会人们共同的审美观念和审美趋势。商品生产者和销售者应把消费者对商品的评价作为反馈信息,使商品的艺术功能与经营场所的整体效果结合起来,更好地满足消费者的审美欲求,引发消费者的购买动机,促使其采取购买行为。

社会阶层

社会阶层,是由具有相似的社会经济地位、价值观和兴趣的人组成的群体或集团。常见的社会阶层分层标准主要有职业地位、收入状况、教育程度、权力大小、家庭背景、居住区位等。不同阶层人们的经济状况、价值观念、兴趣爱好均有差异。在消费活动中,他们对一些商品、品牌、商店、闲暇活动、大众传播媒介等都有各自的偏好,生活方式、消费方式各异。

相关群体

(1) 直接相关群体

① 家庭

家庭对消费者行为有着决定性影响,是消费者最基本的相关群体。不同的家庭对购买行为的影响是不同的。但不论何种类型的家庭对消费者行为的影响都集中在购买决策上。消费者作为一名家庭成员,在购买决策过程中通常扮演的角色主要有:发动者、影响者、决策者、购买者、使用者。在这五种角色当中,最重要的是决策者。这五种角色对企业进行营销活动有着极大的作用。

② 其他相关群体

亲戚朋友、同学同事和邻居等。

(2) 间接相关群体

与消费者接触不太密切或根本无接触,但对消费者行为有一定影响的个人或组织。现实生活中,有很多人都把影坛、体坛、歌坛当作偶像来崇拜,这种情况在青少年中更甚。他们出于对明星的仰慕,经常去刻意模仿明星们的行为。"李宁服"、"幸子衫"的畅销就是很好的例子。

第二节 动机理论

有无数关于动机的理论，它们中的许多为营销提供了具有潜在用途的深刻启迪。这一部分我们按照动机理论的发展脉络介绍几种对于理解消费者动机特别有用的理论。

一、早期动机理论

（一）本能理论

本能说是解释人类行为的最古老的学说之一，最初的本能理论只不过是人们对所观察到的人类行为予以简单命名或贴上标签而已。例如，20 世纪初，美国心理学家麦道孤（W. McDougall）提出人类具有觅食、性欲、恐惧、憎恶、好奇、好斗、自信等一系列本能。按照本能说的解释，人生来具有特定的、预先程序化的行为倾向，这种行为倾向纯由遗传因素所决定；无论是个人还是团体的行为，均源于本能倾向。换句话说，本能是一切思想和行为的基本源泉和动力。

本能行为必须符合两个基本条件：其一，它不是通过学习而获得的；其二，凡是同一种属的个体从市场营销角度来看，其行为表现模式完全相同。本能行为的价值在于，它能使针对这些行为的特定的营销刺激更具有效性。相对于多样、复杂的人类行为，本能行为只是很小的一部分，而且许多被视为具有"人类天性"的行为也可以通过学习来加以改变。基于此，现在很少有学者坚持用人的天性或本能作为人类复杂行为后的动因。

（二）精神分析理论

精神分析说的创始人是奥地利精神病学家、心理学家弗洛伊德（Freud）。他的这一学说，在西方社会生活、思想意识和科学文化等各个领域均产生了广泛而深远的影响。弗洛伊德的精神分析学说后经弗洛姆（E. Fromm）、荣格（G. Jung）、阿德勒（A. Adler）等加以修正和发展，形成了一个庞大的思想体系。虽然他们各自有许多不同的观点，但在重视对无意识的研究，将无意识视为人类行为的根本性决定因素这一点上持基本相同的看法。

弗洛伊德认为，人的精神由三部分构成：意识、前意识和潜意识。意识是与直接感知有关的心理部分，即出现在我们的意识中，为我们所感知的要素或成分。潜意识是指个人的原始冲动和各种本能以及由这种本能所产生的欲望，它们为传统习俗所不容，被压抑到意识阈限之下，是人的意识无法知觉的心理部分。前意识是介于意识与潜意识之间，能从潜意识中召回的心理部分，是人们能够回忆起来的经验，它是意识与潜意识之间的中介环节与过渡领域。弗洛伊德进一步认为，如果把人的精神比作一座冰山，意识只是露出水面之冰山一角；前意识是介于表面和水中的部分，随着海水的起落时隐时现；潜意识则是深藏在水面之下的冰山主体，在人的精神生活中处于基础性地位。因此，理解人类行为背后潜藏的动机，只分析意识和前意识层次是不充分，也是不恰当的，而应当深入到潜意识的层次。

潜意识虽不能被直接感知，但它总是在不停地、积极地活动着，并以各种衍生形式表现自己，梦、过失、冲动性行为、俏皮话、精神病都是通往潜意识的曲径。弗洛伊德特别重视对梦的分析，他认为梦是"愿望的达成"，是被压抑的欲望的某种变了形的满足。通过对梦的分析或释梦，不仅可以发现潜意识中的各种需要与欲望，而且还极有可能揭示或重现人类祖先的经验和精神活动，因为现代人的心理结构和潜意识中极可能积淀着人类祖先的经验遗产。

弗洛伊德认为，人格结构由三大系统组成，即本我、自我和超我。三大系统作为一个整体，只有相互协调，才能使人有效地与外界环境交往，使人的基本需要与欲望得到满足。反之，会使人处于失常状态，降低活动效率，甚至危及人的生存与发展。

总之，弗洛伊德试图透过对本我、自我、超我所构成的人格系统的分析，把握潜意识心理活动的规律及其特征，论证人的本能和欲望对人的行为的决定性作用。在强调人的动机和行为主要受潜意识本能和欲望驱使的同时，弗洛伊德也给理性思维留有一席之地。他并没有完全否定意识与理智的地位和作用，而把它们视为潜意识心理活动的发展形式。他认为，可以通过自我意识对本我潜意识的不断调整，通过超我对自我的作用，使本能欲望在现实交往中得到满足，并使之纳入符合社会理想和良心的范畴，升华为人类生活中较高尚的目标。

精神分析说认为，人的行为与动机主要由潜意识所支配，因此，研究人的动机，必须深入到人类的内心深处。为此，需要在研究方法上进行新的探索。20 世纪 30 年代至 50 年代，在动机研究正值鼎盛时期时，发展起了诸如语意联想法、投射法等间接了解消费者动机与态度的研究方法。这些方法的大量运用，应当说与精神分析学说在行为分析领域的渗透和影响存在密切的联系。

虽然不能确切地知道消费者行为是否像弗洛伊德所描绘的那样主要受无意识的支配，但可以肯定的是，消费者确实有冲动和不理智的时候，消费者的有些行为用完全理性的模式是无法解释的。如果消费者的某些行为确实是受无意识驱动的，那么，消费者对自己购买某种商品的真实动机就不一定能清楚地意识到，因而仅仅通过观察消费者行为和询问消费者都不可能获得消费者的真实购买意图。

（三）驱力理论

驱力理论又称驱力还原论、需要满足论，该理论假定，人和动物的行为均是受内部能量源的驱动，是经由学习而不是由遗传所引起的。当有机体的需要得不到满足时，便会在有机体的内部产生所谓的内驱力刺激，这种内驱力的刺激引起反应，而反应的最终结果则使需要得到满足。

伯考威茨（L. Berkowitz）在 1969 年出版的《社会心理学手册》一书中写道："自从驱力一词最初由伍德沃斯于 1918 年引入心理学，驱力一直是指促使个体采取行动的内部刺激，这种刺激源于个体的被剥夺感和与被剥夺状态相伴随的机体内某些物质的过剩或匮乏。不管受剥夺的特定性质如何，机体会产生外表的兴奋，如在饥饿时会伴随胃的收缩，由此会推动个体采取行动，直至找到能满足机体内在需要的满足物，剥夺状态才会消除。"处于剥夺状态或匮乏状态的个体必须了解何种物体能满足其特定的内在需要，以及应当采用何种行动才能获得这些满足物。所以，学习在驱力理论中占有重要地位。

美国学者霍尔（Hull）提出的 E＝D・H 公式实际上反映了驱力理论的基本观点。他认为，学习的基本动因是驱力，但除此之外，还有一个习得的动机来源，即诱因动机（incentive motivation，以 K 表示）。霍尔的这一观点，来自他学生克雷斯皮（Crespi，1942）的一项经典性实验的结果。

克雷斯皮训练三组白鼠走通道，各组白鼠得到不同的强化量。第 1 组到目的箱后只得到 1 粒食丸；第 2 组得到 16 粒食丸；第 3 组得到 256 粒食丸。经过 20 次尝试之后，各组白鼠的操作水平明显地各不相同。原先，霍尔认为，白鼠行为上的差异，是它们习惯强度上的差异的反映。也就是说，食物多意味着强化的作用大一些，因而习惯形成得快一些。但后来霍尔改变了自己的观点，因为克雷斯皮在白鼠尝试了 20 次之后，改变了强化量，每一组都给 16 粒食丸。结果白鼠的操作水平迅速发生变化，各组白鼠都很快地调整了自己的奔跑速度。尤其是第 1 组和第 3 组，其操作水平与原来的速度有很大的反差。

克雷斯皮由此得出结论：强化量本身并不影响学习或习惯的形成，强化量是通过某种动机变量来影响操作水平的。

霍尔接受了克雷斯皮的论点，在他的公式中增加了一个新的构成——诱因动机(K)，认为强化量是通过诱因动机起作用的。因为习惯强度是逐渐发生变化的，是相对持久的。强化量的变化引起操作水平迅速改变，这一事实很难用"习惯强度本身削弱"来解释。所以，我们最好还是把强化量与诱因动机联系在一起，用诱因动机来解释因强化量下降而导致的反应强度减弱。这样，霍尔的公式就成了：

$$SER = D \times K \times SHR$$

式中，SER 表示产生某种行为的反应潜能；D 表示内驱力；K 表示诱因；SHR 表示习惯强度。

霍尔的公式表明，消费者追求某种产品的努力程度将取决于消费者由于匮乏状态而产生的内驱力，以及由观察、学习或亲身经历所获得关于这一产品的消费体验。霍尔特别强调建立在经验基础上的习惯对行为的支配作用。他认为，习惯是一种习得体验，如果过去的行为导致好的结果，人们有反复进行这种行为的趋向；过去的行为如果导致不好的结果，人们有回避这种行为的倾向。

驱力理论是建立在体内平衡原理基础上的，当个体因物质和能量失衡产生内在需要时，驱力促使他采取行动满足需要，消除紧张。一旦某种行为能有效地消除紧张，该种行为便为个体所习得，从而使个体在下一次面临同样紧张状态时，会产生类似的行为反应。然而，驱力理论也是有局限的，突出表现在两个方面：一是在缺乏驱力的情况下，有机体仍可能从事某种行为，这一点似乎是驱力理论无法解释的。比如，在并不感到饥饿的情况下，仅仅闻见食物的香味，或听到电视里对美味的描述就可能导致吃喝动机。二是生活中的大量证据表明，生物有机体，尤其是人有一种不懈追求外部刺激的倾向，如登山、探险、猎奇等等。这类现象也是驱力理论难以解释的。迄今为止，针对上述两个问题分别发展起了各式各样的理论，其中诱因论和适度兴奋论最具有代表性。由于这些理论是对驱力论的拓展和深化，所以，仍将它们放在驱力理论主题下来讨论。

根据驱力理论，剥夺感或匮乏感越强烈，机体寻求消除这种紧张状态的动机越强烈，因而活动水平越高。然而，很少有试验或研究对此提供支持。一项对老鼠的食物剥夺研究表明，在没有呈现食物的情况下，有食物剥夺和没有食物剥夺的老鼠呈现同样的活动水平；当呈现食物时，前者较后者有更加积极的反应。

二、现代动机理论

（一）马斯洛的需要层次论

美国人本主义心理学家马斯洛(Maslow)于1943年提出了著名的需要层次理论。该理论既是一种动机理论，又是一种激励理论。

马斯洛认为，人的需要可分为五个层次，即生理需要、安全需要、爱与归属需要、自尊需要、自我实现的需要，参见图 9-1。上述五种需要是按从低级到高级的层次组织起来的，只有当较低层次的需要得到了满足，较高层次的需要才会出现并要求得到满足。一个人生理上的迫切需要得到满足后，才能去寻求保障其安全；也只有在基本的安全需要获得满足之后，爱与归属的需要才会出现，并要求得到满

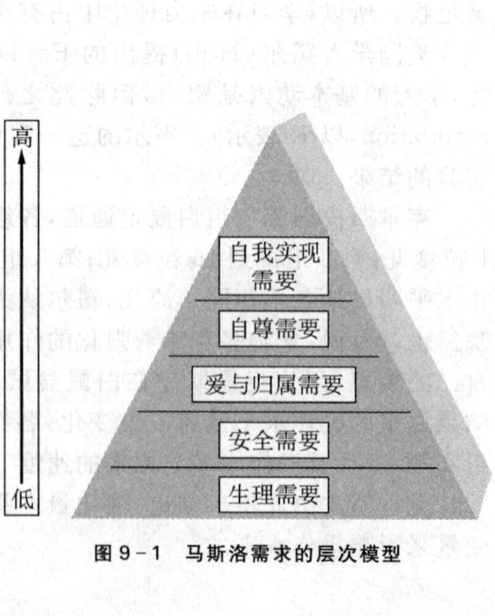

图 9-1 马斯洛需求的层次模型

足，依此类推。马斯洛写道："假如大部分时间我们都饥肠辘辘，假如我们不断地为干渴所困扰，假如我们连续地受到一个始终迫在眉睫的灾难的威胁，或者，假如所有的人都恨我们，我们就不会要去作曲、发明数学方法、装饰房间或者打扮自己。"

马斯洛并没有说较低层次需要完全满足之后，才会产生高一层次需要，只是说，人的各种需要存在高低顺序，或者说各种同时出现的需要中存在优势需要。就一般情况而言，只有在更低层次需要得到满足或部分得到满足后才会出现优势需要。人作为有欲望的动物，其行为受需要所驱使，但需要什么取决于已经有了什么，只有未被满足的需要才影响人的行为。换句话说，已经满足的需要，不再是优势需要，亦不再是行为的决定性力量。

由于生理、安全、归属和爱、自尊这四类需要多在匮乏情形下产生，并且构成最高层次需要即自我实现需要的基础，因此，这四种需要被合称为基本需要或匮乏需要；而最高层次的自我实现需要被称为衍生需要或存在需要。关于自我实现的需要，有两种错误偏向：一种就是把一切我行我素的行为都理解为自我实现，另一种是把自我实现看成是一种完善无缺的状态。其实，马斯洛所说的自我实现有其特定的含义。他曾经对此作过不少表述，最通俗的说法莫过于这段话："一位音乐家必须作曲，一位画家必须绘画，一位诗人必须写诗，否则，他就无法安宁。人们都需要尽其所能，这一需要就称为自我实现的需要。"自我实现的本质特征是人的潜力和创造力的发挥，它意味着"充分地、活跃地、忘我地、集中全力地、全神贯注地体验生活"。

马斯洛需要层次论提出的许多观点与结论无法在实证水平上予以证实或反驳，其科学性经常受到争论。但正如美国学者列维特(Leavitt)所指出，这一理论的效用在于它可以为人们提供一种有用的思考工具，瑕不掩瑜，其优点似乎总是超过它存在的问题。从消费者行为分析角度看，这一理论对理解消费者行为动机，对于企业针对消费者需要特点制定营销策略具有重要价值。首先，它提醒我们，消费者购买某种产品可能是出于多种需要与动机，产品、服务与需要之间并不存在一一对应的关系。在现代社会，如果认为消费者购买面包仅仅是为了充饥，那将大错特错。其次，只有低级需要获得充分满足后，高级需要才会更好地得到满足。企业在开发、设计产品时，既应重视产品的核心价值，也应重视产品为消费者提供的附加价值，因为前者可能更多地与消费者的某些基本需要相联系，后者更多地与其高层次需要相联系，用产品的附加功能取代其核心功能是注定要失败的。再次，越是涉及低级需要，人们对需要的满足方式与满足物就越明确，越是涉及高级需要，人们对满足这类需要越不确定。饿了要吃食物，渴了要喝水和饮料，对此，消费者十分明确和清楚。但对如何才能获得别人尊重，如何获得友谊，如何使生活更加美好，对于这一类高级需要如何满足或以何种方式满足，消费者并不完全清楚。这实际上也意味着，越是满足高级需要的产品，企业越有机会和可能创造产品差异。最后，越是高级需要，越难以得到完全满足，原因在于，满足需要的愉快体验中又会产生更高的需要。

马斯洛的理论为理解人类一般行为提供了基本指南，但是它并不是一条严格的定律。无数事例表明，存在着许多为友谊或理想而牺牲生命，或为了自我实现而放弃食物和住所的人。不过，我们视其为例外，而承认马斯洛理论的普遍有效性。我们必须记住，任何具体的消费行为都可能同时满足人的多种需要。

（二）麦古尼的心理动机理论

麦古尼(McGuire)于20世纪70年代提出了一套比马斯洛动机理论更为详细的动机分类系统，具体由以下几种需要构成。

(1) 一致性需要。人有一个基本的渴望便是希望自己与其他的人在各个方面获得一致，包括态度、行为、观点、自我形象、对他人的看法等等。营销者可以在几个方面利用这一点。首先，它表明营销组合应该有一致性。另一个与一致性有关的营销问题是"**认知失调**"，指消费者在采取重要的购买行为之后有一种怀疑自己是否明智的倾向。购买某种重要商品常常与存钱或购买其他商品的需要相冲突。

(2) 归因的需要。我们总是想对发生的事情寻找原因:是谁或是什么导致了这一事件的发生?我们是否把我们所希望(或不希望)的结果归因于我们自己(或外界)?试图理解消费者是怎样为其行为赋予特殊意义的"归因理论",现在已被运用于分析消费者对促销信息的反应(即消费者是否相信促销信息)。当消费者把销售建议归因于销售商或广告时,他们往往不相信这类建议;而当类似的建议来自朋友时,他们会将其归结为朋友好心的帮助,因而更易被他们接受。事实上,消费者并不是被动地接受促销信息,而是自觉地将其归因于销售商的促销意图,由此使企业传递的信息"受怀疑"或打折扣。营销者想尽办法应付这一问题,办法之一便是在广告中使用可信度高的人。

(3) 归类的需要。我们需要将信息和经历分类,整理成有用的、易理解和驾驭的形式。我们建立目录或在大脑中进行分类,以便处理大量的信息。价格通常被归为不同的类别,每类价格表示不同档次或类别的产品。

(4) 对线索的需要。我们需要可观察的线索、符号来推断我们的感觉和想法。通过观察自己和他人的行为,通过对我们的想法和感觉的推断,我们得以建立起某种印象、感觉和态度。很多情况下,衣着暗示了一个人所渴望的形象和生活方式。

(5) 追求独立的需要。对独立和自主的追求是美国文化的一个特色。其实,任何文化中的任何个人或多或少都有这种需要。美国人从小就被灌输这种独立性的观念,认为表达和满足这种需要是很重要的;而在像日本这样的国家,归附于团体或团队较满足个人独立自主的需要更被社会所鼓励和接受。顺应美国人的追求独立的需要,美国的营销者推出了很多产品以表现"干你自己的事"和"成为你自己"的精神。

(6) 求新和猎奇的需要。我们经常仅仅出于对新奇的需要而寻求变化。营销者将这种需要的结果称为"求变行为"。这也许是形成品牌转换和所谓的"冲动消费"的一个主要原因。消费者对新奇的需要是起伏变化的,也就是说,经历频繁改变的消费者会变得厌倦改变而渴望稳定,而处于稳定环境下的消费者会感到"腻味"而渴望变化。

(7) 自我表现的需要。我们需要向他人表达自身的存在,我们想让别人通过我们的行为(包括购物和展示所拥有物品的行为)了解我们是谁和是什么样的人。诸如服装、汽车之类的购买就能让消费者表现他们的身份,因为它们具有某种象征意义。比如,消费者购买最新推出的滑雪衫的动机可能远不止是出于保暖的需要。

(8) 自我防御的需要。对身份和自我的保护的需要是我们的一种重要需要。当我们的身份受到威胁时,我们会采用保护措施和防御态度。许多产品提供这种自我防御。比如,当一个有不安全感的消费者购买可见性高的产品时,可能会依赖名牌,以避免或减少做出错误决策的可能性。

(9) 出风头的需要。人们喜欢干一些能提高自身地位,或提高自身在他人心目中地位的事情。有强烈出风头需要的个体对一次购物感到不满时,会有更多的抱怨。

(10) 强化的需要。我们经常被鼓励以某种固有的方式去行动,因为这样会给我们带来好处。在公共场合使用的产品(服装、家具、杂志插图)通常以现有的销量和式样为基准。

(11) 对亲密和谐的人际关系的需要。我们需要与别人交往、互相帮助并发展起令人满意的关系。成为群体中的一员是大多数人生活的重要部分,而且,许多消费决定的作出是基于保持与他人的良好关系。

(12) 模仿的需要。人有按照别人的方式行动的倾向。儿童学习成为消费者的一种主要途径就是模仿。模仿倾向能部分地解释参照组试验中出现的一致现象。营销者利用这一需要,让大众使用他们所推销的品牌。

（三）双因素理论

双因素理论是由美国心理学家弗雷德里克·赫茨伯格(Frederick Herzberg)于 1959 年提出来的。20 世纪 50 年代末期，赫茨伯格和他的同事们对匹兹堡附近一些工商业机构的约 200 位专业人士作了一次调查。调查主要是想了解影响人们对工作满意和不满意的因素。结果发现，导致对工作满意的因素主要有五个：成就、认可、工作本身的吸引力、责任和发展；导致对工作不满的主要因素有：企业政策与行政管理、监督、工资、人际关系及工作条件等。

赫茨伯格将导致对工作不满的因素称为保健因素，将引起工作满意感的一类因素称为激励因素。保健因素，诸如规章制度、工资水平、福利待遇、工作条件等，对人的行为不起激励作用，但这些因素如果得不到保证，就会引起人们的不满，从而降低工作效率。激励因素，诸如提升、提职、工作上的成就感、个人潜力的发挥等，则能唤起人们的进取心，对人的行为起激励作用。要使人的工效效率提高，仅仅提供保健因素是不够的，还需要提供激励因素。一个单位固然要为员工提供具有吸引力的工资福利待遇和生产、生活条件，但如果这些待遇和条件采用平均分配的办法，不与个人的责任大小、工作业绩或成就挂钩，就只能起一种“保健”作用，起一种减少牢骚和不满的作用，无法激励员工不断进取和努力做出新的成绩。

将赫茨伯格双因素论运用于消费者动机分析，亦具有多重价值与意义。商品的基本功能或为消费者提供的基本利益与价值，实际上可视为保健因素。这类基本的利益和价值如果不具备，就会使消费者不满。比如保温杯如果不能很好地保温，收音机杂音较大，都会使消费者产生强烈的不满情绪，甚至导致对企业的不利宣传，要求退货，赔偿损失，提起法律诉讼等对抗行动。然而，商品具备了某些基本利益和价值，也不一定能保证消费者对其产生满意感。要使消费者对企业产品、服务形成忠诚感，还需在基本利益或基本价值之外，提供附加价值，比如使产品或商标具有独特的形象，产品的外观、包装具有与众不同的特点等等。因为后一类因素才属激励因素，对满足消费者社会层次的需要具有直接意义。

商品的哪些特征、利益具有保健因素的成分，哪些具有激励因素成分，不是一定不变的。比如，在电视机刚发明面市的阶段，能够放出图像并伴有声音就足以促动一些消费者购买了，如果企业的产品还提供一些其他的功能与服务，消费者可能会非常满意。而现阶段，清晰的图像、优质的音响效果几乎成为一种必需。更多的功能，更漂亮的外观，品牌的声誉，以及企业不断创新的形象由于能更多地体现消费者较高层次的需要，因而带有较多的激励成分。另外，品牌所具有的保健因素与激励因素还会因目标市场的不同，因目标消费者生活方式和价值取向的不同而存在差别。

（四）麦克里兰的显示性需要理论

美国学者麦克里兰(McClelland)提出的显示性需要理论侧重分析环境或社会学习对需要的影响，因此，该理论又被称为**习得性需要理论**。马斯洛认为，尽管社会因素对个体如何满足其需要有重要作用，但就其本质而言，这些需要是人生来就具有的。与此不同，麦克里兰特别强调需要从文化中的习得性，所以，他的理论与学习、人格概念有着紧密联系。麦克里兰特别关注以下三项需要，即成就需要、亲和需要、权力需要。

(1) 成就需要。成就需要是指人们愿意承担责任，解决某个问题或完成某项任务的需要。具有高成就动机的人，一般设置中等程度的目标，并具有冒险精神，而且更希望有行为绩效的反馈。例如，具有高成就动机的购买代理商可能会花相当多的时间和精力设法降低购买品价格，而成就动机较低的代理商通常只是被动接受货品出售方的标准报价。

(2) 亲和需要。亲和需要是指个体在社会情境中，要求与其他人交往和亲近的需要。获得别人的关心，获得友谊、爱情，获得别人的支持、认可与合作，均可视为亲和需要。亲和需要很大程度上是经由学习形成的：个人目标实现遇到困难时，学到求人帮助；遇到危险情境时，学到求人保护;对事物不了解时,学到求人指导。具有高亲和动机的人,特别关心人际关系的质量,友谊和人际关系往往先于完成某项任务或取得某项成就。高亲和动机的消费者,比较注重同事、朋友对自己购买行为的评价,因此,在购买决策过程中更容易受他人的影响。

(3) 权力需要。权力需要是指个体希望获得权力、权威,试图强烈地影响别人或支配别人的倾向。麦克里兰发现,凡是对工作成就动机高的人均无领袖欲。换言之,成就需要和权力需要是彼此不同的两种需要。研究发现,凡是对社会事务有浓厚兴趣的人,其行为背后均存在强烈的权力动机。权力动机有两种类型:个人化权力动机与社会化权力动机。前者出于为己之目的,后者出于为人或为公之目的。麦克里兰认为,权力可以朝着两个方向发展:一是负面方向,强调支配和服从;二是正面方向,强调劝说和激励。

一些研究人员对麦克里兰的理论作了实证调查,其中一项研究发现,具有高成就动机的男性更多地购买诸如滑冰器具、游艇之类的室外运动产品,具有高成就动机的女性较低成就动机者更多地购买镇痛片、口腔清洗剂等产品。还有一些研究发现,高成就动机的男性喜欢从专卖店购买服装,更多地购买室外运动产品,较少购买流行与新潮服装,对高档、豪华轿车则不以为然;成就动机居于中游水平的男性中,抽烟者的比例很高。另外,女性高、低成就动机者在某些产品的购买时机上存在明显差别。

第三节 动机理论和营销策略

由于不同品牌的购买是由不同的动机所驱使,因此要求为每种品牌制定独特的市场营销计划。消费者并不是在购买产品,而是使需要得到满足或使问题得到解决。本节我们来探讨:第一,如何发现哪些动机可能影响特定目标市场对某种产品的购买;第二,如何根据各种起作用的动机的层次性制定营销策略;第三,怎样减少不同动机之间的冲突。

一、发现购买动机

消费者意识到并承认的动机,称为显性动机。与一个社会占统治地位的价值观相一致的动机比与其相冲突的动机更易为人们所意识到和承认。消费者未意识到或是不愿承认的动机,称为隐性动机。图 9-2 说明这两类动机是怎样影响购买行为的。

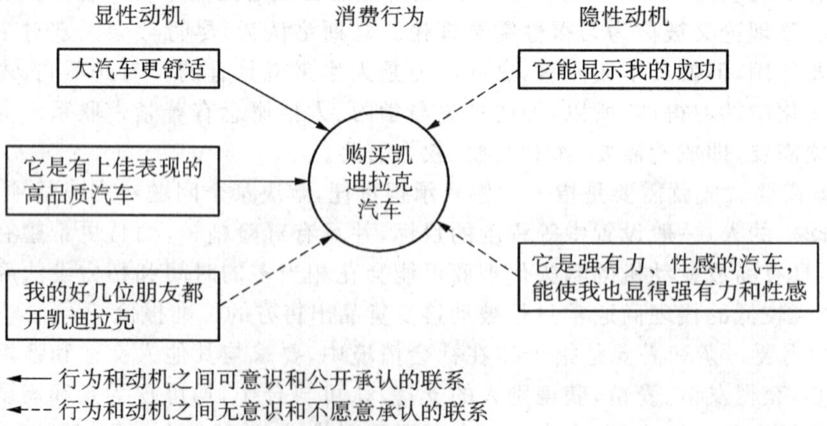

图 9-2 购买情境中的隐性动机与显性动机

既然各种各样的显性动机和隐性动机都可能像图 9-2 显示的那样影响特定的购买行为，营销人员的首要任务就是要确定影响目标市场的动机组合。直接询问（你为什么购买凯迪拉克？）通常会获得关于消费者的显性动机的合理评价。确定隐性动机则复杂和微妙得多。一些高级分析技术，如多维量表技术（multidimensional scaling）有时能用来深入分析隐性动机。“动机研究”或影射技术（projective techniques）也可提供关于隐性动机的信息。

消费窗口 9-2

动机研究的方法①

传统上动机研究采用一种影射技术（projective techniques），比较典型的有 3 种方法。

1. 联想

给出一个品牌或广告词，受试者讲出第一个联想到的单词或一系列联想得到的单词，研究人员研究这些单词及反应的时间以便估计受试者的情感。联想包括正面和负面的联想。

2. 填充

填充一个句子，或一段文章。如“人们购买××牌奶粉是因为……”然后进行内容分析。

3. 结构分析

如针对有关某产品的一幅漫画，受试者填入画中人的话语或思想。又如由受试者讲出一个普通妇女、大部分医生或一般人为什么会购买和使用某种产品；或是给出一个购物单，由受试者描述使用此购物单的人是怎么样的一个人。又如受试者对一幅或多幅连续画片讲出一个有关购买的故事，等等。然后进行内容分析。

传统的动机研究定性分析较多。在 20 世纪 70 和 80 年代，定量分析用得较多。但到了 90 年代，定性分析又被用来加强和丰富定量分析。新的技术也产生了。例如，有一种手段-结果（means-end）分析法，其做法是：出示一种产品或品牌，要求受试者讲出使用该产品或品牌的好处，然后继续讲这些好处所能提供的进一步的好处，如此继续下去，直至提不出什么新的好处为止。

另一种方法是用联想中产生的词，作第二轮的联想。如从肥皂町联想到“干净”、“新鲜”等词，从这些词出发的进一步的联想可能是“自由”、“放松”、“不受妨碍”、“自然”、“感觉”等等。这些信息对广告和定位策略是很有价值的。

二、基于多重动机的市场营销策略

一旦管理者找出了影响目标市场的动机组合，下一步就是围绕相应的动机制定营销策略。这又涉及从产品设计到营销传播的多方面决策。这些决策的性质在传播领域是最明显的。假设图 9-2 所显示的动机真实准确地反映了某一目标市场的情况，管理者应该使用什么样的传播策略呢？首先，由于存在多种动机，产品必须提供多种利益，广告也必须传递这些利益。显性利益较易传达。例如，有一则“凯迪拉克”广告说：“从三重抛光的表面涂层（一重用水、两重用油）到极精致的‘凯迪拉克’座椅，高品质在‘凯迪拉克’汽车上得到体现。”这一广告直接迎合了消费者追求产品质量的显性动机。但是，由于隐性动机不被社会公开承认，从而需要采用间

① 资料来源：林晓航. 消费者动机分析与营销策略. 中山大学学报论丛，2006，26(2)：111-115.

接的沟通方式。尽管“凯迪拉克”的大部分广告像上面那样集中于产品质量，广告插图（约占广告的60%）却展示着一位看上去很富有的人在一家豪华俱乐部门前驾驶“凯迪拉克”。这里实际上采用了一种“双重”诉求方式。一方面，广告文案中的直接诉求侧重于产品品质，而间接诉求则集中于人们所追求的地位。

虽然一则产品广告可能着眼于一个或少数几个购买动机，然而就整个传播活动而言，则需要考虑到目标顾客所有重要的购买动机。换言之，整个传播活动必须与目标市场的显性及隐性购买动机相配合，以便使产品在人们的记忆中占据一个合适的位置。

三、基于动机冲突的营销策略

由于存在多种动机，而这些动机在很多情况下被激起，因此它们之间的冲突难以避免。动机冲突的解决会影响消费方式。许多情况下，营销者会对可能相冲突的动机进行分析，提供缓解的方法，以吸引消费者的惠顾。有三种较重要的动机冲突类型。

（一）双趋型动机冲突

一个必须在两件吸引人的事物中做出选择的消费者会产生双趋冲突，而且这两件事物越是同样吸引人，这种冲突就越大。例如一个刚得到一大笔奖学金的人会为是购买新款手机（求新动机）还是支付培训学费（发展性动机）的选择而苦恼。这时，手机促销降价的消息可能有助于解决这一冲突。

（二）趋避型动机冲突

当消费者的某种购买行为会同时导致一正一反两种结果时，他就面临这种动机冲突。如果既想享受海边阳光（趋近）又不想将皮肤晒伤（回避），此时，妮维雅的SPF30防晒喷雾就可以解决这一难题，使得消费者既可以享受日光浴，又没有了皮肤灼伤的后顾之忧，从而缓解了这一冲突。

（三）双避型动机冲突

当选择所产生的各种结果均是消费者所不希望发生的，这种冲突就出现了。一个人的电视机坏了，他既不愿花钱买新的，也不愿修理坏的，又不能没有电视机。此时，银行的分期付款将是缓解这种冲突的方法之一。

本章小结

消费者动机是促使消费行为发生并为消费行为提供目的和方向的动力。消费者购买动机具有原发性、内隐性、复杂性（模糊性）、转移性（可诱导性）、冲突性等特征。

消费者的动机是多种多样的，一般性消费动机可以分为生理性消费动机和心理性消费动机。生理性消费动机是指消费者由于生理上的需求而产生的消费动机。心理性消费动机是指消费者由于心理上的需求而产生的消费动机。消费者的消费行为常常不是单一的消费动机引起的，而是由几种消费动机共同作用的结果，既包括生理性消费动机，也包括心理性消费动机。

常见的具体心理性消费动机包括求实动机、求新动机、求美动机、求名动机、求廉动机、求便动机、模仿或从众动机、好癖动机等。

有关动机的理论，比较有代表性的有本能理论、精神分析理论、驱力理论、马斯洛的需要层次论、麦古尼的心理动机理论、双因素理论、麦克里兰的显示性需要理论等，各有侧重地描述消费者动机的产生的原因和作用方式，并以此构造出促使消费者进行购买行动的营销策略。

消费者动机十分复杂，消费者意识到并承认的动机，称为显性动机，它们能通过标准化的市场研究技术测量。消费者未意识到或是不愿承认的动机，称为隐性动机，确定隐性动机则复杂和微妙得多。一些高级分析技术，如多维量表技术(multidimensional scaling)有时能用来深入分析隐性动机。“动机研究”或影射技术(projective techniques)也可提供关于隐性动机的信息。

由于存在多种动机，而这些动机在很多情况下被激起，因此它们之间的冲突难以避免。动机冲突的解决会影响消费方式。许多情况下，营销者会对可能相冲突的动机进行分析，提供缓解的方法，以吸引消费者的惠顾。有三种较重要的动机冲突类型：双趋型动机冲突、趋避型动机冲突、双避型动机冲突。

关键词

需求	demand
动机	motivation
显性动机	manifest motives
隐性动机	latent motives
需要层次理论	Maslow's need hierarchy
双趋型冲突	approach-approach conflict
趋避型冲突	approach-avoidance conflict
双避型冲突	avoidance-avoidance conflict

练习题

1. 什么是动机？
2. 动机有哪些特征与类型？
3. 描述马斯洛需要层次理论的内容。
4. 描述麦古尼的动机理论中的各个动机。
5. 什么是显性动机和隐性动机？怎样迎合显性动机和隐性动机？
6. 描述在购买以下产品(服务)时，可能会产生的显性动机和隐性动机。

a. 奔驰轿车　b. iPod　c. MaxMara 套装　d. Bose 立体声系统

7. 以麦古尼理论为基础，为新上市的诺基亚手机设计一则广告。
8. 找出一个直接迎合显性动机、间接迎合隐性动机的广告。解释该广告是怎样和为什么使用这两种方法的。
9. 描述在购买以下产品(服务)时，动机冲突会怎样产生？

a. 茶饮料　b. 必胜客餐厅　c. 星巴克咖啡店　d. 克丽缇娜连锁美容店

10. 动机冲突是什么意思？对于营销人员它具有什么启示？

案例分析

中国三大区域沙拉酱市场调研项目案例综述①

城镇居民消费动机

沙拉酱作为一种调味品在中国城镇居民的日常饮食当中还远不能和油盐酱醋相提并论，这与中国人的饮食习惯有着密切的关系。但是近年来，受到外来饮食文化的冲击，沙拉酱在中国家庭饭桌上亮相的频率日趋走高。根据 DHD Consulting Team 的调研显示，居民对沙拉酱的消费当中，出于习惯性消费的占到 30%的比例，出于间歇型消费的占到 55%，出于好奇进行消费的占到 15%。

城镇居民消费渠道

城镇居民对于沙拉酱的消费渠道与报告上文论及的零售渠道密不可分。报告上文提到，目前沙拉酱的零售渠道主要有大中型卖场、小型超市及便利店、社区及街边零售小店和网上商店四种。大中型卖场的售价通常较为便宜，同时促销打折的机会较多，是消费者较为偏爱的消费场所。同时，由于便利店和社区小店的方便性，也有其自身优势。网上商店作为随着互联网经济发展起来的新兴购物方式也受到网民的追捧。

城镇居民消费习惯

城镇居民由于所处的环境以及支付能力等等各个方面的影响，消费习惯与广大农村还是存在较大的区别。同时，城市居民的消费习惯相比农村来讲，也是较容易受到新鲜事物影响的。城市居民特别是沿海城市的居民，受西餐饮食影响较大，在餐馆吃了相关沙拉的菜肴，更为容易引起自己动手做的兴趣。同时，国外影视剧以及攀比效应等影响因素，也促进了城镇居民对沙拉酱消费习惯的培养和养成。

城镇居民的价格消费心理

物美价廉对于消费者而言是永远具有吸引力的。相同产品的价格差别对城镇居民在沙拉酱上的消费心理有较大的影响。因为城市里消费渠道的众多性，使得消费者可供选择的空间更大一些。降价促销是商家习惯采用的促销手段，其原因就是抓住了消费者的价格消费心理。但是，不同的顾客对不同的促销活动的反应是不同的。根据顾客的忠诚模式可以把顾客分成四类：

① 专一的忠诚者。始终选择同一品牌的沙拉酱产品；

② 动摇的忠诚者。同时喜欢两种或两种以上的沙拉酱品牌；

③ 转移的忠诚者。不固定忠于某一品牌的沙拉酱；

④ 犹豫不定者。从来不忠于任何品牌的沙拉酱，可能是追求减价商品，或是追求多样化，喜新厌旧。

沙拉酱市场上不同程度地同时存在着上述四类消费者，这就要求沙拉酱生产企业对市场上的消费者类型进行分析，可以发现营销中存在的问题，及时采取相应的措施。比如，分析专一忠诚者，可以知道自己的目标市场的消费者情况；分析动摇者，可以发现哪些品牌是主要竞争者，以便采取相应措施；研究转移者，可以了解营销工作中的弱点，从中改进；研究犹豫不定的购买者，可以考虑采用奖励等办法促销来吸引这部分消费者。

城镇居民的品牌消费心理

城镇居民沙拉酱的品牌消费趋势是比较明显的。城镇居民生活在信息极度丰富的环境当中，同时，由于支付能力相对较高，对生活品位的关注度也随之增高。据 DHD Consulting

---

① 改编自 http://bbs.vsharing.com/Article.aspx? aid=909187.

Team 对消费者的调研及走访显示：城镇消费者普遍关注具有一定品牌效应的沙拉酱产品，喜欢在众多品牌的沙拉酱中寻找自己更加中意的产品。同时，受广告因素影响较大。这也不足为奇，从经济学的角度来看，广告的效用就是对消费者偏好的改变。同时，在创立品牌产品的过程中，广告也是起到一定推波助澜作用的。

问题

1. 动机会随着价格的变化而变化吗？
2. 生产商可以采用哪些策略来满足消费者？

第十章 消费者态度

Morefocus 咨询公司的最新调查显示,美国消费者的葡萄酒消费态度正在发生深刻变化。

Morefocus 公司的 Regan Carey 博士说,在消费者心目中,葡萄酒的酒精饮料角色正被其对健康的作用所替代。现在86%的美国消费者对适度饮用红酒有利于健康持肯定态度。对于"适度"的具体量,71%的消费者认为应该是在每天两杯以上。

该研究共调查了10 000名消费者,相对白葡萄酒而言,有77%的人更钟情于红葡萄酒。令人吃惊的是,有22%的消费者是在获知适量饮用红酒有利于预防心脏病的研究结果后转而喝红酒的,更有44%的被调查者希望健康消费的标示能够印在葡萄酒瓶的商标上。调查者认为人们生活方式的改变和健康意识的增强是导致这种变化的原因。

商业性和社会性机构常常通过改变人们对某一产品、服务或活动的态度而成功改变其行为。态度是消费者对所处环境的某些方面的动机、情感、知觉和认识过程持有的体系。

本章将阐述下列问题:

★ 态度的构成要素
★ 态度的特征
★ 消费者态度的形成与测量
★ 影响消费者态度的因素

态度是人们相对稳定的评价和心理倾向,可以通过行为学习或认知学习形成,其具体的形成过程则依赖于产品的性质和消费者个体的特征。态度的心理成分和指征、态度与行为的关系、态度具有的功能、态度的形成和改变、态度改变的理论、不当的态度即偏见以及态度的测量等等,都是本章要阐述的重要内容。消费者对产品或服务的态度是有差异的,营销人员理解消费者的态度及其对消费行为的影响,是为了更好地影响和改变消费者的态度,进而激发消费者的购买行为。

第一节 消费者态度概述

态度是心理学的一个基本概念，国内外学者通过对态度的研究，从多种角度提供了关于态度的定义以及大量的测量方法。

一、态度的定义及其心理成分

态度，是个体对特定社会刺激如事物、观念或他人所持有的、具有一定结构、相对稳定和内化了的心理反应倾向。消费者态度是指消费者在购买和使用商品活动中对商品、劳务及其有关事物形成的反应倾向。在现实生活中，消费者态度决定着消费者注意的对象，决定着消费者对有关产品（服务）信息的加工，决定着消费者对该产品（服务）的体验，也决定着人们对有关对象的反应倾向。

从以上的定义中，可以看出：

（1）态度是习得的，而不是本能的；

（2）态度不是行为，而是对某一特定行为的一种偏好；

（3）态度包含着一个人和某一个物品之间的关系。态度的对象可以是另一个人，也可以是一项制度，一个物品；

（4）态度是稳定的，并不随物理状态和环境发生很大变化。例如，如果一个消费者最喜欢的冰淇淋品牌是哈根达斯，那么无论他是否在品尝该品牌的产品，他的这种态度都是保留的。行为（即吃哈根达斯）可以不发生，但态度依然存在；

（5）一个人和某一物品之间的关系不是中性的，它是一个矢量，具有方向和强度。即，一旦对某一对象存在态度，要么就是肯定，要么是否定，如果保持中立，则意味着没有态度。

从心理学分析，态度由认知、情感和行为意向三个成分所组成，见图 10－1。

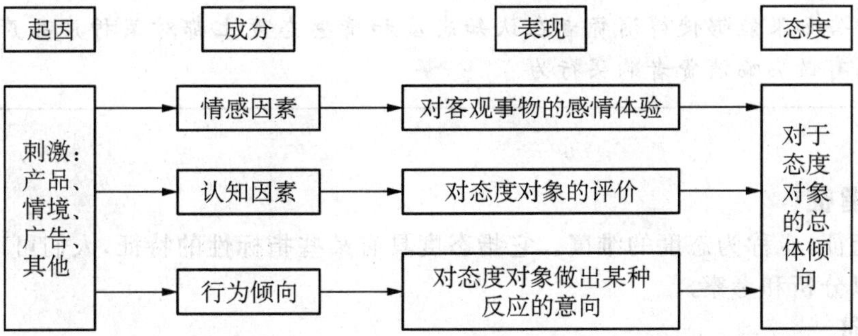

图 10－1　态度的组成部分

态度的认知成分，指人们对态度对象的心理印象，包括有关的事实、知识和信念。这里，认知不只是知道某人某事，而且还包括了对某人某事的评价。有了对态度对象的必要的认知，才会产生相应的内心体验和行为倾向。可见，认知成分是态度的基础性成分。例如，消费者对洗发水的态度可能由比较性的信息组成。海飞丝的去屑效果要比潘婷好很多，或者沙宣的柔顺功效要好于飘柔，这些都是形成态度的因素。

态度的情感成分，指人们对态度对象持有了肯定或否定的评价后引发的情绪和情感，如敬畏或轻蔑、喜欢或厌恶等等。态度的情感成分会作用于认知成分和行为倾向成分，即会对人的后继的认知活动和行为表现发生影响。可见，情感成分是态度的核心或关键性成分。例如，恋人经常对对方赠送的礼物爱不释手，倍加珍藏。

行为意向成分，指人们对态度对象所持有的将会采取的反应倾向。当个体对态度对象必须有所行动时，这一成分将左右着这个人将会有怎样的具体行动。可见，这一成分具有使人的行为处于准备状态的性质。当然，行为意向尚不等于外显的行为。当消费者对某一物品形成了一种态度（“这个品牌的洗发水效果很好”），就会形成意图（“我要去购买”），这种意图就是意向。

这三个因素彼此相关，相互协调一致，是人们内在的心理体验。

消费窗口 10-1

改变消费者态度的几则广告①

以认知为基础的态度的改变是要给消费者树立一种意识，即使消费者认为消费某种产品是合理的并且是应该的。这样的例子很多，最典型的是两个广告：

第一，高露洁的广告：一个穿白大褂的医生模样的人大声说：“用高露洁”，一群孩子在大声回答：“没有蛀牙”。这就是一个典型的给消费者树立意识的广告，它针对中国的儿童，使他们形成“用高露洁就是没有蛀牙”的概念，使他们从小就对高露洁产生权威感，使10～20年后这些儿童成为其忠实的用户。

第二，脑白金的广告：两个卡通老人，跳着舞，背景音乐是“今年过节不收礼呀！收礼只收脑白金！”，加上它的广告轰炸一天很多遍地播放，在一些消费者的意识中逐渐把脑白金看成是过节送礼的必需品。

以情感为基础的态度的改变是要给消费者一种对某种产品的信赖和依恋，即使得消费该产品成为消费者的一种偏好。

如科勒的马桶广告：一个男人不停地向马桶里扔东西，想堵住马桶可以让美丽的修理女郎来帮助修理，可是事与愿违，马桶功能强大，直到他的妻子出现……这个广告在令人捧腹的同时也让人对马桶的质量产生了无比的信赖。这改变了消费者情感为基础的态度。

可见广告如果能够使得消费者在认知态度和情感态度上都对某种产品产生认可，该广告一定能有效影响消费者购买行为。

二、态度的指征

态度的指征，也称为态度的维度。它指态度具有某些指标性的特征，人们可以据此对各种具体态度加以分析和考察。

（一）指向

指向，指态度在性质上的方向，与人们对于态度对象是肯定还是否定有关。在典型的态度测量表上，许多项目或问题通常均列出“是与否”、“赞同与反对”、“接受与拒绝”、“喜欢与厌恶”、“选择与不选择”等词语供选择，它们代表的就是态度指向的性质问题。大多数态度测量表中都会涉及态度的指向这一特征。

（二）强度

强度，指某特定态度具有某一指向的程度。这是指向这一特征的延伸，即指向的程度如

① 资料来源：根据 http://hi.baidu.com/hoo163/blog 改编.

何。在态度测量中，强度特征通常用等级量表的位置来表示，或者用二分量表即非此即彼选择中指向相同项目的选择数量来表示。如，了解个体主义、集体主义取向的态度量表，就是根据被测者选择指向个体的还是集体的项目的总数来确定的。

（三）深度

深度，指态度主体在某特定态度对象上的卷入水平。态度的情感成分在这一特征上体现得最为充分。由于情感成分的复杂性，对这一特征的了解，通常是用当某特定态度得不到支持时所产生的挫折感的强弱来衡量的。

需要指出，不要把态度的这一特征与强度特征混淆。态度的强度是与其指向紧密联系的，反映了指向的程度，这与人的价值观及其取向密切有关；态度的深度反映的是个人身心的投入程度，是态度满足或实现与否产生的内心感受和情感体验。因此，态度的深度与强度可以一致，也可以不一致。一般，态度的深度水平高时其强度也会较高，但态度的强度高时其深度水平却未必也高。这决定于主体与态度对象之间亲疏或利害关系的判断。

（四）向中度

向中度，指特定态度在个人态度系统中或其价值观系统中接近核心价值观的程度。向中度又称向中性。其指标是考察特定态度与个体信念中的核心价值观念的关联水平或程度。特定态度与一个人的核心价值观念关联越密切，则该态度的向中度或向中性也越高。如，一个消费者喜欢本国菜肴、衣着的态度和热爱本国文化、历史的两种态度，就显然反映了同一个人对本国态度上的两种不同的向中度。

（五）外显度

外显度，指态度主体在特定态度上所表现的或外露的程度。外显度又称明显度。外显度可以反映在行为方向上，也可以反映在行为方式上。需要指出，态度会在外显度上得到反映，但是我们不能从外显度来简单地推测人的特定态度。这是由态度与行为之间的复杂关系所决定的。

三、态度与行为的关系

态度，是个体的一种心理反应倾向，是行为的准备状态；行为，是个体在态度影响下针对特定对象的具体反应，是态度的外显表现。态度与行为两者有着密切的联系。有思考的行动理论提出，消费者有意识地评价不同行为的后果，然后选择将会导致最好结果的那一个。图10－2显示了该理论的四个组成部分：行为、执行行动的意图、对行为的态度和主体的原则。

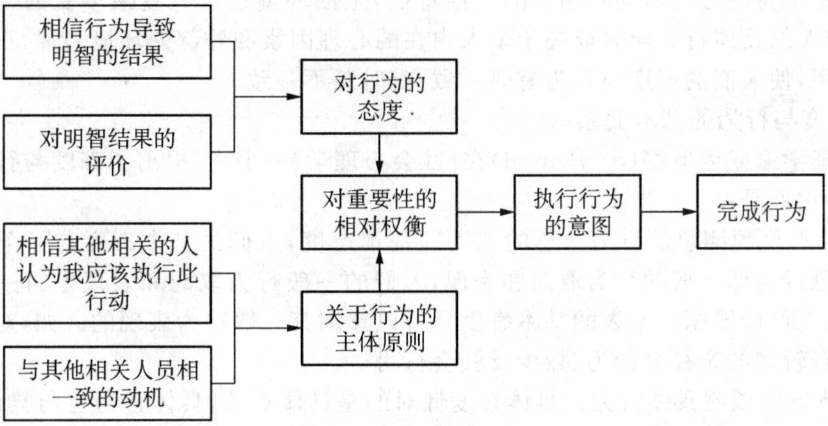

图10－2　有思考的行动的理论

通常,一个人有什么样的态度就会引发出相应的行为,两者较为一致。有思考的行动理论假设,消费者根据对行为的态度来对行为的决策进行一种逻辑的评价程序,而对行为的态度则是来源于对产品或品牌的态度。

但是,由于种种原因,有时人们的态度与行为之间并不一致。态度与行为之间一致、不一致的关系均有相关研究的支持,两者有着复杂的关系。

(一)态度与行为不一致的依据

社会心理学家拉皮尔(R. T. LaPiere)进行过一项关于种族歧视的态度与种族歧视的行为之间关系的研究,提供了态度与行为之间不一致性的依据。

该研究中,他观察了一对中国留学生夫妇周游美国的经历,行程一万多英里,其间在184个饭店和66个旅馆用餐或留宿。当时美国特别歧视东方人,事实上除了一家旅店,所有的旅馆和饭店都未拒绝这对东方夫妇。六个月后,拉皮尔给所有这对夫妇逗留过的地方都寄去一份问卷,基本问题是"愿意在你那里接待中国人做客吗?"结果是:有81家饭店做出了回答,其中75家回答不愿意,另外6家回答视情况而定;有47家旅馆做了回答,其中42家回答不愿意,4家说看情况,只有1家回答愿意。而实际上中国留学生夫妇在旅途中并未遇到什么麻烦。拉皮尔由此认为,态度与行为之间并没有什么联系。

(二)态度与行为一致的依据

1936年,美国人盖洛普运用抽样调查的方法,成功预言了罗斯福总统的当选。预测投票数与实际投票相差不到1%。这一成功预测,不仅使民意测验成为一项引人注目的事业,更重要的是向人们证明,只要运用正确的方法是能够了解人们的真实态度的,即通过态度来预测行为是可能的。其后,1972年、1976年、1980年美国的一些民意测验都成功地预言了谁将当选总统。民意测验正确的预测性得到了多次证实,同时也为态度与行为的一致性提供了依据。

此外,来自其他领域的研究资料也表明,一些本质上与态度测量有关的个性测验、成就动机测验等等,也从不同的角度证明了态度与行为具有某种程度的一致性。

(三)态度与行为一致性、不一致性的原因

有关的探讨指出,造成态度与行为的关系有时一致、有时不一致的原因是:态度并非是决定行为的唯一因素,态度只是反映了人的行为的倾向性,表示的是一种心理上的可能性,而非必然性。例如,购物过程中,买回的产品是次品,消费者便会产生一种指向销售人员的消极态度,但如果对方马上致歉,并及时更换产品,消费者可能就会以礼相待,表现出谅解。这时态度与行为的不一致,是一个人内心的道德感在起作用的缘故。

个体具有丰富的心理活动和独特的个性特征,生活环境也具有复杂多变的特点。在特定情境中,一个人的具体行为同时取决于个人内在的心理因素和外部的环境因素,正是这两种因素的相互作用,使人们的态度与行为有时一致、有时又不一致。

(四)态度与行为的基本关系

社会心理学家佩因罗德(S. Penrod)在《社会心理学》一书中,提出了态度与行为关系的三条基本原则,它们是:

(1)总的态度预测总的行为。总的态度即基本态度,人们的基本态度与一个人的核心价值观有关。总行为即一般的行为取向和表现,人们的一般行为取向和表现也与一个人的核心价值观有关。所以,根据一个人的基本态度是可以预测其一般行为表现的。如,对社会持积极态度者必定有较多的亲社会行为、较少反社会行为。

(2)具体态度预测具体行为。具体态度针对的是具体对象,具体行为也与具体对象有关。针对特定对象的态度、行为两者有紧密联系是合乎逻辑的。换言之,如果把针对此对象的态度与针对彼对象的行为联系起来考察,是难以找到内在联系的。

(3) 测量态度与行为的时间间隔越短，态度与行为的一致性越高。对态度、行为的测量时间间隔短，则在这期间可能受到的影响小、干扰少，两者容易显得较为一致。反之，两者时间间隔长，期间各种因素的影响和干扰必然多，两者存在的一致性程度必然会下降。

从逻辑上来说，态度应该在行为之前，即期望消费者先形成一个对某事物的态度，然后依照态度行事。实际上，很多时候，消费者是先购物，然后才形成相应的态度。因此，很多商家通常致力于鼓励消费者先购买，然后形成态度。例如，赠送样品、试用装、现场演示等，都是促使消费者购买的策略。

对于快速消费品，态度的形成过程和行为是相互交织的，形成一个循环过程，见图10－3。

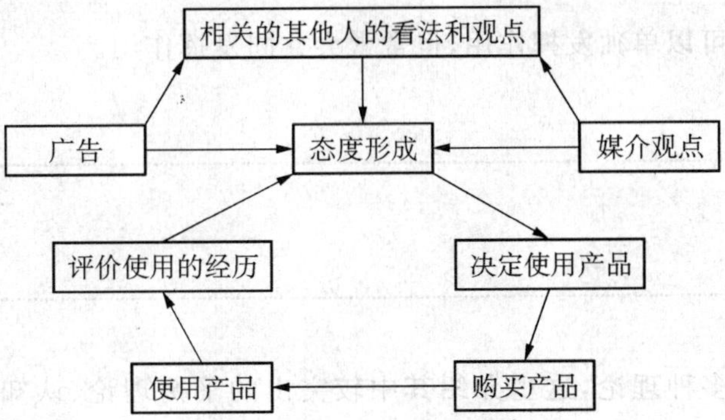

图 10－3　态度与行为的关系

在图 10－3 中，态度与行为之间是一个循环往复的过程，消费者可以多次评价和权衡自己的态度。态度的形成是一个动态的过程，行为只是这个过程中的一部分。

四、态度的功能

态度在帮助消费者对他们的购买行为作决策时具有一定的作用。从心理学分析，态度能对态度主体发挥以下重要的功能。

(一) 调适功能

人生活在特定的社会、群体环境之中。个体要适应环境，要获得环境的接受和认同，在环境中生存和发展，就必须持有与社会、群体在方向上大体一致的价值观念，并为相应的行动做好准备。态度，便能在这方面发挥功能。特定的态度有助于帮助个体适应其生活于其中的群体或组织环境。态度的调适功能帮助人们形成与环境要求一致的认知取向、内心体验和行为意向，获得相应的酬赏与赞许，避免与环境不一致的态度。例如，消费者可能会对某一特定品牌形成赞赏态度，因为他身边的朋友全部购买该品牌。

(二) 知识功能

认知事物、了解世界，理解和支配自己的生活环境，都是人的基本心理活动，也是人的基本心理需要。在接触和认知特定事物时，人们都具有寻求一定程度的一致性、稳定性和预见性的自然心理倾向。态度的知识功能有助于人们系统组织对特定对象的有关知识，有助于人们汇集从各种渠道获得的信息，进而帮助人们形成整体性知识体系，对世界和环境有更完整的理解，为有效把握环境和获得新经验提供正确的导向。对苹果手机感兴趣的消费者可能会搜集大量关于苹果的信息，并与朋友讨论，从而了解关于该产品的最新消息。

(三) 自我保护功能

每个人均有管理好自我形象、维护好个人自尊的需要。人们如何看待自己，是一个会导致相应后果的大问题。一个否定自我形象的人，可能会导致环境中许多人的不友好甚至敌意；一个否定自己工作能力的人，可能经常会抱怨环境和工作、同事和领导。这些都会造成个体内心高度焦虑和紧张。态度的自我保护功能有助于完善对自我的认知和评价，有助于人们应对情绪冲突、消除紧张、降低焦虑，有助于更好地发挥人的心理自我防卫机制，使自我形象得以维护、自尊自信得以提升。

（四）价值表达功能

人人都有自己的价值观、核心价值观和价值观体系。态度的价值表达功能有助于人们表达自己拥有的核心价值观，并与他人交流和分享。例如，对社会负有高度责任感的态度，可以通过积极参加志愿者活动予以表达。当然，在价值表达的同时，一个人的相应态度会得到一定程度的巩固。

态度的上述功能可以单独发挥作用，也常常会共同发挥作用。

第二节 态度理论

关于态度存在着多种理论，这里介绍其中较突出的平衡理论、认知失调理论和 Fishbein 的多属性模型。

一、平衡理论

美国社会心理学家海德(F. Heider)是平衡理论的代表人物。海德出生于奥地利的维也纳，获博士学位后先后在美国、欧洲多所知名大学执教，并曾研究学徒的能力测验问题、研究与耳聋有关的问题。他于 1946 年提出平衡理论，其后在他的《人际关系心理学》一书中全面反映了他的研究成果。

海德关于态度改变的平衡理论基于其社会行为一致性理论。他指出，人们的态度还有认知、信念具有趋于平衡的倾向，如果不平衡就会导致情绪紧张、压力感和焦虑，就会努力克服不平衡，及时使所有起作用的因素臻于和谐、即达到平衡。人们的态度及其改变基本上是根据一致性和平衡的原则建构和运作的。

基于一致和平衡协调的基点出发，海德提出了著名的 P-O-X 模型来予以阐发态度的改变。在 P-O-X 模型中，P 代表一个人是态度主体、O 代表与 P 发生联系的另一个人、X 代表与 P、与 O 都发生关联的另一个任意对象。模型中的正号(＋)、负(－)号，表示主体的心理状态，即 P 对 O、对 X 的态度，也表示客体之间的关联，即 O 与 X 之间关系的性质。正号“＋”，表示主体的心理准备状态或客体之间关联的性质是积极的；负号“－”，表示上述心理准备状态和关联性质是消极的。

该模型以 P 为着眼点，考察 P、O、X 三者的关系以及相应的 P 的认知状态。从一致性和平衡原则来看，P、O、X 之间的关系有 8 种组合，平衡的和不平衡的状况各 4 种，见图 10-4。

按照海德的观点，针对某特定事物，如果与自己喜欢的人态度一致，或者与自己不喜欢的人态度不一致，那就是一种平衡的状态。当一个人处于不平衡状态的时候，态度的改变相对容易。改变态度为的是达到平衡，改变时人们会自然而然地遵循付出最小或费力最少的原则。

以某消费者(P)和他的女友(O)对某款服装(X)的态度为例：

如果该消费者：喜欢这款服装，他的女友也喜欢这款服装，而且他确实喜欢自己的女友，那这就是一个平衡的系统，没有必要改变态度。

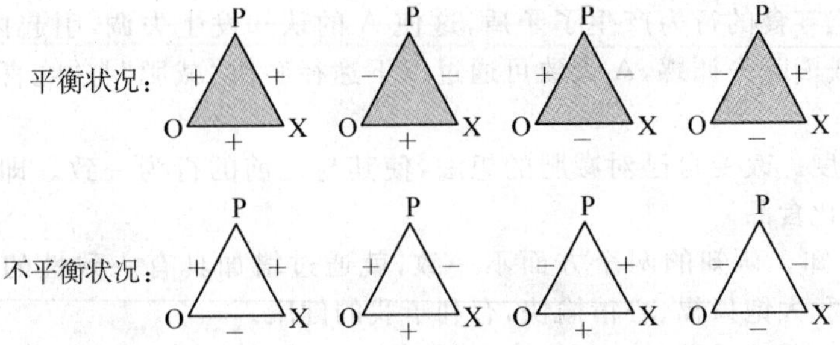

图 10-4 海德平衡理论模型示意图

倘若其他条件不变的情况下，该消费者的女友不喜欢这款服装，这时系统的不平衡发生了，就有必要有人改变态度。此时，为了恢复平衡，可以改变消费者的态度使他也不喜欢这款服装，也可以改变女友的态度使她也喜欢这款服装，还可以改变该消费者对女友的态度使他并不真正喜欢女友（仅为便于分析），当然还可以换一款服装。改变究竟采取哪条途径以达到平衡状态，则以最小付出或费力最少原则为选择的依据。

二、认知失调理论

美国心理学家费斯廷格（L. Festinger）是认知失调理论的代表人物。早年，费斯廷格追随勒温（K. Lewen）参与团体动力学研究，并在勒温指导下从事研究工作，曾任密执安大学团体动力学研究中心主任。费斯廷格在继承勒温动力论思想的同时，与 1975 年正式提出认知失调概念，《认知失调理论》是对该理论的全面阐述。

费斯廷格师承勒温的观点提出了认知失调理论。从改变人的态度来考察，该理论是从人的认知活动来予以阐述的。概而言之，态度需要加以改变是源于认知失调，对态度加以改变就是使失调了的认知变得协调。

费斯廷格认为，人的心理空间中包含了许多种认知因素，这些因素是人对外部世界和对自我的种种认识，包括了态度以及观念、信仰、价值观等等，同时还可以是某种行为的再现或表象，甚至可以是对未来事件的期待。人的各种认知因素会随着当前生活内容的不同而不同，并会以各种组合方式并存于当前认知之中。

人的心理空间中的各种认知因素彼此间会形成各种关系。它们之间的关系有三种可能：协调、失调和不相关。协调、失调是针对认知因素是否在心理上存在相互矛盾而言的。没有矛盾为协调，如“我帮助了朋友”与“朋友谢谢我”的认知之间是协调；存在矛盾为失调，如“我帮助了朋友”与“朋友不理睬我”的认知之间为失调。

当一个人具有相互失调的认知因素时，会引起不愉快的内心体验，会导致心理上的紧张和焦虑，也就是会产生失调感。失调感的程度如何，依赖于两个因素：(1)两个认知因素矛盾的程度，矛盾程度大则失调感强，反之则弱；(2)两个认知因素对于个体而言的重要性，认知因素越重要则越强。

失调感尽管令人不快、紧张和焦虑，但它可以成为动机作用于人。促使一个人努力去减弱或消除失调。减弱或消除失调的过程其实也是一个人态度改变的过程。

减弱或消除失调的途径可以有：改变或否定认知失调关系中的某一因素；同时改变认知失调关系中各方的强度；引进新的认知因素。通过上述途径，失调认知变得协调之时，即是人的态度改变之日。

以某消费者减肥为例：

消费者 A 很想减肥，但当好友给他一包喜欢吃的膨化食品时，又把它吃完了。这时，A 的减肥的态度与他吃零食的行为产生了矛盾，这使 A 的认知发生失调，引起内心消极体验的失调感。为了减弱或消除失调感，A 大致可通过以下途径解决“减肥”与“吃喜欢食品”之间的认知失调：

其一，改变态度。改变自己对减肥的想法，使其与之前的行为一致。即，我又不想真正减肥，我就喜欢吃膨化食品。

其二，增加认知。认知的两个方面不一致，就通过增加具有一致性的认知来减少失调。即，吃膨化食品让我大饱口福、心情愉快，有利于我的健康。

其三，改变认知因素重要性。不一致性的认知变得不重要，同时让一致性的认知变得重要。即，大饱口福、心情愉快要比关心外形更为重要。

其四，减少选择感。让自己相信自己之所以有与态度相矛盾的行为，是因为自己没有选择的余地。即，平时压力大，吃零食是我的最爱，我只能靠吃零食舒缓压力、放松心情，没有其他方法。

其五，改变行为。使自己的行为不再与态度有冲突。即，我将继续实施减肥计划，即使好朋友给我爱吃的零食我也不吃。

三、Fishbein 的多属性模型

Fishbein 的态度多属性模型，将态度构造描述成消费者有关属性的信念和品牌利益的一个函数，该模型允许营销人员通过确定消费者怎样根据重要的属性来评估可选品牌，从而诊断他们的品牌相对于其他竞争品牌的优点和弱点。图 10－5 显示了 Fishbein 的多属性模型。该模型描述了消费者对有特定属性(i)的对象的信念(b)和对这些产品属性(i)的评估(e)形成了对该对象的态度(A_0)，即：$A_0 = \sum_{i=1}^{n} b_i e_i$

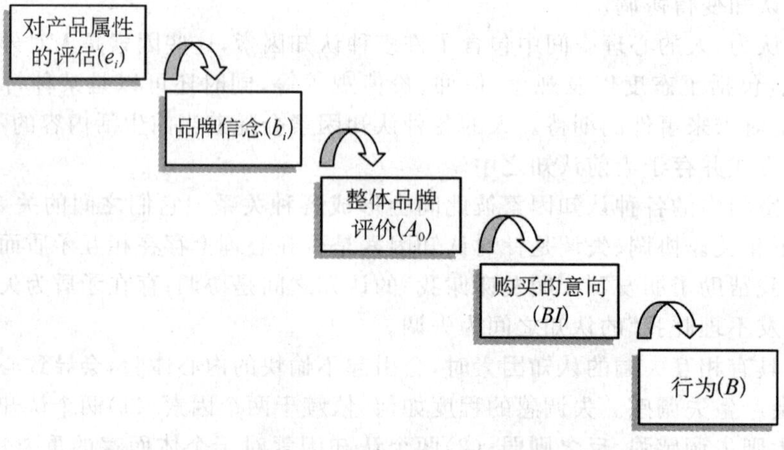

图 10－5　Fishbein 的多属性模型

如图 10－5 所示，消费者由对特定属性的评估开始（某款手机的外形很适合自己），接着形成有关对象是否有这个属性的信念（iPod 手机可以听音乐）。应该指出的是，消费者对该对象的态度不只是对一个属性而是对所有相关属性的信念和价值的总和，因而，该消费者可能对 iPod 手机的评价更好，因为它外形新颖，并且可以听 MP3 音乐，它具有消费者期望的双重属性。当然，消费者也可能依据其他重要属性如价格对 iPod 手机作出较低的评价。

Fishbein 的多属性模型是一个品牌属性的补偿模型，即消费者可以用一个品牌在一个属性上的优势来补偿它在另一个属性上的缺陷，所有的属性总和将确定对该品牌的态度是喜欢

还是不喜欢。基于外形和音乐功能的积极评价和基于价格的消极评价，经过平衡，将产生一个对此品牌的某种程度上积极的整体评估。

Fishbein 的多属性模型中，所渴望的属性(e_i)和品牌利益(b_i)的总和影响品牌评估(A_0)，该模型描述了评估品牌与企图或实际的行为之间的关系，即：对一个品牌积极的(消极的)态度会增加(减少)消费者打算去购买的可能性。积极的购买意向可能会导致实际的购买行为。因此，购买意向是品牌态度的一个函数，行为是购买意向的一个函数。

上面的公式假定所有的属性在决定整体评价中具有同等重要性，但是事实上，对于某些产品而言，价格、质量等属性要比其他属性更重要。因此，为每一种属性加上权重是必要的，这样，Fishbein 模型可以改为 $A_0 = \sum W_i \times b_i \times e_i$, W_i 为消费者赋予属性 i 的权重。

该公式在多数情况下都是适用的，但是在某些情况下，我们还需要在该模型中引入“理想点”。例如，向咖啡中加糖会使口感更好，但当添加的糖超过某一程度，咖啡的味道就变得难以忍受。因此，可以在多属性模型中添加理想点 I_i，即消费者所认为的属性的理想表现水平，这样，Fishbein 模型可以改为 $A_0 = \sum W_i \times | I_i - b_i \times e_i |$。

第三节 态度的形成及改变

态度，是在后天生活环境中形成的，其形成有一个过程并受各种因素的影响。态度一旦形成，既具有一定的稳定性，又会因情况和需要的变化而发生改变。态度的改变要有一定的方法并会受到特定因素的影响。

一、态度的形成过程及影响因素

态度的形成是一个复杂的过程，西方学者对态度的形成提出了许多理论解释，大多数解释是基于这样一个认识，即消费者态度的形成过程具有内在的一致性的要求，他们注重自己的认知、情感和行为的和谐，如果出现不一致或矛盾，便会产生一种压力和紧张。因此，为了获得一致，消费者在必要时需要改变他们的认知、情感和行为。

(一) 态度的形成

凯尔曼(Kelman)指出，态度的形成主要经历以下阶段：

(1) 模仿、顺从或服从阶段。模仿、顺从或服从阶段是态度形成的初始阶段。年幼时、心理发展尚未成熟时、环境陌生接触新事物时，人们往往会仿效他人的表现，或顺从他人的要求，或服从权威人物的指令，并形成相应的态度。这样，一般可以减少焦虑、避免惩罚，获得肯定和奖励。在这一阶段，态度源于外部要求和压力，较为表面，可能还是暂时的，仅展示在外显行为上，表现出与他人、与环境保持较为一致。此时，态度的主体尚谈不上有多少深刻的认识和强烈的体验。

(2) 认同阶段。认同阶段，态度主体努力使自己的认知判断、情感体验和行为倾向与榜样人物一致、与外部要求吻合。这种一致和吻合是自愿的、发自内心的。该阶段，人的态度表现出喜欢某人、某事、某环境，也乐于采取相同或一致的行为。此时，态度具有较强的情感体验和行为意向，但相应的认识仍然未必深刻，也没有融合到一个人原有的态度体系之中。

认同阶段与上一阶段的根本区别在于：上一阶段的态度基本上是强制的、被迫的，而认同阶段的态度基本上是自愿的、主动的；上一阶段的态度主要体现在外显的行为表现上，而认同阶段的态度还体现在较强的情感体验这一心理成分上。

(3) 内化阶段。内化阶段是态度形成的最后阶段，是指个人对态度对象自觉地形成了特定的信念，并以这种信念指导自己的行动和产生相应的情感体验。此时，一个人对态度对象在认知上有坚定的信念、在情感上有强烈的体验、在行动上坚定并执着。

内化阶段与内化之前最大的不同在于，人的态度不再依赖于外部要求、也不受与他人关系和外界压力的影响。

内化了的态度是一个人自己的独立的态度，也是最为坚定的态度，并已经与个体原有态度体系相整合。内化阶段后，一个人的新的态度体系是个体人格的组成部分，对个体后继的心理活动、心理状态起着导向的作用。

（二）态度的影响因素

态度的形成也会受到生活环境中各种因素的影响。

(1) 社会环境。人生离不开特定的社会环境。个体形成任何态度都会自觉不自觉地受着社会大环境的影响。这种影响主要是通过社会的规范、准则和要求的制约发生作用的。此外，社会上主流价值观的宣传和教育、各种思潮和观念的冲击、风俗习惯的潜移默化等等都会影响特定态度的形成。

(2) 家庭的影响。在个体最初态度的形成过程中，家庭中父母的影响极为重要。对态度形成的这种影响与家庭的生活方式有关，如果家庭是民主、平等的，则个体容易形成良好的与人相处的态度，会善于运用平等的方式与人相处、用民主的方式解决问题。对态度形成的这种影响也与家庭成员的人际关系有关，人际关系和谐的家庭则成员情感融洽，成员互相影响也就较大，并容易形成趋同的态度。

(3) 同伴的影响。随年龄增长，在家庭及父母的影响逐渐减弱的同时，同伴对个体态度形成的影响逐渐增强。这与青少年倾向于把同伴作为个体的重要参照有关。青春期以后，个体开始经常把自己所持的观点与周围同伴的态度、观点相比较，并以同伴的观点为依据来调整自己原有态度，力求使自己的态度与同伴保持一致。

(4) 群体的影响。群体总是通过特定的规范和准则来约束其成员、维护其统一并维持其运作的。个体在形成特定态度的过程中必然受所属群体的规范和准则的影响。其影响大小则与群体的凝聚力和吸引力有关，群体的凝聚力和吸引力越强对个体的影响力越大。

(5) 大众传媒的影响。报刊、图书、电影、广播、电视、网络等大众传媒是当今社会中人们获取信息的主要途径，也是人们沟通信息、分享观念、交流感情的重要载体。任何大众传媒每时每刻都在向受众传输着特定的社会规范、文化传统和价值标准。这些都会对一个人的态度形成产生影响。

消费窗口 10-2

09夏，啤酒营销如何沁人心脾？①

在大众欢乐的场合，啤酒却是主角，“欢乐”才是啤酒的气氛，这是啤酒特殊的地方。啤酒总是和欢乐联系在一起的，在当下传统媒体的作用开始下滑时，我们需要用欢乐的方式让消费者感知品牌。嘉士伯配合“不准不开心”的品牌宣传策略，在候车亭中安置互动式“开心指数测试牌”，在“开心候车亭”中，等车的人可以将手放在上面选择“开心”或

① 资料来源：根据 http://blog.sina.com.cn/s/blog4943dac40100do87.html 改编.

"不开心",类似于投票统计城市开心指数,如果选择"开心",屏幕会显示"请继续开心",如果选择不开心,"不准不开心"的关心会出现。很多人表示,这是他们体验过的最好玩的广告,并对嘉士伯品牌产生好感,现在"不准不开心"已经成了年轻人中的时尚语,可见品牌体验之深。好的体验营销能让消费者形成偏好度甚至忠诚度,不只是认知度那么简单。

嘉士伯将目标消费群对生活的态度——"不准不开心"作为品牌的态度,与消费者共鸣。消费者认同"不准不开心",所以选择嘉士伯。

二、影响态度改变的因素

在改变态度的过程中,存在着许多影响因素。这些因素分别属于说服者、态度主体及心理抵抗三个方面。

(一) 说服者因素

这主要与说服者的威信有关。构成说服者威信的有以下要素:

(1) 对人的态度。说服者要让人感觉到说服完全是出于善意好心、为的是公众利益,而没有任何个人意图。同时,说服者要给人以公正、友善、真诚、恳切的印象,要让人感受到人格的魅力。

(2) 专家资质。专家在态度对象方面应该具有长处,或学识渊博,或训练有素,或经验丰富,或有一技之长,这样说服会比较有效。对药物滥用的研究发现,20 世纪 60—70 年代,有许多关于滥用大麻导致严重后果的令人恐惧的信息,它们并没有对高中生产生多大的影响,而生物学、心理学关于长期使用大麻的科学报告在对高中生减少药物滥用导致死亡方面起了重要的作用。原因是前者的那些信息来源并不可信,而后者提供的信息来自专家。

当然,说服者在改变他人态度时,还要注意语言得体、语调坚定、精力充沛、充满自信。

(二) 态度主体方面

这主要与态度主体的个性特征有关。影响个体态度改变的个性特征主要如下:

(1) 自尊心。一般,自尊心强的人自我评价较高,因此不易被他人说服;而自尊心不强的人对自己的评价较低,就比较容易被他人说服。

(2) 权威主义倾向。这一倾向指人们对权威的过分尊敬和服从。权威主义倾向越强,对权威和群体的规定、要求越听从,他们较难被他人说服。

(3) 智力。一般,与智力水平较低者相比,智力水平较高者不容易接受宣传说服而转变态度。因为,智力水平较高者知识经验多、有批判能力,就不易被说服。但研究表明,智力水平对态度改变的影响与说服的方法有关。如果说服的着力点是请对方注意和了解情况是这样的,而不是那样的,则对智力较高者有效;如果着力点是要求对方相信这样做,而不要那样做,则对智力较低者有效。

(4) 想象力。想象力是否丰富会影响态度改变。想象力丰富者,往往喜欢猜测宣传者的意图,对可能带来的奖励或惩罚较为敏感,对宣传内容不作严密的客观评价,一般容易被说服。

(5) 需要。能否转变态度与一个人当前的需要有关。如果改变态度与满足当前的需要如逃避惩罚、赢得奖赏、发挥潜能等切身利益有关,则来自外部的说服宣传容易转化为一个人的内部动机,就容易最终实现态度的改变。

(三) 心理抵抗

心理抵抗,指说服时发生的事与愿违的情况,即说服中态度主体朝着与预期相反的方向发生变化,坚持原来的态度。在态度改变过程中,人们在心理上会出现抵抗,从而影响着态度改变。

心理抵抗的表现形式主要有三种：一是贬损来源。即当人们无法驳倒说服的论点时，会采用贬低或损坏说服者的声誉如人身攻击等，来表明说服的不可靠或无价值，进而拒绝改变态度。二是歪曲信息。即有意无意地对说服者的观点、论据断章取义，继而或者把对方的观点故意夸大到极端，使其失去可信变得荒唐，或者将对方本质上不同于自己的观点说成与自己类似，进而拒绝改变态度。三是掩盖拒绝。即或者对说服者的观点、论据不予理睬，或者以美化自己的真正看法来与说服者的观点、论据抗衡，进而拒绝改变态度。

导致心理抵抗的原因也有三种：一是维护自我形象的需要，当认为态度改变有损于自我形象时，一个人为了“面子”往往就会拒绝说服者的观点，抵抗态度改变。二是心理惯性使然。在适应社会要求、应对生活事件时，遵循费力最小的原则是人的自然心理倾向。当人们意识到如果改变了态度，在面对新事物时需要付出较多的身心能量时，他们在心理惯性的作用下就会置说服于不顾、拒绝改变态度。三是自由的需要。每个人都需要自由，反对他人的操控。当把说服的观点和改变态度的要求视为是对个人自由、自我控制的威胁时，一个人基于对自由的渴望，就会拒绝改变态度。

消费窗口 10-3

刘先生的银行遭遇

刘先生为某一银行的客户。某天，当他在该银行完成一项转账业务后，他被银行所推广的“多彩多息多收益”定期存款计划所吸引。该计划指出，客户如在该银行存入最少5万元，开设定期存款户头，便可享有高达0.5%的额外利率优惠，更可参加抽奖，获得名贵礼品。当刘先生准备将他在该银行里的钱取出，换成这种定期存款时，银行职员告诉他，这一计划的推出，在于吸引“新”资金，而他的存款是“旧”资金，所以不享受优惠，除非他另存入5万元。

显然，银行的工作出现了失误。如果不及时采取补救措施，刘先生对该银行将产生抵触情绪。最好的解决方法就是银行承认自己的失误，并依旧为刘先生办理该服务，同时及时更改活动细则。

三、态度的改变策略

营销人员通常希望通过改变一个或者几个态度的成分来影响消费者的行为。图10-6说明了态度的重要特征：态度的三个组成成分倾向一致。这意味着某个成分的变化将导致其他成分的相应变化，这一特征构成了很多营销策略的基础。

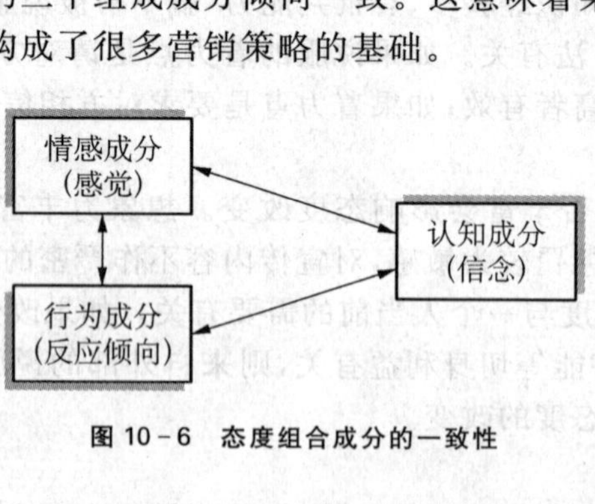

图10-6 态度组合成分的一致性

(一) 改变情感成分

现在，企业越来越倾向于在不直接影响消费者信念或行为的前提下引起他们对产品的好感。营销人员通常喜欢使用三种方式直接增强消费者对产品的正面信念：经典性条件反射，对广告的情感以及更多接触。

经典性条件反射方法的原理,在前一章中已经论述。企业在运用该种方法时,通常是选择消费者所喜欢的某种刺激。例如,某个画面或是某段音乐,将其与品牌名称或产品同时播放。经过一段时间,与该画面或音乐相联系的正面情感就会转移到品牌或产品上。上海太平洋百货徐汇店在早期,选择香港草蜢乐队红极一时的歌曲《宝贝对不起》作为自己的“迎宾曲”,经过几周的音乐“轰炸”,几乎每一位前往太平洋购物的消费者无论何时何地,只要一听到该音乐,马上就会联想到商店。

消费者对广告的偏爱也能导致对产品的喜爱倾向。经由经典性条件反射,消费者对广告的正面情感有助于增加其对品牌的喜爱。对广告的这种正面情感也可能提高购买介入程度或激发有意识的决策过程。例如,人们以前评价“美乐高品质生活”是以“瓶装啤酒香槟”为主题的一种供社会精英享用的啤酒。而莫里斯成功地实现了向一个更具感情色彩的主题的新转变,就是在互动的或社会情景中的蓝领饮酒者,在不涉及具体属性的同时,消费者朝一种更具享乐性的方向发展。而那些引起负面情感,如害怕、恐惧、悲伤等广告也能强化态度的改变。例如,一则呼吁行车驾驶安全的公益广告,包含了许多惨不忍睹的画面,但同样能够达到一定的效果。

更多的接触也能导致情感的产生。即,若企业不断地大量向消费者展示某产品,也能促使消费者对该产品形成积极的态度。因此,对那些购买介入度低的产品,企业可以通过广告的重复播放来增加消费者对品牌的喜爱,而不必去改变消费者最初的认知结构。

(二)改变认知成分

改变认知成分是改变态度的一个常用而有效的方法,一般可以采取以下几种策略。

改变信念即是通过产品和广告宣传来转变消费者对品牌或产品的一个或多个属性的信念。当然,企业应确保变化后的信念将会引起消费者在品牌评价及购买意向方面产生有利的变化。例如,夸克燕麦试图转变消费者对它的信念,调查中得到的意见是“大米饼吃起来像泡沫塑料或硬纸板”。为吸引对其持消极态度的非用户,企业开展了宣传活动,通过展示一个带有豁口的泡沫塑料杯,同时一行醒目的标题“如果这就是你心目中的大米饼的话,现在就可以品尝。”达到了转变的目的。需要注意的是,企业一方面在推出新的产品属性时,另一方面应宣传其现有属性好处,以此来转变信念将更有益。例如,雀巢公司使消费者确信大的黑色颗粒同口感更好的速溶咖啡相联系,宝洁公司使消费者深信蓝色清洁剂的洗涤效果比白色的更好。

转变权重的目的是说服消费者对某一特定属性的价值进行重新评价。采用这种改变必须依赖以前的调查结果,表明市场的某一部分消费者会接受这种转变。例如,宝洁的品客薯片。在没有进行前期的调查表明包装与新鲜之间的联系时,就推出新式圆柱形容器以作为保持新鲜的手段,未能成功。因为大多数消费者对产品味道的评价低,它的广告没能提高消费者对味道新鲜程度的评价。糟糕的味道决定了态度,宝洁不得不重新设计和包装其产品。

在消费者的认知结构中增加新信念是改变态度的另一种方法。例如,百威啤酒在促销中强调新鲜是好啤酒的一个重要方面,在此之前,几乎没有消费者会认为啤酒的生产时间是一项相关属性。

最后一种策略是改变消费者对于理想品牌的概念,即改变理想点。例如,制造过程无污染,可回收材料的再利用等等。

(三)改变行为成分

购买行为可以先于认知和情感的发展,也可以以与认知和情感相对立的形式发生。例如,一名消费者可能不喜欢街客奶茶的味道,可是当朋友邀请他来一杯时,为了表示礼貌,他没有拒绝。品尝过后,他可能觉得口味不错,从而改变了以前的认知。

行为能够直接导致情感或认知的形成。消费者经常在事先没有认知和情感的情况下尝试购买和使用一些便宜的新产品,这种购买行为也是为了获得"我是否喜欢这个品牌"的信息。

在改变情感或认知之前改变行为,主要以操作性条件反射为基础。因此,营销的关键是促使消费者试用或购买产品。诱发与态度不一致的行为的假定条件是:促使消费者购买其不喜欢的品牌的引诱手段(降低价格或赠送购物券),可能使消费者在购买后改变先前的态度以便与其行为一致。需要注意的是,引诱手段不宜过大,否则消费者就会将明显的价格差别当做其转换品牌的唯一原因。结果是,当价格恢复正常水平时,消费者重新购买其他品牌。

消费窗口 10-4

国内消费者对转基因食品的消费态度①

现在人们的日常食物中,许多是转基因食品或含有转基因成分的食品。2000 年 10 月 15 日台湾环境品质文教基金会调查发现,麦当劳、肯德基、小斗士、美国德州炸鸡、摩斯汉堡、汉堡王、顶呱呱汉堡及台湾主要速食面产品都含有基因改造成分。中国市场上转基因大豆、豆粕、豆油已占据约 50%的份额,因此转基因食品是人们所不能回避的。所有相关的食品生产、销售单位。如食品加工厂、酒店和餐馆、食品零售店——超市、食品店、速食店都应关注人们对转基因食品的接受程度。

了解消费者对转基因食品的态度是预测市场接受程度的关键。国外许多学者对消费者对转基因食品的态度的调查结果显示,不同的国家、地区,不同的文化程度,不同的收入水平的消费者对于转基因食品的态度不同。2002 年中国科学院农业政策研究中心对中国华北和华东地区的 11 个城市进行了较大规模的入户调查,并且在 2003 年对部分消费者进行了跟踪调查。调查结果表明,我国的城市消费者对转基因食品的接受程度约为 65%。

调查发现,在国内消费者中,对转基因食品的认知度较高。大多数不知晓者愿意了解转基因食品,并认为目前缺乏了解有关转基因食品的信息,希望通过食品使用说明书、食品供应商和政府报告来了解转基因食品。对自己是否消费过转基因食品很模糊,对消费转基因食品接受与不接受态度几乎各占一半。接受转基因食品的主要原因依次为:因缺乏相关信息导致无法避免转基因食品、喜欢尝试新食品和一些知名的公司在销售的转基因食品;不接受转基因食品的主要原因依次为:转基因食品可能威胁健康、不知道消费转基因食品会产生怎样的后果、转基因食品是不安全的、对转基因食品知之甚少和转基因食品是人造的。不同学历的消费者在接受和不接受转基因食品的原因方面存在很多差异。

根据研究结果,提出以下建议:(1)我国食品管理的政府职能部门应利用媒体。如广播、电视、报纸等向消费者传递有关转基因食品的信息。只有传递的信息实事求是才能有利于消费者正确认识转基因食品,树立正确的消费观念。(2)我国食品管理的政府职能部门应加强对转基因食品的管理,如:要求转基因食品标注"转基因××食品"或"以转基因××食品为原料",让消费者明明白白地消费。食品管理职能部门应加强对食品生产商及销售商的检查及督导工作,规范各相关企业对转基因食品的生产及销售,提高消费者的信任度。因为消费者对新产品的接受程度不仅是对技术本身可能带来的风险的反应,政府的公共管理能力也会对消费者是否接受新产品产生重要影响。利用计量经济模型对我国消费者的研究表明,随着消费者对政府管理能力信任度的增加,他们对转基因食品的接受程度显著增加。

---

① 资料来源:胡焱,等.国内消费者对转基因食品的消费态度——以北京和上海为例.中国食品学报,2008,8(4):7-13.

第四节
态度的测量

态度测量对商家而言相当重要，因为态度在消费者行为中扮演着举足轻重的作用。但是态度很难量化，因为态度中包含了认知和情感的因素。在信息整合过程中，消费者会将有关某个产品或品牌的各个属性的知识联系和组合起来，以形成对该产品或品牌的综合态度。前文所述的 Fishbein 模型在营销中影响最大，其关键在于获得目标消费者或相关群体对产品或品牌有关属性的信念强度和信念评价方面的数据。因此，研究者一直致力于发展和完善相关的测量方法和技术。

一、量表测量

量表，是测量态度的重要工具。每一个态度量表都是针对特定的态度对象设计的，通常由一些问题项目或条目组成，要求被测者对这些项目或条目做出反应，根据反应计算得分，得分的多少就代表了被测试者对特定对象所持的态度及其程度。测量态度的主要量表有以下几种：

(1) 瑟斯顿量表(Thurstone scales)

瑟斯顿量表以最早提出者瑟斯顿命名，是一个 11 点量表，属于等距测量量表。

瑟斯顿量表编制程序大体如下：首先，根据研究主题即态度对象收集数百句有关的态度语，它们必须涵盖两个极端和中间状态。然后，请数十至数百名熟悉主题者担任评判者，把态度语逐一置于 1—11 的各个数字上，即有从"最反对"到"最赞成"11 组，评判者对每组之间的差距应该认为是相等的。接着，运用统计分析求出每一态度语的量表值。最后，选择评判者评分信度高、在各组内均有相应量表值的态度语数十句，这就构成了一个态度量表。

测验时，要求被试者对量表中各项目即态度语表示赞成或反对，回答一般无时间限制。评分时，将被试者表示赞成的项目依量表值高低排列，求出的中位数即为被试的态度分数，表示对特定对象的态度强度。

该量表一般适用于主体清楚且范围不广的态度问题，如某次战争、某种犯罪、某项宗教活动、某个枪击事件等等，被试用 1—11 来反应，可以反映和比较人们在态度对象之间的细微区别。

(2) 利克特量表(Likert scales)

利克特量表是继瑟斯顿量表之后由心理学家利克特所提出。该量表是一个 5 点或 7 点量表，类似于瑟斯顿量表，但避免了瑟斯顿量表复杂的编制过程，编制方法和使用较为便捷。

利克特量表通常由 20 个以上的问题项目组成。组成量表的这些题项必须符合一个基本前提，即每条题项对于所要了解的态度对象而言在价值上应该是相等的，它们所包含的意义在程度上没有本质差别。

同时，量表中的题项分为正向、负向两类，以促使被试者认真阅读和回答。表 10 - 1 是测量消费者对某品牌体育运动饮料的态度的一个 5 点量表的示意。

表 10－1　体育运动饮料态度量表示意

请用 1 到 5 来表示你对下列陈述的同意或反对程度，其中 1＝很反对，5＝很赞成，2、3、4 代表一定程度的反对或赞成。你的回答没有错或对，只要是你的真实想法即可。	
1. 该饮料不含咖啡因，您相信吗？	①②③④⑤
2. 该饮料完全由天然原料生产，您认为可能吗？	①②③④⑤
3. 该饮料的口味很好。	①②③④⑤
4. 如果价格合适，我会购买。	①②③④⑤
5. 如果购买饮料，我会首选该品牌。	①②③④⑤
6. 该饮料能够补充能量。	①②③④⑤

测试时，要求消费者逐一认真阅读每一条题项，然后在 1 至 5 之间的各个数字上做出反应。累加所有题项的得分，即为被测消费者的态度分数，表示消费者对特定对象之态度的状况。

该量表是如今常用的态度量表。

(3) 语义区分量表(semantic differential scales)

语义区分量表是由心理学家奥斯古德(C. E. Osgood)等人所发展。与前两种态度量表不同，该量表的项目选用一组成对的双极形容词，如“好—坏”、“强—弱”、“爱—恨”等，把它们分别写在线段的两端，线段上有 5 或 7 个刻度，分别代表对特定对象的不同态度水平，见图 10－7 所示。然后，就某特定的态度对象，如产品的价格、款式、口味等等，要求消费者根据自己的实际想法，在相应的刻度上打钩。最后，将每题所得分数相加，得到消费者对态度对象的肯定或否定的态度及其程度。

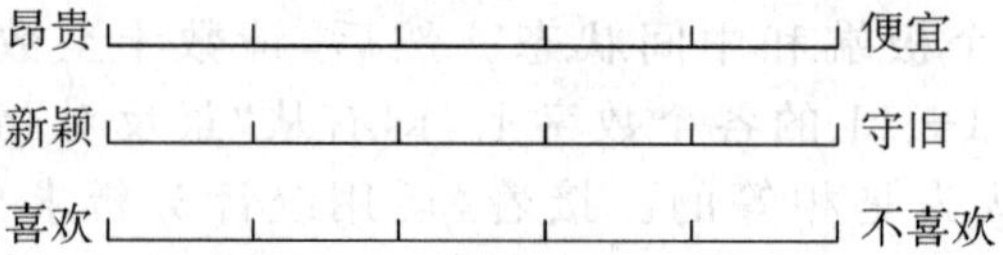

图 10－7　语义区分量表

这一方法简便易行，被评的事物和选编的形容词多少并无限制，评分方法固定且较为客观，被广泛使用。不过，使用语义区分量表时，确定被评定的对象容易，选编一组形容词却不简单，且 5 个等级的意义也难以认定。

需要指出，用量表测量法了解消费者态度时，为了避免消费者比较容易出现的社会赞许性反应偏差，撰写题项、编制问卷时需要特别注意措辞和提问方面的问题和技巧。

二、非量表测量

了解人们的态度，除了运用量表测量方法，还可以运用如下非量表测量方法。

(一) 反应时测量

消费者的一些态度也可以使用反应时指标来测量。反应时即反应时间，指人的反应潜伏期，也就是从刺激呈现到人做出明显反应之间的时间间隔。这也是人对有关信息进行接受、加工、处理并最后做出反应的过程，其间会花费一些时间。反应时间的长短在一定程度上也反映了反应者对呈现刺激的态度及其程度。如，有人曾用反应时研究人们对某个新产品的态度。

(二) 投射技术

投射技术的基本假设是，个体不是被动地接受外界刺激，而是主动地有选择地给外界刺激赋予某种意义，然后做出反应的。从这种反应中可以推断一个人的态度。

用投射技术来测量态度主要有罗夏测验、主题统觉测验、绘画测验、语句完成测验等。投射测验通常是编制没有结构性或固定意义的测题，它们一般是提供一个模糊暧昧的刺激情境，让被试者产生联想，此时个人的心理防卫会降低甚至消失，个人内心的真实想法和态度会充分流露和表达。

（三）**生理指标测量**

我们还可以通过对一个人生理活动的测定来了解其态度。测定生理活动之所以能推测人的态度，是基于“任何心理活动都是以相应生理活动为基础的”这一原理。

当人们产生或具有某种态度时，其态度中的情感成分会唤起机体的植物神经系统的变化，如心跳加快、呼吸急促，血压升高等，一般它们都不受人的主观意志所控制。因此，可以通过测定有关生理指标来推测人们的态度。

多参数心理测试仪或叫测谎仪，就是典型的生理指标测量工具。测量态度时，先了解了一个人态度正常状况下的各种生理指标，然后呈现特定刺激，考察其做出反应时脉搏、心跳、呼吸、血压、皮肤电位、脑电波等生理指标的变化，据此可以推断一个人的心理状态包括态度的真实情况。

需要指出：态度主体、态度对象均具有复杂性；心理测量，无论是量表的或非量表的方法，本质上都是一种间接测量；运用心理测量的同时还要通过多种途径才能获得对人的态度的真切了解。

本章小结

态度，是个体对特定社会刺激如事物、观念或他人所持有的，具有一定结构、相对稳定和内化了的心理反应倾向。消费者态度是指消费者在购买和使用商品活动中对商品、劳务及其有关事物形成的反应倾向。

态度是习得的，而不是本能的；态度不是行为，而是对某一特定行为的一种偏好；它包含着一个人和某一个物品之间的关系。态度的对象可以是另一个人，也可以是一项制度、一个物品；态度是稳定的，并不随物理状态和环境发生很大变化。一个人和某一物品之间的关系不是中性的，它是一个矢量，具有方向和强度。

态度由认知、情感和行为意向三个成分所组成，态度的认知成分，指人们对态度对象的心理印象，包括有关的事实、知识和信念。这里，认知不只是知道某人某事，而且还包括了对某人某事的评价。态度的情感成分，指人们对态度对象持有了肯定或否定的评价后引发的情绪和情感，是态度的核心或关键性成分。行为意向成分，指人们对态度对象所持有的将会采取的反应倾向。这三个因素彼此相关，相互协调一致，是人们内在的心理体验。

态度的指征，也称为态度的维度。它指态度具有某些指标性的特征，人们可以据此对各种具体态度加以分析和考察，包括：指向、强度、深度、向中度、外显度。

态度能对态度主体发挥调适功能、知识功能、自我保护功能和价值表达功能。

西方很多学者对态度的形成提出了很多理论解释，如平衡理论、认知失调理论和 Fishbein 的多属性模型，这些理论各有侧重，相互兼容与互补。

态度的形成是一个复杂的过程，西方学者对态度的形成提出了许多理论解释，凯尔曼(Kelman)认为，态度的形成主要经历模仿阶段、顺从或服从阶段，认同阶段和内化阶段。

营销人员通常希望通过改变一个或者几个态度的成分来影响消费者的行为。改变态度的策略有改变情感成分,改变认知成分,改变行为成分。

对于消费者态度的测量,除 Fishbein 模型外,还可以运用瑟斯顿量表、利克特量表等量表测量方法,以及反应时测量、投射技术和生理指标测量等非量表测量方法。

关键词

态度	attitude
情感成分	affective component
行为成分	behavioral component
认知成分	cognitive component
多属性态度模型	multiattribute attitude model
属性表述	attribute framing
瑟斯顿量表	Thurstone scales
利克特量表	Likert scales
语义区分量表	semantic differential scales

练习题

1. 什么是态度?
2. 态度具有哪些功能?
3. 态度的组成部分是什么?
4. 态度的各成分是一致的吗?哪些因素可能削弱它们之间的一致性?
5. 什么是多属性态度模型?
6. 用什么策略可以改变以下态度成分:情感成分,认知成分,行为成分?
7. 态度如何测量?
8. 你会运用多属性模型的哪种表达式和哪些属性测量学生对以下事物的态度?

a. 宠物猫 b. 加油站 c. 学校食堂 d. 大学生活动中心

9. 下列哪个公司会发现它难以转变消费者对其产品的态度,为什么?哪家公司最容易转变消费者态度,为什么?

- 试图吸引成人市场的早餐食品制造商
- 推销畅销布料的专业零售商
- 决定开低价餐饮连锁店的快餐批发公司
- 打算开辟新航线、增加服务、提高价格的低价位的、以朴素为特点的公司

10. “当参与水平低时,态度较易转变”。根据这种观点,为什么消费者对普通香水、婴儿食品和服装店的态度特别难以改变?

案例分析

中高级车市如何重建消费者态度?①

中高级车市一直是众多汽车厂家激烈拼杀的重地,特别是 2007、2008 这两年,中高级车的销量更是与日俱增,并成为汽车厂家制造实力的体现,“得中高级车者得天下”,这已成为业内

① 资料来源:http://auto.sina.com.cn/news/2009-05-07/0718489278.shtml.

不争的共识。但据最新的销量数据显示，2009 年 1—4 月，中高级车市的销量不容乐观，有的品牌甚至出现大幅下滑。

曾经炙手可热的中高级车市，为何突然间一蹶不振？近日，《华西都市报》记者专门走访调查了成都的中高级车市，结果显示，由于受到客观环境的影响，62％的消费者在买车时显得更为理性，不再一味追求中高级车所具有的时尚大气外形，以及乘坐的舒适性，他们更关注价格、配置，以及自己所承受的经济压力。其中，71％的消费者认为，由于受金融危机影响，收入降低，同时，国家所出台的购置税政策，中高级车又不在减免的范围内，这严重影响了他们的购车计划；60％的消费者认为，中高级车目前价格太贵，低配车配置不够丰富，价格还有下降的空间；此外，还有近 40％的消费者认为，目前车市场中，经销商让利较少，针对中高级车的金融政策不够完善，还款周期较短。

调查过程中，71％以上的消费者表示，由于受到金融危机影响，从去年开始，收入明显下降，这让他们在买车过程中，不得不考虑自己所能承受的经济压力。但现今市面上的中高级车，几乎都集中在 1.8～2.5 L 之间，油耗相对较高，维修保养成本也有所增加，这不得不让他们在买车时更多地考虑使用成本的问题。

同时，部分消费者也表示，国家近期出台的购置税减免政策规定，1.6 L 及以下的车型，购置税为 5％，1.6 L 以上的为 10％，而所有的中高级车几乎不在减免的范围内，而大多数的中级车几乎都有 1.6 L 排量的车型可享受购置税减免政策，可省去近 5 000 元的购车成本。

在接受本次调查的近千名消费者中，60％以上的消费者表示，如今市面上大多数中高级轿车的价格，集中在 20 万元左右，虽然一些车型的价格下探到了 20 万元以下，但这些车型大多为“裸”车，舒适性配置几乎为零，和同品牌的中级车相比，没有一点性价比优势，价格应该还有下降的空间。同时，自去年下半年开始，许多的厂家都在竞相推出一系列的新车型或改款车，包括新君威、新凯美瑞、新领域、新马 6 等。对此，多数消费者表示，新车接二连三登场，中高级车市场竞争会越来越激烈，消费者不敢轻举妄动，持币待购的现象很严重。

在本次调查中，记者发现了一个特别的现象，近 40％的消费者对中高级车的信贷消费非常不满，他们表示，如今的中高级车市场，按揭政策还不够完善，利率太高，还款周期太短，这让他们在购车时显得力不从心。

同时，消费者也表示，现在购买中高级车，经销商能给出的优惠特别少，即使是送的礼包，也不能达到“物有所值”，部分车型不能提到现车，等待周期较长，这让他们不得不持观望态度，或退而求其次，选择中级车、SUV、MPV 等车型。

问题

1. 消费车对中高级车市产生消极态度的原因是什么？
2. 如果你是中高级车的生产商，你会采取怎样的策略改变消费者态度？

·第十一章·

个性、自我概念与生活方式

很多消费者在拥有自己的汽车后，总是对车辆的外形、动力以及音箱等不满意，喜欢对它们动一番"手术"，因此，汽车改装市场在他们的支持下，极度盛行。有的"车疯子"甚至不惜重金对全车进行"大手术"，一辆车的改装费用远远超过了购车的价格。其实，无论是局部的"小手术"，还是对全车进行的"大手术"，"手术"背后都隐藏着车主本身的性格倾向。例如，有些车主喜欢在爱车的外形上做点手脚，加尾翼、换轮毂和赛车专用发动机盖、装大包围、贴车贴以及改变车身颜色等等，这类人一定是个性张扬、性格外向的一群人，他们很喜欢炫耀自己的优点，做事情我行我素。还有很多车主为了追求超强动力和急驰的速度，将汽车发动机缸线和进排气进行彻底改换，这类型的车主，应该属于稳重和内敛型，他们不喜欢张扬，脚踏实地，但也不沉寂，内心充满激情，同时也很实在，非常注重个人内涵，喜欢享受品质生活。

本章将阐述下列问题：

★ 个性的含义与特征

★ 自我概念如何影响消费者行为

★ 生活方式对消费者行为的影响

个性、自我概念和生活方式是密切联系的三个概念。个性和自我概念属于心理学的概念，它们是个体行为间的内在差异，生活方式则更多的是一种广告学术语，它是一个涉及消费者如何分配时间和金钱以及他们认为其活动、兴趣和见解中什么最重要的概念。

第一节 个性与消费者行为

正如世界上没有完全相同的两片树叶一样，世界上也没有个性完全相同的两个人。因为个性的迥异，不同消费者在现实生活中所表现出来的行为方式也大相径庭，个性使不同的消费者选择不同的行为方式去实现目标。

一、个性的含义与特征

个性(personality),也称之为个性心理特征或人格,控制着个人对外在环境的反应和关系。珀温(Pervin, 1984)认为:“个性是指说明行为模式一致性的个体特征。”依据其观点,个性可以解释那些不随着情景而改变的相对稳定的行为,因此测量个性即可以预测行为。个性研究中测量出的个体性格结构特征也反映了一个个体区别于另一个个体的方式,因此“个性”也被看做是“一种将特性、态度、能力倾向等观念组合在一个个体身上的独特方式”(Marx, Hillix, 1979)。也有人从行为学的角度定义了个性:“个性是由癖性、习惯和使一个人同其他任何一个人区别开来的行为组成的。”

艾森克等(Eysencketal, 1975)在综合的基础上进一步提出,个性是“形成人的动机的相对稳定的心理机制,它是由人的生物学上的内驱力与社会、物质环境之间交互作用所产生的”。因此,个性实际上可以看作是内在驱动力、习得动机和经验的函数。由此可见,个性是指个人带有倾向性的、本质的、比较稳定的心理特征的总和。它包括消费者的兴趣、爱好、能力、气质、性格、行为方式等许多方面。

从个性的形成基础来看,个性具有生理和心理两方面的属性。个性的生理属性反映在人的生理基础上,主要表现在基本神经反应的特点、天资和气质等方面。兴奋和抑制这个基本神经过程的反应强度、平衡强度和转化灵活度,都会直接左右主体对社会实践和社会影响的接受能力、吸收能力和反应能力。社会影响和实践体验正是通过神经系统而起作用的。个性的社会属性是指个体在社会实践活动中逐渐形成的心理因素,主要表现在人生观、兴趣、爱好、能力、性格、行为方式等方面。主体的实践活动通过经验的中介作用成为个性。人们首先通过实践活动获得广泛的经验,这些经验经过一段时间的演化而分解,有些发展为兴趣和爱好,有些转化为活动能力,有些促进了气质的形成和发展,有些泛化为定势的人格意识,就是性格。简言之,个性是在生理机制的基础上,经过广泛的社会实践活动而形成的;反过来,个性又会支配人们的行为。

从个性的表现来看,它具有多重特征,主要表现在:

(1) 个性的稳定性。它是指个体表现出来的某种心理倾向和心理特点稳定不变的倾向。一个人的个性一旦形成,它的改变是很困难而且缓慢的,消费者独特的个性在整个购买过程中将保持稳定。偶尔的心理现象并不能成为主体的个性特征。如我们说某人性格内向,是指他一贯如此,而不是在某个特定情景下表现得不苟言笑。

(2) 个性的整体性。它是指个体的各种心理倾向和特征以及心理活动过程是有机地联系在一起,相互协调的。如具有多血质气质的人,往往开朗活泼、精力充沛,应变能力、交际能力和活动能力也都比较强。

(3) 个性的独特性。这是指不同的个体都具有自己独特的个性,不会有完全相同个性的两个个体,这就使得每一个人成为一个独立和独特的存在。

(4) 个性的倾向性。它是指个体在社会实践活动中,对现实事物所具有的在看法、态度和情感上的倾向。如需要、动机、兴趣、理想、信念以及世界观等,都是个性倾向性的内容。

(5) 个性的可塑性。它是指个性会随着个体的经历而发生变化,从而在每一阶段都呈现不同的特征。承认个性的稳定性,并不等于说它是一成不变的。稳定性与可变性是对立统一的。

二、有关个性的理论

人们对个性的关注可以追溯到 20 世纪初开始形成和发展的心理学理论。随着个性理论的发展,也出于营销实践的需要,营销人员便开始借助个性理论以求更深入地理解消费者行为，并将其融入市场细分、产品定位、营销组合策略的选择和实施等营销过程之中。其中，精神分析理论、社会心理学理论和特质理论颇值得重视。

（一）精神分析理论

弗洛伊德主义者用自我、本我和超我三个要素来进行分析。按照弗洛伊德的看法，本我是精神的内在驱动力，它是最基本的和本能的力量源泉，这种力量引发人们以特定的方式去行动，并且在很大程度上是在意识水平以下运作；自我则是有意识的自己，是作出日常决定导致本我满足的那部分精神；超我是内在化的父母亲，是一种限制满足本我的自私需要的意识，超我主要是在意识水平以上动作，它是行为的“闸门”。从某种意义上说，自我经常在本我需要和超我限制之间进行妥协。弗洛伊德认为，个性来源于满足心理需要的希望与成为有贡献社会成员需要的冲突。

消费窗口 11－1

享乐主义消费①

享乐消费诉诸本我。它被定义为“消费者行为中与一个人使用某产品的经历中那些多种感官、幻想和情绪的成分有关的方面”。享乐主义就是满足个人的“动物”需要。一个例子就是最近的某个广告牌上为俱乐部 18～30 天假期做的广告，用了像“你得到可以喝醉和放纵的两周”这样的标语。这个广告强调了俱乐部 18～30 天无限制的阳光、大海、沙滩和性生活的假期形象，鼓励消费者抛弃所有的抑制。实际上这则广告有些误导，因为这种假日主要是男人的（俱乐部 18～30 天度假的男女比例大约是 2 比 1），当然这并不妨碍那些人享受阳光、大海、沙滩和廉价酒。

在有更多限制的水平下，本我是那些带有“来吧，放纵自己”主题广告的主要目标，就像大多数的巧克力广告。就像 Alton 毛巾和巴黎迪士尼的产品求助于本我中追求享乐的部分，而 P&Q 渡船则是由于 P&Q 豪华巡游的名声而强调航行过海峡的享乐的一面，而不是使用欧洲隧道。对于这个方面，欧洲隧道必须通过显示用 Le Shuttle 会更容易和更迅速多少来求助于实用型的自我。

（二）社会心理学理论

社会心理学理论意识到个人和社会之间的相互依赖，个人努力迎合社会的需要，而社会也帮助个人实现他（她）的目标。社会心理学与精神分析法的不同点在于，社会心理学认为：(1)社会和文化变量，而不是生理动机，在人的个性形成过程中发挥了更为重要的作用；(2)对个性形成的深入了解还应当依赖于对在社会环境中正常生活的人的观察，而不应该将理解仅仅建立在对精神病患者或在感情上受到困扰的人的观察之上。

霍尼范例是社会心理学个性理论的一个典型例子。卡伦·霍尼（Karen Horney）集中研究了儿童与父母关系对行为的影响，尤其是个体抑制焦躁情绪的欲望对行为的影响。霍尼按个性将人分为三种类型：(1)顺从型（compliant），他们倾向于与他人打成一片，过分谦虚，过分敏感，过分感激，过分慷慨，在寻求爱和感情时，会过分体贴，特别希望获得他人的爱或被他人欣赏。(2)攻击型（aggressive），通常背向人们行动，能够为了成功、声望和尊敬而控制住自己的恐惧和感情。他们需要权利，并且剥削他人。他们的上进心特别强，总想超越他人和赢得他人的尊敬。(3)我行我素型（detached）。他们倾向于独立、自给自足、摆脱各种形式的束缚。讨厌与别人一致，不相信别人，重视智慧和理性。愿意与人接近，脾气好，同情，有爱心。已有

① 资料来源：Jim Blythe. The Essence of Consumer Behaviour. NewYork：Prentice Hall，1997.

证据表明，这些类型在人们的购买行为上有着一定的影响。例如，已经证明顺从型的人使用更多的漱口剂和更多的香皂，并且宁愿选择名牌产品；进攻型的人则使用更多的香水和剃须液；孤僻型的人对名牌几乎不感兴趣。

（三）特质理论

特质理论（trait theory）认为，个性是由描述一般反应倾向的一组特质组成的。所谓特质，是指个体之间有所不同的任何可加辨别且较为持久的属性。特质理论并不把个性分为绝对的类型，而是认为存在可以描述特质的多种维度，每个人在这些维度上都有不同的表现。比如，成功欲、社交性、攻击性、慷慨等都是可以用来描述个体特质的维度，但每个人在这些方面的表现程度都可能是不同的。

卡特尔（Cattell）的特质论是个性特质理论的典型代表。卡特尔认为，在构成个性的特质中，有的是人人皆有的，有的是个人独有的，有的是由遗传决定的，有的则受环境的影响。构成个性的特质可以分为两种类型：一种是表面特质，另一种是根源特质。前者是在每个具体行为中体现出来的个性特点，后者则反映一个人的总体个性，它是根据表面特质推断出来的。卡特尔经过多年的研究，找出了能反映个性的16种特质，如开朗性、聪慧性、稳定性、支配性、兴奋性、有恒性、敏感性、勇敢性、幻想性、独立性等。

在研究方法上，个性的特质理论主要侧重于定量的研究。在研究中，研究人员将建立个性清单，要求被调查者对其中许多内容作出反应，这种反应可能是同意或不同意某种说法，或者对某种特定的环境或人表示喜爱或讨厌。随后，将对这些内容进行统计分析，把它们概括为几个个性层次。这种方法没有事先规定个性，也不像精神分析理论那样对影响行为的特性有某些特定的假设（如霍尼理论中的强制、反抗与我行我素）。

特质理论的许多研究结论对营销具有启发意义。例如，一项对吸烟行为的研究发现，那些吸烟较多的人对异性爱、攻击性及成就评价较高，而对秩序和服从评价较低。同时，吸烟多的人更有可能追逐权力和竞争力，而且更有可能受到与性有关的主题和符号的影响。他们并不像非吸烟者那样具有强迫性和顺从性。因为这种对权力和竞争力的强调，万宝路牛仔成为最成功的香烟广告也就不足为奇了。

三、个性与消费者行为

迄今为止，只有一小部分的研究结果证明了个性与消费行为之间关系的存在，并且许多研究只是表明两者之间存在微弱的关系，但是个性研究及其在营销中的应用价值仍不能低估。有证据表明，个性对于消费者的信息搜寻行为、产品种类的选择、产品使用率、新产品采用、品牌忠诚、信息偏好等都具有显著的影响。

（一）个性与信息搜寻行为

有些消费者的个性中具有较强的求知欲，表现出爱思考的倾向。有些消费者的求知欲却较弱，表现出不爱思考的倾向。相对而言，求知欲强（爱思考）的消费者，更注意信息的质量；求知欲弱的消费者（不愿思考的消费者），更容易受广告模特之类的边缘刺激的影响。还有一些消费者可能属于T型个性（thrill seekers personality），即在购买决策过程中总是表现得犹豫不决，患得患失。具有T型个性的消费者往往对营销刺激更敏感，搜寻更多的信息。所以，针对T型消费者可以采用诸如"我们的产品是你最佳选择"、"精明的消费者才选择我们的产品"之类的广告主题，来消除他们的疑虑和担心。

（二）个性与产品选择

不同个性的消费者可能在不同的产品领域形成各自的偏好，从而在特定产品的使用程度上表现出明显的行为差异。例如，阿尔斯伯（1986）利用艾森克个性调查表，调查了个性与啤酒、果酒消费之间的关系。调查对象包括年龄在18～21岁之间的174名利用业余时间进修大学课程的学徒工和173名工程、商业、食品技术专业的大学生。调查结果表明,在外向特征上得分较高的人比低分者饮酒量大,外向的人比内向的人更可能通过在酒馆饮酒以寻找刺激。从管理者的观点来看,特别是从正在考虑如何设计“酒馆氛围”以增进消费者安全感和舒适感的啤酒供应商的观点来看,这种结果是令人感兴趣的。有理由预期,不同个性的消费者会受到不同自然和社会环境的吸引。特别是,个性类别除了与高水平的酒类消费有关外,还与喜爱户外休闲活动有关。这与酒馆的装饰设计和对顾客的监控有关,它使酒馆有一种适宜的环境和消费氛围。

(三)个性与品牌选择

越来越多的研究表明,当某个品牌的个性与消费者的个性取得和保持一致时,这个品牌将会更受欢迎。所谓品牌个性,它是品牌形象的一部分,是指产品或品牌特性的传播以及在此基础上消费者对这些特性的感知。许多消费品都拥有品牌个性。比如,某品牌的香水可能表现出青春、性感和冒险,而另一个品牌的香水可能显得庄重、保守和高贵典雅。具有不同个性的香水,会被不同类型的消费者购买或在不同的场合使用。消费者倾向于购买那些与他们自己具有相似个性的产品或那些使他们感到能让自己的某些个性弱点得到弥补的产品。

(四)个性与创新的采用

不同个性的消费者也会在对新产品、新服务、新的消费活动的接受程度上表现出差异性。消费者研究人员开发了许多用于衡量消费者创新特质或创新性(innovativeness)的研究方法。这种个性的测量可以提供对消费者愿意接受创新的实质和范围的更深入的了解。表11-1提供了对消费者创新性进行的6个项目的测量。

表11-1　测量消费者创新性的尺度①

1. 总体来说,当一种新的(多人游戏软件)出现时,在朋友圈子中我是最迟购买的
2. 如果我听说一种新的(多人游戏软件)在商店可以买得到,我将非常有兴趣去买它
3. 相对于我的朋友来说,我更早拥有一种新的(多人游戏软件)
4. 总体来看,我是朋友圈子中最迟知道这种新的(多人游戏软件)
5. 即使我以前没有听说过它,我也会买一个新的(多人游戏软件)
6. 在其他人知道之前,我就知道这种新的(多人游戏软件)名称
说明:①采用5点“同意”尺度;②括号内的产品可以根据研究目的加以替换

这些项目是经过特别设计的,可以适用于不同的产品范畴或领域(包括广义的产品种类,如个人计算机;次级产品种类,如便携式电脑;特定产品形式,如笔记本电脑)的研究。

第二节 自我概念与消费者行为

消费者有多种持续的自我概念(perceptions of self),这些自我概念与消费者个性具有密

① 资料来源:Goldsmith R G, Hofacker C P. Measuring Consumer Innovativeness. Journal Of the Academy of Marketing Science, 19(1999):212.

切的关系。研究表明，把消费者看作具有多重自我(multiple selves)更有助于理解消费者及其行为。因为特定的消费者有不同于其他消费者的行为，但是在不同的消费情境下，他也有可能会采取不同的行为。因此，营销人员必须考虑、理解消费者在不同“自我”情境下的需要和消费者行为，为他们提供能真正满足其需要的产品或服务。

一、自我概念的涵义与结构

对自我概念的涵义，心理学家的理解有所不同。比较普遍的观点包括：

(1) 自我概念就是关于自我的意识；

(2) 自我概念是关于一个人对自己与他人的关系的观念系统；

(3) 自我概念就是自我；

(4) 自我概念是自己对所有属于自己身心状况的认识。

概括而言，自我概念是个体对自我(包括生理、心理及社会关系诸方面)的意识，是一种多维度、多层次的综合性的心理系统，它不仅体现在认知上(自我认识)，而且体现在情感(自我体验)和意志(自我控制)上；它不是与其他心理活动并行或独立的，而是统领人的整个心理和行为，并渗透其中，对人的心理和行为起调控作用。因此，自我概念是人对自我的生理、心理及社会关系诸方面的认知、体验和调节，它渗透于整个心理和行为中，并对之起调控作用的综合系统。

西方最早比较系统研究自我结构的心理学家是詹姆士(W. James)。他认为自我分为四种成分，即身体的、精神的、社会的、纯粹的自我，开创了自我研究的先河。

人本主义先驱罗杰斯在临床对患者进行访谈总结后，认为自我包括主观我和客观我两个方面。主观我是自我的主动力量，客观我是主观我认识的对象。此外，罗杰斯还根据临床实践，提出了现实我和理想我的结构划分。

谢弗逊(Shavelson)等认为，完整的自我概念的结构应该具有六个特征，即有组织性、多维性、稳定性、发展性、可评价性和可区分性，并以此定义规范为基础，他提出的自我概念多维层次理论模型将自我分为学业自我和非学业自我。学业自我可按学科来分，非学业自我可分为社会、情感和身体三个方面。

弗里曼(Freeman, 1992)的研究发现，自我概念的发展呈现曲线变化，从小学到初中逐年下降，随后开始上升，到大学毕业后开始下降，到中年后又开始回升，然后随年龄的增长而平缓下降。

自我概念分为不同的成分或维度，如表 11-2 所示。

表 11-2　自我概念的成分

成　分	说　明
真实的自我	这是真实的客观的自我，就像别人看我们一样。这种定义还有一个问题，因为别人永远也不会知道完整的故事。这意味着真实的自我可能并不就是呈现给世界的那张脸
自我—形象	这是一个主观的自我，就像我们看自己那样。自我—形象很可能与真实的自我有明显差异，但从某种程度上来说，它是由来自其他人的反馈而逐渐调整的。我们根据别人的反应来调整自我—形象
理想的自我	这是我们所希望的自我，它与马斯洛所确定的自我实现需要相联系。这个自我通常是在个人试图填补自我形象和理想的自我之间的鸿沟时的那个引起奢侈消费的那一个自我
别人眼中的自我	社会的自我，或我们认为别人看待我们的方式。这并不总是与人们实际上看我们的方式相吻合，因为我们不能读懂精神。来自他人的反馈，会受到礼貌或者投射自我形象到相应的一方的希望的限制，因此我们不可能总意识到其他人对我们的真实想法

(一) 自我认识及其发展

自我认识指个体对生理自我、心理自我、社会自我的认识,主要涉及"我是谁","我为什么是这样的人"等问题。自我概念是自我认识中最主要的方面,集中反映了个体自我认识乃至自我意识的发展水平,也是自我体验和自我调控的前提。

学前期儿童自我概念的特点是具体化。当让一个3岁或5岁的孩子描绘他们自己时,他很可能回答道:"我叫果果,今年3岁。妈妈给我买了新衣服,我有好多好多的玩具,我能够自己洗澡澡了……"。他们用以描述自我的,主要是可以观察到的特征,如名字、外貌,以及日常行为。

随着儿童的成长,他们能够逐渐地将自己的内心世界与外部行为、短期行为与长期行为整合起来,从而能够认识到自己身上一些稳定的特点。在8~11岁时,儿童的自我描述发生了重大的变化。他们开始提到自己的人格特质,这些描述随着年龄的增加而增多。如让一个10岁的孩子来描述自己,他会说:"我叫隽朗,我已经是一个大人了。我是一个诚实的孩子。我的学习成绩很好。我经常去打篮球。有时我也会发脾气,但一般情况下我都很乐观……"在这份描述中既有积极的特点,也包括了消极的特点,如诚实但偶尔发脾气的描述。这些都表明,儿童已经开始注意自身所具有的内在特点,能够用辩证的眼光来看待自己。

在青少年早期,青少年已经能够将各种分散的特征联系起来,如将"机敏"、"有创造性"整合为更高层次、抽象水平更高的"富有智慧"。但是在青少年早期,这些关于自我的描述还没有系统化,它们之间还缺少有机的联系。因此,有时青少年会对自己产生互相矛盾的看法。如,他们有时会觉得自己既是内向的,又是外向的,对此感到很困惑。这种困惑的原因主要是由于青少年在不同的社会情境中,如在父母面前、在老师面前、在一般同学面前、在好朋友面前,面临着不同的社会压力和要求。在不同的社会情境中对自我有不同的要求,会表现出自我不同的侧面。而在青少年早期,他们还不能将这些特征有机地联系起来,尚没有认识到他们之间的内在一致性。因此,他们经常会出现"哪一个是真正的我"这样的困惑。

随着个体性的成熟、逻辑思维和想象力的发展、感受性的提高,他们开始把关注的重点转向自身,开始关心自己的形象,去发现、体验自己的内心世界。该阶段是自我发展的一个重要时期,实现由"客观化期"到"主观化期"的过渡,即个体逐步确立自己的心理特质,包括智力、人格、态度、信念、理想和行为等的统合。随着自我水平的不断提高,青少年进行自我评价的需要越来越强烈,并带有强烈的社会比较倾向。将自己的状态与他人的状态进行对比,从而获得比较明确的自我评价,是促使青少年心理发展的一个重要途径。

(二) 自我体验及其发展

自我体验反映个体对自己所持的态度,主要涉及"我是否满意自己或悦纳自我"等问题,包括自我感受、自爱、自尊、自信、自卑、内疚等方面。其中,自尊是自我体验中最主要的方面。

自尊指的是自我所作出的对自己的价值判断,以及由这种判断所引起的情感。因为对自我的价值评判或称自我价值感影响着个体的情绪体验、行为表现及长期的心理适应。这种影响可以称为自我预言的实现,即一旦个体认为自己是一个什么样的人,不管是积极的还是消极的判断,自我就会向着这个预言的方向发展,并最终导致预言的实现。

心理学研究者用因素分析的方法对自尊的结构进行了探索,如哈特(Harter, 1982, 1986)让儿童对自我的许多方面作等级判断,如"我喜欢上学"、"同学们都很喜欢我"等。他的研究发现学前儿童至少可以区分出两个方面的自尊,社会接受(自己受欢迎的程度)和能力(自己擅长做什么,不擅长做什么)。到6~7岁的时候,儿童至少形成了三个方面的自尊,学习自尊、身体自尊、社会自尊。随着儿童的成长,这三个方面又会不断地细化,形成一个层级结构(图11-1)。

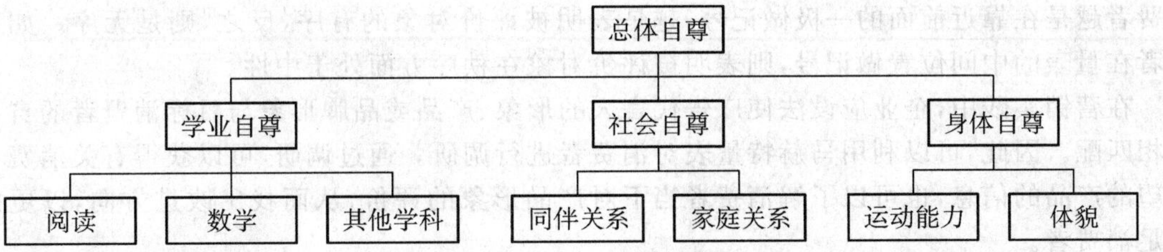

图 11－1　自尊层级结构图

对于总体自尊而言，层级结构中不同方面的评判对于总体自尊而言并不具有相同重要的意义。某些自己比较重视的方面，对于总体自尊有更大的影响。

（三）自我调控及其发展

自我调控指个体对自己行为与心理活动的自我作用过程。它包括自立、自主、自律、自我监督、自我控制和自我教育等方面。其中，自我控制是自我调控中最主要的方面。自我认识和自我体验是自我控制的基础。

自我控制指的是对优势反应的抑制和对劣势反应的唤起的能力。所谓优势反应指的是对个体具有直接、即时吸引力的事物或活动所引起的想要获得该事物或参加某活动的冲动，劣势反应与此正好相反。如某消费者看到巧克力很想品尝，但是考虑到自己正在减肥，如果她能够压制自己想吃巧克力的冲动，不去购买，那么她就是使用了自我控制。

二、自我概念的测量

测量自我概念的常用方法是语义差别法。美国学者马赫塔(Malhotra)发展了一种既可衡量自我概念，又可测量产品形象的语义差别量表，见表 11－3。

表 11－3　测量自我概念和产品形象的马赫塔量表

1. 粗糙的	___ ___ ___ ___ ___ ___ ___	精细的
2. 激动的	___ ___ ___ ___ ___ ___ ___	沉稳的
3. 不舒服的	___ ___ ___ ___ ___ ___ ___	舒服的
4. 主宰的	___ ___ ___ ___ ___ ___ ___	驯从的
5. 节约的	___ ___ ___ ___ ___ ___ ___	奢侈的
6. 令人愉快的	___ ___ ___ ___ ___ ___ ___	令人不快的
7. 当代的	___ ___ ___ ___ ___ ___ ___	非当代的
8. 有序的	___ ___ ___ ___ ___ ___ ___	无序的
9. 理性的	___ ___ ___ ___ ___ ___ ___	情绪化的
10. 年轻的	___ ___ ___ ___ ___ ___ ___	成熟的
11. 正式的	___ ___ ___ ___ ___ ___ ___	非正式的
12. 正统的	___ ___ ___ ___ ___ ___ ___	自由的
13. 复杂的	___ ___ ___ ___ ___ ___ ___	简单的
14. 黯淡的	___ ___ ___ ___ ___ ___ ___	绚丽的
15. 谦虚的	___ ___ ___ ___ ___ ___ ___	自负的

如表 11－3 所示，该量表由 15 组两极形容词组成，每组形容词均被用来描述被评价对象。消费者或被访问者可在 7 级量表上表明看法，反映两极形容词中的某一极在多大程度上刻画了被评价的个人、产品或品牌。例如，形容词的一极是“有序的”，与之相对应的就是“无序的”，

消费者越是在靠近前面的一极做记号，越是表明被评价对象的有序，反之，则是无序。如果消费者在量表的中间位置做记号，则表明被评价对象在秩序方面处于中性。

在营销实践中，企业应设法使广告代言人的形象、产品或品牌形象与目标消费者的自我概念相匹配。因此，可以利用马赫特量表对消费者进行调研。通过调研，可以获得有关消费者所期望的产品的信息，也可以了解消费者当下对产品形象的评价，从而找出改进方向，以更好地满足消费者。

消费窗口 11－2

中国女性自我概念的五个维度[①]

从20世纪60年代起，通过消费者自我概念来了解消费者行为特征已成为重要的研究领域，但是，对于消费者自我概念的结构尚未形成统一的认识。研究表明，中国女性消费者自我概念系统有五个维度，它们分别是女性消费者的家庭自我、表现自我、情感自我、发展自我和心灵自我。女性消费者所表现出的不同的消费模式是自我概念系统结构动态变化的结果。

从社会期望角度看，女性家庭角色十分重要。许多女性把家庭角色当成第一重要的角色，个人的需要和发展要服从家庭生活的需要，家庭共同消费更重要，而个人消费则无关紧要。如果女性家庭自我比较突出，则在消费生活中，更加关注子女和丈夫的需求，甚至会忽视个人的职业、审美或情感角色，有人认为，这是中国女性出现"中年危机"的原因之一。

中国女性的情感角色也十分突出，把女性形容为与女有关的事例不胜枚举。相对而言，女性自己也把情感角色看得很重，"多情"几乎与"女性"是同义词。如果女性自我概念中的情感自我比较发达，在消费生活中会表现出明显的感性消费特征。

同许多文化中的女性相同，作为审美对象，中国女性通过外表或其他方式来表现自己与众不同的个性气质是可以被社会所接受的，尤其中青年女性，审美角色使任何时尚消费无不与女性有关，商家关注女性消费者的理由在很大程度上是女性永远与时尚连在一起。表现自我比较突出的女性消费者是化妆品、美容美发等修饰性消费的重度消费者，另外，凡是能够与时尚相联系的消费都是这类女性喜欢的。

在社会竞争日益激烈的生活环境中，通过职业生活获得一定的社会地位成为越来越多的女性追求，获取高学历、参加考证补习班、出国留学等教育消费吸引了越来越多的女性消费者。有些女性甚至忽视个人的情感需要，把职业发展看成是第一位的，这正是发展自我比较强化的女性形象。这类女性为教育类、知识产品的重度消费者。

在中国女性消费者中，自我心理平衡也是社会期望的角色模式。理想的女性形象之一是在家庭和职业、审美和情感之间达到一种平衡状态，其行为模式表现为更高水平上的优雅风度。这类女性不需要借助化妆和美容来吸引人们的关注，也不需要放弃家庭才能取得事业的成就，是自我概念中心灵自我比较强大的一类女性。可以看出，这类女性对消费具有最低欲望，她们与时尚消费无缘。在拥挤的女性购物大军中很少看到她们的身影，她们是品牌忠诚度最高的女性，因为她们不愿意为此而到处逛街。

总之，中国女性自我概念系统中存在五个方面，它们涵盖了女性消费生活的各个方面。在一定时期内，在女性消费行为中，这五个维度都有不同程度的体现，但是，变化的只是各个维度的强度，女性消费者自我概念系统的五个维度不会改变。

---

① 资料来源：杨晓燕. 中国女性自我概念与消费态度. 南方经济，2002(11)：67－68.

第三节
生活方式与消费者行为

来自不同文化群体、不同社会阶层，甚至不同职业的人，可能会具有完全不同的生活方式。这些不同的生活方式在一定程度上都是消费者自我概念的反映，它提供了纯粹的描述性统计数据所无法提供的洞察消费者动机、情感和信念的可能性。另外，生活方式与消费者的价值观、兴趣和活动模式密切相关，因此，它比个性测量更能接近那些厂商所期望了解并预见的现实中的消费者行为。

一、生活方式的含义

菲利普·科特勒认为，生活方式被看作是人们以活动、兴趣和观点的形式表现出来的在这个世界上的生活模式，它描绘的是在与其生活的环境进行着交互作用的“整个人”。所罗门(Solomon，1998)认为，生活方式指的是“反映了他或她对怎样花费时间和金钱的态度及其所作的消费抉择的形式”。

从这些定义可以看出，生活方式实际上是指消费者如何花费自己的时间(活动)，在他们生活的环境中他们认为什么比较重要(利益)以及他们对自己和周围世界的看法(观点)。生活方式变量也被称为消费心态特征(psychographic characteristics)，因为活动、利益以及观点都是可以量化的心理导向变量。一些用来定义生活方式的活动、利益和观点如表 11－4。

表 11－4 生活方式变量

活　动	利益	观点
工作	家属	人际关系
嗜好	家庭	社会问题
社会活动	工作	政见
度假	社区	商业
娱乐	娱乐	经济
俱乐部活动	时尚	教育
社区活动	食品	产品
购物	环境	未来
运动	成就	文化

生活方式与个性、自我概念既有联系又有区别。一方面，生活方式在很大程度上受个性、自我概念的影响。一个具有保守、拘谨性格，或者把自己看作一位传统、严谨家庭主妇的消费者，其生活方式不大可能太多地包容诸如蹦迪、潜水、徒步探险之类的活动。另一方面，生活方式关心的是人们如何生活，如何花费，如何消磨时间等外显行为，而个性、自我概念则侧重于从内部来描述个体，它更多地反映个体思维、情感和知觉特征。可以说，三者是从不同的侧面来刻画。

个体给不同的生活方式贴上“标签”，将有助于营销者描述和讨论不同的消费者群体或细分市场。生活方式因素与营销人员在两方面发生联系。一是广义的生活方式发展趋势，如男性与女性在购物中角色的变化已经改变了消费者的习惯、口味及购买行为，另一方面，生活方式可以被用于特定的产品研究。所以，对任何企业来说，都需要预测这些变化，并据此规划它的营销战略，以应对这些正在发生的或未来可能发生的各种变化。

消费窗口 11－3

Anheuser-Busch 公司能够面向女性吗？①

自从啤酒公司开始在电视上做广告以来，就一直用穿着具有挑逗性的女人来刺激男性顾客，两家主要的啤酒公司都经常这样做。因此，当 Stroh's Brewery 酿酒公司决定通过展现一队傻笑的被称为瑞典比基尼队的金发女郎，被空投到一群到处都是性饥渴男人的营地中这一场景，来销售它的 Old Milwaukee 牌啤酒时，公司中没有人想到这会引起一场麻烦，1991 年 12 月，Stroh 公司的女性雇员们提交了一份起诉啤酒生产者的起诉，认为该广告格调低下并且鼓励性骚扰。

Stroh 公司的问题迫使整个啤酒行业进入了一个重新思考的过程。尽管妇女购买了全部国产啤酒的 35％和轻啤酒中的 45％，但是几乎没有一家公司觉得有必要直接面向她们。在 Stroh 公司尚未走出太远之前，妇女们已经习惯了那些颇具男性色彩的广告，因此，她们或者不管广告的内容去购买某一品牌的啤酒，或者选择没有做过广告的品牌。

在试图将这种不利条件转化为有利条件的过程中，Anheuser-Busch 公司尝试着建立一个新的桥梁。1991 年，该公司从女性的观点试拍了一个宣传 Bud Dry 啤酒的广告，该公司设计了 5 个糟糕至极的不同约会场景，其中包括一个总是说起自己母亲所做的烤肉条的毛头小子，一个不断打断谈话而去打手机的白领工作者。这种嘲讽采用了一种性别导向的观点，应用幽默来驱散以往的敌意。Anheuser 公司随后又推出了另一个宣传 Bud Light 啤酒的广告，在广告中，两位女性在一个现实社会的环境中喝啤酒。

1992 年，Anheuser's Michelob 牌啤酒又向前发展了一步，使用了更为严肃的有关生活质量的场景。在一个镜头中，4 名职业女性打扮的人在一家邻近的小酒馆里喝 Michelob 啤酒。具体内容随后开始，起先是话外音："他们过去称你们为 Sulliuan 姐妹。"随后，在列出她们每个人婚后的新名字之后，广告为这 4 个美妙的旧日回忆设计出一个令人动情的形象，并且再次提到："今晚，你们就是 Sulliuan 姐妹。"由于只占啤酒市场中 1.8％的份额，正如一位分析家写道："Michelob 必然在任何地方都不会受到男性的欢迎，因此它（应用女性作模特的方法）值得一试。"在这一广告播出之后，Michelob 的销售额增长了 3.3％。

然而，当 Anheuser 公司开始为其主要品牌做广告时，它看上去又回到老路上。1994 年，新的电视商业广告上再次出现了健壮的男人和性感的女人。在一则商业广告中，一位身着紧身上衣的女人漫步走进一家酒家，慢慢地四处张望。正如一位观察家所描述的，对这则广告的评价是：这个性感女郎的镜头是过去的做法。当一个穿绿色紧身衣和高跟鞋的女人在击球栏内挥棒击球时她的乳房颤动，这使人们情不自禁将百威（Budweiser）和"过去的美好时光"联系在一起，没有人会退缩。但这是在 1994 年，而我们确实在退缩。为什么宣传 Bud Light 和 Michelob 的广告和宣传该公司主要品牌的男性化导向的广

① 资料来源："It's Again True: This Bud and Babe Are for You," Advertising Age (1994); "Michelob Ads Feature Women — And They're Not Wearing Bikinis," Marketing News (March 2, 1992).

告之间会存在这种差别呢？很明显，啤酒公司一直都认为自己面向的是男性市场，它们仍旧要把女性描绘为性目标。

也许，说到从 Stroh 公司的经验中获得教训，Anheuser-Busch 公司对此并没有真正地理解。

营销者经常会面对这样一种情况：两个性别、职业、受教育程度、专业背景相同、年龄相仿、收入相当的消费者，他们选择的生活方式却完全不一样。这就是说，消费者可以具有相同的人口统计特征而依然是一个个不同的人。另一方面，年龄、收入、职业等人口统计指标上差异很大的消费者，却可能拥有某种共同的生活方式。在这种情况下，如果企业以共有某种生活方式的消费者群体作为自己的目标市场，那么以人口统计特征来描述这个细分市场就将是无效的。因此，营销人员必须对生活方式的特点进行定义，而不是去定义人口统计方面的特征。营销人员必须设计出新的方法来对生活方式进行测度。

（一）AIO 方法

测度生活方式的最常用的一种方法就是 AIO 方法，即通过消费者的活动（activity）、兴趣（interest）和意见（opinion）来描述消费者的生活方式。研究人员一般设计一份 AIO 问题清单，简称 AIO 清单。

一份 AIO 清单通常由 3 个部分构成（表 11－5）；第一部分是有关活动方面的问题，如消费者从事哪些活动，购买哪些产品，如何分配时间等；第二部分是有关兴趣方面的问题，如消费者有什么偏好，对哪些事物特别关心；第三部分是意见方面的问题，如对世界和地方事务、人生、道德、经济发展等方面的看法和感受。此外，在进行正式的问卷调查时，问卷中一般还会涉及人口统计特征方面的问题。统计数据使营销者能够描述谁去购买了，而 AIO 数据则可以了解他们为什么去购买。因此，通过这种调查和分析，企业就可以大致地描绘出具有彼此相近的使用产品的行为和方式的消费者的轮廓。

表 11－5 AIO 清单的主要构成[①]

活　动	兴趣	意见	统计数据
工作	家庭	他们自己	年龄
爱好	家务	社会问题	教育
社会活动	工作	政治	收入
度假	社区事务	商业	职业
娱乐	流行	经济	家庭规模
购物	休闲	教育	居住
社区活动	食物	产品	地理
体育活动	媒体	未来	城市大小
俱乐部会员	成就	文化	生命周期阶段

营销人员一般可以编制两种类型的 AIO 清单。一种是综合的 AIO 清单，可以被用于各

① 资料来源：William D. Wells，Douglas J. Tigert. Activities，Interests and Opinions. Journal Of Advertising Research，1971，27－35.

个产品类别以及区分广义的细分市场，另一种是针对特定产品类别的清单。在编制清单的过程中，营销人员往往设计大量关于消费者活动、兴趣和意见的问题，然后从中挑选出一部分适用于定义消费者细分市场的问题作为最后的清单。清单列出来后，研究人员将以问卷形式，采用李克特量表，对大量有代表性的消费者样本进行调查，分析数据的统计技术则因研究人员的目的不同而有所不同。

(1) 一般性问题的 AIO 清单。由 Wells & Tigert 公司编制的综合性清单，共包括 300 个有关 AIO 的观点，它要求被调查者在一个 6 点量表上表明自己对每个 AIO 观点"同意"或"不同意"的态度。典型的问题如："我喜欢被当作一个领导者"，"我非常有规律地为一家医院或服务组织做些志愿工作"。Wells & Tigert 公司通过因素分析(factor analysis)发现，在它列出的 300 个 AIO 观点中，有些观点是密切相关的。例如，同意"我去商店购物总是为了买特价商品"的消费者，同样会同意"我自己会核对价格"、"我为了寻找降价销售而看广告"以及"一个人可以通过购买廉价商品而节约很多钱"等观点。这些相关的观点被归入一组，用来测量消费者的价格意识。同意这些观点的消费者就被称为具有价格意识的消费者。这样，Wells & Tigert 公司就可以从 22 个不同的侧面来衡量消费者的生活方式。通过这 300 个观点的调查，Wells & Tigert 公司将消费者描绘成具有价格意识、具有时尚意识、在家中工作者、关心社区、从子女角度出发等不同的生活方式类型(表 11-6)。

表 11-6　通过 AIO 方法建立的生活方式分类①

价格意识型
我为了购买特价商品而到商店购物
我自己在杂货店购物时，即使是小件的商品也要核对价格
我为了寻找有关降价处理的信息而看广告
一个人可以通过购买廉价商品节约很多钱
时尚意识型
我通常至少有一件用品是最新款式的
当我必须在两种商品之间作出选择时，我通常选择时尚而不是舒适
我生活中很重要的一个组成部分就是穿着入时
当最新的发型出现时，我经常要试一试
家中工作者型
我宁愿在家里度过一个安静的夜晚，也不愿意去参加一个聚会
我喜欢充满音乐和交谈的聚会(反向打分)
我宁愿看一场体育比赛也不愿参加一个舞会
我是一个在家中工作的人
关心社区型
我不只是一个服务组织的成员
我非常有规律地为一家医院或服务组织做些志愿工作
我喜欢为社区的事业工作
我曾经亲自在一场政治运动中从事一些工作或者是争取候选人资格，或者是为了某个问题
从子女角度出发型
当我的孩子生病卧床的时候，我放弃其他所有的工作来照顾他们
我的孩子是我生活中最重要的部分
我为了给孩子们提供方便而努力地布置我的家
我花很多时间和精力使孩子养成良好的习惯

① 资料来源：William D. Wells，Douglas J. Tigert. Activities，Interests and Opinions. Journal Of Advertising Research，1971(11)：35.

强迫性家务劳动者型
我不愿意看到孩子们把玩具扔得到处都是
我通常把我的家收拾得干净、整洁
当我的家有一点不干净时，我就觉得不舒服
我的生活看上去像是在按照一定的规定在进行着，如在一个固定的时间吃饭
自信型
我认为我比许多人都自信
我比许多人都要独立
我拥有许多个人能力
我希望被认为是一个领导者
自作主张领导型
我的朋友和邻居经常向我征求意见
我总是影响朋友的购物
如在一个固定的时间吃饭
别人向我询问有关品牌的信息要比我向他们询问的多得多
信息搜寻者型
我经常向朋友征求意见以决定购买哪一个品牌
我花大量时间向朋友询问有关产品和品牌的信息
厌恶家务型
我必须承认我不喜欢做家务
我发现打扫房屋是件令人不愉快的事情
我喜欢许多形式的家务劳动(反向打分)
我对家务劳动的看法是“马马虎虎即可”
裁缝型
我喜欢裁剪并且经常干
我经常为我自己和孩子们做衣服
我可以通过自己做衣服节约很多钱
我希望知道怎样才能像一位专业裁缝那样裁剪衣服
罐装食品用户型
我每天至少有一顿饭要吃罐装食品
没有罐装食品我的日子就没法过了
罐装的东西只是口味不大好(反向打分)
节食者型
我每周要喝几次低热量的软饮料
我比一般家庭主妇购买更多的低热量食品
我每天至少有一顿饭要吃减肥食品
财政上的乐观主义者
我晚年可能会比现在有更多的钱可以花
从现在起 5 年后，家中的收入要比现在高出许多

(2) 具体问题的 AIO 清单。具体问题的 AIO 清单是针对特定产品而设计的。不管采用什么类型的 AIO 问题，在通过调查获得相关数据后，都要进行心理描述分析。进行心理描述分析的第一步，是确定哪一种生活方式产生了对某种特别产品的需求。第二步是在找出谁(具有某种生活方式的消费者)在使用这种产品后，根据 20/80 原则(即帕累托原则)，区分出谁是重度、中度和轻度的使用者。企业的主要营销目标就是那些重度的使用者。第三步是在辨认出重度使用者后，考虑如何将自己的品牌与他们建立联系。这一步要分析重度使用者使用该产品的理由，即弄清他们所重视的产品或服务的利益。根据他们所追求的产品利益的不同，还可以对市场进行进一步的细分。

（二）VALS 方法

测量生活方式的另一种方法是对消费者进行调查以确定消费者的活动、利益和观点，然后以此为基础对生活方式进行分类。标准研究协会（Standard Research Institute，SRI）于 1978 年提出的对消费者的价值观与生活方式（values and life styles）进行调查（简称 VALS 方法），就反映了这种方法。这种方法每年对 2 500 名美国消费者进行调查，并且根据他们的价值观和生活方式将消费者分成四大类消费者，即需要驱动型、外在导向型、内在导向型和整合型。在这四种类型之下，又具体细分出九种不同的生活方式。

（1）需要驱动型。这类消费者处于社会经济的底层，大多贫穷而未受教育。他们可进一步分成求生存者（survivors）和维持者（sustainers）。求生存者约占美国人口的 4%，往往消沉抑郁，离群孤僻，多疑而缺乏安全感。他们大部分时间待在家里，家是惟一可以对抗充满敌意的现实世界的避难所。维持者约占人口的 7%，他们是一群尚未放弃希望的人，也是一群满怀怨气的人，他们竭力摆脱贫困，希望加入到中产阶级的行列中去。他们的收入比求生存者稍微高一些，大部分人的年龄仅是求生存者的一半。美国有色人种中属于维持者的最多。

（2）外在导向型。他们的生活方式受外在标准的引导，可分成归属者（belongers）、竞争者（emulators）和成就者（achievers）三种类型。归属者约占人口的 35%，他们从众、传统、怀旧，并且家庭观念强。他们受教育程度低于社会平均水平，从事蓝领工作，收入也低于中等水平。他们属于追求时尚的一类，但大多到中低档的大众市场购买。竞争者约占人口的 10%。这类人雄心勃勃，争强好胜，重地位和身份，工作中上进心和竞争意识强，一般都是年轻、比较成功的人士。他们的收入高，大多居住在市区，炫耀性、模仿性消费在他们身上表现明显，他们也追逐流行，且更多地花钱而不是储蓄。成就者约占人口的 22%。这类人受过很好的教育，相当富裕，往往是商界或政界名流，居住在城市或郊区，往往对那些能显示其成功、高品质的奢侈品、礼品、新产品具有特别的兴趣。

（3）内在导向型。这类消费者的生活更多地被个人需要、内心的情感体验而不是他人的价值标准或要求所支配，可分为自我中心者（I-Am-Me）、注重体验者（experiential）、关心社会者（socially conscious）。自我中心者约占人口的 5%。他们是九类人中最年轻的一群，大多数未婚，还是学生或刚参加工作，但他们有富裕的家庭背景。在价值观和生活方式上表现出极度的个人主义，求新求变，易冲动，重视情绪体验。在购买模式上对能展现其品位的产品情有独钟，喜欢购买刚上市的时尚品，并且往往是结伴购买。注重体验者约占人口的 7%。他们的生活方式受直接体验驱动，表现活跃、自信，喜欢参与和尝试新事物。他们是收入中等、受过良好教育、大多在 40 岁以下、成家不久的一群人。在消费行为上具有喜欢户外活动和自己动手的倾向。关心社会者约占人口的 8%。他们社会责任感强，生活俭朴，注重个人的内在发展。他们同样收入较高，受过良好教育。他们的年龄和居住地呈多样化，在生活中关注环境，强调自然资源的保护，重视节俭和简单。

（4）整合型。整合型（integrated）消费者是九类人中人数最少的一群，约占人口的 2%，由那些成功地整合了内、外在导向型生活方式的人所构成。他们心智成熟，视野开阔，能做到内、外平衡，具有很强的宽容度和自我实现感。他们拥有很好的收入，受过一流的教育。他们喜欢那些能够表现自我、讲究美感的产品，也具有较强的生态意识。由于这类消费者的人口规模太小，工作和居住地分散，他们往往不像其他类型的消费者那样受到重视。

尽管 VALS 方法得到广泛应用，但是其过度地依赖人口统计数据，并且 20 世纪 80 年代的美国市场也在发生变化。于是 SRI 于 1989 年引进了被称为 VALS2 的新系统。较 VALS 系统，VALS2 具有更广泛的心理学基础，而且更加强调有关活动和兴趣问题的调查。VALS2 试图更多地选择那些相对具有持久性的态度和价值观，用以反映个人的生活方式。采用

VALS2 时，被调查者要求在 42 个观点上表明自己“同意”或“不同意”的程度，而这些观点则由两个层面来测量。第一个层面是资源的多寡，不仅包括金钱，而且包括教育、自信和精力。第二个层面反映消费者看待世界的不同方式，可以分成三种导向：(1)原则导向(principle-oriented)的消费者受到自己的世界观，即对世界是怎样或应该是怎样的看法的引导。(2)个人地位导向(status-oriented)的消费者受他人的态度、观点的影响。(3)行动导向(action-oriented)的消费者则对行动、变化和冒险有着强烈的渴求。

图 11－2 给出了按照上述两个层面划分的 8 种生活方式(或细分市场)。

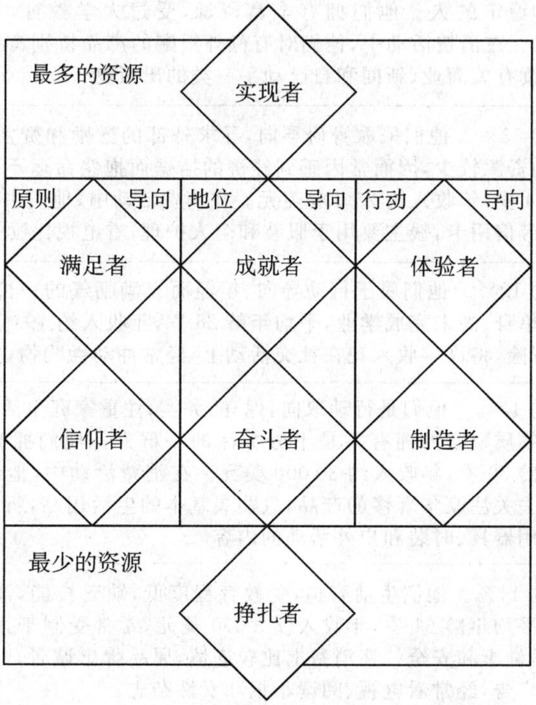

图 11－2　VALS2 消费者生活方式分类

在图 11－2 中，沿着从“挣扎者”到“实现者”的方向，消费者拥有的资源逐渐增多，挣扎者的资源最少，而实现者的资源最多。沿着从左到右的方向，则代表了消费者不同价值导向的变化。每一种导向都包含了两个不同的生活方式群体：原则导向包含满足者和信仰者；地位导向包含成就者和奋斗者；行动导向包含体验者和制造者。每个细分市场(生活方式群体)都有相对不同的价值观、生活方式、产品拥有情况、活动和媒体习性。表 11－7 是这 8 个细分市场的简单描述。

表 11－7　VALS2 消费者的细分市场

消费者	细 分 市 场
实现者 (actualizers)	约占人口的 8%。他们是一群成功、活跃、独立、富有自尊的消费者。他们的资源最丰富，大学文化，平均年龄在 43 岁左右，年收入达 58 000 美元。他们在消费活动中喜欢“精美的东西”，容易接受新产品、新技术，对广告的信任度低，经常广泛地阅读出版物，看电视较少
满足者 (fulfillers)	约占人口的 11%。他们采取原则导向，是一群成熟、满足、善于思考的人。他们拥有较丰富的资源，受过良好教育，从事专业性工作，平均年龄 48 岁，年收入约 38 000 美元，一般已婚并有年龄较大的孩子。他们在消费活动中对形象或尊严不太感兴趣，在家用产品上他们是高于平均水平的消费者，休闲活动以家庭为中心，喜欢教育性和公共事务性的节目，广泛并经常阅读

续表

消费者	细分市场
信仰者(believers)	约占人口的26%。他们采取原则导向,是传统、保守、墨守成规的一群人。他们资源较少,高中教育程度,平均年龄58岁,年收入约21 000美元。他们的生活超过平均水平,活动以家庭、社区或教堂为中心,购买美国制造的产品,寻找便宜货,看电视,阅读有关养老、家居、花园的杂志,不喜欢创新,改变习惯很慢
成就者(achievers)	约占人口的13%。他们采取身份导向,是一群成功、事业型、注重形象、崇尚地位和权威、重视一致和稳定的人。他们拥有丰富资源,受过大学教育,平均年龄36岁,年收入约50 000美元。在消费活动中,他们对有额外报酬的产品特别有兴趣,看电视的程度处于平均水平,阅读有关商业、新闻和自己动手一类的出版物
奋斗者(strivers)	约占人口的13%。他们采取身份导向,寻求外部的激励和赞赏,将金钱视为成功的标准,由于拥有的资源较少,因而常因感到经济的拮据而抱怨命运不公,易于厌倦和冲动。他们平均年龄34岁,年收入约25 000美元。在消费活动中,他们中的许多人追赶时尚,注重自我形象,携带信用卡,钱主要用于服装和个人护理,看电视比读书更令他们喜欢
体验者(experiencers)	约占人口的12%。他们属于行动导向、年轻而充满朝气的一群人。他们拥有较丰富的资源,一般是单身、尚未完成学业,平均年龄26岁,年收入约19 000美元。他们追逐时尚,喜欢运动和冒险,将许多收入花在社交活动上,经常冲动性购物,关注广告,听摇滚音乐
制造者(makers)	约占人口的13%。他们是行动取向,保守,务实,注重家庭生活,勤于动手,怀疑新观点,崇尚权威,对物质财富的拥有不是十分关注的一群人。他们拥有的资源较少,受过高中教育,平均年龄30岁,年收入约30 000美元。在消费活动中,他们的购买是为了舒适、耐用和价值,不去关注豪华奢侈的产品,只购买基本的生活用品,听收音机,一般阅读杂志中涉及汽车、家用器具、时装和户外活动的内容
挣扎者(strugglers)	约占人口的14%。他们生活窘迫,受教育程度低,缺乏技能,没有广泛的社会联系。一般年纪较大,平均年龄61岁,年收入仅9 000美元,常常受制于人和处于被动的地位。他们最关心的是健康和安全。在消费上比较谨慎,属品牌忠诚者,购物时使用赠券并留心降价销售,相信广告,经常看电视、阅读小报和女性杂志

二、生活方式研究在营销中的应用

在现代市场营销中,生活方式是被广泛运用的一个概念。它为营销者理解消费者行为提供了一个有效途径。越来越多的人支持企业基于消费者的生活方式开展市场营销活动,他们承认,消费者根据他们自己喜欢做的事、他们对闲暇时间的安排以及他们如何花费可支配的收入来把自己归入到某一特定的群体。消费者的这种倾向为营销创造了机会,因为营销人员在认识到消费者已选择的生活方式对决定其购买的产品类型和特殊品牌上的潜力后制定营销策略,更有可能吸引具有该种生活方式的消费者群体。生活方式研究在营销中最直接的应用就是利用VALS数据,探索社会变化趋势,勾勒市场细分图,抽取产品定位概念,并激发广告创意。

例如,Timex公司在推出它的一组家用电子产品(一台体重秤、一支温度计和一个血压计)时,利用VALS数据进行了市场细分和目标市场的选择。该公司认为,消费者对保健和家庭诊断产品的态度可能以对其价值的判断为基础,只根据人口统计数据确定细分市场可能是不够的。因此,Timex公司运用VALS方法,并且根据各个群体对高技术的、有关健康的产品的使用率对各个VALS群体进行了评估。结果,其中的两个VALS群体被确定为它的目标市场:成就者和满足者。尽管其中的一个群体是个人地位导向,而另一个群体是原则导向,但是这两个群体都表现出了对健康的关注，而且比其他群体受教育程度更高。有效的市场细分和目标市场选择为随后的营销组合策略的确定打下了基础。

Timex 公司还利用 VALS 数据进行媒体选择。例如，资料表明，成就者和满足者看电视时间较少，而且即使看电视一般也只看新闻节目。这些资料帮助 Timex 公司在媒体计划上一是增加了印刷广告，二是将其电视广告发布选择在早间和晚间新闻时段，而不是安排在黄金时段或一般人的白天工作时间。

Timex 公司的促销主题是"技术——它所能发挥最大作用的地方"。广告中的模特们表现出了一种"有成就者所能接受的自我满足的心灵感应"。模特们的服装看上去很自然，而且，为了迎合满足者，采用了一种柔和的语调，但其身份足以迎合那些有成就者。无论是广告还是包装，Timex 公司都提供了迎合这两个目标群体所需要的信息。由于这些策略，Timex 公司的系列产品仅仅花了 3 个月时间，就在市场上占据了领先地位。

本章小结

个性是指个人带有倾向性的、本质的、比较稳定的心理特征的总和。它包括消费者的兴趣、爱好、能力、气质、性格、行为方式等许多方面。它具有稳定性、整体性、独特性、倾向性及可塑性等特点。在目前的个性理论中，精神分析理论、社会心理学理论和特质理论比较值得重视。营销人员已经将这些理论运用到实际操作中。营销人员之所以要研究个性，是因为个性对于消费者的信息搜寻行为、产品种类的选择、产品使用率、新产品采用、品牌忠诚、信息偏好等都具有显著的影响。

自我概念是个体对自我（包括生理、心理及社会关系诸方面）的意识，是一种多维度、多层次的综合性的心理系统，它不仅体现在认知上（自我认识），而且体现在情感（自我体验）和意志（自我控制）上；它不是与其他心理活动并行或独立的，而是统领人的整个心理和行为，并渗透其中，对人的心理和行为起调控作用。因此，自我概念是人对自我的生理、心理及社会关系诸方面的认知、体验和调节，它渗透于整个心理和行为中，并对之起调控作用的综合系统。

生活方式实际上是指消费者如何花费自己的时间（活动），在他们生活的环境中他们认为什么比较重要（利益）以及他们对自己和周围世界的看法（观点）。营销人员一般运用 AIO 方法和 VALS 方法测量消费者的生活方式，并以此为依据对消费者进行市场细分。

关键词

个性	personality
自我概念	self-concept
生活方式	lifestyle
VALS 系统	VALS

练习题

1. 什么是个性？个性有哪些特点？

2. 试述精神分析理论、社会心理学理论和特质理论。

3. 个性对消费者行为有哪些影响？

4. 什么是自我概念？其对营销有哪些启示？

5. 什么是生活方式？生活方式与个性、自我概念有什么联系？

6. 什么是AIO方法？

7. 什么是VALS方法？它将生活方式分为几种类型？

案例分析

宝马在中国①

在2002年北京的一次国际汽车展览会上，宝马公司展出了他们专为中国"新贵们"量身定制的宝马"新7系"、"宝马个性极品"系列等数十款豪华轿车。在"个性极品"系列中，每一部个性极品车的内饰选材和色彩都是完全不同的。从消费心理方面来讲，这也充分满足了中国消费者"专属独尊"的个性要求。宝马"新7系"打造出来的是一种豪华气派和卓越动感的精神享受，对消费者来说，自有一种高贵不凡的享受。

宝马公司的口号是"用宝马的产品来征服中国人的心"，但真正征服中国消费者的不是它的车，因为在很多商品都同质化的今天，真正的商品能打动人的情况太少了，而这次宝马公司刻意打造的"宝马生活方式"却感动和影响了不少消费者，在宝马公司这种"生活方式营销"的推动下，"宝马生活方式专卖店"随即在北京应运而生。宝马公司中国区总裁席曼毫不掩饰他们的目的：让顾客通过购买宝马的产品来显示他们的成功，把宝马品牌和消费者本身的成功很好地融合在一起，使使用宝马产品成为客户的一种生活方式。

在宝马的摩托车方面，他们同样在20世纪末采取了一系列"生活方式营销"的法则。宝马摩托借着"开宝马，坐奔驰"的口号，也在近几年快速崛起。数据可以证明宝马摩托在北美惊人的销售成绩——五年内翻了三番！

非常有意思的是，宝马这个牌子也能延伸到服饰行业中，并且取得了相当不错的成绩。这也是宝马有意将情感营销延伸到生活中的例证——宝马之所以能延伸到服饰，是因为宝马不仅象征着非凡的制车技术与工艺，还意味着"潇洒、优雅、时尚、悠闲、轻松"的生活方式，车和服饰都是诠释宝马核心价值观的载体。

1. 宝马成功的关键在于什么？

2. 搜集宝马竞争者的相关资料，论述作为宝马的竞争对手，可以采取哪些策略？

① 资料来源：http://baike.baidu.com/view/175440.htm.生活方式营销事例.

第四部分

消费者决策过程

·第十二章·

消费者决策过程

珠宝饰品价格是消费者与商家能否达成交易的关键所在，针对这一敏感的问题，在价格策略上，周大福创出了一套有别于其他同行的新路子。周大福创新性地推出了“珠宝首饰一口价”的销售政策，并郑重声明：产品成本加上合理的利润就是产品的售价，通过“薄利多销”的经营模式，节省了消费者讨价还价的时间，让顾客真正体验货真价实的感受。为了降低经营成本，从而更好地参与市场竞争，周大福还自己创立了首饰加工厂，生产自己所售卖的各类首饰，减少中间环节，使生产成本降至最低，并获得了全球最大钻石生产商——国际珠宝商贸公司DTC配发钻石原石坯加工琢磨和钻石坯配售权，保证了它最低的原料成本和较强的竞争实力，从而影响了顾客的购买决策。

“消费者决策”是指消费者谨慎地评价某一产品、品牌或服务的属性，并进行理性的选择，即用最少的成本购买能满足某一特定需要的产品的过程。它具有理性化、功能化的双重内涵。

本章将阐述下列问题：

- ★ 消费者决策类型
- ★ 问题认知
- ★ 信息搜集
- ★ 购买评价与选择
- ★ 决策规则

每一消费者在购买某一商品时，都会有一个决策过程，只是因所购产品类型、购买者类型的不同而使购买决策过程有所区别。

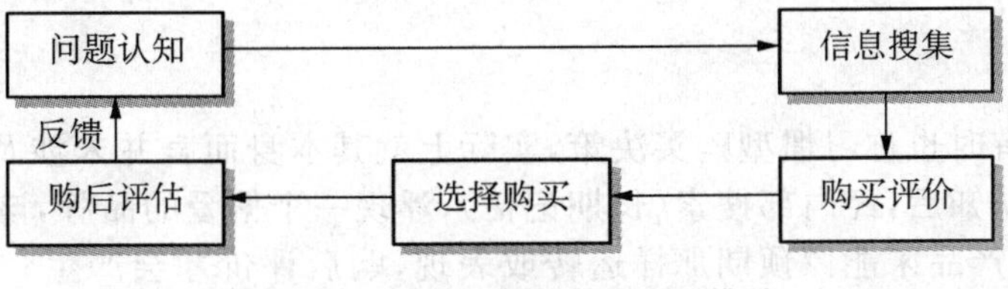

图 12-1　消费者决策过程(CDP)模型

图 12-1 所示的**消费者决策过程模型**(**consumer decision process model**),又称为 CDP 模型,是一个简单的版本,代表了消费者头脑中的路标。它可以指导市场经营者和管理者们制定产品的市场组合、沟通策略、销售策略。该模型描述了在决策生成过程中消费者所发生的活动,以及不同的内外部因素是如何相互作用,并影响消费者的想法、评估以及行为的。

第一节 消费者决策类型

虽然受情感或环境驱使所做的购买及与此相关的消费行为具有远不同于传统的基于产品属性而购买时的特点,我们认为决策过程模型仍对各种类型的购买行为提供了有益的洞悉。如图 12-2 所示,存在着不同类型的消费者决策过程。当消费者的购买介入程度由低到高变化时,其决策过程也随之复杂化。我们用名义型、有限型、扩展型决策来描述不同类型的购买决策过程。需要指出的是,这三种类型之间并非泾渭分明,而是相互交叉的。在描述一种决策过程之前,有必要将"购买介入"的概念界定清楚。我们把购买介入程度定义为:消费者由某一特定购买需要而产生的对决策过程关心或感兴趣的程度。因此,购买介入是某个人、某个家庭或某个单位的一种暂时状态,它受个人、产品、情境特征的相互作用的影响。

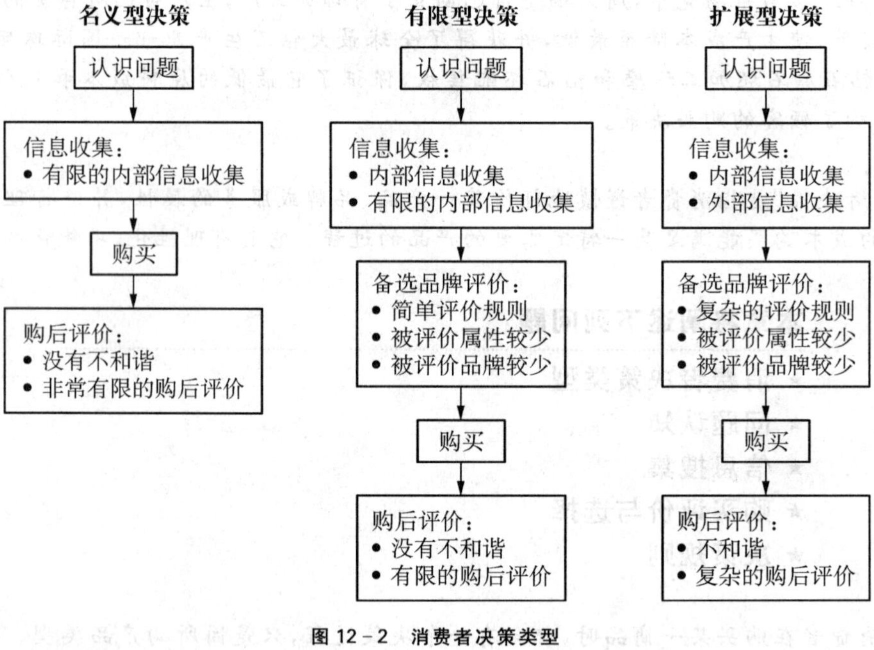

图 12-2 消费者决策类型

以下几个部分简要描述随着购买介入程度的增加,购买决策过程是如何变化的,参见图 12-2。

一、名义型决策

名义型决策,有时也称习惯型购买决策,实际上就其本身而言并未涉及决策。如图 12-2 所示,一个问题被认知后,经内部搜索(长期记忆),浮现一个偏爱的品牌,该品牌随之被选择和购买。只有当被选产品未能像预期那样运转或表现,购后评价才会产生。名义型决策往往发生在对购买的介入程度很低的情况之下。一个纯粹的名义型决策甚至丝毫不考虑选择其他品牌的可能性。比如你发现家里的高露洁牌牙膏快用完了，于是决定下次逛商店时再买几支，而根本没想到用别的牌子来代替它。在商店里，你浏览货架寻找高露洁牌牙膏，对其他牌子和它们的价格或其他潜在的相关因素则压根儿没予以考虑。

名义型决策通常分为两种：品牌忠诚型决策和习惯型购买决策。

（一）品牌忠诚型购买

假设消费者可能曾经对选择牙膏有着很高的介入程度，并运用了扩大型决策过程。作为这一过程的结果，消费者选定了高露洁牌牙膏，之后，虽然选择最好的牙膏对其仍然很重要，但消费者可能会不加思考地一再选择此品牌。此时，消费者已对高露洁品牌产生了忠诚和信赖，因为他认为它能最有效地满足需要。一旦形成了情感上的依赖（喜欢这个品牌），消费者就成了高露洁牙膏的忠诚顾客，其他竞争者很难赢得他的惠顾。由于品牌忠诚，消费者对产品的介入程度相当高，但对购买的介入程度则很低。假如高露洁牌牙膏的优越性受到挑战，比如从新闻报道中了解到更好的牙膏的出现，消费者也许会更换品牌，但很可能要经历一次高介入度的决策过程。

（二）习惯性购买

习惯性购买的情形与品牌忠诚型购买形成鲜明对照。消费者可能会认定所有的牙膏都是一样的，因而对牙膏这类产品及其购买关心甚少。在试了高露洁品牌并感到满意之后，消费者就会一再选择该品牌。于是，消费者成了高露洁牙膏的重复购买者，但并不忠诚于这一品牌。当消费者下次需要购买牙膏时，假如碰巧其他牙膏品牌正在打折促销，消费者可能会更换品牌且无需更多的斟酌和思考。

二、有限型决策

有限型决策是介于名义型决策和扩大型决策之间的一种决策类型。从最为简单的情形看（购买介入最低时），它与名义型决策相似。比如在超市里，消费者注意到了陈列在货架上的统一冰红茶，并顺手拿了两瓶。此时消费者凭借的只是印象中的“冰红茶味道还不错”或“我已经好久没尝过统一冰红茶了”，此外并未搜集更多的信息。消费者最多会为买不买略微犹豫，而不会再考虑选择其他品牌。还有一种情况是，消费者可能遵循某一条决策规则，比如选择最便宜的品牌。当家里的洗衣粉用完时，消费者若置身于超市，就会查看一下各种洗衣粉的价格，挑选一个最便宜的品牌。

有限型决策有时会因情感性需要或环境性需要而产生。比如，决定购买一个新的产品或品牌，此时，消费者不是对目前使用的产品和品牌不满，而是因为消费者对它们产生了厌倦感。这类决策可能只涉及对现有备选品新奇性或新颖程度的评价，而不涉及其他方面。消费者也可能会根据别人实际的或预期的行为对购买进行评价。比如会通过观察或猜测同桌的人就餐时点不点、点什么样的饮料来决定自己的选择。

总的来说，有限型决策涉及对一个有着几种选择方案的问题的认知。信息的搜集主要来自内部，外部信息搜集比较有限，备选产品不太多，而且运用简单的选择规则对相对较少的几个层面进行评价。除非产品在使用过程中出问题或售后服务不尽如人意，否则，事后很少对产品的购买与使用进行评价。

三、扩展型决策

扩展型决策发生在购买介入程度很高的情况下。这种类型的决策涉及广泛的内、外部信息搜集，并伴随对多种备选品的复杂比较和评价。消费者在购买产品之后，很容易对购买决策的正确性产生怀疑，从而引发对购买的全面评价。一般而言，购买诸如房屋、个人电脑等贵重产品时，扩展型决策比较多见。

需要指出的是，即使带有强烈情感色彩的决策也可能涉及相当程度的认知努力。例如，当在做出是留在家里带孩子，还是去逛街购物的决定时，被满足的需要和被评价的标准均是情感因素而非属性特征，而且，由于外部信息的缺乏，所采用的评价标准也比较少。即使这样，在做决定时消费者仍然会左思右想、举棋不定。

消费窗口 12－1

购买一把 SMITH & WESSON 牌手枪[①]

Barbara Linton 今年 37 岁，离异，有两个女儿 Joanne 和 Jenny，分别是 7 岁和 9 岁。她是一个事业成功的医生，年收入超过 9 万美元，与女儿们居住在位于芝加哥郊外的私宅，孩子们就读于私立学校。

最近，在 Barbara 的住宅周围发生了多起抢劫盗窃案件。她的一位朋友就在一个购物中心停车场遭劫。Barbara 很为孩子们和自己的安全担忧，并开始考虑买一把枪以备自卫，然而她同时也顾虑到将一把上了膛的枪放在家里对孩子们是否会造成意外。

Barbara 的叔叔在靠近明尼阿波利斯(Minneapolis)的家乡经营着一个枪械商店和一个射击俱乐部，她决定下一次回家乡时就去找叔叔并进一步考虑购买一把手枪的利弊。

在听了十点钟新闻上报道的又一起在她住宅附近发生的抢劫案后，Barbara 决定下个周末就带上孩子们坐飞机回家乡。到达家乡之后，她去了叔叔的商店。“叔叔，你好！枪支生意还好吗？”她的叔叔 Al 说枪支生意相当不错，射击俱乐部也十分兴旺，又拥有了许多新会员。

Barbara 说由于住宅附近犯罪案件不断发生，她正考虑买一把枪，同时她也谈到自己对家里放把枪是否安全的忧虑。

Al 叔叔告诉她，自己并不想左右她的决定，对于是否购买枪支，人人都只能自己拿主意。但是一旦人们决定要购买，他们必须学会安全正确地装子弹与射击的方法。他还提到有一种安全锁，这种装置可以加装在扳击上以防止对孩子们发生伤害。

Barbara 最终决定购买一把手枪，她让叔叔推荐一种最适合自己的型号。

Al 叔叔说左轮枪比自动式枪使用起来更为简易，携带也更为安全，于是他推荐了 SMITH & WESSON 牌 66 型不锈钢左轮手枪。它有 4 英寸的枪管和手感极佳的黑色橡胶握柄。这种枪使用 0.357 号子弹，但也可以使用 0.38 号子弹。他建议 Barbara 开始时使用 0.38 号子弹，因为它射击时的后坐力较小，随着她的技巧逐渐娴熟可以改用 0.357 号子弹，因为这种子弹杀伤力更大。

Barbara 同叔叔带着 66 型手枪来到靶场。叔叔教她怎样装子弹以及怎样射击和连射。他还向她展示了那种安全锁并演示了怎样把它加装在枪上的方法。Barbara 装上子弹按着叔叔说的要领尝试了一下，她惊奇地发现开枪击中 25 英尺外的假人靶子竟然如此简单。她觉得这种枪无论外观还是手感都非常适合自己。

由于她已不是本州的居民，因此她叔叔不能将枪卖给她，她便在返回芝加哥后买了一把 66 型手枪。她还另外买了橡胶握柄套，两盒 0.38 号特制子弹，一个科宾(Kolpin)牌枪套和一个安全锁。随后她加入了一个相当上档次的射击俱乐部以便提高射击水平并可以在那儿结识与她处境相似的人，这样一来，她的安全感增强了许多。

① 资料来源：J. Paul Peter, Jerry C. Olson. Consumer Behavior and Marketing Strategy, 4th ed. New York: McGraw-Hill Companies Inc, 1996.

第二节
问题认知

问题认知即察觉到需求是消费者购买决策过程的起点。当消费者在现实生活中感觉到或意识到实际与其企求之间有一定差距、并产生了要解决这一问题的要求时，购买的决策便开始了。市场营销人员应注意识别引起消费者某种需要和兴趣的环境，并充分注意到两方面的问题：一是注意了解那些与本企业的产品实际上或潜在有关联的驱使力；二是消费者对某种产品的需求强度，会随着时间的推移而变动，并且被一些诱因所触发。在此基础上，企业还要善于安排诱因，促使消费者对企业产品产生强烈的需求，并立即采取购买行动。

一、问题认知过程

在消费者决策制定模型中，如图 12－3 所示，所有的感知和认知因素都被包括在消费者决策制定中，包括从记忆中获得知识、意义、信念，解释环境中新信息的观察和理解过程。

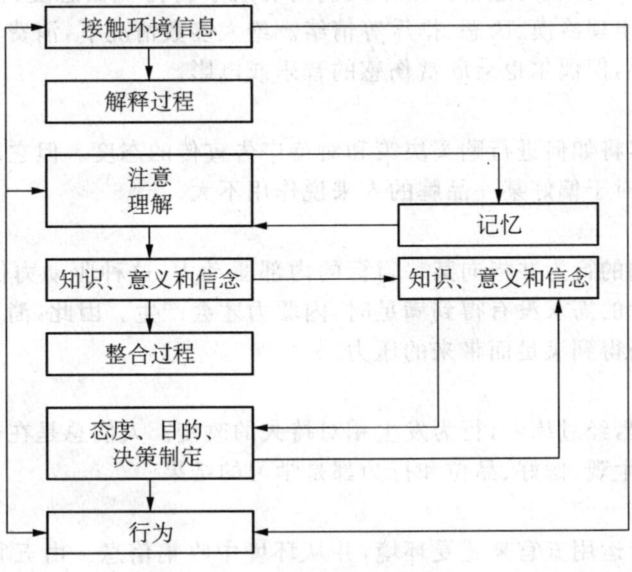

图 12－3 消费者认知过程模型①

消费者决策制定的核心是整合过程，通过整合过程消费者利用调动已有的知识和记忆去评估两个或更多的替代行为，并从中选择一个。这种整合过程的结果是一个选择，它通过行为倾向表达了认知。当消费者有意识地从替代行为中作选择时，我们假定所有的自愿选择都是基于倾向性产生的。但是需要指出的是，并不是每次自愿行为被执行时都必须发生一个有意识的决策制定过程。一些自愿行为成为了习惯。他们是基于储存在记忆中的倾向性，这种倾向性是由过去的一个决策制定过程产生的。当记忆被激活后，这些先前形成的倾向性或决策计划就会自动地影响行为。此外，在消费者的决策中，一些行为并不是自愿的，而是受到环境

① 资料来源：Joel B. Cohen, Paul W. Miniard, Peter Dickson. "Information Integration: An Information Processing Perspective" in Advances in Consumer Research, vol, 7. ed. Jerry C. Olson (Ann Arbor, Mich. : Association for Consumer Research, 1980).

因素的极大影响。例如，消费者在大型超市购物时，很可能会受到商品陈列的影响，此时，购买就会顺势产生，而不一定与决策相关。

二、影响问题产生的变量

消费者问题可分为主动型与被动型。主动型问题是指消费者在正常情况下就会意识到或将要意识到的问题，被动型问题则是消费者尚未意识的问题。消费者的理想状态与实际状态之间的差距是产生问题认知的必要条件。理想状态是指消费者当前想达到或感受的状态，实际状态是指消费者对其当前的感受及处境的认知。例如，周末的晚上，消费者原计划去餐厅吃一顿好的，然后去电影院欣赏电影，放松一下(理想状态)，但是一场突如其来的大雨破坏了消费者的安排，只能在家望雨兴叹(实际状态)，这样，问题就产生了。

导致理想状态和实际状态差距存在的因素很多。这些因素有的与消费者的欲望有关，有的与消费者对现在状况的认识有关，而且它们远非营销人员所能直接控制。我们在本书的前几章，对其中一些因素已经做了详尽的论述，这里再概括一下。

(一) 内部因素

■ 情绪

情绪是强烈而难以控制的感情。如果人们对客观事物持积极态度，便会出现喜欢、热情、高兴的情绪，否则会出现冷漠、厌恶、排斥等情绪。绝大多数情况下，消费者寻求商品和服务是为了达到积极的效果，但偶尔也会欣赏伤感的音乐或电影。

■ 个性

个性决定了顾客将如何进行购买决策和对待广告宣传的态度。但它却只对购买种类繁多的商品或服务有效，对于偏好某一品牌的人来说作用不大。

■ 动机

动机是引起人们的行为并指向某一目标的内部驱动力，这种驱动力促使消费者去实现需求或愿望。当消费者的需求没有得到满足时，内驱力才会产生。因此，消费者通过自己的行动来减轻由于需求没有得到满足而带来的压力。

■ 学习

学习是一个过程，经过练习，行为发生相对持久的改变。人们总是在长期记忆的基础上继续学习。价值观、人生观、偏好、品位和行为都是学习的结果。

■ 感知

感知就是消费者运用五官来感受环境，并从环境中收集信息。由五官形成的感觉称为知觉，顾客利用知觉在纷繁复杂的刺激信息中进行选择、组合以及利用。而所谓的刺激，如声音、气味、温度是一种信息的输入，它作用于消费者的感觉器官。由于每个人对刺激赋予的含义可能有所不同。因此，不同的消费者以不同的方式看待同一事物时，感知到的含义可能有所不同。

(二) 外部因素

■ 文化

文化是一个社会的特征，它左右着人们的价值观、态度、信念和规范等。文化与历史发展有关，所以它既厚重，又会随着时间推移而改变。文化是思考和行为的指南，因此在消费者的消费决策中起着重要的作用。

■ 价值观

价值观是人们关于生活中基本价值的信念、信仰、理想等思想观念的综合。它是人们从父母家庭、宗教组织、学校和生活环境中学到的文化的一部分。价值观是任何社会精神文化系统中深层的、相对稳定而且起主导作用的部分。它为人们的正当行为提供了判断选择的标准。

■ **人口统计学特征**

人口统计学特征由各种统计特征，如年龄、性别、受教育程度、收入、职位等构成。人口统计信息通常被用来评价潜在客户，揭示一些人口统计重要特征的趋势。

■ **社会地位**

社会地位是根据一些可确定的人口统计特征，如受教育程度、职位和收入，来衡量一个人相对于其他人的地位。具有相同或相似社会地位的个体被归为同一社会阶层。通常来讲，处于同一社会阶层的人具有相同的价值观、信仰、生活方式、偏好和购买习惯等。

■ **顾客相关群体**

顾客相关群体是指那些直接或间接地影响人的看法和行为的群体。而那些对一个人有着直接影响的群体即为成员群体。

■ **家庭**

家庭既是普通消费群体又是顾客相关群体，它影响到其成员的购买行为。作为一个整体，他们会共同购买和消费大量的商品，如家用电器、休闲食品、汽车等。

■ **营销活动**

营销活动侧重于构建和维持与消费者的互利关系，它们从内因和外因两个方面进行交流。

（三）消费者问题的衡量

发现消费者面临的问题有很多种方法。比较典型的研究技术是调查，即询问大量消费者以了解他们所面临的问题。通常情况下，会运用活动分析、产品分析、问题分析等三种方法来识别问题。

除此之外，还有人体因素研究和情绪研究。前者既不依赖于调查法，也不依赖于集中小组访谈。后者旨在揭示情绪在问题认知中所起的作用。

（1）活动分析。活动分析集中于对某一具体活动如购买洗发水或修理电器之类活动的分析。调查法或集中小组访谈法试图找出在活动过程中消费者觉得会发生什么问题。例如，约翰森·万克斯公司曾进行了一次面向妇女的全美范围的调查，内容是她们怎样护理头发及遇到了哪些问题。调查结果显示：在现有的洗发水品牌中均未能解决一个问题，而这个问题又是消费者期待予以解决的，那就是头发的油腻问题。结果，该公司有针对性地开发出了 Agree 香波和 Agree Creme 清洗液，均大获成功。

（2）产品分析。产品分析与活动分析类似，但研究的是某一个特定的产品或品牌的购买与使用。消费者被问到的问题可能与使用某一产品有关。洛克小熊服装公司使用集中小组访谈方法来分析儿童服装的购买和使用。结果表明，消费者在购买儿童服装时感到非常不放心，原因主要是对产品用料对儿童安全的不信任。于是，洛克小熊发起了一项大规模的宣传活动，向广大消费者宣传其选料的精良和生产过程中的安全保证，使消费者打消了顾虑。

（3）问题分析。问题分析由一系列问题开始，要求被调查者指出哪项活动、产品或品牌会涉及这些问题。例如，涉及包装的一项调查问卷中会列出如下问题：①包装难以开启；②包装难以重新密封；③不便于倾倒；④包装不适合货架；⑤包装浪费的材料太多。

通过对消费者的调查，营销人员就会知晓问题存在于哪里，并着手进行改善。

（4）人体因素研究。人体因素研究试图测试人的诸多能力，如视力、力量、反应时间、灵活性、疲劳程度，以及影响这些能力的因素，如亮度、温度、声音等。用于人体因素研究的方法多种多样，其中观察法，如慢动作拍摄和放映录像、录音等等对营销人员来说尤为有用。

人体因素研究主要用于确定消费者意识不到的功能性问题。比如，它有助于设计像吸尘器、电脑之类以减轻使用者疲劳程度为目的的产品。

(5) 情绪研究。营销者对于情绪在决策过程中的作用的研究才刚刚起步。消费情绪是个人对产品及服务绩效认知所产生的情感回应,可通过特定的情绪体验及表现方式(如高兴、生气、害怕)加以描述,也可采取结构性的情绪型态加以描述(如愉快/不愉快、放松/行动、平静/兴奋)。比较通常的方法是集中小组访谈和面对面的访谈。研究重点集中在两个方面,一是与某一个特定产品相联系的情绪,二是能够减轻或激发某种情绪的产品。

对于比较细微或敏感的情绪或产品,采用投射技术比较合适。情绪和对广告的情绪反应的技术也可被用于测量消费者对各种决策情境的情感反应。

消费窗口 12-2

消费情绪的测量[①]

情绪测量对消费情绪的研究是十分重要的。由于消费情绪是一种个性化行为,因此,消费情绪测量是一件十分困难的事情。研究学者也对此问题进行了深入研究。综观他们在消费情绪研究中的方法,可分为科学仪器测量、由外显行为判断与自陈式评量三种基本方法,也就是分别通过生理及心理测量、研究者的观察及受测者的自陈式问卷来做测量与评估。

1. 科学仪器测量

心理学家常采用仪器测量情绪的生理变化。此类以仪器研究情绪的方式所得数据较客观和精密,但在仪器、经费上的需求也相对较高,而且也可能忽略了情绪体验的心理层面。

2. 由外显行为判断

此方法的应用也就是所谓的观察法,以面部、言语等外显行为来判断情绪,但难度较大。因为即使同样的刺激引起类似的情绪反应,个人的脸部情绪反应却未必一样。有些人喜怒哀乐情绪能随时出现于面部,但也有些人是喜怒不形于色的,真正的情绪常令人无法揣摩。人的情绪具有社会性,人们可有意识地调查或控制自己的表情动作,甚至可以伪装自己的真实感情。所以只有在表里如一的状态下,这种研究结果才具有真实性和可靠性。所以单从面部表情来判断情绪是不够的。

3. 自陈式评量

情绪的感受是主观的。有关生理及表现的行为变化虽可通过客观的仪器进行测量,但对个体动机变化、行动倾向及主观上所感受到、意识到的情绪状态,则必须通过体验者的自陈式报告(self-report)才能加以测定。在研究情绪反应时不能仅凭客观方法来研究。

Wallbon 和 Scherer 于 1989 年就明确指出,自陈式评量法是探究测试者的动机改变和行动意向等情绪感觉状态的唯一方法,而且自陈式评量法在设计较好的状态下,可以了解受测者生理及心理两方面的变化,提供一个综合性的情绪体验评量值。因此,在研究情绪时,心理学家们常采用自陈式的情绪测量法,要当事人主观地陈述其感觉。

自陈式情绪体验测量时,常规方法有自省法、联结法、区别性情绪评量尺度法及情绪状态的语义差异测量法,其中前二者是较难量化分析的方法,而后二者是经常使用的可量化的情绪测量方法。

(1) 自省法(Introspective method)。自省法为心理学家用来研究内在心理历程的传

① 资料来源:晏国祥.消费情绪研究综述.软科学,2008,22(3):28-29.

统方法之一，测量结果来自个体对自己意识经验的陈述。此法最主要的缺点是无法有效的量化。

(2) 联结法(Association)。通过提供不同刺激以引起不同联想语汇的方法称之为联结法，包括了不受限制的自由联结法和限制性的联结。自由联结法的缺点是联想语汇太多，无法给予适当的统计处理，所以多用于试探性的语汇搜集，再从中选出适合于研究目的者的语汇。而限制性的联结法则是预先提供一群词汇，让受测者将各刺激情境或事物与其进行联结。

(3) 区别性情绪量表(the Differential Emotion Scale, DES)。此方法是一种评量尺度为顺序尺度的度量技术。也就是受访者在一个连续带上或从依次排列的类别中指出与其态度一致的位置或数值。

(4) 情绪状态的语义差异测量法(Semantic Differential Measures of Emotional State)。语义差异法是利用一组由两个相对立的形容词构成的双极尺度来进行评估的方法。这个方法是 Mehrabian 和 Russell 于 1974 年所发展的，是将环境与个人的互动层面视为中间变量，利用语义差异量法来测量个人对环境的情绪反应。其基本假设是愉悦、唤起和支配性为人类三种主要的情绪反应，其分别对应 Osgood 于 1969 年所提出的语义空间的三个向度—— 性质、力量及行动。

第三节 信息搜集

当消费者产生了购买动机之后，便会开始进行与购买动机相关联的活动。首要的工作就是开始搜集有关能够满足他们需求的产品资料。如图 12 - 4 所示，消费者在进行信息搜集时，可以是内部搜集(internal search)，即从记忆中、从事物的起源中寻找，也可以是外部搜集(external search)，即从同族人、家庭或市场上搜集。

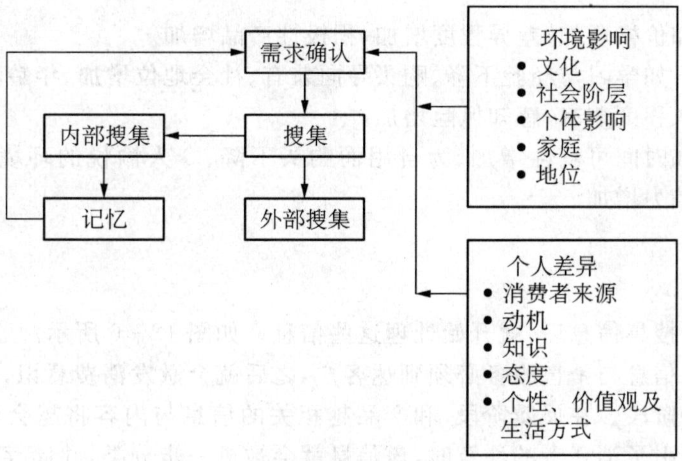

图 12 - 4 搜集信息

一、信息来源

消费者信息的来源主要有四个方面：

- **个人来源**。从家庭、亲友、邻居、同事等个人交往中获得信息。
- **商业来源**。消费者获取信息的主要来源，其中包括广告、推销人员的介绍、商品包装、产品说明书等提供的信息。这一信息源是企业可以控制的。
- **公共来源**。消费者从电视、广播、报纸杂志等大众传播媒体所获得的信息。
- **经验来源**。消费者从自己亲自接触、使用商品的过程中得到的信息。

各种信息来源相互影响，取决于具体的产品和购买者，一般情况下，消费者得到的多数产品信息来自商业信息。从消费者角度看，商业信息不仅具有通知的作用，而且具有针对性、可靠性，个人和经验来源只能起验证作用；而对企业来说，商业信息是可以控制的。消费者可以通过商业信息的渠道了解该企业的产品，进而购买该企业的产品。

但不管消费者如何努力搜集信息，由于他的视野所限，必然会有所遗漏。因此，消费者所获得的产品信息只是所有产品信息（即全集合，total set）中的一部分（即有知集合，awareness set）。无论采取哪种方式和渠道，消费者在开始搜集信息时，都会先根据自己的需要预设一些标准。当然，在搜集信息的过程中，预设标准有可能改变。因此，消费者在消费过程中，会进行初步的淘汰工作，将根本不能满足其预设标准的信息排除在外，成为“不可行集合”（infeasible set），剩下的则成为“考虑集合”（consideration set），有待下一阶段的筛选。这一过程如图 12－5 所示。

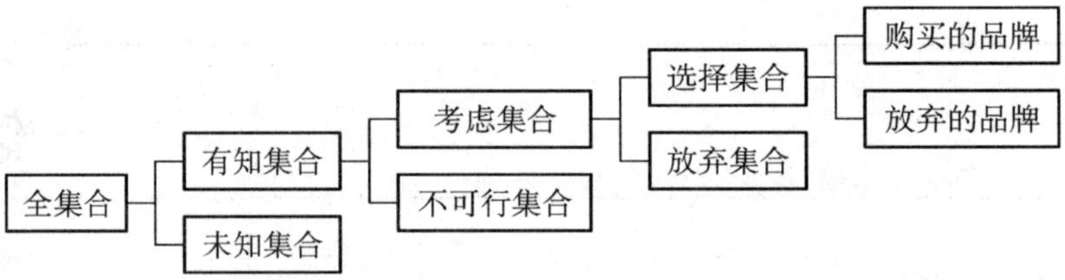

图 12－5　消费者品牌决策的连续集合

影响购买前外部信息搜集的因素包括：

- **市场特征**：如备选方案的数目增加，价格幅度增加，商店集中程度增加，信息可获程度增加等。
- **产品特征**：如价格增加、差异程度增加、积极性产品增加。
- **消费者特征**：如学习与经验下降、购买导向兼有、社会地位增加、年龄和家庭生命周期兼有、产品介入程度兼有、感知风险增加。
- **情境特征**：如时间可获性增加、为自用而购买下降、令人愉悦的环境增加、社会环境兼有、体能与脑力增加。

二、信息处理

当消费者通过搜集信息后，就开始处理这些信息。如图 12－6 所示。

展露即指产品信息与销售服务必须到达客户，之后就会激发消费意识，从而也就开始了消费决策过程的起始阶段。在展露阶段，和产品越相关的信息与内容将越会引起人们注意。当有关产品的信息吸引了消费者的注意时，该信息就会被进一步分类，并储存在记忆中。经营者期望着消费者能够准确地理解产品信息。

消费者理解产品信息后，要么接受该产品，要么放弃。产品信息的目标是更正或更改产品

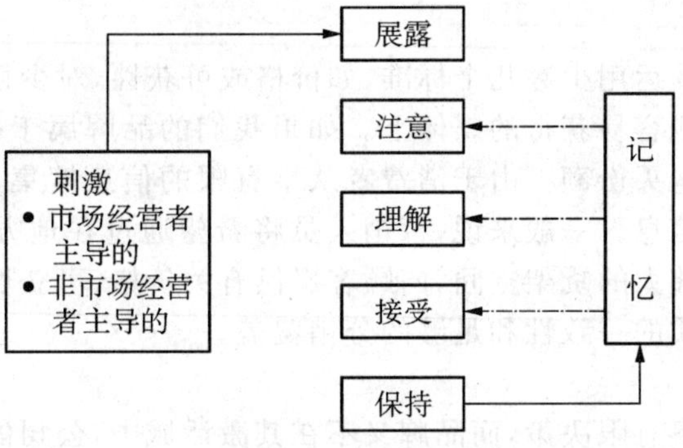

图 12－6 信息处理过程

在人们心目中的现有形象。

最后，说服者的目的就是让消费者接受新产品信息，而且将信息储存在记忆中，以便以后的购买需要。

三、基于信息搜集模式的营销战略

认识问题之后，消费者可能进行广泛的内部与外部信息搜集，或者是有限的内、外部信息搜集，或仅仅是内部信息搜集。

消费者将会搜集以下方面的信息：①问题解决方案的合适评价标准；②各种备选方案；③每一种备选方案在每一评价标准上的表现。当面临某个问题，大多数消费者会回忆起少数几个可以接受的备选品牌。这些可接受的品牌，即激活域，是消费者在随后的内、外部信息搜寻过程中进一步搜集信息的出发点。因此，营销人员非常关注他们的品牌是否落入大多数目标消费者的激活域。信息搜集水平与企业品牌是否处于激活域以及位置如何，是两个非常重要的考虑层面。以此为基础，企业提出了六种潜在的信息战略。

（一）保持战略

如果品牌被目标消费者习惯性地购买，企业的战略是保持这种行为。这要求保持产品品质的一致，避免渠道中存货的短缺，同时强化广告宣传。另外，企业还要谨防竞争者的瓦解性战术。总之，企业需要不断开发和改进产品，以抵消竞争者通过诸如奖券派送、价格折让、购物点陈列等策略对消费者所产生的影响。

例如，上海的力波啤酒利用地域优势，成功地俘获了当地消费者的心。香烟之中的红双喜、中华也具有很多忠诚的消费者。这些品牌在近些年里均成功地抵御了主要竞争者的强劲攻击，保住甚至强化了市场地位。与此形成对照，由于品质控制上的问题，致使中国的奶产品厂家在三聚氰胺事件中丧失了大部分市场份额。

（二）瓦解战略

如果品牌没有进入消费者的激活域，而且目标消费者采用的是名义型决策，营销人员的主要任务是瓦解现存的决策模式。由于消费者并不搜寻外部信息，甚至在购买前不考虑各种备选品牌，因此，完成这一任务相当困难。随着时间的推移，低介入度学习可为产品创造一个良好的位置，但仅仅依靠它还不足以改变行为。从长期看，产品的重大改进伴随引人注目的广告，可以引导目标消费者进入更广泛的信息搜寻型决策。在短期内，旨在打破习惯性决策的具有吸引力的广告可以获得成功。免费样品、优惠券、折让是瓦解名义型决策的最常用的方法。同样，独特的包装设计和购物点陈列，也可以打破习惯性购买序列。比较性广告也常用于此目的。

（三）捕获战略

有限型决策通常涉及运用少数几个标准，如价格或可获性，对少量品牌进行比较。大部分信息搜寻发生在购物点或容易获得的媒体上。如果我们的品牌属于被考虑的品牌之列，目标应是尽可能占有较大的购买份额。由于消费者从事有限的信息搜集，我们需要了解他们在何处搜寻信息和搜寻何种信息。一般来说，营销人员将希望通过在地方媒体上做合作性广告或通过购物点的陈列和足够大的货架空间，向顾客提供有关价格、可获性等方面的信息。营销人员也应关心保持产品品质的一致性和足够的分销覆盖。

（四）拦截战略

如果目标消费者从事有限决策，而品牌又不在其激活域中，公司的目标将是在消费者寻找有关激活域品牌的信息过程中对其实施拦截。同样，这里的重点将是地方媒体上的合作性广告、购物点陈列、货架空间、包装设计等等。赠送奖券也非常有效。由于消费者对品牌不予关注，吸引消费者的注意将至关重要。除了上述各项策略，低介入度学习、产品改进、免费样品也可以用来帮助企业品牌进入目标市场的激活域。

（五）偏好战略

当消费者决策属于扩展型决策，品牌又在消费者激活域里时，要求采用偏好战略。由于扩展型决策一般涉及好几个品牌、很多产品属性和信息来源，简单的捕获战略可能是不够的。相反，企业需要构建一种信息方案，以使品牌受到目标消费者的偏爱。首先，是在那些对目标消费者十分重要的属性上建立强势地位。其次，信息必须提供给所有合适的渠道。这可能要求对那些虽然不买该产品，但可能向他人推荐该产品的群体进行广泛的宣传。应鼓励非商业性独立组织或群体检测该品牌，应当给销售人员提供有关产品属性的详细信息。另外，应当给销售人员额外的刺激，以鼓励他们推荐该品牌。购物点陈列与宣传手册也应精心设计。

（六）接受战略

接受战略与偏好战略极为类似。然而，更为复杂的是，目标消费者将不会搜寻有关品牌的信息。所以，除了前面偏好战略下所提到的各种活动，营销人员还需吸引消费者注意或促使他们了解品牌。

旨在鼓励低介入度学习的长期广告是获得接受的又一有用途径。大量重点强调增加受众吸引力的广告也非常有效。采用这两种途径的主要目的并非“销售”品牌，而是寻求使品牌进入消费者的激活域。这样，当某种购买情境出现时，消费者将搜寻关于该品牌的更多的信息。

第四节 购买评价与选择

当消费者从不同的渠道获取到有关信息后，便对可供选择的品牌进行分析和比较，并对各种品牌的产品做出评价，最后决定购买。

一、评估过程

消费者选择是一个复杂的过程，作为消费者，每个人都曾做过大量的消费选择，这种选择通常是循环的、情感化的、不完全的，而且基于方便而不追求最优。大量的研究都假定消费者是理性决策者，然而实际上，消费者理性是有限的，因为他们只具备有限的信息能力。

消费者购买评估过程包括以下五个步骤。

（一）分析产品属性

产品属性即产品能够满足消费者需要的特性。消费者一般将某一种产品看成是一系列属性的集合，例如，对一些熟知的产品，他们关心的属性一般是：

- 照相机　照片清晰度、速度、体积大小、价格。
- 电脑　信息存储量、图像显示能力、软件适用性。
- 牙膏　洁齿、防治牙病、香型。
- 轮胎　安全性、胎面弹性、行驶质量。
- 手表　准确性、式样、耐用性。

这些都是消费者感兴趣的产品属性，但消费者不一定对产品的所有属性都视为同等重要。市场营销人员应分析本企业产品应具备哪些属性，以及不同类型的消费者分别对哪些属性感兴趣，以便进行市场细分，对不同需求的消费者提供具有不同属性的产品，既满足顾客的需求，又最大限度地减少因生产不必要的属性所造成的资金、劳动力和时间的耗费。

（二）建立属性等级

即消费者对产品有关属性赋予不同的重要性权数。在非特色属性中，有些可能被消费者遗忘，而一旦被提及，消费者就会认识到它的重要性。市场营销人员应更多地关心属性权重，而不是属性特色。

（三）确定品牌信念

消费者会根据各品牌的属性及各属性的参数，建立起对各个品牌的不同信念，比如确认哪种品牌在哪一属性上占优势，哪一属性上占劣势。

（四）形成"理想产品"

消费者的需求只有通过购买才能得以满足，而他们所期望的从产品中得到的满足，是随产品每一种属性的不同而变化的，这种满足程度与产品属性的关系，可用效用函数描述。效用函数，即描述消费者所期望的产品满足感随产品属性的不同而有所变化的函数关系。它与品牌信念的联系是，品牌信念指消费者对某品牌的某一属性已达到何种水平的评价，而效用函数则表明消费者要求该属性达到何种水平他才会接受。每一消费者对不同产品属性的满足程度不同，形成不同的效用函数。比如，某一消费者欲购买一台摄像机的满足，会随着功能的齐全、图像的清晰、操作的方便等而得以实现，但也会因价格的上升而使满足感减少。把效用的各最高点连接起来，便成为消费者最理想的摄像机效用函数。

（五）做出最后评价

消费者从众多可供选择的品牌中，通过一定的评价方法，对各种品牌进行评价，从而形成对它们的态度和对某种品牌的偏好。在这一评价过程中，大多数的消费者总是将实际产品与自己的理想产品进行比较。也就是说，偏好和购买意图并不总是导致实际购买，尽管二者对购买行为有直接影响。表明了一项特别具有典型意义的最终购买行为。

只让消费者对某一品牌产生好感和购买意向是不够的，真正将购买意向转为购买行动，其间还会受到两个方面的影响。

一是他人的态度。消费者的购买意图，会因他人的态度而增强或减弱。他人态度对消费意图影响力的强度，取决于他人态度的强弱及他与消费者的关系。一般说来，他人的态度越强、他与消费者的关系越密切，其影响就越大。例如，丈夫想买一大屏幕的彩色电视机，而妻子坚决反对，丈夫就极有可能改变或放弃购买意图。

二是意外的情况。消费者购买意向的形成，总是与预期收入、预期价格和期望从产品中得到的好处等因素密切相关。但是当他欲采取购买行动时,发生了一些意外的情况,诸如因失业而减少收入,因产品涨价而无力购买,或者有其他更需要购买的东西等等,这一切都将会使他改变或放弃原有的购买意图。

消费窗口 12-3

洗衣粉品牌评价[①]

洗衣粉行业品牌众多,目前,洗衣粉市场的十个主要品牌:雕牌、立白、白猫、奥妙、汰渍、奇强、碧浪、浪奇、田七和威白。消费者对各品牌洗衣粉的感知情况如何? 据调查,消费者对外资品牌中的碧浪、汰渍、奥妙洗衣粉和国内品牌中的白猫洗衣粉的产品质量较为认可。

从细化指标来看,在去污能力、溶解速度、气味、包装、购买方便和满足特定需求方面,均是碧浪、汰渍和奥妙洗衣粉名列前茅,其中碧浪洗衣粉在去污能力和气味方面的优势非常突出;在柔和性方面,汰渍、碧浪、威白和奥妙洗衣粉占据了前四名的位置。

从国内品牌来看,消费者对白猫洗衣粉的去污能力和溶解速度评价较高,消费者感觉购买雕牌洗衣粉较方便,其他四个国内品牌——立白、田七、奇强和浪奇在以上各方面的表现欠佳。

二、评价标准

评价标准是消费者针对某一特定类型问题而寻求的一些特性或利益。

(一) 评价的一般标准

评价的一般标准包括以下几个方面。

- **可获性**:产品是否易于被获取? 这是最基本的标准。比如,过去顾客只能在银行的营业时间利用银行提供的个人存取款服务,银行采用自动取款机后,可以超出传统的营业时间24小时提供某些服务。
- **便利性**:销售场所的选择决定了对顾客的便利性。例如,快餐店、干洗店等若想成功的话,其坐落地点必定选择在繁华街区,而加油站则一般要位于交通流量大的主干道路附近。
- **可靠性**:可靠性是购买商品所产生的直接效果。服务的可靠性如何,会影响顾客是否再次光临。比如,在汽车修理服务方面,与价格、服务地点等要素相比,顾客最需要的是故障完全排除。若是第一次维修时没有完全修好,就说明产品和服务的可靠性差。
- **个性化**:产品或服务是否能够满足不同顾客的特定需求。无论程度如何,定制可以看成是更为个性化的服务。例如,在宾馆里,如果宾馆称呼经常光临顾客的名字,将使这些顾客感受到了特别对待。在类似的提供大量服务的行业,如果服务组织能够致力于服务个性化,提高个性化的程度,就有可能带来独特的竞争优势。
- **价格**:从购买动机上来说,更多的人愿意"货比三家",购买"物美价廉"的产品。
- **质量**:质量是购买前顾客的期望与购买过程中或结束后顾客对于购买经历的感知两者之间关系的函数。
- **声誉**:选择提供商时,面临的不确定性,往往可以通过在决策前与其他有经验的人交谈

① 资料来源:根据 http://www.dina.com.cn/ShowInfoContentl.asp? ID=406 改编.

而消除。

■ **安全**:安全以及安宁是需要考虑的重要因素,因为在许多行业,如航空和医疗,顾客是把自己的生命交付给商品提供者的,因此,安全格外重要。

■ **速度**:对紧急商品或服务,如火警和匪警,反应时间是主要的行为标准。

(二)评价标准的层次

顾客在不同的购买决策过程中,对产品的标准要求不同。购买决策开始时,首先考虑合格的潜在企业,以企业的"资格标准"来衡量;购买时选择在以上范围中比较优秀的企业,衡量标准是"服务优胜标准";在有了第一次购买经历后,顾客将根据"服务失败标准"决定是否再来。

■ **资格标准或合格标准**

资格标准是现有行业的基本标准,是他们所提供的产品能够进入市场的最起码的条件。

■ **优胜标准或满意标准**

优胜标准是区别其他组织的标志,是指诸如价格、便利或声誉等顾客用来选择提供者的因素。优胜标准因顾客在购买时的需要不同而不同。

■ **失败标准**

提供的商品没有达到或超过期望的水平,会导致顾客的不满,永远失去顾客。商品的可靠性、个性化、速度等因素往往成为失败标准和毁灭性因素。

(三)评价属性

产品和服务有三种属性:搜索性属性、体验性属性和信誉性属性。搜索性属性是指产品或服务在顾客购买之前就可以确定的属性,如款式、颜色、价格等。体验性属性是指在顾客购买之后或在消费过程中才能感觉到的属性,如味道、耐用性、愉悦性等。信誉性属性是指在顾客购买之后或在消费之后仍然无法评估的属性,如可靠、效果等。如图 12－7 所示:

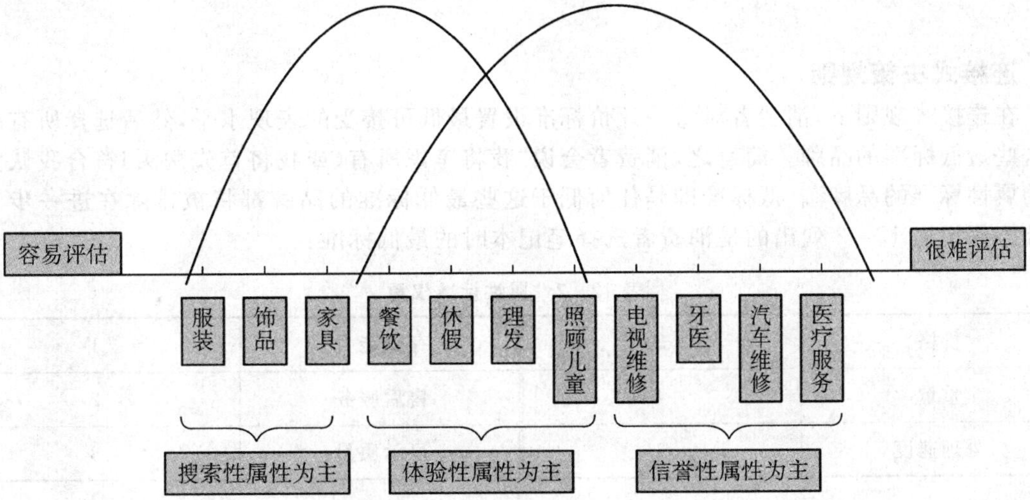

图 12－7 搜索性属性、体验性属性和信誉性属性的连续区域

根据顾客是以搜索性属性、体验性属性还是信誉性属性为主评估产品的难易程度来排列一系列产品。连续区域左端是以搜索性为主的产品,顾客在购买之前非常容易评估这些属性。连续区域中间是以体验性为主的产品和服务,必须在购买和消费之后评估。连续区域右端是以信誉性为主的产品和服务,这类产品是最难评估的。

第五节 决策规则

假设消费者已经从价格、重量、处理器、电池寿命、售后服务和显示质量6个方面对激活域中六种品牌的便携式电脑的某个型号做出了评价。营销人员还进一步假设每一品牌在某一属性上的表现特别突出，而在其他某个或多个属性上表现稍差，消费者最终会选择哪个品牌呢？答案在于消费者所采用的决策规则。消费者常常单独或同时应用五种决策规则或模式：连接、析取、排除、编纂和补偿。连接式规则和析取式规则可能产生几个可接受的选项，而其他三种规则通常只产生一个“最佳”选项，如表12－1所示：

表12－1 不同品牌的产品性能比较①

品牌	爱普生	佳能	华硕	明基	IBM	东芝
价格	5	3	3	4	2	1
重量	3	4	5	4	3	4
处理速度	5	5	5	2	5	5
存储能力	1	3	1	3	2	5
售后服务	3	3	4	3	5	3
显示质量	3	3	3	5	3	3

一、连接式决策规则

在连接式规则下，消费者对每一评价标准设置最低可接受的表现水平，然后选择所有超出了这些最低标准的品牌。简言之，消费者会说“我将考虑所有（或我将首先购买）符合我认为重要的属性标准的品牌”。低标准即是任何低于这些最低标准的品牌都将被排除在进一步考虑之外。假设表12－2列出的是消费者选择笔记本时的最低标准：

表12－2 属性标准权重

价格	3	存储能力	1
重量	4	售后服务	2
处理速度	3	显示质量	3

参考表12－1，我们可看到有四个品牌——IBM、爱普生、明基和东芝被排除，因为它们没能够符合所有的最低标准。在这种情况下，剩下的两个品牌也许具有相等的满意度，也许消费者会再应用其他决策规则从中只选择一个。

因为消费者处理信息的能力是有限的，所以连接式规则在将信息处理任务缩小到一个可操作的水平时是很有用的。它首先排除那些不符合最低标准的对象，这在购买如住房等商品

① 注：1＝感觉很差；5＝感觉很好。

或租赁公寓时常被采用。

按连接式规则，首先排除了诸如价格不适合、位置不好或不能提供其他期望属性的对象，对符合这些最低标准的选项则再采用其他规则来做出选择。连接式规则也常用在低介入度购买中。在这类购买中，消费者在一个品牌集合中每次评价一个品牌，然后选择第一个符合所有最低标准的品牌。

二、析取式决策规则

析取式规则对每一个重要属性建立一个最低可接受的表现水平(它通常比较高)。任一品牌只要有一个属性超出了最低标准都在可接受之列。可以用一句话来概括析取式规则，即"我将考虑所有(或首先购买)在任一我认为重要的属性上表现确实好的品牌"。假设你在应用析取式规则做决策，首先的临界点(cut off point)如表 12-3 所示。

表 12-3 属性标准权重

价格	3	存储能力	不关键
重量	5	售后服务	不关键
处理速度	不关键	显示质量	5

结合表 12-1，爱普生(价格)、华硕(重量)和明基(显示质量)值得进一步考虑。在应用析取式规则时，消费者可能购买第一个发现可接受的品牌，也可能借助其他决策规则，或者加入附加标准。

三、排除式决策规则

排除式规则要求消费者对评价标准按重要程度排序，并对每一标准设立切除点。从最重要的属性开始对所有品牌进行考察。那些没有超过切除点的被选品被排除在外。如果不止一个品牌超出切除点，考察过程将根据第二重要的标准重复进行，这将持续到仅剩一个品牌为止。即该消费者的逻辑是"我将购买那个具有其他品牌所不具有的最重要属性的品牌"。考虑表 12-4 的排序和临界点，按排除式规则，消费者将选择哪一个品牌呢?

表 12-4 属性排序及临界点

价格	1	3	处理速度	4	3
重量	2	4	售后服务	5	3
显示质量	3	4	存储能力	6	3

价格标准将排除 IBM 和东芝(表 12-1)。剩余者中，佳能、华硕和明基满足重量要求。请注意，东芝也符合重量要求但没有被考虑，是因为它在最关键的价格属性中被淘汰了。最后只有明基符合第三位的显示质量要求。应用排除式规则，最后我们得到了一个具有其他所有品牌都具有的需求特性，而且还有一个其他品牌所没有的特性的品牌。在本例中，明基将被选中。

四、编纂式决策规则

编纂式规则要求消费者将评价标准按重要程度排序，然后将选择最重要属性中表现最好的品牌。如果有两个或两个以上的品牌等序，它们将再次按重要属性进行评价，直到只剩下一个品牌。消费者的思想可以这样表述:"我将选择在对我而言最重要的属性上表现最好的品牌,如果有两个等序,我将根据次重要属性选择表现最好的一个。"

编纂式规则与析取式规则很相似,差别只是编纂式规则在每一步都寻求最佳表现的品牌,而析取式规则只是寻求表现满意的品牌。所以应用编纂式规则和上面分析析取式规则时所用的数据相似,结果会选择爱普生,因为它在最重要的属性中表现最佳。

如果爱普生在价格上列第四,它将和明基等序。然后明基将按其最佳的重量排序而被选中。将这一规则应用于目标市场中,最关键的是,必须保证产品在最重要的属性上的表现等同于或超过其他任何竞争品牌。如果不能在最重要的属性上具有竞争力,那么次重要属性上再好的表现也无关紧要。

五、补偿式决策规则

前四种规则都是非补偿性的,因为某一属性的优秀表现并不能补偿其他属性的拙劣表现。有时消费者希望在决定对某一产品总体品牌偏好的时候,能够在一些表现极好的属性与较不吸引人的属性之间做某种程度的平衡。

补偿式规则陈述的是消费者将选中在有关评价标准的判断上总体表现最好的品牌。用公式可以表述为:$R_{\mathrm{b}} = \sum_{i=1}^{n} W_i B_{i\mathrm{b}}$ 。式中,R_{b} 为 b 品牌的总体排名;W_i 为赋予评价标准 i 的重要性或权重;$B_{i\mathrm{b}}$ 为品牌 b 在评价标准 i 上的得分;n 为相关的评价标准的数目。

例如用表 12-5 中所示的相对重要性得分,按补偿式决策规则,将会选择哪个品牌呢?

表 12-5 属性得分

	重要性得分
价格	30
重量	25
处理速度	10
存储能力	5
售后服务	10
显示质量	20
总分	100

应用本决策规则,明基取得最高偏好度(表 12-1),它的计算结果如下:

$$R\text{明基} = 30 \times 4 + 25 \times 4 + 10 \times 2 + 5 \times 3 + 10 \times 3 + 20 \times 5$$
$$= 120 + 100 + 20 + 15 + 30 + 100 = 385$$

如表 12-6 所示,每种规则都产生了一个某种程度上相异的选择。所以,为了在这种决策理论框架下定位一种产品,营销人员必须了解目标顾客所采用的决策规则。

表 12-6 品牌选择与决策规则

决策规则	品牌选择
连接式规则	佳能、华硕
析取式规则	明基、华硕、爱普生

续表

决策规则	品牌选择
排除式规则	明基
编纂式规则	爱普生
补偿式规则	明基

六、情感型选择

假设消费者为一个即将到来的大型社交活动而购买衣服，在商店中浏览了一个挂满衣服的架子之后，她取下了看起来不错的几件。其中有一件特别入她的眼，于是试穿了一下。她感觉很棒。她又试了第二件，感到看起来很保守，而第三件看起来又太性感。无论如何，第一件看起来是如此适合她。她又花了几分钟想象着在聚会上穿着它的奇妙感觉，然后做出了决定。这种购买决策就属于情感型选择。

这类购买并不能很好地应用上文论述的决策规则，它们的性质需要更深入的研究。在这类购买决策中，被选品牌并未被分解成几个独立的成分并单独予以评价。这类产品的购买大体上聚焦于使用时会给使用者带来何种感觉。市场营销研究人员才刚刚开始研究基于情感的决策，但很明显，这类决策与本章已经阐述的包含更多认知成分的决策具有很大的不同，因此，此时的营销策略应做出根本性的调整。

七、决策规则在市场营销中的应用

实际上，消费者并不真的对每个重要属性赋予详尽的数值型权重，他们也不会对不同品牌的表现水平打一个数值分数。这些决策规则仅仅是代表消费者在品牌选择中常用到的模糊的决策规则。迄今为止，我们并不能回答消费者在何种场合下会应用何种决策规则。但特定环境下所做的研究表明，人们的确用到了这些规则。

低复杂度的购买涉及相对简单的决策规则（连接式、析取式、排除式或是编纂式），因为消费者会试图减少做出这类决策所付出的精神“代价”。高复杂度的决策和购买因为涉及相当高的知觉风险，人们会趋于更仔细地评价：不仅会应用更复杂的决策规则（补偿式规则），而且还有决策的阶段性，每一阶段中，应用不同决策规则评价不同属性。当然，个体特征、产品特征和环境特征也会影响到消费者所采用的决策规则。每个市场营销管理人员都必须清楚，对于考虑范围之内的细分市场，消费者最可能应用的决策规则或规则组合是什么，并制定出相应的营销策略。

消费者意识到问题之后，就开始寻求不同的解决方案。在收集与此有关的信息的过程之中和之后，他们根据评价标准评价各备选对象，并选择最可能解决问题的方案。

在运用评价标准制定营销策略时，关键是要衡量以下三个问题：①消费者应用了哪些评价标准；②消费者在每一标准上对各个备选对象的看法如何；③每个标准的相对重要性如何。企业可运用直接询问、投射技术、多维量表等各种技术进行测量。当消费者根据几个评价标准来判断备选品牌时，即可运用决策规则进行选择。

本章小结

“消费者决策”是指消费者谨慎地评价某一产品、品牌或服务的属性，并进行理性地选择，即用最少的成本购买能满足某一特定需要的产品的过程。当消费者的购买介入程度由低到高变化时，其决策过程也随之复杂化。我们用名义型、有限型、扩展型决策来描述不同类型的购买决策过程。

问题认知即察觉到需求，是消费者购买决策过程的起点。当消费者在现实生活中感觉到或意识到实际与其企求之间有一定差距、并产生了要解决这一问题的要求时，购买的决策便开始了。影响问题产生的变量包括内部因素和外部因素。其中，内部因素包括情绪、个性、尊敬、学习、感知等，外部因素包括文化、价值观、人口统计学特征、社会地位、顾客相关群体、家庭、营销活动等。

消费者信息的来源主要有四个方面：个人来源、商业来源、公共来源和经验来源。把搜集来的信息经由展露、注意、理解、接受和保持等信息处理过程处理后，通过分析产品属性、建立属性等级、确定品牌信念、形成“理想产品”和做出最后评价等过程进行评估，最后借之决策规则进行消费选择。其中，决策一般遵循连接式决策规则、析取式决策规则、排除式决策规则、编纂式决策规则、补偿式决策规则、情感型选择等。

关键词

消费者决策	customer decision
问题认知	problem recognition
有限型决策	limited decision making
名义型决策	nominal decision making
扩展型决策	extended decision making
理想产品	desired product
情感性选择	affective choice
析取式决策规则	disjunctive decision rule
排除式决策规则	elimination-by-aspects rule
编纂式决策规则	lexicographic decision rule
补偿式决策规则	compensatory decision rule
连接式决策规则	conjunctive decision rule

练习题

1. 什么是“消费者决策”的过程？

2. 当消费者的购买介入程度由低到高变化时，其决策过程也随之复杂化。我们一般用哪几种决策方式来描述不同类型的购买决策过程？

3. 影响问题产生的变量包括内部因素和外部因素，它们各包括哪些？

4. 列举消费者信息来源的主要方面。

5. 信息处理过程包括哪几个关键过程？

6. 评估过程包括分析产品属性、建立属性等级、确定品牌信念、形成“理想产品”和做出最后评价等过程。

7. 请举例描述信息处理的展露、注意、理解、接受和保持等过程。

8. 试述“理想产品”的评价过程。

9. 顾客在不同的购买决策过程中，对产品的标准要求不同，试结合实例说明“资格标准”、“服务优胜标准”和“服务失败标准”适用的决策阶段和决策后果。

10. 决策规则一般包括哪些？

案例分析

宝洁　让消费者决定①

找到和留住最好的人，用开放的心态对待外部来的技术，是宝洁成功的秘密。

当北京宝洁技术有限公司执行总监许友年坐在颇有艺术气息的办公室里接受《当代经理人》采访时，他的面前放着两瓶玉兰油。这两款玉兰油是最新上市的美白产品，是北京宝洁的科研人员与供应商、南京大学等合作伙伴合作的结果。许友年很开心地说，这是世界上包装最漂亮的玉兰油产品。

不仅仅是玉兰油，北京宝洁技术有限公司在中国成立以来，带给中国市场很多创新产品。许友年又举了个例子，佳洁士牙膏刚进入中国的时候，最初的市场份额只有4%～5%，而目前已经成为中国市场的领导者。这其中，北京宝洁技术有限公司的研发创新功不可没。

和很多跨国公司在华研发机构的名称不太一样的是，宝洁在中国的研发机构叫做“北京宝洁技术有限公司(以下简称北京宝洁)”，而不是“研究院”或者“研发中心”。被问到为什么是这样一个名字的时候，公司总监许友年笑着说，不论叫什么名字，北京宝洁的使命就是研究和创新，而在其内部，一直都是把自己称为“研发中心”。

发现消费者需求

宝洁在中国的研发中心20年前成立于广州，1998年搬迁到北京。将“家”安在清华科技园同方大厦的北京宝洁，约有450名员工。目前，北京宝洁不仅进行商业性研发，还在进行不以直接商业应用为目的的基础性研发。宝洁每年的全球研发投入是20亿美元，对北京宝洁的投资占到6 000～7 000万美元。许友年说，宝洁计划在不久的将来，在天竺空港工业园成立一个新的研发中心，将有1 000人的规模。

宝洁每天都在进行各种各样的创新，而每一个创新项目的设立，归根到底是在充分了解消费者需求基础之后，才会有立项和产品上市。许友年说，宝洁的目标是，发现巨大的消费者需求，然后投入巨大的资源，从而产生出具有巨大市场影响力的产品。在被问到北京宝洁的创新计划是如何制定，宝洁总部和北京宝洁哪个更具有决定权时，许友年说，宝洁是一个整体，不存在总部和北京宝洁各自独立的现象，如果大家都发现某个需求是巨大的，能够达成共识，才会进行这样一个项目。

宝洁的研发坚持的一个很重要的原则是，不是单纯的“我”的视角，而必须有全球的视角。也就是，北京宝洁在进行研发时，也不能单单是着眼在中国或亚洲市场，而要看这个产品能不能推广到其他市场上去。

世界上各个地方消费者的基本需求是一致的。比如很多女人都留长发，中国人、菲律宾

① 改编自 http://www.chinavalue.net/media/article.aspx?articleid=16736.

人、美国人，她们都希望自己的头发非常光滑，这是消费者的基本需求。尽最大可能满足这些一致的基本需求，才能够以最少的资源获得最大的收益。因此宝洁在作出决策之前，会投入数十亿的资金进行消费者调查。许友年认为，是巨大的消费者数据帮助宝洁作出决定，因此不是宝洁决定我们要做什么，而是消费者决定我们要做什么。

由于要密切关注消费者需求，调研部门是北京宝洁非常重要的一个部门。宝洁研发中很关键的一个部分就是进行消费者调查，因为消费者的需求表达得很模糊，需要调研部门很确切地理解消费者的真正目标。比如调查显示，消费者希望衣物能够被更好地清洁。那么调查部门就要分析清楚，这"更好地清洁"代表了什么？要了解更好的清洁代表了什么，就要知道衣物的质地是什么，是棉布、化纤，还是涤纶？污渍又是什么，是醋、果汁还是别的东西留下的痕迹？因为这些情况都可能具有区域性，一个国家与另一个国家往往不同。

调查完成之后，调研部门会把消费者需求转化为技术语言，再由技术部门实现这些技术，并把这些技术转化成实际的产品来满足消费者的需求。

问题

用消费者决策的知识解释宝洁成功的秘密。

·第十三章·
店铺选择

1996 年,麦考林从目录邮购起步,2001 年通过清肃冗员、调整定位和产品线完成了第一次转型。在此基础上,于 2005 年顺势重建 B2C 平台"麦网",朝电子商务迈进。2006 年,一举颠覆直复营销的传统,开设实体直营店销售服装,至此,麦考林实现了邮购、电子商务与连锁门店三种业态的成功组合,在零售市场中一骑绝尘。

"多渠道营销加强了和顾客的紧密程度,如果各个渠道的特长都发挥出来,就能得到 1+1+1>3 的效果。比如说,周一到周五的上班时间,女性顾客看目录打电话订购或上网订购的比较多,她们下班之后,也就是门店最繁忙的时候,等到门店关门之后,网络订购又会形成一个高峰。这样一来,顾客在 24 小时里随时想买什么商品,都可以从我们的渠道里获得。"2007 年麦考林的会员有好几百万,预计公司的销售额每年将增长 50%以上。麦考林还将每年投入数千万资金用于全国一线城市的门店铺设,计划今年使门店数超过 100 个。

技术的不断发展推动着消费者购物方式的变化。营销人员可以借助技术利用更多的方法来加强消费者的店内感受,影响消费者的选择,简化消费者的购买过程。消费者如何选择店铺?对店铺具有哪些感知与认知?如何进行店铺陈列?零售业的发展趋势如何?

本章将阐述下列问题:

★ 零售概述

★ 影响店铺选择的因素

★ 消费者特征与店铺选择

消费者选择店铺的过程,也是一个消费决策的过程。消费者首先意识到存在某一需求,为了满足这一需求需要选择某家店铺,然后进行调查,评价相关店铺,最后按照某种规则作出选择。

第一节
零售概述

所谓零售业态，是指零售企业如何将产品与服务采取独特的经营形态，销售给最终的目标消费者。一定时期内的零售业态主要受制于一国和地区的社会经济技术发展状况。

近两年，世界经济衰退，全球零售业的增长明显放慢。但从长远的角度看，世界零售业的发展前景还是看好的。据统计，2010年全球新增7亿人消费量，未来零售发展空间巨大。同时，随着零售业的逐步开放，外资零售巨头纷纷加入我国零售业的竞争中，这样就更加促使我国零售业朝着更现代化、多元化、国际化的方向发展。

一、世界零售业的发展趋势

从目前看，世界零售商巨头主要集中在美国、法国、德国、日本、荷兰等经济发达国家，国际零售商作为世界零售业的中坚力量，正在通过兼并和收购迅速扩张。由于受经济、人口增长以及零售网点分布等因素的影响，这些零售商在本土发展的空间受到约束，跨国发展是他们保持规模竞争优势的重要出路。到2002年，全球30家最大的涉及食品零售商的门店数已从1997年的9.8万多个发展到12万个以上，其活动范围在全球88个国家和地区，扩大了70%。

世界零售业的巨头们相继争夺市场所带来的直接结果是，大型零售业继续快速发展。据统计，从1997年到2002年，30家国际最大的食品零售商超级中心扩张速度增长62%，见表13-1。

表13-1 扩张状况分布表（1997—2002年）①

零售类型	扩张速度（增长）	扩张地区
大型综合超市	50%	亚太、中欧和东欧
现购自运	49%	中国、印度等亚太地区
百货店	47%	拉丁美洲、中欧和东欧以及亚太地区
折扣店	25%	拉丁美洲、中欧和东欧以及亚太地区，中国很有可能会成为重要发展国
便利店	22%	亚太、西欧和北美
超市	17%	中欧、东欧和拉丁美洲

美国统计局公布的数字，2002年美国社会零售总量为23 959亿美元（不包括汽车及配件），约占全球的35%，列全球第一位；比第二到第五的日本、中国、德国和英国的零售总量之和还要大。在全球200强零售商中，美国约占45%，在零售总额中约占53%。

由此可见，世界零售业发展虽受世界经济发展延缓的影响，但其前进的趋势仍然不可阻挡。

二、我国零售业的发展趋势

我国的零售业发展相对落后，地区之间发展不平衡、本土零售企业业态上没有突破、定位不清晰或雷同、配套设施不齐全、管理模式陈旧等是突出问题。因此，我国的零售发展应着力

① 资料来源：凌通价值投资网，www.itkdj.com.

朝多元化、专业化、融合化、差异化四个目标发展。

（一）多元化

一方面，随着我国市场经济的进一步深入发展以及新科学技术的应用，新的零售业态将不断出现。我国地域跨度较大，人口众多，各地区差异很大，经济发展不平衡，消费者需求差异很大，这决定了我国零售业态多元化的趋势将长期存在。因此，我国零售企业要找到适合自身的业态。资金雄厚、规模较大、管理先进的企业可以考虑多种零售业态并举，达到企业效益最大化。例如上海的百联集团既有大型综合超市、购物中心，又有便利店。

另一方面，顾客消费需求也呈现多元化的特点，这就要求零售企业综合性很强，那些本来就具有综合性特征的百货店或大型超市应继续强化其综合性的定位，增加产品品种，为顾客提供更多的服务。例如，百货店可以增加餐饮、超市、休闲娱乐等功能，增强其竞争力。

消费窗口 13-1

汇金百货①

于1998年开业的汇金百货地处徐家汇现代商业中心的核心地段。21世纪之初，汇金百货以超人的发展速度成为了上海零售百货的十强之一，同时成为上海发展最快的百货商厦。面对超市、大卖场、折扣店等新兴业态的挑战，汇金百货的快速发展树立了现代百货成功运作的典范。

经营理念及优势：汇金百货本着“宏扬环球百货、真诚服务消费”的宗旨，以人为本，以文兴商，力求为消费者提供一流的环境、一流的商品、一流的管理，不断丰富徐家汇地区的商业服务功能，振兴和发展上海百货业，形成大市场、大流通、大商业的态势。广场以品牌为抓手，以经营品牌、培育名牌、树立店牌为经营目标，着力重树上海东方购物天堂的形象。汇金百货围绕企业定位，全方位满足消费需求，主要从五个方面推进企业的成长和快速发展。

（一）创造舒适的购物环境，营造人性化购物空间。一是突破传统百货一览无余的格调，将欧美百货的温馨典雅与东方百货的明快简洁有机结合，既考虑消费者购物空间的自由度和随意度，又注重日益多元化和个性化的消费需求与习惯。二是便捷的购物交通。在空中，汇金在多个楼层与上海六百连通，并与太平洋百货一起构筑独特的徐家汇“购物走廊”，还将二楼商场与肇嘉浜路天桥接通，消费者不必下天桥便可进入汇金购物。在地面，结合国际惯例和本地消费习惯，不断调整指示系统。在地下，汇金百货共有300多个停车泊位，为方便驾车购物的消费者，汇金百货在商场与车库之间修筑一条直达通道。为了缩短顾客等候电梯的时间，汇金百货重新修建了一条直达电梯，缓解了乘电梯难的矛盾。三是舒适的休闲空间。在中庭走廊放置休闲桌椅，供顾客小憩。在商场内部开设Coffee shop、淘气城、水吧等场所，使消费者各得其所。

（二）以人为本，推出人性化的“细节式服务”。成立专门导购队伍，在商场每个楼层都设置导购台，提供咨询、导购服务；针对“三口之家”购物不便的问题，推出免费租借童车服务；成立了上海百货商场第一支英语接待员队伍，为外籍人士提供英语接待服务；推出购物免费停车、商品礼品化包装、速递服务等项目；推出服务品牌，带动企业整体服务水平的提高。

（三）不断更新的品牌，吸引消费关注。汇金百货进入稳定期后，每年都进行二次大型调整，调整涉及装饰、布局和品牌，目前汇金百货知名品牌保有量已经超过1 000个，成为名副其实的品牌汇聚地。为了更好地满足多元化、个性化的消费需求，汇金百货仍在不断

① 资料来源：女装网，www.nzw.com.cn.

挖掘潜力，提升品牌含金量，力争引进更多、更好的品牌，服务消费、满足消费。

（四）文化营销推动企业发展。文化是汇金百货的立业之本。汇金百货坚持以文化为先锋，以文兴商、以文造势，将文化融入经营之中。汇金百货开业剪彩嘉宾之一便是现代文化名人余秋雨，开业当天黄豆豆、廖昌永、尚长荣等文艺明星汇聚汇金，为消费者奉献了令人难忘的“汇金之夜”。开业之后，汇金百货利用场地优势，在中庭和广场举办各种类型的文化活动，“大理白族文化节”、“青铜器展”、“中国民俗展”、“非洲石雕展”、“中外笑星聚汇金”、“百名小提琴手相聚汇金”等活动非同凡响，“恐龙展”、“两栖动物展”、“野生动物展”、“水生动物展”、“宠物大赛”等活动将生态营销理念引入百货经营之中，丰富了文化营销的内涵。汇金百货还热心公益事业，积极参与徐家汇公园的维护和建设，在9月26日，一个以汇金命名的人工湖出现在徐家汇公园内。

（五）探索多元化经营，拓展超市经营新路。汇金积极探索多元化经营方向，并涉足超市业，1998年11月26日，沪上第一家定位都市型的超市汇金超市开业，日均销售近40万元。随后汇金超市凌云店、汇金超市芷江店、汇金超市莲花店相继开业，取得了成功。

规划及设施：作为一家面积达四万平方米的中外合作百货企业，汇金百货的经营涉及服饰系列、家居用品、饰品、鞋、包等30多种大类，近十万种商品，集零售、餐饮、休闲、娱乐于一体，并以高品位、高质量的商品为经营主体，充分展现品牌世界的独特魅力，不断探求错位经营的全新理念，将传播时尚生活与弘扬民族文化相结合，致力于营造独特的文化氛围，追求卓越的管理模式，满足消费者日益增长的个性需求。

（二）专业化

现阶段的消费者对专业化有非常高的要求。目前市场上专卖店的数量在急剧增加，主要经营电器、体育用品、办公用品、儿童服装、玩具、内衣、药店等，在消费者群中广受欢迎。专卖店有利于提升企业与品牌形象，并可以迅速占领市场，取得较高利润，产品与服务都非常专业化，更能做到让顾客满意。

超市的专业化是零售企业的另一个重要的发展方向。例如屈臣氏、永乐等这样的专业化超市只提供一种或相关种类的产品，但品牌多样化，满足了顾客专业化要求，又让顾客有更多的选择。相似的还有现在兴起的生鲜超市、药品超市（如复兴大药房）、手机专业卖场（如协亨手机连锁、迪信通等）和化妆品超市（如 SEPHORA 丝芙兰，SaSa 莎莎）等等。

消费窗口 13－2

化妆品超市 PK 百货店专柜①

2005年3月，首家丝芙兰连锁店在上海淮海路开张，以品牌的齐全和超市的开架方式抢占化妆品市场份额。据介绍，隶属于法国路易酩轩集团（LVMH）的丝芙兰出售的化妆品品牌，从国际顶尖品牌迪奥、兰蔻到丝芙兰自己品牌的化妆品，种类高达70余种，还有6个丝芙兰在中国独家发售的品牌，包括“可以吃的化妆品”——高丽安。此外，丝芙兰独特的店面开架式陈列让消费者可以自由地试用彩妆、护肤品、香水等，在经过各种品牌化妆品对比后能够更理智地做出消费选择。

在众说纷纭中声名鹊起的莎莎化妆品超市也于2006年底在上海连开两家新店，使其在上海的专卖店达到5家。据悉，莎莎还计划在北京、成都、杭州等城市布点，在5年内开

① 资料来源：根据电视专栏采访、新闻信息整理.

设100家专卖店，抢占潜力巨大的内地化妆品市场。

如果说，早几年屈臣氏开在内地时尚街区的店堂，是喜欢美容护肤美眉们的淘宝圣地的话，如今的上海莎莎、SEPHORA丝芙兰更是让都市白领们欲罢不能的"一站式"败金场所。这些走精致化路线的化妆品超市，还拥有努力研发自有品牌、专业美容顾问指导、免费皮肤分析、教授彩妆美甲、自助试用新品等贴心标签。SEPHORA丝芙兰的网上商店，更是把功夫延伸到了门店之外，该网站还计划全面引入其线下店铺内所有的品牌商品。

对于众多化妆品零售商巨头们雄心勃勃闯滩中国内地市场的做法，有关业内专家分析认为：目前在中国，百货店的专柜销售模式拥有化妆品近70%的市场，而化妆品超市的这一数据几乎为零。但在欧洲和美国市场，两者几乎各占有50%的市场份额。

随着屈臣氏、法国丝芙兰等先后在内地登陆，这必将使原本几乎"独霸天下"的百货公司专柜开始受到挑战。于是问题产生了：百货店的专柜与化妆品超市的PK，会不会导致一场化妆品价格战？

（三）融合化

现如今，业态之间的结合已经不是新鲜事。应该把各种业态有效地融合起来，形成富有时代特色、能满足消费者需求的零售形式。

（1）百货超市化。"百货超市化"是传统百货变革的重要一步。百货商店引入超市这种业态本身就证明百货向购物中心开始转型，当然百货经营方面也引入了超市的经营方法，例如：实行购销分离、集中采购、集中管理，其中一个做法是向连锁超市学习建立集中的经营管理体系，即重叠性商品统一采购（重叠性商品即指百货商店与其他业态都经营的商品，也包括在一个公司下的多个百货店都经营的商品），个性化的商品按照目标市场的定位，统一招商引进管理。

比较明显的百货引入超市业态的现象就是在百货商店中增加超市部分或进一步扩大超市的经营比重，从零售业商品攀升和辩证发展来看，不同的业态混合成一种集合了两种业态特征的新业态，这种发展状况使得零售业的竞争不仅仅是在相同的业态之间进行着，同时也在不同的业态之间进行着。百货商店的这一新发展动态表明百货商店开始正面迎战大型超市的竞争，用增加超市的经营品种和混合业态的"一站式购物"功能来竞争。

一些传统百货已经开始将"引入超市"的"紧凑型购物中心"模式开始连锁"复制"，如太平洋百货在上海的三家单店均设有太平洋超市。

（2）大型购物中心。大型购物中心首次将生鲜食品超市与大型非食品折扣店有机结合，以"超大的营业面积、一站式的购物消费、超低的价格体系、自助式的消费方式、以家庭消费为目标客户"为经营理念，目前已经是国际零售业发展的重要业态。

随着我国资本市场逐步向服务业开放，大型超市发展的前景一片光明。另外百货业虽还是重要业态，但其运营模式已经不能满足一些顾客。这给大型超市发展提供了机会。另外，虽然2008年我国经济受到金融危机的影响，但经济的发展势头不可能掉头，人民的购买力从长期来看还是会继续增强，民生类商品消费市场仍然很大。

（3）有店铺零售形式与无店铺形式相结合。有店铺的零售商也可以采取邮寄或赠送商品目录给顾客，顾客在确定买的商品后，零售企业可以送货上门。另外，我国的电子商务发展到今天，虽然还不是非常普遍，但已是不可阻挡的潮流。有条件的企业可以利用自身在电子商务方面的优势建立虚拟商场、网上商城。这样顾客既可以在家浏览和选择商品，也可以在商店看到实物。消费者在家里就可以购买到网上越来越丰富的商品，网上商品销售范围也会不断扩大，销售比重进一步增加。这种方便、经济的购物方式将受到越来越多消费者的欢迎。"网上看形，便利店看实物，配送中心送货"的经营模式也迅速推广开来。

（四）差异化

差异化是企业选择的重要战略，零售商可以从定位与地区等方面实行差异化。

（1）定位差异化。消费者去零售店购物，关心的内容基本集中在：价格、品种、服务和时间。这样，零售企业的定位也将集中在：廉价、丰富、便利和快捷。零售商可以在价格、商品组合、规模、位置、服务等等上进行差异化。

目前，我国许多零售企业把重点都放在规模和价格上，然后单纯规模扩大，布点增加，价格促销，恶性竞争严重。这样的结果是两败俱伤，并且可能会被外资零售巨头控制了我国零售业。因此，我国的零售企业要在日益激烈的竞争环境中生存发展，必须要有自己的特色，要建立自己的优势，各业态应准确定位、错位经营，避免恶性竞争。

（2）地区差异化。我国各地区自然、社会、文化环境差异很大。它决定了我国消费者需求与消费习惯呈现地区性的特征。零售企业一定要依据当地的环境特征去选择合适的零售业态，并适当改变经营产品。另外，新型零售业态应积极向二线城市、小城镇及农村市场拓展，因为农村市场与小城镇市场对零售的要求也相应提高了。

消费窗口 13－3

中国零售类型划分标准一览表①

大类		中类		小类	
标准	分类	标准	分类	标准	分类
场所形态	店铺零售	商品种类	食品零售	商品组合	食杂店、便利商店、超市、仓储商店……
			一般商品	商品组合	百货商店、折扣商店、专业商店、专卖店、家居商店……
			服务零售	服务组合	邮政、旅行、清洁、健身、餐饮、房地产……
	无店铺零售	信息媒体	人员	人员数量	一对一直销、一对多直销、多层直销……
			非人员	非媒体类型	目录营销、信函营销、电话营销、电视营销、电台营销、报刊营销、网络营销、自动售货机……
组织形态	单店经营	—	—	—	—
	连锁店	股份比例	独资、合资	—	—
	特许经营	行业	餐饮、食品、服务	—	—
	自愿连锁	主导企业	批发企业、零售企业	—	—
聚集形态	独立店	地理位置	城市中心、城市边缘	—	—
	商业区（街）	辐射范围	邻里型、社区型、地区型和超地区型	—	—
	购物中心	辐射范围	邻里型、社区型、地区型和超地区型	—	—

① 资料来源：李飞，王高．中国零售类型研究：划分标准和定义．北京工商大学学报，2006，21（4）：1－7．

第二节
店铺选择

对营销人员而言，店铺选择相当重要。消费者在进行消费决策时，一般有三种选择顺序：①先品牌后店铺；②先店铺后品牌；③同时选择品牌和店铺。

一、基于消费决策顺序的营销策略

第十二章中所讨论的消费者决策过程，实际上多半是先品牌后店铺的形式，这也是日常生活中最常见的一种方式。以购买汽车为例。首先，消费者会购买《汽车之友》之类的专业期刊，并上网查找相关汽车信息，同时还会向有车族请教驾车感受等问题。随后，在这些信息的基础上，消费者作出品牌选择，然后选定"服务态度好"、"销售点交通便利"等目标，选择准备购买汽车的店铺。然而，对许多消费者来说，先行选择店铺也不失为一种好的决策方法。仍以购买汽车为例。消费者可能对某一商店，如"世贸汽车贸易有限公司"比较熟悉，因为商店就在工作的单位附近，每天都要经过，知道那里出售各种高档轿跑车。所以消费者决定去世贸看看，然后从商店现有的品牌中选择满意的产品。当然，消费者也可以在自己喜欢的商店里对感兴趣的产品进行比较、选择，这样就会对店铺和品牌同时进行评价决策。

（一）先品牌后店铺

如果消费者的决策顺序是先品牌后店铺，那么零售商和制造商就要突出对品牌的宣传。

对零售商而言，必须高度重视品牌形象，加强品牌建设，不断提升品牌的良好形象和知名度。通过采取开展多种社会公益活动，在报刊、电视、网络等新闻媒体进行企业形象和产品介绍，突出品牌，着力宣传旗下的众多品牌或核心品牌。在节假日或店庆时，还可以对特定品牌进行促销，提升知名度。利用现代网络技术，赞助提供网络搜索引擎。

对制造商来说，可以提供更多的独家配售，在广告中宣传品牌销售地，进行品牌形象管理。

消费窗口 13-4

联想的品牌蜕变[①]

2004 年 12 月 8 日，联想收购 IBM-PC 业务尘埃落定。联想通过与 IBM 战略联姻，成功地树立了国际化的品牌形象。但是联想在并购 IBM-PC 业务之后，并没有马上把 Lenovo 背书在它的 PC 产品上，而是继续沿用 IBM 的品牌背书的形式。因为联想高层非常清楚地认识到，国际上虽然对联想并购 IBM 这一事件非常清楚，但是消费者对 Lenovo 并没有树立品牌信心，很多人是持非常疑惑的观望态度，要看着这个品牌将会怎样走下去。联想集团通过四个阶段，循序渐进实现过渡。

第一个阶段，在兼并之后一段时间内，继续沿用 IBM 与 ThinkPad 组合的品牌策略，维护消费者在选购时候的品牌信心。

第二个阶段，经过 11 个月之后，开始剥离 IBM 母品牌的背书，以 ThinkPad 的产品品牌命名。

第三个阶段，新联想携手 IBM 团队，推出第一款产品，陆续推出使用 ThinkPad 的新

① 资料来源：根据财经频道采访、报纸新闻整理.

产品。到这个时候，这个产品已经有联想的血统了。

第四个阶段，联想推出让世界一起联想、包容联想和IBM品牌个性、中性的口号，强化联想与ThinkPad产品天然的联系。

2008年1月3日，联想发布了面向全球市场的电脑品牌Idea，正式进军全球消费PC市场。今后的联想产品将只有两个名字——面向商务人群的产品"Think"和面向个人消费者的产品"Idea"，天逸、旭日等一批过去的产品名称将逐渐淡出，此前在全球大力推广的"Lenovo"将专门用来指代公司品牌。联想全系列PC产品将进军海外市场，开始与戴尔、惠普、宏基等展开全面竞争。在中国市场上，联想消费电脑产品预计于2009年年底前完成品牌切换。

（二）先店铺后品牌

如果消费者的决策顺序是先店铺后品牌，那么零售商和制造商就要强调商场的特色。

零售商要在广告宣传中突出自身形象，注意店址的选择，注重商品陈列，价位要合理。而制造商要选择在关键的商店配销，讲究即时销售，布置好货架空间以及加强人员服务等。

例如，一般情况下，消费者进入商场后，眼睛会不由自主地首先扫向左侧，然后转向右侧。这是因为人们看东西是从左向右的，即印象性地看左边的东西，安定性地看右边的东西。利用这个购物习惯，将引人注目的物品摆放在商场左侧，迫使顾客停留，以此吸引顾客的目光，充分发挥商场左侧方位的作用，变不利因素为有利因素，促使商品销售成功。所以，商场营销人员可以充分利用这一特征，借商品摆放的不同位置，给顾客以不同效应，最大限度地吸引顾客的注意力。图13-1显示了几家店铺的陈列情况。[①]

图13-1 商品陈列图示

① 资料来源：www.szporter.com.

（三）同时选择店铺和品牌

如果消费者是同时选择了店铺和品牌，则零售商要注重培训销售人员计算利润，要强调自己的众多品牌或核心品牌，能够为消费者提供完善的服务或是在价格上给予优惠，采取低价策略。

制造商除了要负责对零售店内销售人员进行培训以外，还要强调合作广告，通过重点或关键性的渠道进行分销。

制造商通常会为零售商提供资金，让其在广告中突出自己的产品，有时，制造商也会指定零售商销售自己的产品。这两种方法都可以刺激需求，并引导消费者到合适的店铺购买产品。

二、中国的零售类型

零售商的类型千变万化，新组织形式层出不穷。但是，归结其特点，现今的零售从场所形态上划分，主要分为以下两大类型：即店铺零售和无店铺零售。

（一）店铺零售

店铺零售（Store-based Retailing）是指通过店铺的形式向购买者销售商品或服务的零售类型，店铺是指由店面、商品展示销售区和储存区构成的临街或在购物中心中设立的商业建筑体。按照不同的特点可分为12种类型：食杂店（traditional grocery store）、便利店（convenience store）、折扣店（discount store）、超市（supermarket）、大型超市（hypermarket）、仓储会员店（warehouse club）、百货店（department store）、专业店（specialty store）、专卖店（exclusive shop）、家具建材商店（home center）、购物中心（shopping center）包括社区购物中心（community shopping center）、市区购物中心（regional shopping center）、城郊购物中心（super-regional shopping center）、工厂直销中心（factory outlets center）。表13－2列举了这些零售类型及其基本特点。

表13－2 店铺零售分类和基本特点①

类型	基本特点						
	选址	商圈与目标顾客	规模	商品（经营）结构	商品售卖方式	服务功能	管理信息系统
食杂店	位于居民区内或传统商业区内	辐射半径0.3公里，目标顾客以相对固定的居民为主	营业面积一般在100平方米以内	以香烟、饮料、酒、休闲食品为主	柜台式和自选式相结合	营业时间12小时以上	初级或不设立
便利店	商业中心区、交通要道以及车站、医院、学校、娱乐场所、办公楼、加油站等公共活动区	商圈范围小，顾客步行5分钟内到达，目标顾客主要为单身者、年轻人，顾客多为有目的的购买	营业面积100平方米左右，利用率高	即时食品、日用小百货为主，有即时消费性、小容量、应急性等特点，商品品种在3 000种左右，售价高于市场平均水平	以开架自选为主，结算在收银处统一进行	营业时间16小时以上，提供即时性食品的辅助设施，开设多项服务项目	程度较高

① 资料来源：李飞．零售革命．经济管理出版社，2003；菲利普·科特勒．营销管理．12版．上海人民出版社，2006；李飞，王高．中国零售类型研究：划分标准和定义．北京工商大学学报，2006，21(4)：1－7．

类型	基本特点						
	选址	商圈与目标顾客	规模	商品(经营)结构	商品售卖方式	服务功能	管理信息系统
折扣店	居民区、交通要道等租金相对便宜的地区	辐射半径2公里左右,目标顾客主要为商圈内的居民	营业面积300～500平方米	商品平均价格低于市场平均水平,自有品牌占有较大的比例	开架自选,统一结算	用工精简,为顾客提供有限的服务	一般
超市	市、区商业中心、居住区	辐射半径2公里左右,目标顾客以居民为主	营业面积在6 000平方米以下	以销售食品为主,生鲜食品占有一定比重	自选销售,出入口分设,在收银台统一结算	营业时间12小时以上	程度较高
大型超市	市、区商业中心、城郊接合部、交通要道及大型居住区	辐射半径2公里以上,目标顾客以居民、流动顾客为主	实际营业面积6 000平方米以上	大众化衣、食、日用品齐全,一次性购齐,注重自有品牌开发	自选销售,出入口分设,在收银台统一结算	设不低于营业面积40%的停车场	程度较高
仓储式会员店	城乡接合部的交通要道	辐射半径5公里以上,目标顾客以中小零售店、餐饮店、集团购买和流动顾客为主	营业面积6 000平方米以上	以大众化衣、食、日用品为主,自有品牌占相当部分,商品在4 000种左右,实行低价、批量销售	自选销售,出入口分设,在收银台统一结算	设相当于营业面积的停车场	程度较高并对顾客实行会员制管理
百货店	市、区级商业中心、历史形成的商业集聚地	目标顾客以追求时尚和品味的流动顾客为主	营业面积6 000～20 000平方米	综合性,门类齐全,以服饰、鞋类、箱包、化妆品、家庭用品、家用电器为主	采取柜台销售和开架面售相结合方式	注重服务,设餐饮、娱乐等服务项目和设施	程度较高
专业店	市、区级商业中心以及百货店、购物中心内	目标顾客以有目的选购某类商品的流动顾客为主	根据商品特点而定	以销售某类商品为主,体现专业性、深度性、品种丰富,选择余地大	采取柜台销售或开架面售方式	从业人员具有丰富的专业知识	程度较高
专卖店	市、区级商业中心、专业街以及百货店、购物中心内	目标顾客以中高档消费者和追求时尚的年轻人为主	根据商品特点而定	以销售某一品牌系列商品为主,销售量少、质优、高毛利	采取柜台销售或开架面售方式,商店陈列、照明、包装、广告讲究	注重品牌声誉,从业人员具备丰富的专业知识,提供专业性服务	一般

续表

类型	基本特点						
	选址	商圈与目标顾客	规模	商品(经营)结构	商品售卖方式	服务功能	管理信息系统
家居建材商店	城乡接合部、交通要道或消费者自有房产比较高的地区	目标顾客以拥有自有房产的顾客为主	营业面积6 000平方米以上	商品以改善、建设家庭居住环境有关的装饰、装修等用品、日用杂品、技术及服务为主	采取开架自选方式	提供一站式购足和一条龙服务,停车位300个以上	较高
购物中心							
社区购物中心	市、区级商业中心	商圈半径为5～10公里	建筑面积为5万平方米以内	30～50个租赁店,包括大型综合超市、专业店、专卖店、饮食服务及其他店	各个租赁店独立开展经营活动	停车位300～500个	各个租赁店使用各自的信息系统
市区购物中心	市级商业中心	商圈半径为10～20公里	建筑面积10万平方米以内	专业店达80～150家,包括百货店、大型综合超市、各种专业店、专卖店、饮食店、杂品店以及娱乐服务设施等	各个租赁店独立开展经营活动	停车位500个以上	各个租赁店使用各自的信息系统
城郊购物中心	城乡接合部的交通要道	商圈半径为30～50公里	建筑面积10万平方米以上	200个租赁店以上,包括百货店、大型综合超市、各种专业店、专卖店、饮食店、杂品店及娱乐服务设施等	各个租赁店独立开展经营活动	停车位1 000个以上	各个租赁店使用各自的信息系统
工厂直销中心	一般远离市区	目标顾客多为重视品牌的有目的的购买者	单个建筑面积100～200平方米	为品牌商品生产商直接设立,商品均为本企业的品牌	采用自选式售货方式	多家店共有500个以上停车位	各个租赁店使用各自的信息系统

(二)无店铺零售

无店铺零售主要指通过非有形店铺形式向消费者销售商品的零售类型,包括三种形式:直效营销(direct marketing)、直接销售(direct selling)和自动售货机(vending machine)。

(1)直效营销。直效营销又称直复营销,是通过商品目录、信函、电话、电视、报刊、互联网等媒体发出商品信息,使顾客对这些产品产生购买欲望,以邮信、电话、传真、网络等方式表达购买意愿，销售者以邮寄、送货上门或顾客到指定地点自取的方式完成商品运送，采取货到付款和银行划拨的方式付款，最终完成交易。主要有六大类：目录营销(catalogue marketing)、直接邮寄(直达广告)营销(direct mail marketing)、电话营销(tele-shopping)、电视营销(television shopping)、电台报刊营销(radio newspaper marketing)和网上商店(shop on network)。

(2) 直接销售。直接销售是指不通过固定零售场所且采取人与人面对面方式销售的零售类型，包括一对一直销(one to one)、聚会式直销(party plan system)和多层直销(multilevel direct selling)。

(3) 自动售货机。自动售货机是买者向机器中投入特定的交易媒介(钱币或磁卡)，机器自动交付商品和找付零钱的零售类型。

三、网上零售

21 世纪是网络时代，消费者网上购物是时代发展的必然趋势，卓越网、当当网、淘宝网、易趣网等一大批购物网站应运而生并迅猛发展，网上零售也成为一个急速发展和竞争激烈的行业。

(一) 消费者网上购物的心理特征

网络消费者一般需要具备两个基本条件：一是具有一定的网络知识；二是具备一定的经济基础、购买力强。通过调查及其他相关研究资料表明，消费者网上购物的心理特征主要表现为以下几方面：

(1) 追求时尚和个性。约有 81.3%的网民年龄在 35 岁以下，他们富于激情，渴望变化，容易受广告宣传和流行趋势的影响，追求时尚和新颖，选购商品时特别重视商品的造型和款式的时尚程度，而网上销售的产品数量极为丰富，种类繁多，应有尽有。目前，仅淘宝网上的商品数量就超过了 700 万件，这就使得消费者能够根据自己的喜好选择商品或服务。换句话说，网络消费者选择的不仅仅是商品的实用价值，更注重商品的个性创新和与众不同。

(2) 追求方便、省时省力。网上购物方式可以满足消费者对购物方便性的需求。网络可以提供 24 小时服务，不受节假日或营业时间限制，消费者可随时查询商品资料或购物，而且操作程序简便快捷，整个购物过程成为一种休闲和娱乐。

(3) 追求物美价廉、货比三家。在网上挑选商品，可以"货比多家"，它能使消费者通过精心挑选更为直接和直观地了解商品价格，甚至可在全球范围内寻找到最优惠的价格。当然，目前网上销售的产品价格也普遍低于传统商店同类产品的价格。

(4) 追求自主、独立。现代消费者更加注重精神的愉悦、个性的实现，希望在购物中能随便看、随便选，保持心理状态的轻松、自由，不受他人干扰。但传统店铺中商家提供的销售服务却常常对消费者构成干扰和妨碍，有时过于热情的服务甚至吓跑了消费者。而在网上购物，消费者无须与商家见面，就可以得到大量商品信息，并得到在各种传统商店没有的乐趣，如可以轻松、自由地完成浏览、选择、砍价、购买等过程。

(二) 网上购物的障碍

相比于传统店铺或其他渠道，网上购物可以提供更多便捷、更多选择、价格更加优惠。但是，仍然有许多消费者即使上网也不愿意进行网上购物，究其原因，主要涉及以下几点。

- 对信用卡安全的担心。信用卡问题仅仅是消费者网上隐私问题的第一重障碍。实际上，消费者担心的是自己的个人信息被盗用。
- 无法接触产品。网上购物的消费者不能在购买时接触、品尝或试用产品，因为在网络上很难模拟诸如产品的颜色、服装的大小、首饰的尺码等。
- 送货成本高昂。有些路途遥远的消费者在订购了商品后，往往因为高额的运费望而却步，因为有时候，也许运费已经抵消了网上购物的价格折扣。

- 负面口碑传播。消费者可能从其他人那里听说了网上购物的缺点，因而放弃了网上消费。

针对以上障碍，营销人员采取了一系列措施，以打消消费者的顾虑。

- 增强消费者的控制权。企业确保消费者的个人信息只被用于特定目的，不会外泄，且消费者可以从中获得利益，这样许多消费者就愿意提供自己的完整信息。
- 改善形象与关系。企业必须建立和维持值得消费者高度信赖的网络形象和关系，包括建立完善的隐私制度、启动安全核查系统以及负责任地处理消费者信息等。
- 创造视觉体验。营销人员利用复杂的网络技术，采用3D模拟等方式，建立消费者的视觉效果。
- 免收运费。部分网店在消费者购物总价值达到一定金额后，免收运费。
- 口碑宣传。随着消费者网上购物经验的增加，对网店更加信任，这样网上零售店就能建立起良好的形象，赢得消费者的青睐。

第三节 影响店铺选择的因素

消费者在进行店铺选择时，不但要考虑到店铺形象、店铺气氛，还要考虑涉及店铺环境的三个决定因素：店铺定位、店铺布局和店铺内部刺激物。

一、店铺形象

消费者或目标市场对一个零售店铺所有特点的整体印象，被称为店铺形象。消费者从视觉、听觉、嗅觉、触觉等多方位接触到与店铺相关的刺激而形成感觉，在此基础上产生对店铺的看法和态度。从操作的角度讲，店铺形象的评估一般是通过向消费者质询而进行的，主要调研在消费者心目中店铺的经营是否得当。一般来讲，调研店铺形象主要考察商品、服务、顾客、硬件设施、促销和方便条件等方面。店铺气氛也经常被包含在店铺形象的考察中。

店铺形象的研究经常涉及对消费者进行民意测验，考察他们对店铺特定层面的关注程度和态度。而这些方面通常又按属性的不同，分解成许多项目。例如，商品领域的研究可以分为质量、种类、款式、保修和定价；服务领域的研究则包括一般服务、售货员服务、自服务程度、退货服务、商品配送服务及赊销服务。

J. D. Lindquist (1974)曾做过一次调研，列出了构成店铺形象的9个方面，23个维度，见表13－3。

表13－3　店铺形象的维度与构成要素①

维度	构成要素
商品	质量、品种、式样、价格
服务	提供按月付款、销售人员、退货方便、信用、送货
主顾	顾客

① 资料来源：J. D. Lindquist. Meaning of Image. Journal of Retailing, 1974 (Winter): 29－38.

续表

维度	构成要素
硬件设施	清洁、店堂布置、购买便捷、吸引力
方便	店铺位置、停车
促销	广告
商店气氛	温馨、有趣、兴奋、舒适
制度	店铺声誉
邮购	满意

从研究结果中不难看出，店铺形象涵盖了功能性和情感性的因素。塑造符合目标市场期望的形象是零售店铺的一个共同目标。这涉及统筹安排店铺形象的各个方面，以便迎合特定的细分市场。营销人员在制定营销策略时，应该大量关注有关形象的数据。

例如，永乐电器商场强调的就是为消费者提供方便，商场里货物品种齐全，价格低廉；而麦德龙开设新店的一个永远不会改变的要求就是，必须拥有与店铺面积相等的停车场，便于消费者泊车。这些都适用于“品种”、“价格”、“停车”等为考虑要素的情境。

二、店铺气氛

店铺气氛主要是指店铺内部的情感格调对消费者产生的微妙影响，消费者在购物时可能并没有充分地体会到这一影响。许多人为控制的试验研究都没有发现，店铺气氛对消费者行为能产生多大影响，这可能因为感知状态对消费行为来讲是很难用言语表达的，而且这种体会相当短暂，是以消费者意识不到的方式影响购买行为的。

有些研究者调研了愉快、激奋、自在三种情绪状况与发出一定行为的明确意向之间的关系。愉悦感是指消费者在商场内感觉舒适、高兴、惬意或满意；激奋感是指消费者在商场内感觉兴奋、刺激、激动和活跃；自在感是指消费者在商场内感到不受约束或能够自我支配。

研究表明，愉悦和激奋的感知状况可影响消费者下述行为：(1)喜欢在该店购物；(2)乐意花费时间进行浏览和搜寻商场内商品；(3)愿意同销售人员沟通；(4)倾向于花费比原计划更多的钱；(5)很可能再次光临该店。而第三种感知状况，即自在感，被认为对零售环境中的消费者行为没有影响。

三、店铺环境

零售店铺是一个相对封闭的环境，这一环境对消费者感知、认知和行为产生着非常重要的影响。设计有效店铺环境取决于三个因素：店铺定位、店铺布局和店铺内部刺激物。

（一）店铺定位

店铺位置在消费者选择店铺的过程中起着重要的作用。在其他条件相同的情况下，消费者一般会选择就近的店铺。合理的定位使店铺的进入方式简便、快捷，能够吸引大量的消费者，并且还可以从根本上转变消费者的搜寻、购买模式。由于零售店铺数目激增，而且他们的供应大同小异，所以即使很小的位置差异，对市场份额和盈利能力都有重要的影响。

美国学者威廉·J·雷利(W.J. Reilly)利用三年时间调查了美国150个城市，在1931年根据牛顿力学的万有引力的理论，提出了“零售引力规律“，总结出都市人口与零售引力的相互关系，被称为雷利法则或雷利零售引力法则。他认为，一个城市对周围地区的吸引力与它的规模成正比，与它们之间的距离成反比，用以解释根据城市规模建立的商品零售区。用公式表示如下：

$$D_{AB}=d/\left(1+\sqrt{\frac{P_B}{P_A}}\right)$$

式中，D_{AB} 表示 A 贸易区的销售范围向 B 贸易区扩展，以英里计算；d 表示在 A 和 B 城市间主要路段的英里距离；P_A 表示城市 A 的人口；P_B 表示城市 B 的人口。

美国加利福尼亚大学的经济学者戴维·哈夫(D. L. Huff)教授于 1963 年提出了关于预测城市区域内商圈规模的模型——哈夫概率模型(Huff's model)。哈夫从消费者的立场出发，认为消费者前往某一商业设施发生消费的概率，取决于该商业设施的营业面积、规模实力和时间三个主要要素。商业设施的营业面积大小反映了该商店商品的丰富性，商业设施的规模实力反映了该商店的品牌质量、促销活动和信誉等，从居住地到该商业设施的时间长短反映了顾客到目的地的方便性。同时，哈夫模型中还考虑到不同地区商业设备、不同性质商品的利用概率，这个模型的公式表现如下：

$$P_{IJ}=\frac{\dfrac{S_J^{\mu}}{T_{IJ}^{\mu}}}{\displaystyle\sum_{J=1}^{n}\frac{S_J^{\mu}}{T_{IJ}^{\lambda}}}$$

式中，μ 表示卖场魅力或商店规模对消费者选择影响的参变量，一般 $\mu=1$；λ 表示需要到卖场的时间对消费者选择该商店影响的参变量，通常 $\lambda=2$；P_{IJ} 表示 I 地区消费者到 J 商店购物的概率；S_J 表示 J 商店的卖场吸引力(卖场面积、知名度、促销活动等)；T_{IJ} 表示 I 地区到 J 商店的距离阻力(交通时间、交通系统等)；λ 表示以经验为基础估计的变数；n 表示互相竞争的零售商业中心或商店数。

由此可以推导出以下概率公式：

$$\begin{cases}\text{I 地区消费者光顾 J 商店概率}\\ P_{IJ}=\dfrac{\text{J 商店卖场吸引力}}{\text{I 地区到 J 商店的距离}}\div\left(\dfrac{\text{I 地区各卖场的吸引力}}{\text{I 地区到各卖场的距离}}\text{之总和}\right)\\ \text{I 地区消费者光顾 J 商店的人数}=\text{I 地区消费者光顾 J 商店的概率}\times\text{I 地区消费者的数量}\end{cases}$$

(二) 店铺布局

店铺布局对消费者有重要影响。保守地说，店铺布局对下述方面都会产生影响：消费者在店铺内滞留时间的长短；消费者通过视觉接触到商品数量的多寡；消费者在店铺内的浏览路线等等。这些因素在很大程度上决定了消费者的购买选择和购买数量。店铺布局的种类很多，其中两种最基本的类型是网络式布局和自由流动布局。

(1) 网络式布局。在网络布局中，全部的柜台和固定装置都被安置在合适的位置，互相呼应，共同形成一个错综复杂的"迷宫"。在这种布局中，商品柜台像栅栏一样起到了阻拦顾客流的作用。例如，超市的网络布局可以起到迫使消费者流向店铺的一侧或后部的作用，因为消费者到超市一般都购买农产品、肉和奶制品，而这三种商品在网络布局中都被安排在店铺的一侧或后部。实际情况也确实如此，据统计，80%～90%的顾客在超市购物时，都会浏览这三种货架。

在超市，上述布局设计主要是为了使消费者通过视觉可以接触到更多的商品，从而增大购买可能性。此外，农产品、肉、奶制品都是典型的高边际利润产品，网络式布局有助于把消费者输导向更赚钱的商品区。同样，将消费者经常购买的其他商品定位于超市的后部，也可以迫使那些仅仅为了购买这些商品的消费者必须穿越其他的商品区。一旦消费者增加了对其他商品的视觉接触,购买可能性就会大大提高,故而网络式布局非常有效地起到了促销作用。

网络式布局在百货店铺和专卖店,很可能主要用以引导消费者沿着主要货道流动。一般说来,店铺沿主要货道都布置了畅销商品,引导消费者流向其他滞销商品区。例如,沿货道零星设置一些物美价廉的商品,不仅为了吸引消费者向该货区靠拢,也是对那些在店铺内花费大量时间仔细寻购的消费者的奖酬。这种措施会鼓励消费者再次惠顾,并且仍沿相似的路线进行寻购。贵重商品应设置在出入方便的主要货道,以便利那些对价格不敏感的消费者购买。网络式布局在百货店铺的主要楼层、专卖店及批发商业企业中较为常见。

(2) 自由流动布局。所谓自由流动布局是指商品和固定设施被分组、归类,成为一种允许消费者进行无序地、自由地浏览寻购的模式。商品按固定设施和招牌进行归类,使消费者从商场的任意一点,都可以对全部的百货商品一览无遗。在专卖店、服装店中经常使用这种自由流动安排。这种布局对于鼓励休闲的购物和冲动性购买有显著的作用。

自由流动布局也有助于商场管理人员将消费者导向不同大类的商品。比方说,它可能有助于成套地销售商品,诸如在服装区中的外套、衬衫、领带和鞋,进而扩大总销售额。

(三) 店铺内部刺激物

店铺内有许多影响消费者的刺激因素:其他顾客和销售人员的品质、光线、音响、气味、湿度、货架空间、商品陈列、标签、颜色和商品种类等。

消费窗口 13-5

商场设计可以影响消费者行为吗?①

"零售商可以绝对地控制顾客的反应",《有效销售空间设计》一书的作者 Joseph Weishar 评论说。他认为顾客是以一种可以预测的方式在商场中徘徊流动的,他们对于光线和颜色刺激做出的反应也是可以预测的。合理的商场设计可以把消费者由浏览者转化为购买者。"如果你能让消费者看你想让他们看到的商品,他们可能就会购买你想要卖给他们的商品。"

现在,越来越多的零售商已接受了这一理论。对商场内部设计的重视、整修和重塑正呈上升趋势。国际批发商协会的一项调查发现,60%的商业企业正在酝酿计划,拟对商场按新的设计进行整修、装饰;80%的高价专卖店已经雇佣了商场设计顾问。

Sears 公司拿出 40 亿美元用于整修它的商场;Kmart 公司用了 23 亿美元进行商场改善;J. C. Penney 公司用在商场重新设计上的费用一年就达 5 亿美元;Benetton 公司重新装修了它的 200 家美国分店,每家分店花费近 40 万美元。

单靠装修门面可以改变一切吗?根本不可能。Weishar 认为商场设计是一门科学。你知道吗?由于商场设计人员的工作,可以使消费者光临商场并且花费比平时多 80%的时间进行选购。无论你在入门处右边看见什么商品,那都是零售商在那天最想让你购买的商品。你知道宽敞的通道将会说服你愿意支付更高的价格吗?闪烁着"高品质"字样的荧光灯将会深深印入你的脑海吗?

Wesishar 把奢侈品零售商 Bergdorf Goodman 作为一个例子来印证他的"宽通道等于高价格"的理论。"Bergdorf Goodman 每立方英尺所陈列的商品数量是纽约所有大专卖店中最少的一家,然而该店每平方英尺销售额达 2 000 美元,居国内最高水平。"他说:"宽敞的景象激发消费者一种高档的感觉,有助于说服他们购买高价商品。"

① 资料来源:Ellen Neuborne. Stores Say Remodeling Boosts Sales. USA Today, April 19, 1993: 1-2.

其他高姿态的成功范例还包括Gap和迪士尼商场。他说："Gap已经为它的商品设计了一个完美的环境。"在该店前部的售货桌呈现出一定的角度，看上去好像钻石的形状。这种做法是有用意的。这一角度可以直接把顾客引导向新到的全价服装大全处。

迪士尼商场的创办者说，迪士尼商场的设计是用来传递著名的迪士尼游乐场的特征、主题，即快乐和兴奋。他们也有另一个目的：让顾客进入商场深处。Weishar认为这个目标是每个精品店和百货公司所追求的。当你走进商场最里部时，对商场来讲是一个很好的机会，因为你很可能并不沿你进去的原路线返回，这样就可以让你接触到更多的商品，在每一个迪士尼商场最里面的墙上都设有一个巨大的屏幕。伴随着熟悉歌曲的全屏幕动画，深深地把顾客吸引回来——经常是被他们的孩子们拽了回来。在你进进出出时，你不可能空手而去。迪士尼商场的销售业绩比普通的竞争者高三倍。

本小节我们主要讨论招牌和价格信息效应、色彩效应、音乐效应、气味效应和拥挤状态等因素对店铺内部环境的影响。

(1) 招牌和价格信息。商场内部的招牌，对于指导消费者流向特定商品区和向消费者介绍有关商品的优点及价格信息是非常有益的。Mckinnon，Kelly和Robison设计了一个实验，该实验验证了招牌的作用、招牌包含的信息类型(单一价格信息或产品优越性说明)以及普通招牌与包含了折扣价格信息的招牌相比的效果等三方面内容。调查的六种商品是浴巾、裤袜、便装女裤、男式礼服裤、男式牛仔裤和男式衬衫。对这六种商品的调查，是在三个百货商场三周期限内的可变条件下进行的。

调查最终得出了以下结论：

- 价格对销售额的影响大于招牌对销售额的影响。
- 在正常价格下，价格招牌不会提高销售额；但该商品如果打折，价格招牌就会提高销售额。
- 介绍产品优点的招牌在正常价格和折扣价格下都会提高销售额，但当该商品正在打折时，提高幅度更大。
- 在正常价格和折扣价格两种情况下，介绍商品优点的招牌都比介绍价格信息的招牌更有效。

总之，这一研究的结果表明：在正常价格下，介绍产品优点的招牌是惟一应该使用的一个；而在折扣价格下，价格招牌和商品优点招牌都比没有招牌的情况销售额更高一些，但其中商品优点招牌的效果最显著。故而，这些研究成果也支持了招牌影响消费者认知(消费者明显拥有不同的招牌信息)和消费者行为(通过使用一定类型的招牌可以提高销售额)这一观点。

(2) 色彩。众多研究成果表明，色彩对人类和动物都有多种生理的和心理的影响。实验也验证，色彩在消费者对零售商场环境感知上是有影响的。一个有趣的发现是，暖色调(红色和黄色)可以引起消费者的注意，但暖色调环境又使消费者感到不舒服；冷色调(蓝色和绿色)不能引起消费者注意，但消费者都认为冷色调环境较舒服。

对于主色调，人们倾向于使用冷色调，因为它们能增加销售和消费者满意度。但是，暖色调吸引注意力的作用也不容忽视，它们可以被有效地用在需要强调的地方，从而吸引消费者的注意力，并刺激消费者购买。冷色调则可以让人放松，从而缓减消费者等待的焦虑。

营销人员还要注意，不同文化背景下，色彩的意义是不一样的。因此，色彩设计也要依据文化背景。

(3) 音乐。音乐影响消费者的情绪，而情绪又会影响众多的消费行为。Milliman研究了音乐的一个方面——节奏对超市顾客行为的影响。Milliman进行了三种处理：没有音乐，慢节奏音乐和快节奏音乐。研究的基本假设是这三种状态将对以下三个方面产生不同的影响:(1)顾客在商场内流动的速度;(2)消费者的日购买总量;(3)顾客离开超市后,表示对超市的背景音乐有印象的人数。

经研究发现,背景音乐的节奏影响消费者行为。商场内顾客流动的速度在慢节奏音乐乐中最慢,而在快节奏音乐环境中则最快。进一步讲,选择慢节奏音乐可以提高销售额,因为在慢节奏环境中,消费者在商场内徘徊浏览时间更长,进而也就可能购买更多的商品。具体地讲,在慢节奏条件下的销售额比在快节奏条件下高出 38.2%。有趣的是,购物后的调查表明,消费者根本没有留意超市中所播放的音乐。因而,很可能音乐是在消费者根本没有意识到的情况下,影响了他们的行为。

从营销战略的角度讲,Milliman 建议:用音乐来影响行为是可能的,但这种影响在商业目标的谋取过程中,既可能起到促进作用,也可能起到阻碍、干扰作用。可以肯定,在多数零售商场中,目标是放慢消费者的流动速度,让他们尽可能长时间地滞留在商场中,以便鼓励他们购买更多的商品。

但是,也有一些情况,目标正好相反,要让消费者流动起来,把它作为提高销售额的方式。例如,Milliman 在他的另外一项针对餐馆的研究中发现,慢节奏音乐似乎使消费者更为放松和延长在餐馆的用餐时间,从而增加从吧台购买商品的数量。但对于依赖顾客周转的餐馆而言,可能非常希望顾客流动加速,尤其在午餐时间,餐馆希望在两个小时或更短的时间内使"翻台率"最大化。但是,如果消费者更钟爱休闲放松的午餐气氛的话,慢节奏环境又可招徕更多的回头客。因此,问题的关键是,音乐节奏的选择必须适合商业目标和特定的市场状况。

(4) 气味。越来越多的证据表明,气味能对消费者的购买行为产生正面影响。研究表明,有香味的环境能够使消费者产生再次造访该店铺的愿望,提高对某些商品的购买意愿,并减少浪费时间购物的感觉。

也有学者指出,有香味的环境可以加强人们对某些陌生品牌的回忆和评价,可以增加消费者评价品牌的时间,增加注意力,从而增加记忆。例如,宜芝多一般选择在路口开设店铺,特有的奶香四溢,吸引了无数回头客。

(5) 拥挤状态。店铺内的拥挤会对消费者产生负面影响。当越来越多的消费者拥进店铺,或店铺空间被大量的商品所挤满,消费者会感到压抑。大多数消费者会觉得这种情形令人不快,相应地就会采取措施。最常用的方法就是减少在店铺内的逗留时间,迅速离开。这样导致的后果就是,消费者购买的数量减少,决策加快,忽视了很多有用的信息。最终,导致消费和满意降低,购买体验不愉快,减少再次光顾甚至不再光顾。

因此,营销人员在设计店铺时,应尽量减少消费者的拥挤感。同时,营销人员也要注意,在不同的文化背景中,个人可接受的空间距离是不一样的。

本章小结

零售业态是指零售企业如何将产品与服务采取独特的经营形态销售给最终的目标消费者。一定时期内的零售业态主要受制于一国和地区的社会经济技术发展状况。我国的零售发展应着力朝多元化、专业化、融合化、差异化四个目标发展。

消费者在进行消费决策时，一般有三种选择顺序：①先品牌后店铺；②先店铺后品牌；③同时选择品牌和店铺。如果消费者的决策顺序是先品牌后店铺，那么零售商和制造商就要突出对品牌的宣传。如果消费者的决策顺序是先店铺后品牌，那么零售商和制造商就要强调商场的特色。如果消费者是同时选择了店铺和品牌，则零售商要注重培训销售人员计算利润，要强调自己的众多品牌或核心品牌，能够为消费者提供完善的服务或是在价格上给予优惠，采取低价策略。制造商除了要负责对零售店内销售人员进行培训以外，还要强调合作广告，通过重点或关键性的渠道进行分销。

现今的零售从场所形态上划分，主要分为以下两大类型：即店铺零售和无店铺零售。

店铺零售(Store-based Retailing)是指通过店铺的形式向购买者销售商品或服务的零售类型，店铺是指由店面、商品展示销售区和储存区构成的临街或在购物中心中设立的商业建筑体。按照不同的特点可分为12种类型：食杂店、便利店、折扣店、超市、大型超市、仓储会员店、百货店、专业店、专卖店、家具建材商店、购物中心包括社区购物中心、市区购物中心、城郊购物中心、工厂直销中心。

无店铺零售主要指通过非有形店铺形式向消费者销售商品的零售类型，包括三种形式：直效营销、直接销售和自动售货机。

消费者网上购物的心理特征主要表现为以下几方面：追求时尚和个性，追求方便、省时省力，追求物美价廉、货比三家，追求自主、独立。

消费者在进行店铺选择时，不但要考虑到店铺形象、店铺气氛，还要考虑涉及有效店铺环境的三个决定因素：店铺定位、店铺布局和店铺内部刺激物。

店铺内有许多影响消费者的刺激因素：其他顾客和销售人员的品质、光线、音响、气味、湿度、货架空间、商品陈列、标签、颜色和商品种类等。

关键词

零售	retailing
店铺零售	store-based retailing
店铺陈列	store display
店铺形象	store image
店铺气氛	store atmosphere

练习题

1. 消费者面临购买什么和到哪儿购买的问题，这两类决策有什么不同？
2. 零售环境正在发生怎样的变化？
3. 网上消费者具备什么特征？如何解决网上购物障碍？
4. 什么是店铺形象？它的构成维度和因素是什么？
5. 请描述哈夫模型。
6. 在特定店铺内，哪些因素会影响产品选择？请举例说明。
7. 店铺陈列对消费者行为将会产生怎样的影响？
8. 店铺形象会影响品牌形象吗？为什么？品牌形象会影响店铺形象吗？
9. 零售商可以利用店内哪些特征来提高店内消费者购物的可能？描述每一因素如何被使用以及对下列产品的消费者所产生的预期效果：

a. 香水　　b. 冰淇淋　　c. 车油　　d. OTC药品

10. 访问一家药店、超市或百货店，拜访他们的经理，请他们谈谈对店铺陈列和广告的看法。

案例分析

试衣间对消费者的吸引①

“试衣间是引发消费者购物冲动的触媒，如果消费者在试穿衣物的过程中有愉快的体验的话，他们再行过来购物的可能性就要大很多了。”

——JGA 顾问公司主席肯·里斯查

Prada　随机应变型

在比佛利山和 SOHO 地区的普拉达商店内，8 平方英尺的玻璃试衣间看上去非常简单，但是一旦你踏进去的话，试衣间就“活”了。当你脱下衣服的时候，试衣镜的墙就会变雾；在你要将衣物展示给试衣间外面的人看的时候，墙壁又会变得透明。另外，试衣间内的一面“魔镜”还可以让你从各个角度来观看试衣效果，并可以将你试衣的图片发送给你的朋友，同时，一个互动的壁橱可以将消费者所穿衣物的详细信息显示出来。

歌德克依专卖店　全力推荐型

这个位于德国埃森地区的男装品牌专卖店配备了“智能试衣间”，其货架和镜子可以给你创造一种全新的购物体验。店内的试衣间可以识别消费者拿进去的衣物，并给出诸如价格、材料和保养说明等一些有用信息。除此之外，它还可以为消费者推荐诸如匹配裤子的衬衫，以及现有衬衫的尺码和颜色等。

Warnaco 内衣专卖店　恰到好处型

鉴于很多女性都会购买不合尺码的内衣，于是美国最大的内衣制造商——Warnaco 集团就决定在其试衣间内利用信息图像的方法来为消费者测试所需内衣的大小。Warnaco 集团全球的试衣间还扩大了空间，以方便购物者的密友置身其中；其中还设置了一个可坐区域，让购物者进行私密的交谈。

Metropark 专卖店　吃喝玩乐型

青少年服装零售商 Metropark 将时尚、音乐和艺术等元素都集中在其试衣间内。前卫的灯光和播放音乐视频的液晶显示器给那些试衣的消费者带来了一种俱乐部的氛围。在试衣间前，你还可以在座椅上吃点小零食或者把玩新奇的礼品，从而使这里成为了青少年互相交流的一方天地。

诺德斯特龙百货公司　休闲知性型

诺德斯特龙百货公司新近在夏威夷檀香山开的一家新店铺让试衣成为了女性之间的一种群体体验。其名为“女朋友之室”的试衣间内有多张磁性门帘，而且这些门帘可开可闭，以形成不同大小和布局的试衣间。在这个售卖少女衣物的商店内，试衣区域被称之为“公寓”，因为这里除了平板电视和沙发之外，还有时尚杂志可供阅读。

三越百货　随传随到型

这家日本百货连锁商店是在 2006 年开始使用“智能试衣间”的。通过与思科公司合作，其试衣间配备的 Unified IP 电话和液晶显示屏可以让消费者从试衣间里面查看现有衣物的尺寸和样式，这样的话，如果带进试衣间的牛仔裤的尺寸不适合自己，你也不用再等待售货员去确认有无其他尺码了。

---

① 资料来源：根据“金羊网——新快报”：试衣间百变造“型”http://www.ycwb.com 改编.

问题

1. 店铺形象对消费者购买会有什么样的影响？
2. 比较案例中的各家店铺，它们各自运用了什么因素来吸引消费者？

·第十四章·

购后过程与消费者满意度

为了进一步提升用户满意度，提高销量，同时增加品牌的含金量，菲亚特推出了以服务为主题的"心动计划"。它涵盖了营销和服务的各个环节，旨在以优秀的服务打动消费者的心。作为它的组成部分，菲亚特相继推出了"总经理售车日"、"航空式服务"、"上门售车"等项目，还开展了主题为"超越你的想象"创新的体验式营销活动，该活动将在九个主要城市发起，随后遍及南京菲亚特全国各4S店。

通过广泛深入的既互动、交流又具有趣味性、又会有意外惊喜的试驾活动，使消费者从感性和理性两个角度，对菲亚特汽车的"时尚、科技和高性价比"等特点进一步认知。对汽车行业而言，体验式营销除了对汽车性能的注重外，更强调汽车与生活、休闲及个性色彩的结合，透过感情及联想的诉求，提供给驾驶者更多的体验空间。

提高消费者满意水平和忠诚度，保留关键消费者，已经成为诸多企业的经营目标。什么是消费者满意，如何保证消费者的忠诚购买，企业应该采取哪些营销策略，都已成为企业研究的重点。

本章将阐述下列问题：

★ 购买与处置
★ 购买评价
★ 消费者满意度

图 14－1 反映了消费者购后行为之间的关系。在购买某些产品和服务后，有一种称为购后冲突的现象，这种现象发生于消费者对购买行为的明智性产生怀疑时。另外一些购买则伴随不采用现象，即消费者将产品退还或保存而不加以使用。对于大多数消费者的购买来说，即使存在购后不和谐，产品仍会被使用。使用产品通常涉及包装和产品本身的处置，在使用过程中和使用后，消费者会对购买过程和产品进行评价。不满意的评价会使消费者产生抱怨，而厂商做出的合适反映会减少消费者的不满情绪。购后的满意程度，要么导致消费者的重复购买与忠诚，要么导致转换品牌或不再使用此类产品。

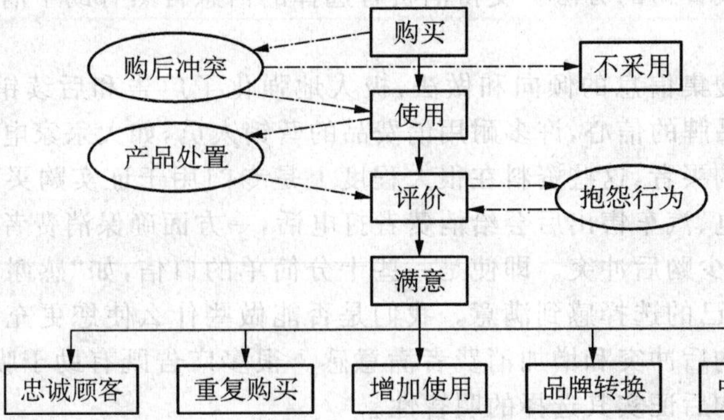

图 14-1 消费者购后行为[①]

第一节 购买与处置

一、购后冲突

消费者在购买商品/服务后，对购买的怀疑和焦虑就是购买后冲突。图 14-1 显示，在购买后，确实有一部分购买会产生购后冲突。

消费者产生购后冲突的可能性及其激烈程度，是由以下因素决定的：

- 忠诚度或决定不可改变的程度。决定越容易改变，购后冲突就越不易发生；反之，则越容易产生购后冲突。
- 决定对消费者的重要程度。决定越重要，越有可能产生购后冲突。
- 在备选品中进行选择的难度。越难做出选择，就越有可能产生冲突且冲突激烈程度越高。决策难度大小取决于被选品的数量、与每一备选品相联系的相关属性的数目以及各备选品提供的独特属性。
- 个人体验焦虑的倾向。有些消费者更易感到焦虑，而越易于感到焦虑的消费者就越可能产生购后冲突。

购后冲突之所以发生，是因为选择某一产品，是以放弃对另外产品的选择或放弃其他产品所具有的诱人特点为代价。在名义型决策和大多数有限型决策中，由于消费者不考虑被选产品不具有其他替代品具有的特色，因此这类决策不会产生购买后冲突。例如，某位消费者购买洗衣粉，有 4 个品牌可供选择，消费者认为这几个品牌除了价格外，其他属性都旗鼓相当，此时，他就会选择最便宜的品牌。这种购买一般不会带来购后冲突。

由于大多数购买介入度高的决策涉及一个或多个引发购后冲突的因素，因此，这些决策常伴随购买后冲突。而且，由于冲突令人不快，消费者会设法减少冲突。

消费者通常会增加对所购品牌的欲求感；减少对未选品的欲求感；降低购买决策的重要性；或改变购买决策（在使用前退回产品）来减少购后冲突。

除此以外，消费者还可以通过内心的再评价减少购买后冲突，搜集更多的外部信息来证实

① 资料来源：Del I. Hawkins, David L. Mothersbaugh, Roger J. Best. Consumer Behavior: Building Marketing Strategy. 10th ed. New York: McGraw-Hill Companies Inc, 2004.

某个选择的明智性也是很普遍的方法。支持消费者选择的信息自然有助于消费者确信其决策的正确性。

消费者购物后继续搜集信息的倾向和做法，极大地强化了广告和后续销售努力的作用。为了培养消费者对所选品牌的信心，许多耐用消费品的营销人员，如大宗家电和汽车推销商会邮寄一些资料给近期的购买者，这些资料在很大程度上是专门用于证实购买的明智性与正确性的。地方零售商在家电、汽车售出后会给消费者打电话，一方面确保消费者没有碰到产品问题，另一方面也是为了减少购后冲突。即使是一些十分简单的口信，如"感谢您在我处购买了新车，我们相信您会对自己的选择感到满意。我们是否能做些什么使您更充分地享用您的新车呢?"这些都可以减少购后冲突和增加消费者满意感。很多广告既有助于吸引新的购买者，同时又有助于消费者在购后证实其选择的明智性。

二、产品处置

商品购买回来以后，消费者可能使用，也有可能将产品闲置，甚至直接丢弃。这与商品的性质以及消费者购买时的决策类型有关。

（一）产品使用

大多数购买属于名义型或有限型决策，因此很少引发购买冲突。消费者在购得产品后根本不用担心购买是否明智的问题，而是无忧无虑地加以使用。即使存在购后冲突，消费者仍然会使用购得的产品。出于多方面的原因，营销人员需要了解消费者如何使用其产品。弄清楚产品的具体使用情况，有助于改进产品设计。

消费窗口 14－1

产品的使用创新①

——消费者为妇炎洁开发新用途

妇炎洁洗液本是妇科常用外洗用剂，具有清热祛湿、杀虫止痒的功效。妇炎洁自上市十年以来，拥有近亿的女性目标消费群，她们在不断的实际应用中，对妇炎洁作为妇科洗液的疗效非常信任，让人意外的是，她们还不断地开发出妇炎洁的新用途，有消费者甚至戏称，妇炎洁广告语"洗洗更健康"可以改为"洗洗都健康"了。

- 治脚气　很多消费者发现将妇炎洁洗液用温水稀释后泡脚，或者将妇炎洁原液涂抹在患处，对治疗脚气有很好的疗效。
- 祛痱子　部分父母为宝宝洗完澡后用稀释后的妇炎洁涂抹在他们身上，纯植物本草精华，不但温和不刺激，还能迅速止痒，促使痱子消退。
- 消痤疮
- 退湿疹
- 除痔疮　消费者发现将妇炎洁洗液和泡腾片搭配使用，对治疗痔疮有很好的效果。

此外，很多消费者发现在治疗冻疮、皮炎、狐臭、外阴瘙痒等方面，妇炎洁也有很好的效果，还有不少男士使用妇炎洁洗液进行个人卫生护理。

（二）产品闲置

产品闲置是指买了一种产品不使用，而是将其搁置起来，或者是对于产品的潜在用途仅做很有限的使用。

---

① 资料来源：根据 http://women.sohu.com/20070823/n251742021.shtml 改编.

对于很多产品和大多数服务，购买决策和消费决策是同时作出的。例如，当消费者决定在某一餐厅就餐时同时也决定了所选购的食物。与此不同的是，如果消费者是在超级市场购买食品，回家后还需要对食品的准备与消费再次进行决策。显然，作出第二个决策的时间、情境与第一个决策明显不同。这样，由于购买时与潜在使用时环境或购买者的改变，就会发生产品闲置。例如，卖场陈列时，销售人员使用无烟锅进行炒菜演示，看着可口的菜肴出锅而周围却没有油烟，消费者不免会动心，此时会激发消费者联想到一种合适的使用情境，如何在厨房忙碌，烧出一桌美味，从而做出购买决策。然而，很有可能回家后，没有了展示时的刺激，或是因为工作繁忙，消费者可能就想不起使用无烟锅炒菜，而是选择外卖或者外出就餐。

常见的产品闲置情形有：

锅——我想试试炒菜，但腾不出时间用它。

衣服——我一直想减肥，希望能穿上中号的衣服，因此，买一件中号的服装激励自己努力减肥。但是很可惜，我没能坚持减肥，中号的衣服还是太小了。

健身房会员资格——我想每周坚持去健身，但是太忙了，根本没有时间去。

诸如此类种种，在这些情形下，消费者浪费了金钱，营销人员也不大可能获得重复销售。而且，营销人员很难找到合适的补救措施和对消费者施加有效的影响。

在另外一些情况下，通过提醒或在合适时机给予促动，消费者会使用所购的产品。例如上例中的健身房会员资格，营销人员通过历史记录，会发现消费者一直没有来消费，可以通过电话或信件的方式通知消费者，提醒他前来健身。消费者接到通知后，就会去消费。

（三）产品与包装的处置

产品使用前、使用后及使用过程中均可能发生产品或产品包装的处置。只有完全消费掉的产品，如冰淇淋才不涉及产品处置问题。显然，产品处置是营销人员必须予以正视的。在有些细分市场，消费者将产品包装能否回收视为产品的一项重要属性。同样，这些消费者在选择、评价阶段就将包装的处理看作品牌特点。因此，在赢得这类消费者的过程中，包装处理的简单易行(包括不使用包装)可作为营销组合中的重要变量。

对许多类别的产品而言，即使产品本身不再具有使用价值，其实物形态依然存在。一种产品迟早会不能以消费者满意的方式发挥作用，或不再具备消费者想要的象征意义。例如，报废的汽车就失去其功能价值，而被车主视为款式过时的汽车则不再具有象征性功效。不管怎样，一旦消费者决定替换产品，就会对先前的产品进行处置。

图 14-2 描述了处置产品的多种选择。在这些选择里，“废弃”是迄今为止最广泛采用的处置办法。

除了废弃以外，很多厂商与政府、环保等机构均尝试着使用保留方法。即可以采用回收或者是开发产品的新用途。例如，每年中秋过后，部分月饼生产厂商会在商场设立专柜，将包装盒回收，经处理后用作其他用途或再利用。

处置决策可以通过多种方式来影响企业的营销决策。例如，消费者在使用耐用消费品时，只有当他认为该产品的价值已耗尽时，才会考虑购买新的产品。只要消费者在进行产品折旧时，认为该产品的价值没有耗尽，就会继续使用而不再购买。此时，企业可以采用以旧换新的策略吸引消费者换购产品。

再如，消费者想出售旧车换购新车。此时，经销商可以帮助消费者处理旧车，这样不仅可以帮助消费者解决出售的难题，对经销商而言，也可以从中获益。这种出售旧产品的行为往往会导致产生旧货市场。正是由于消费者对销售和购买二手产品的需求日益上涨，那些跳蚤市

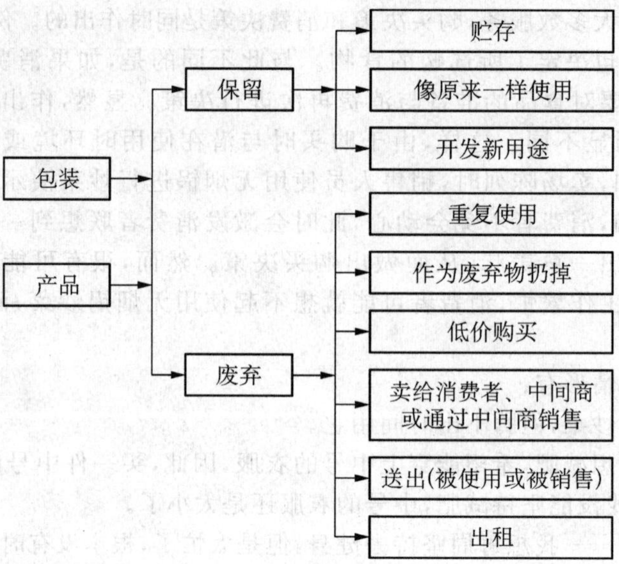

图 14－2　产品处置的选择

场、网络拍卖平台才得以迅速发展。

第二节 购买评价

诚如在图 14－1 中看到的，消费者的购买评价受购买本身、购后冲突、产品使用和产品处置的影响。不是所有的购买都受其中每一过程的影响，相反，这些过程只是对某一特定购买产生影响的潜在因素。应当注意的是，产品、出售产品的商店或两者会同时卷入评价之中。消费者可能对购买的各个方面进行评价，如信息的可获性、价格、零售店服务、产品性能等等。对一项购买的整体满意既包括购买过程的满意，如决策信息可获性和实际的购买体验，也包括对所购服务、产品本身的满意。需要指出的是，对于名义型决策和很多有限型决策，只有当某些因素，如明显的产品功能失灵才会导致购买者对购买的关注，从而引起主动的购买评价。

一、产品功效与消费者满意

选择某种产品、品牌或零售店是因为人们认为它在总体上比其他备选对象更好。无论是基于何种原因选择某一产品或商店，消费者都会对其应当提供的表现或绩效有一定的期望。消费者期望水平可以从很低(这个品牌的面包口味儿不怎么样，但我很饿，而且没有其他选择余地)到很高。期望水平和感知到的功效或表现水平并非相互独立，一般来说，我们倾向于将产品或商店的表现感知为与我们的期望相一致。

在产品使用过程中或产品使用之后，消费者会对产品的功效或表现形成感知。这一感知水平可能明显高于期望水平，也可能明显低于期望水平或与期望水平持平。如表 14－1 所示，对购买的满意程度取决于最初的期望水平和实际感知水平。

表 14-1 期望、功效和消费者满意

相对于期望的实际感知	期望水平	
	期望低于最小欲求功效	期望高于最小欲求功效
更好	满意	满意与忠诚
相同	非满意	满意
更糟	不满意	不满意

从表 14-1 中可以看到，如果一个商店/品牌的功效或表现符合一个低水平的期望，则结果通常既不是满意也不是不满意，而是非满意(nonsatisfaction)。即消费者可能不会失望，也不会抱怨该零售店或产品。但下一次遇到类似购买问题时，消费者可能会寻找更好的备选对象。

对一个品牌的感知功效低于期望水平通常会导致消费者的不满。如果感知水平与期望水平差别过大或原先的期望水平过低，消费者可能会重新开始整个决策过程。低于期望水平的品牌极可能被消费者放弃，从而在新一轮决策中不再被考虑。不仅如此，抱怨和负面的传言也可能由此产生。

当对产品功效的感知与最小期望水平匹配，即功效水平等于或高于最小期望水平时，通常会导致消费者的满意。消费者满意会降低下次面临同样问题时的决策水平，即满意的购买将鼓励消费者在将来重复同样的购买行为。另外，满意的消费者可能会对所选品牌做正面的口头传播。产品实际性能超过期望的功效时一般会导致满意甚至忠诚。

二、满意和不满意的决定因素

功效的期望水平与实际功效是消费者满意与否的主要决定因素，因此我们需要对产品与服务的功效予以了解。

对许多产品而言，功效包括两个层面：工具性的和象征性的。工具性功效与产品的物理功能相关，如对洗碗机、缝纫机或其他主要电器产品，正常运转和发挥作用至关重要。象征性功效同审美或形象强化有关。运动鞋的透气性是工具性功效，而式样则是象征性功效。

一项关于功效期望、实际功效和服装购买满意情况之间关系的研究，得出了以下一般性结论：不满意是由工具性功效令人失望造成的，而完全满意同时需要象征性功效达到或高于期望水平。这些发现提醒营销人员应致力于将导致不满意的属性功效保持在最低期望水平，同时要尽量将导致满意的属性功效保持在最高水平。

除了象征性和工具性功效，产品还有情感性功效。情感性功效是拥有或使用产品的情绪反应。这种反应可能缘于工具性功效、象征性功效或缘于产品本身。如消费者购买了一套 Tiffany 首饰，引来的艳羡目光和称赞可能会对消费者产生积极的情感反应。情感性功效也可以成为产品的基本利益，例如促发情绪反应的电影或小说。

对消费者不满，Day 和 Landon(1977)提出了一个两层次的分类模式，见图 14-3。

第一层次将消费者不满行为分为行为反应(即采取某些行动)和非行为反应(即不采取行动)；第二层次则将行为反应分为公开行动与私下行动，其中公开行动包括直接向商家寻求赔偿或补偿、向消费者协会或法院投诉，而私下行动则包括抵制商家、警告亲友等。

Day(1980)对 Day 和 Landon(1977)分类的第二层次有不同观点，认为可以按照提出不满(抱怨)的目的将消费者不满行为分为三类：①寻求赔偿，目的是直接或间接向商家索要赔偿，如同商家投诉、采取法律行动等；②表达不满，目的是表达不满意，而不是索要赔偿，如影响未

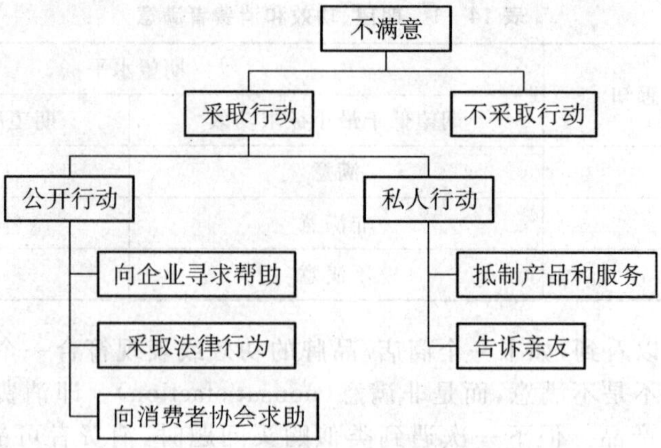

图 14-3 Day 和 Landon 的分类模式

来行为、负面口碑等；③个人抵制，目的是不再购买或使用该产品或服务。

Singh(1988)对汽车维修业的消费者抱怨行为进行了研究，通过探索性因素分析，发现消费者抱怨行为可以分为三类：①直接抱怨，向商家索要赔偿或不采取行动；②私下抱怨，负面口碑或不再购买；③第三方抱怨，采取法律行动。

Davidow 和 Dacin(1997)认为消费者不满行为可以依据两个维度分为四种类型，见图 14-4。

一个维度是抱怨对象是否在消费者圈子以内，另一个维度是抱怨对象是否与不满意购买直接相关。直接抱怨是消费者向自己圈子以外、与不满意直接相关的对象(商家)进行抱怨；负面口碑是消费者向自己圈子以内、与不满意购买没有直接关系的对象(亲戚朋友)进行抱怨；沉默抵制是消费者向自己圈子以内、与不满意购买直接相关的对象(自身)进行抱怨；第三方抱怨是消费者向自己圈子以外、与不满意购买没有直接关系的对象(消费者协会或法院)进行抱怨。

		与不满意购买的相关性	
		相关	不相关
在顾客圈子的内外	内部	沉默抵制	负面口碑
	外部	直接抱怨	第三方抱怨

图 14-4 顾客抱怨行为的分类

无论是哪种分类方式，大致都可以分为两种类型：①投诉型抱怨。消费者产生抱怨后通过一定的渠道向企业、消费者权益保护机构等表达自己的不满和相应的要求，如以相关的法律或以企业内部标准、合同等为基准向企业提出索赔要求。对于这一类抱怨必须及时赔偿消费者的经济损失和平息消费者的不满，并应采取积极措施防止同类事情的再次发生。在产品责任日益受到人们关注的今天，消费者的立场也得到了更多的重视，所以更应谨慎处理。②非投诉性抱怨。现实生活中，如果消费者产生了抱怨，其中只有小比例的人进行投诉。究其原因，有的是怕麻烦，有的是因为商品价值低而不投诉。研究表明，一旦消费者产生不满，4%的消费者会说出来，96%的消费者会默默离开，90%的消费者会永远也不买这个品牌或关注这家商场，这些消费者会把不满传递给 8～12 个消费者。这 8～12 个消费者还会把这个信息传递给约 20 个人。

三、消费者购买体验

消费行为的一个关键特征是消费过程中的感觉。感觉有不同的形式和程度，它们可能是肯定(兴奋、高兴、放松和伤感)，也可能是否定(生气、讨厌、内疚和后悔)。根据消费者体验的不同，图 14-5 列出了三种消费体验类型。

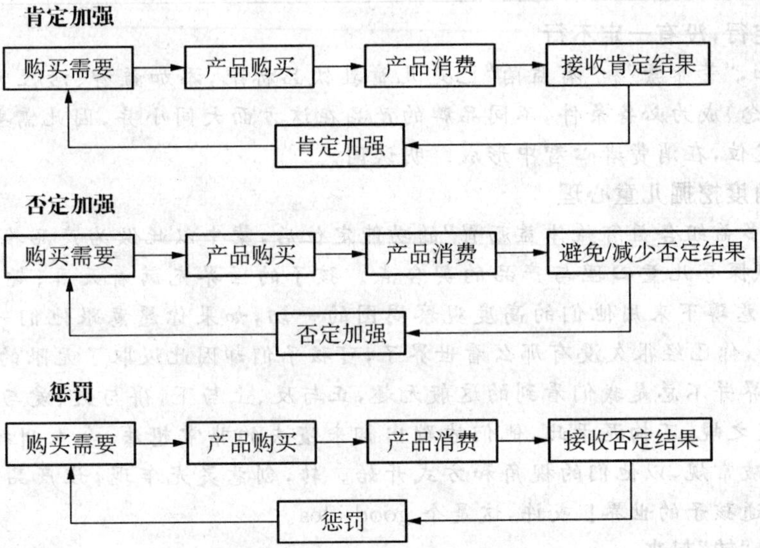

图 14-5 消费者体验的三种类型

当消费者在产品使用过程中得到一些肯定的结果时，消费体验提供的是肯定加强（positive reinforcement）。当消费使消费者避免某种否定的结果时，就产生了否定加强（negative reinforcement）。有时，在消费过程中会同时发生肯定加强和否定加强。理想的情况是企业希望他们提供的产品能够提供尽可能多的加强。这样的话，消费者就更有可能重复购买他们的产品。

然而，消费体验有时也会带来惩罚。当消费导致否定的结果时，就产生了惩罚（punishment）。惩罚的消费体验不可能会重复发生，特别是当消费过程产生的否定结果超过了以前所有的加强时。消费者更喜欢购买那些肯定加强的产品，而不是那些否定加强的产品。结果可能是，他们在购买那些否定加强的产品时只会花很少的时间和经历。

消费窗口 14-2

蒙牛妙妙的体验之旅①

2005—2007 年，国内乳饮料市场发展如火如荼，乳饮料销售额由 91 亿元增长到 173 亿元，处于活力成长期的儿童乳饮料更由 30 亿元增长到 40 亿元，娃哈哈、太子奶、小洋人等儿童乳饮料巨头不断推出新品，扩张市场规模。在这样的竞争局面下，蒙牛儿童奶瞄准契机，计划推出市场跟随性产品，借助乳饮料市场蓬勃发展的态势，力图后来居上，分割市场份额。

市场跟随更需要树立独特的产品个性和产品识别

那些成功儿童产品的经验说明，要想获得消费者青睐，首先需要鲜明的区隔。而不易被竞争品简单替代的最好方式就是塑造独有的产品个性和产品识别，这点比立足产品特征上的突破更为重要。

代理商对市场和目标消费人群的研究发现，目前市场上大部分产品均以功能诉求为主，较少涉及对于儿童趣味饮用体验的挖掘，而有一半孩子都埋怨没有足够适应他们的趣味饮品！

① 资料来源：经营者，2008(12)：35-36.

有不一定行，没有一定不行

众所周知，"营养素"和"有益菌"已是儿童乳饮品标配，添加益智、活性乳酸菌等关键营养成分(概念)成为必备条件，不同品牌的产品在这方面大同小异，因此需要提供独特的功能差异性定位，在消费者心智中形成鲜明认同。

"转"个角度挖掘儿童心理

在确认"多益组合益智益体益肠胃"的功能定位后，蒙牛以此做为产品推广的基础，代理商开始细腻探寻儿童心理与产品的契合点。孩子的世界充满着天真、趣味、欢乐和智慧，如果你愿意蹲下来用他们的高度观察周围的一切，如果你愿意跟他们一样倒立身体180度——不，你已经很久没有那么看世界了，可孩子们却因此汲取了无限的乐趣。

的确，世界并不总是我们看到的这般无趣，正与反、上与下，得与失、爱与不爱，在孩子眼里全无一定之规，不拘泥于此，他们才蹦出翻来覆去的非常想法，令人叫绝。和他们沟通，自然要打破常规，以他们的视角和方式开始。转，创意灵光乍现，让产品反转180度，转个角度，连通孩子的世界！或许，这是个good idea。

奇妙能量"转"起来

围绕"转"的核心创意点，代理商延展了正反笑脸体验式包装，让孩子在饮用产品的过程中有更多互动体验。而特别创意的眩目转盘，以错觉的艺术为转的概念倍添奇妙真实的体验。

当然，这一次不只是简单的"转"，蒙牛提出"奇妙能量转起来"的推广主题，并回归蒙牛妙妙"益智益体益肠胃"的功能定位，凭借TVC、平面及终端等一系列主题宣传物料，形象生动有趣地传递了蒙牛妙妙"肠胃越转越灵，身体越转越棒"的产品利益。至此，蒙牛妙妙的产品利益与广告表现，以独特推广概念为核心，转出一个完美的圆。

消费体验让蒙牛妙妙成为儿童乳饮料活力之星

在蒙牛妙妙儿童营养乳酸的策划案中，对儿童心理的把握是蒙牛认为值得分享的经验，从孩子们的视角看问题，是一个容易想不容易做的事情，这个"转"的消费体验爆破点不仅连通了孩子的语言，更顺畅地带出了产品利益，带给儿童饮用时的互动乐趣，使产品在众多竞争者中焕发无限活力。

第三节 消费者满意度

从商品提供者角度出发，商品质量意味着商品特性对企业规定与要求的符合程度，这种经营导向的典型做法是关注生产率和内部效率，其效果反映在以最小的成本获得最大的产出方面；从消费者角度出发，商品质量意味着服务达到或超过其期望的程度，其效果反映在所提供的消费者满意方面。

一、消费者满意的内涵

消费者满意是消费者对产品或者服务的性能，以及产品或者服务本身的评价，它给出了一个与消费的满足感有关的快乐水平，包括低于或者超过满足感的水平。消费者的满意度越高，消费者与商品提供者之间的关系就会越牢。也就是说,满意的消费者忠于提供商品的企业,与企业建立了稳固的关系。接着提供商又会定位于为这些忠诚的消费者提供高质量的服务,而这又会进一步加强企业与消费者之间的关系。

消费窗口 14-3

欧珀莱的经营理念:让顾客满意[①]

资生堂丽源公司是由北京丽源公司和日本资生堂株式会社合资成立的一家化妆品企业,公司创建10年来,在中日双方的共同努力下,公司经济效益逐年提高,欧珀莱产品遍布全国,深受消费者的青睐。资生堂丽源公司欧珀莱品牌的成功,源于独到的经营理念。

欧珀莱在市场和消费者中知名度非常高,然而却很少做广告,取得如此好的口碑和信誉,靠的是品质,靠的是独到的经营理念。他们的经营理念很简单——让顾客满意。然而,要实现这一理念并不容易,他们是通过"三高"战略——高品质、高服务、高形象使企业的经营理念得以实施。

——高品质。欧珀莱产品几乎不做广告,却能够在消费者之间赢得口碑、相互传播,口碑的基础是品质。企业生产的产品有三种质量标准:企业标准、行业标准、国家标准。一般来说,产品能达到国家标准就行了,而欧珀莱产品追求的是高于国家标准的国际标准。为保证质量的稳定性,欧珀莱产品的原料80%靠进口,瓶子、包装盒等外包装材料都是选用国内最好的。为保证质量,他们对原材料实行双重检验,即由公司的检验科检验的同时,还送到日本资生堂去检验。在质量管理上,他们实行的是GMP质量管理方式,这是国际制药行业的标准。2000年9月,资生堂丽源公司成为全国化妆品行业唯一一家被国家质量技术监督局授予"质量管理先进企业称号"的单位。

——高服务。欧珀莱产品的营销方式与众不同,采用在大商场设直销专柜的方式,中间没有批发商。公司在全国各大城市拥有340多个柜台,1 600多名职工中80%以上分布在销售一线。售货员都是公开招聘,然后进行入社培训,学习产品、美容、礼仪知识,在销售产品的过程中向顾客传授美容技巧和美容知识,统称美容顾问(BC小姐)。对于BC小姐的考核,他们有一套特有的评价机制。由于公司的经营理念是一切为了顾客,在提供服务与获得利润中,公司更看重服务,靠服务赢得消费者,所以考核不与销售额挂钩,而是把服务作为最主要的指标,重点考核服务好不好,有没有投诉,从而保证了"高服务"的最终实现。公司的另一个特色是成立会员俱乐部——花之友俱乐部。他们将购买产品达到一定数额的顾客吸纳为会员,为会员建立个人档案,定期为会员提供美容、参加新产品发布会等项服务。目前,花之友俱乐部已在全国拥有40万会员。

——高形象。高档产品需要高档次的销售环境。资生堂丽源公司的销售专柜全部设在大型商场最好的位置。由于欧珀莱产品销售看好,全国很多大商场愿意与他们合作,以此提高商场的形象。但是,资生堂丽源公司在选择合作伙伴时十分严格,必须是档次高、客流量大、管理水平高、信誉度好的商场。现在遍布全国的300多家欧珀莱专柜,都是他们一个一个实地考察,精心挑选确定的。工业选择商业,这种情况目前并不多见。欧珀莱产品全国价格统一,也是他们保持高形象的一个方面。他们在对产品定价前进行广泛的市场调查,所以价格从不随行就市,而是保持稳定,对消费者负责。

资生堂丽源公司的经营理念在公司内部体现为以人为本的理念。具体有三个方面:

① 资料来源:李茂科,王剑.市场报,2003-1-7(12).

一是员工培训常抓不懈。员工培训包括全员培训和专业培训。专业培训由各部门自己搞，常年不断，有入社培训、新产品培训、骨干培训等，使员工始终能够保持高服务的技能和技巧。像入社培训，一般长达一两个月，培训结束还要进行考试。正是这样大范围、多层次的培训，确保了"三高"顺利实施。

二是以新机制促进企业发展。合资后公司一度采用日本的管理方法，论资排辈现象比较明显，时间一长，员工的积极性受到影响。这两年他们在激励制度上进行了调整。一是破格提拔有突出贡献的人；二是把员工的表现分成五个等级进行评价，作为签订合同、升职的依据；三是实行末位淘汰制。这些新机制的引进一改常见的大锅饭、论资排辈等陋习，有效地调动了员工的积极性。

三是不断提高职工待遇，增强企业凝聚力。在保证企业效益不断提高的前提下，公司同步增加职工收入，在教育、福利、保险、医疗等方面照顾员工利益，解除了员工的后顾之忧。同时，他们投资 40 多万元建立和完善公司的文体设施，为员工营造一个良好的工作和休闲环境，做到严管理与高待遇相辅相成。去年，公司开展了合理化建议活动，团员青年提出了 102 项建议，受到日方总经理的高度重视，并经过筛选确定落实到实际工作中。通过活动培养了员工的团队精神，进一步增强了企业的凝聚力。

二、消费者满意战略

消费者满意或消费者满意战略的核心思想是：企业的全部经营活动都要从满足消费者满意出发，以提供满足消费者需要的产品为企业的责任和义务，使消费者满意为企业的经营目的营造适合生存发展的良好的内外部环境。

（一）横向层面上的消费者满意战略

横向层面上的消费者满意战略包括以下五个方面：

（1）企业满意。企业经营理念带给内外部消费者的满足状态，包括经营宗旨满意、经营哲学满意和经营价值观满意等。

（2）行为满意。企业全部的运行状况带给内外部消费者的满足状态，包括行为机制满意、行为规则满意和行为方式满意等。

（3）视听满意。企业具有可视性和可听性的外在形象给内外部消费者的满足状态，包括企业标志满意、标准字满意、标准色满意以及上述三个基本要素的应用系统满意等。

（4）有形产品满意。企业有形产品带给内外部消费者的满足状态，包括产品质量满意、产品功能满意、产品设计满意、产品包装满意、产品品位满意和产品价格满意等。

（5）服务满意。狭义的服务满意，即企业服务带给内外部消费者的满足状态，包括服务绩效满意、服务质量保证体系满意、服务的完整性和方便性满意以及情绪和环境满意等。

（二）纵向层面上的消费者满意战略

纵向层面上的消费者满意战略包括三个层次：

（1）效用满意层次。消费者对企业本身的一些属性，比如效果、质量、设计和品种等所产生的满意。

（2）感受满意层次。消费者对企业提供商品的形式层和外延层，如有形展示、促销分销、售后反馈等所产生的满意。

（3）社会满意层次。消费者在企业提供的消费过程中所体验到的社会利益维护程度，主要指消费者整体的社会满意程度。它要求企业提供服务和消费的过程中，要具有维护社会整体利益的道德价值、政治价值和生态价值。

三、消费者满意度

（一）消费者满意度的生成要素

如图 14－6 所示，消费者满意度的生成要素包括产品、营销活动、后台支持和企业文化四个方面。

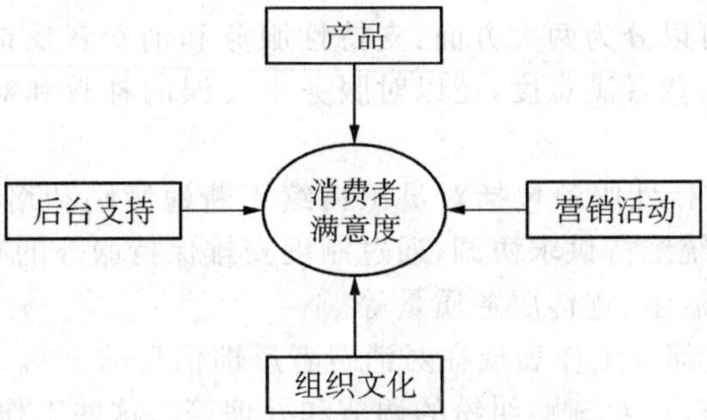

图 14－6 消费者满意度的生成要素

■ **产品**

产品要素不仅指产品本身，还指产品购买的过程因素。产品对消费者满意度的影响包括以下三个方面：

（1）产品设计。符合消费者需要的产品是企业令消费者满意的首要工作。企业进行产品创新时如果没有把消费者需求考虑进去，招致失败是不可避免的。产品设计不仅影响到消费者对产品的购买，还影响员工工作的信心与态度、广告与促销的效果、消费者投诉、提供售后反馈的成本等，最终影响消费者满意度。

（2）信息沟通。信息沟通指的是产品的生产和设计人员从消费者那里得到信息。设计人员越是接近消费者，直接了解消费者的需要，就越能得到有用的反馈信息，越有可能设计出令消费者满意的产品。而对消费者需求的深入了解更能帮助工作人员不断完善自己提供的产品。

（3）购买过程。购买过程对消费者满意度具有极大的影响。坚持对购买过程的监督和控制，能保证产品质量得到持续改进，并由此形成特色服务，建立消费者忠诚，从而获得消费者满意。

■ **营销活动**

营销活动包括售前活动和售中活动。消费者在准备消费前对所要购买的产品就已经形成了自己的想法，包括它们的需求、服务给自己带来的好处以及他们所愿意接受的服务表现，这也是我们常说的“消费者期望”。

（1）信息。企业通过各种渠道把信息传递给消费者以影响消费者的期望和实际感受，进而影响消费者的满意度。这些信息可分为显露信息和隐藏信息。显露信息由企业明确、详细地传递给消费者，包括广告、推广活动、销售说明、具体的报价等。隐藏信息通过潜意识的信号传递给消费者，包括销售地点的选址、销售人员的衣着、店堂设计等。

（2）态度。在消费者购买过程中，服务人员的态度、与消费者的沟通、销售的努力以及如何保证承诺的实现都会对消费者的购买经历产生影响。

（3）行为。企业员工尤其是服务人员的行为在销售活动中对消费者满意度的影响至关重要。这些行为包括：在对待消费者需要及问题时要有良好的表现，具有丰富的服务技术和服务中关注于满足消费者的需求等。

（4）中间商。许多企业通过中间商销售自己的产品。一般来说，企业不易控制这些中间商的行为，而中间商的行为对全面的消费者满意度具有重要的影响，并影响消费者对企业和服务的态度。企业应在中间商的选择、培训以及对消费者满意度的理解、评估、行为控制等方面给予足够的重视。

■ **后台支持**

随着消费者满意度观念的深入发展，为产品提供后台支持的工作范围也得到扩展。由原有的对产品的统筹安排、对员工的监督激励，扩展到对产品信息的整合分析、对消费者投诉及意见的反馈、对服务质量提高的设计和规划以及对促销、分销、有形展示等营销活动的战略性安排等。这些后台支持可以分为两大方面：支持性服务和消费者反馈。它们不仅通过服务过程的有序度直接影响着消费者满意度，还以对服务中失误的补救和对服务的不断完善而强化消费者满意度。

(1) 支持性服务。支持性服务包括对员工持续不断地激励和培训，为服务过程提供适时的信息支持，通过预订系统维持供求协调，通过制度安排保持服务的有序进行、建立服务标准、规范服务质量、规划有形展示、宣传服务质量等。

(2) 消费者反馈。这部分工作表现在对消费者反馈信息的分析、整理，对消费者投诉的检查、纠正，对服务争议的解决，对索赔纠纷的调节和处理等。这些工作看似在幕后进行，但作用对象是消费者，所以直接影响到企业树立令消费者满意的市场形象，而且这也是在所有满意度形成过程几乎结束时的补救机会。

■ **企业文化**

企业文化指的是企业的信仰、准则、思路、战略以及价值观。企业关于生存的文化是企业服务、销售活动和售后反馈背后的推动者。信奉"消费者满意度能保持长期成功"的企业，在其经营管理的各环节中会尽力贯彻这样的思想。企业文化又分为正式的企业文化和非正式的企业文化两部分，同时影响着企业的消费者满意度。

(1) 正式的企业文化。正式的企业文化在企业任务的规划中，在目标、行动计划、政策的详细说明中都有明确的表达，对企业的经营管理活动具有指导作用。

(2) 非正式的企业文化。从长远来讲，非正式的企业文化才是企业经营目的的真实评价。这些非正式因素有企业的管理层次、企业管理层次的效率等，它们从深层次上决定了新员工的态度和价值观。

消费窗口 14-4

消费者满意①

美国迪士尼乐园里，一位女士带5岁的儿子排队玩梦想已久的太空穿梭机。好不容易排了40分钟的队，上机时却被告知：由于小孩年龄太小，不能做这种游戏，母子俩一下愣住了。其实在队伍的开始和中间，都有醒目标志：10岁以下儿童，不能参加太空穿梭游戏。遗憾的是母子俩过于兴奋而未看到，怨谁？失望的母子俩正准备离去时，迪士尼服务人员亲切地上前询问了孩子的姓名，不一会儿，拿了一张刚刚印制的精美卡片（上有孩子姓名）走了过来，郑重地交给孩子，并对孩子说，欢迎他到年龄时再来玩这个游戏，到时拿着卡片不用排队——因为已经排过了。拿着卡片，母子俩愉快而去。

40分钟的排队等待面临的是劝其离开，顾客的失望、不满是不容置疑的，而迪士尼的做法也令人称道。一张卡片不仅平息了顾客不满，还为迪士尼拉到了一个忠诚的顾客。看来，只有真心真意为顾客服务，想顾客所想，急顾客所急，才能把顾客的不满转化为"美满"，实现企业与顾客的双赢。

① 资料来源：如何处理顾客的不满意，http://www.soft101.com/hyzsk/ShowArticle.asp?ArticleID=37735&Page=1.

（二）消费者满意度模型

1989 年，美国密歇根大学商学院质量研究中心费耐尔博士总结了理论研究成果，提出了把消费者期望、购买后的感知和购买的价格等多方面的因素组成了一个计量学的逻辑模型，即费耐尔逻辑模型。这个模型把消费者满意度的数学运算方法和消费者购买商品或服务的心理感知结合了起来。以此模型运用偏消费者微分最小二次求解所得出的指数，就是消费者满意指数(Customer Satisfaction Index，CSI)。费耐尔博士的研究成果是迄今为止最为成熟和被广泛应用的消费者满意度指数理论。

自 1990 年美国政府推出 ACSI(美国消费者满意度指数)后，一些国家的专家和学者也开始纷纷介入此项研究。ACSI 模型如图 14－7 所示，即消费者满意度同消费者产品购买前的期望和产品购买中及购买后的感受有密切关系，并且消费者的满意程度低或高将会导致两种基本结果：消费者抱怨和消费者忠诚。

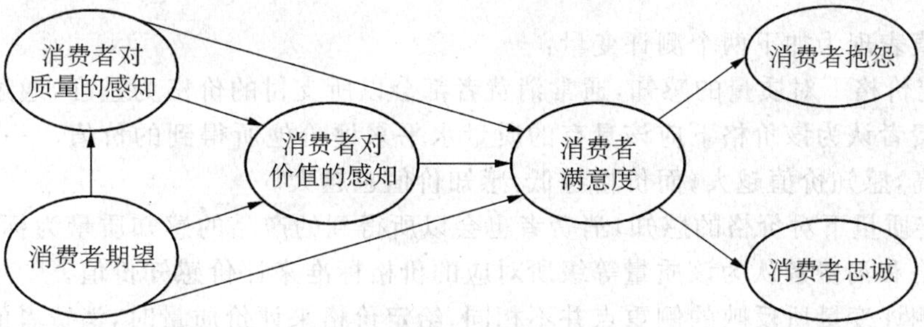

图 14－7　ACSI 模型

ACSI 模型显示，在以上 6 种潜在变量中，消费者期望、消费者对质量的感知和消费者对价值的感知是 3 个前提变量；消费者满意度、消费者抱怨、消费者忠诚是 3 个结果变量，前提变量综合影响并决定着结果变量。展开来说即是，消费者满意度是由消费者在购买和使用产品的经历中，产生对产品质量和价值的实际感知，并将这种感知同购买前或使用前的期望值作比较，而得到的感受和体验所决定的。若消费者满意度低就会产生消费者抱怨以致投诉，而消费者满意度高就会提高消费者的忠诚度。同时，如果重视并妥善处理好消费者投诉，化解了消费者的抱怨，同样可以提高消费者忠诚程度。

图 14－7 中的结构变量是由相关的一组测评变量的数据通过加权求和得到的，而测评变量的数据则是通过实际调查所获得的。

■ **消费者期望(Customer Expectations)**

“消费者期望”是消费者在消费某种商品之前对其质量的综合估价，通常它反映了那些来源于消费者以前对该品牌产品的消费或使用的直接经验，包括来源于相关的广告、亲友推荐甚至小道消息等间接渠道等非经验性的信息；也反映了对该品牌未来质量的预期。如果消费者先前形成的经验传递给消费者的信息是积极的，则消费者就会预想他们将购买的产品的质量是较高的；反之，消费者的预想就会很低。因此，消费者期望是该品牌以往市场业绩和形象的综合表现。

消费者对质量的认识主要包括满足需求和可靠性两个方面，有些消费者较注重产品满足个性化需求的程度，而有些则较注重可靠性。因此，可以用满足消费者需求的期望、可靠性的期望和总体期望三个测评变量(显变量)来表达消费者期望。

其中，“满足需求的期望”表示了消费者在消费前对产品是否满足自己特定需求包括产品的基本功能以及所附加的其他特点的期望。“可靠性的期望”是指消费者对产品的可靠性质量特征的期望。可靠性是指产品在实现其功能时表现出的性能水平，如可信性、标准化和无缺陷或故障频率的程度。“总体期望”说明了消费者在购买前对产品总的看法，它综合了满足需求和可靠性两方面的因素。

■ **感知质量(Perceived Quality)**

“感知质量”是消费者消费某种商品后对其质量的综合感受，它是建立在实际消费过程基础上的主观感受，有时同产品的符合性质量不完全一致，并且在一定程度上还受到消费者自身主观因素的影响。

感知质量的三个测评变量同消费者期望的测评变量相对应，分别为满足消费者个人需求的程度、对可靠性的感知和总体感知。

■ **感知价值(Perceived Value)**

“感知价值”体现了消费者在综合考虑了质量和价格两个因素之后对于所得利益的主观感受。模型中这一结构变量的设置使得其对不同的企业、行业和部门之间的测评结果增加了可比性。

感知价值表现为如下两个测评变量：

(1) 给定价格下对质量的感知，通常消费者都会以所支付的价格为基准，通过比较实际感知质量和消费者认为该价格下应该具有的质量水平来评价他所得到的价值。一般而言，实际感知质量越高，感知价值越大；而价格越低，感知价值也越大。

(2) 给定质量下对价格的感知，消费者也会以所得到的产品的感知质量为标准，通过比较实际支付价格和消费者认为该质量等级所对应的价格标准来评价感知价值。

这两个测评变量所反映的侧重点并不相同，给定价格来评价质量时，消费者的注意力集中在质量上，此时只要是高质量的产品就会得到认同；而给定质量来评价价格时，刚好相反，消费者的注意力集中在价格上，价格越低越能得到认同。这两个测评变量可以反映消费者是受质量驱动(往往收入较高)还是受价格驱动(通常收入较低)的，通过对它们的分析，对组织的产品开发或是营销活动具有指导意义。

■ **总体满意度(Overall Customer Satisfaction)**

“总体满意度”对应了我们要测定的消费者满意指数。它体现为三个测评变量：

(1) 实际感知同期望之间的差异。从心理的角度而言，这是影响消费者满意度的重要因素。

(2) 实际感知同理想产品之间的差别，即以同一范畴内消费者心目中的理想产品作为基准对于测评产品实际感知的评价。这个变量同时指出了产品质量进一步改进提高的潜力。

(3) 总体满意度是指消费者在综合各方面因素后对产品质量的总体感受。

■ **消费者忠诚(Customer Loyalty)**

“消费者忠诚”可用于了解和研究产品的盈利能力及市场趋势。消费者忠诚可以由如下重复购买可能性和价格变化的容差两个观测变量来描述。

消费者对产品感到满意就会产生一定程度的消费者忠诚，在行动上表现为对该产品的重复购买。满意度越高，忠诚度也就越高，重复购买的倾向也就越大。相反，不满意的消费者就会降低重复购买的可能性，甚至成为竞争对手的消费者。

如果消费者满意度较高，则他们对价格上涨的承受能力较强；反之，则承受能力较低，少许涨价，就可能使他们放弃重复购买。

对于满意消费者，价格下降并不是保持其忠诚度的主要因素。相反，对于不满意消费者，降低价格的吸引力往往是促使其保持忠诚的主要因素。

上述关于消费者忠诚的行为描述不一定符合具有垄断特征的行业的情况。在垄断市场中，消费者很少甚至基本没有选择产品的余地，消费的价格弹性很小，频繁的重购现象反映的是虚假的忠诚和被掩盖的低满意度。

■ **消费者抱怨(Customer Complains)**

消费者满意度越高,抱怨就会越少,越轻微;消费者满意程度越低,抱怨就会越多、越严重。消费者抱怨越多越严重,就会影响消费者的忠诚度。而如果消费者没有抱怨,也不表明消费者忠诚度很高。一旦消费者产生了比较严重的抱怨(包括投诉),而企业却漠然视之,不做妥善处置,则会导致消费者和企业的关系恶化,从而通过口碑传播,影响其他消费者的满意度和忠诚度。如果企业高度重视对消费者抱怨的处理,则不但会取得消费者的谅解,还可能会增强消费者的满意度或忠诚度。

该结构变量反映了消费者对购买的商品从抱怨(含投诉)的程度及抱怨投诉的处理的角度所感受及折射的满意程度。消费者抱怨包括抱怨或投诉的程度和商品的提供者处理抱怨或投诉的效果两个观测变量。

(三)消费者满意度测评

消费者满意度的测评并不是对消费者提一个诸如"您对本公司提供的商品是否满意"这样简单的问题,然后给出"很满意、满意、基本满意、不满意和很不满意"这几个答案供消费者选择。对消费者的调查是通过测评变量进行的。这些测评变量在问卷中的一般形式如表14-2所示。

表14-2 测评变量

结构变量	测 评 变 量
消费者期望	1. 对质量的总体期望 2. 对满足消费者需求程度的期望 3. 对可靠性的期望
消费者对质量的感知	4. 对体验质量的总体评价 5. 对满足消费者需求程度的评价 6. 对可靠性的评价
消费者对价值的感知	7. 在给定价格情况下,对质量的评价 8. 在给定质量的情况下,对价格的评价
消费者满意度	9. 总体满意度 10. 与期望的比较 11. 与同类理想产品的质量相比较
消费者抱怨	12. 无论是正式还是非正式的提出,消费者对于产品是否有抱怨,其处理抱怨的效果如何
消费者忠诚	13. 重复购买的可能性 14. 重复购买条件下的价格容差(涨价的承受力) 15. 引导重复购买的价格容差(减价的吸引力)

根据影响程度的不同,在调查中还应明确各因素的"权重"或"响应系数",这样不仅可以使调查结果更具科学性、合理性,同时对企业在资源配置方面也可以给予具体的、有效的建议。因为通过消费者满意指标系统对服务的检测,往往可以快速地掌握企业在服务方面的不足与缺陷,同时可以直接了解不同消费者的不同需求,从而及时做出调整和修正,这样就可以避免消费者的流失,赢得更多的忠诚价值。

必须指出的是,消费者满意度概念强调的是企业"目前"的表现与客户"目前"要求之间的一种关系，因为企业的产品及服务总是在不断地改进和变化的，客户的期望和要求也随着客户自身条件的变化（职业、收入、地位等）以及市场竞争或经济的发展而不断变化。因此国外很多企业一般都是半年或是一年定期做一次消费者满意度的测评，从而找出差距，帮助企业持续不断地提升产品及服务质量。

另外，我们还要明确的一点是，“消费者满意”中的“消费者”不仅包括企业产品（或服务）的使用者和购买者，同时还包括企业的合作者、供应商、销售（代理）商等供应链中所有成员，内部员工也是企业必须考虑的“消费者”之一。由此可见，“外部消费者”的满意是企业最终目标，而要达成“外部消费者”的满意，企业必须从经营“起点”开始，确保每一个环节、每一类消费者的满意，才有可能获得外部消费者的满意，并以此实现经营目标，这才是“消费者满意”管理战略的真正内涵及意义所在。

本章小结

消费者在购买商品/服务后，对购买的怀疑和焦虑就是购买后冲突。购买后冲突之所以发生，是因为选择某一产品，是以放弃对另外产品的选择或放弃其他产品所具有的诱人特点为代价。这与个体希望获得这些富有吸引力的特点的欲望不相一致。消费者常用的减少购后冲突的方法有：增加对所购品牌的欲求感、减少对未选品的欲求感、降低购买决策的重要性、改变购买决策（在使用前退回产品）等。

产品使用前、使用后及使用过程中均可能发生产品或产品包装容器的处置。在有些细分市场，消费者将产品包装能否回收视为产品的一项重要属性。

消费者的购买评价受购买本身、购后冲突、产品使用和产品处置的影响。不是所有的购买都受其中每一过程的影响，相反，这些过程只是对某一特定购买产生影响的潜在因素。

消费行为的一个关键特征是消费过程中的感觉。感觉有不同的形式和程度，它们可能是肯定（兴奋、高兴、放松和伤感），也可能是否定（生气、讨厌、内疚和后悔）。根据消费者体验的不同，列出了三种消费体验类型，即当消费者在产品使用过程中得到一些肯定的结果时，消费体验提供的是肯定加强；当消费使消费者避免某种否定的结果时，就产生了否定加强；有时，在消费过程中会同时发生肯定加强和否定加强。当消费导致否定的结果时，就产生了惩罚。

消费者满意是消费者对产品或者服务的性能，以及产品或者服务本身的评价，它给出了一个与消费的满足感有关的快乐水平，包括低于或者超过满足感的水平。消费者的满意度越高，消费者与商品提供者之间的关系就会越牢。

消费者满意或消费者满意战略的核心思想是：企业的全部经营活动都要从满足消费者满意出发，以提供满足消费者需要的产品为组织的责任和义务，使消费者满意为企业的经营目的营造适合生存发展的良好的内部环境。横向层面上的消费者满意战略包括企业满意、行为满意、视听满意、有形产品满意、服务满意。纵向层面上的消费者满意战略包括效用满意层次、感受满意层次和社会满意层次。

关键词

购买冲突 purchase dissonance

产品处置	product use
产品闲置	product nonuse
情感性功效	affective performance
工具性功效	instrumental performance
象征性功效	symbolic performance
消费者满意	customer satisfaction
消费者满意指数	Customer Satisfaction Index，CSI
消费者期望	customer expectations
感知质量	perceived quality
感知价值	perceived value
消费者忠诚	customer loyalty
消费者抱怨	customer complains

练习题

1. 为何会产生购买后冲突？消费者产生购后冲突的可能性及其激烈程度，是由哪些因素决定的？
2. 消费者常用的减少购后冲突的方法有哪些？
3. 产品有哪两个层面的功效，影响因素是什么？
4. 什么是"消费者期望"，包含哪些内容？
5. 列举消费者购买体验的三种类型。
6. 消费者期望、产品功效和消费者满意之间有什么样的联系？
7. 试述消费者满意战略的核心思想及影响因素。
8. 消费者满意度的生成要素包括哪些？
9. 描述迄今为止最为成熟和被广泛应用的消费者满意度指数理论——费耐尔逻辑模型。
10. 试举一例论述消费者满意度是如何影响"消费者忠诚"的？

案例分析

周全的售后，使消费者满意①

在现实生活中，消费者的满意程度通常分为三种情况：第一种是需求没有得到满足，消费者感到服务不满意。继而就是不满、有怨言、发牢骚、发生投诉，甚至还会出现过激的行为。第二种是没有不满意，也没有十分满意。作为服务的提供者，承诺给消费者的东西给予了兑现，消费者没有太多的感觉，既没有表示出什么满意也没有反映哪里不满意，他觉得你所做的都是应该的，很多消费者都是这样的。第三种就是满意，企业提供的服务超出了消费者的预期，消费者的反应就是满意、心存感激。继而会为产品和品牌说好话、做宣传，产生口碑效应。第三种情况才是家电企业所努力的目标，也是大多数家电企业售后服务的宗旨。让消费者满意可以说是售后服务的最高标准和最高境界。而服务质量的好坏也是以客户是否满意为标准来衡量的。

空调作为一种特殊产品，从生产线走入市场，充其量只是"半成品"，一直以来就有着"三分

① 改编自《家用电器》2005年第4期。

质量、七分安装”之说，因此空调售后服务水平的好坏直接关系到空调的使用和厂家的品牌，安装的规范程度直接影响空调使用质量。据资料显示，随着空调产品的普及，与其有关的投诉正在逐步上升，其中 1/3 以上是由安装、维护等服务不到位引起的，而且同样的问题每年都会出现。那么怎样才能做到使消费者满意呢？笔者认为，应从以下几方面着手，提高售后服务的质量。

一、做好售后服务人员的培训。就目前的一般空调生产厂家来说，售后服务方式一是全部协议外包，主要集中于中小型空调厂家，由厂家签订特约服务单位和区域总代理商签订服务协议。另一种就是厂家售后服务与协议外包相结合，这主要是部分有实力的集团公司。除了以上两种最基本的操作模式外，近来年在整个家电行业形成了区别于协议外包和分公司服务模式之外的专业家电售后服务公司。无论采用哪一种售后服务方式，要把售后服务做到让消费者满意，首先应抓好培训工作，加强对售后服务人员相关的培训，包括专业知识、服务态度、服务用语、服务规范等各方面的培训。良好的培训能使售后服务从业人员具有专业的产品知识、积极的服务态度和认真敬业的服务精神，才能在工作中给消费者提供愈来愈好的服务质量，赢得消费者的满意。例如松下空调售后服务手册中就明确标明：所有的松下空调的安装、维修人员都要经过专业培训并通过考试，才能合格上岗。在一般消费者看来，空调安装好像并不复杂，只要能挂住、挂牢、承重过关就行了。于是，一些安装人员便仅凭经验去作业，“三五个人，七八条枪，似懂非懂，拿来就装”的混乱局面也频频出现，这就造成安装服务等方面费用支出的争执从未间断，怎么能谈得上让消费者满意？曾经有一句话这样说：“我们首先制造人，其次才是制造产品”。良好的售后服务是靠专业的、受过正规和系统培训的服务人员去完成和实现的。海尔在这方面就做得非常好。他们十分重视对人员的综合素质，诸如产品知识、服务应答规范等各方面的培训，经常性地举行售后人员培训。培养服务人员具有过硬的专业知识和兢兢业业为消费者服务的责任心。

二、重视团队精神的培养。个人的力量是弱小的，每个售后服务人员对外都代表了品牌和公司的形象，售后服务各部门之间，领导和下属之间只有做到经常沟通，互相协调，才能把售后服务工作做到让消费者更满意。比如大家经常开会讨论各自在售后服务中遇到的问题，技术难点的探讨，一起讨论如何提高工作效率，如何更好地处理消费者的抱怨等等。笔者认为这是一种很好的提高服务质量的方式。大家讨论后共同形成的决议共同去遵照和执行，合作也就自然密切、和谐，售后服务人员也更有团队的归属感，工作起来也就更加充满干劲了。

三、做好与消费者的沟通，一切从消费者利益出发。售后服务工作的好坏，通常是在售后人员刚开始与消费者沟通时，就没有给对方留下好的印象，或者未能打消消费者对公司及产品的疑问和不满。沟通并不是售后服务人员简单地说出自己的想法，而是要详细了解消费者的想法和需求，站在对方的立场和利益想问题。一个好的售后服务人员不仅要了解自己所扮演的角色，还要清楚消费者的期待是什么。只有做好了与消费者的积极沟通，并帮他解决了实际问题，他自然也就很乐意接受你的意见和建议。这样就既解决了服务问题，同时又赢得了消费者的好感和口碑。例如福州有位刘小姐，在一家电器商场购买了一台空调，商家承诺下午就可以安装到户。当时由于售后服务人员全部外出，整整过了一下午，还不见售后人员前来安装。最后刘小姐只好把电话打到空调生产厂家，厂家紧急通知就近的特约维修点马上派出服务人员，经过积极的沟通，为示道歉多赠送消费者一个空调罩，空调得以顺利安装，消费者也比较满意。这时做好与消费者的沟通工作就显得尤为必要。

四、提供超出消费者预期或者超值的服务。在售后服务工作中，经常提供超出消费者预期或超值的服务，是赢得消费者满意的最好的途径。令消费者满意的服务会让消费者帮你推介产品，并能为企业和品牌做免费宣传。口碑效应所产生的销售是非常有效的，成交率和消费者忠诚度都比较高。这也就是现在所说的“服务营销”的道理。作为空调行业的老大，珠海格力电器股份有限公司曾公开对外宣布：格力家用空调售后包修期从2005年1月1日起，正式调整为整机包修六年（包括压缩机、各类风扇电机、主控板等家用空调所有零部件）。熟悉空调业的人士都知道，国家对家用空调器有“整机保修一年、主要零配件保修三年”的强制性标准，而目前国内所有的空调品牌中，最长的整机包修期也就是3年，这意味着格力此举不仅大大超越了国家标准，也超越了目前国内所有的空调品牌的标准，成为全球售后服务标准最高的空调企业。按照一般空调8至10年的寿命来计算，格力空调“整机6年包修”的售后服务标准，实际上意味着对空调产品提供终生免费包修，是一项真正为消费者带来实惠的举措。

根据调查显示，目前消费者对于空调产品的投诉主要为售后服务不到位，如维修、安装人员没有在约定时间上门等。建议各大空调生产厂家和销售企业为了做到让消费者满意，应该通过免费上门清洗空调、赠送空调罩等实用礼品的具体行动，变被动式的售后服务为自觉的、主动式的售后服务。将空调售后服务的概念延伸到对空调售前、售中、售后的全方位整合服务。通过全年不间断的电话回访，要切实解决新老用户在使用空调时可能遇到的实际问题，从单纯的安装维修发展到与用户之间建立全面、有效的感情沟通。并尽可能争取实现服务机构专业化，成立自己专门的售后服务公司。随着我国电子电器维修服务行业全面向外资开放，外商开始享有独立设立维修服务机构的权利。各大家电品牌已经开始加大在家电服务领域的动作力度，如2004年12月，索尼在上海发布维修服务拓展计划，并宣称每年在售后服务维修方面的投入将高达1 000万美元。松下、三星等跨国家电企业也相继宣称掌控了数百家及至上千家特约维修点。国内的家电连锁巨头苏宁、国美也分别启动了“阳光服务工程”和“彩虹服务计划”。提高服务速度和消费者满意度也成为了售后服务竞争的一个重要方面。谁能在售后服务工作中做到“更好、更快、更专业”，做到让消费者满意，谁才能在日益激烈的市场竞争中取得最后的胜利。

问题

用消费者满意的知识解释空调行业是如何使消费者满意的。

5

第五部分

组织购买

·第十五章·

组织购买行为

鹏展环保科技有限公司是一家专业生产水流检测系统的环保型高科技公司。该公司的产品具有准确、可靠、自动监测等特点，员工拥有较多的水处理知识和经验。这些优势使鹏展环保科技有限公司成为同行业的领导者，公司为了进一步发展业务，意欲进军上海市场，经过市场调研及前期的营销工作，曹泾市政水处理厂和益智生物制药厂已表示了明确的采购意向，公司有关人员研究决定将这两家水处理厂作为拓展上海市场的突破口，但让鹏展公司营销人员颇费心思的是这两家水处理厂属于不同的组织购买类型：曹泾市政水处理厂正在兴建之中，以往并没有购买此类产品的经验；益智生物制药厂则规划用先进的自动水监测系统替换原有的监测系统。如何制定相应的营销策略以确保进入环保市场的成功呢？

组织购买(Organizational buying)一般由一个跨部门的非正式采购中心来完成，是一项复杂的决策过程。在这个决策过程中，组织购买受到诸多因素的影响。对于组织购买品生产商来说，只有深刻地理解组织购买的行为特征，才可能采取有针对性的营销策略，并最终赢得客户，赢得市场。

本章将阐述下列问题：

★ 组织购买决策过程
★ 营销策略在各种组织购买类型中的运用
★ 采购中心
★ 影响组织购买行为的因素分析

第一节

组织购买决策过程与组织购买类型

组织购买行为是一系列被观测到的物质的过程。事实上，组织购买包括几个阶段，每一个阶段都是一个决策过程，随着组织成员的进入、退出，一个阶段的决策团体与另一个阶段的决策团体也会有所区别。一般认为,组织购买决策过程(Organizational buying process)由八阶段模型来描述。

一、组织购买决策过程

(一) 预测或认识需求阶段

预测或认识需求是组织采购过程的开始阶段,往往能够导致一项采购活动。这一阶段一般由内部因素和外部因素的刺激所产生。其中,内部因素包括:组织原有的产品落伍了,需要开发新产品,由此产生对新设备和新材料的需求;原有的供应商在某些方面,例如价格、送货情况或售后服务不能让人十分满意,组织希望能够寻找到替代供应商;设备报废或其中零部件损坏,需要更新设备或更新零部件等。有些时候,组织内部人员可能并没有意识到需求或问题之所在,但一些外在的刺激可能会导致对需求的认识。例如,供应商的营销人员可以通过展览会,或主动与组织购买者沟通接触的机会来证明自身产品在价格、性能或服务等方面的优越性,以激发组织的潜在购买欲望。

(二) 确定需求的特征和数量

组织的某些需求在内部因素或外部因素的刺激作用下被认识之后,采购者便开始确定所需项目的总特征和需求的数量。如果是标准项目,总特征的确定相对比较简单。如果涉及复杂项目,总特征及需求数量的确定更多地是由采购项目的使用人员、工程技术人员来共同完成的。

(三) 描述需求项目的特征和数量阶段

该阶段是第二阶段的延伸,主要对需求项目的特征进行更为详细和准确的描述。这一阶段对以后供应商的选择有着非常关键的影响作用,因为一旦需求项目的特征确定以后,就意味着只有能够完全符合这些需求特征的产品的供应商才可能成为最终的供应商,否则在这一阶段就已经失去了竞争的资格。如果供应商的营销人员能够尽早地介入组织购买决策过程,并且通过与有关人员的密切沟通和交流来使作出的组织购买决策朝有利于自身的方向发展是至关重要的。

(四) 寻找和谈判潜在的供应来源

一旦组织确定了能够满足它们需要的产品,便通过厂商名录、计算机网络、产品展示会等方式寻找和判断潜在的供应来源。当然,对于供应商来说,这一阶段并不是被动地等待着被发现的过程,完全可以主动地与组织顾客建立联系,甚至在更早的阶段就介入,从而增加成为最终供应商的可能性。

(五) 接受和分析建议

企业在采购一些标准项目时,所需要的信息比较少,通常第四和第五阶段同时发生,有些供应商只送来一份产品目录和派一名销售代表,而购买组织可能只是检查一下报价单或更新一下价格信息。

对于复杂的商品,购买者会要求潜在供应商提供详细的书面建议,并进行长时间的有关条款的协商和谈判。这一过程也是逐渐淘汰一些不符合要求的供应商的过程。鉴于这一过程的特点,供应商的营销人员必须精于调查研究、撰写报告和提出建议。这些建议是营销文件而非只是技术文件。在这些建议中,营销人员应充分突出和强调公司的能力和资源,以便在竞争中获得优势。

(六) 评价建议、选择供应商

组织的采购中心通常根据所规定的要求,对各潜在供应商的书面建议进行评估。例如,采购中心认为企业的技术能力和生产能力、财力、产品可靠性、交货可靠性、服务能力等5个指标比较重要,就按照一定的评分标准逐项给每个供应商打分,分数最高者无疑是最适宜的供应商,表15-1即为一个供应商评估模型的实例。

表 15-1 供应商评估模型实例

属性	评分标准				
	不接受(0)	差(1)	一般(2)	良好(3)	优秀(4)
技术能力和生产能力				√	
财力			√		
产品可靠性				√	
交货可靠性				√	
服务能力				√	
总分＝14 分					

莱曼和奥萧尼斯的研究发现，各指标的相对重要性随组织购买品的类型而有所不同。对常规订购的产品来说，交货可靠性、价格及供应商的信誉最为重要；对程序性问题产品，例如复印机来说，技术服务、供应商灵活性以及产品可靠性最为重要；对于政策性问题产品，最重要的指标就是价格、供应商信誉、产品可靠性、服务可靠性和供应商灵活性。莱曼和奥萧尼斯的这一项研究成果可以应用于具体的供应商评估模型。

在这一阶段，还涉及供应商数目的确定问题。一般来说，如果组织采购者选择一家供应商，则意味着对其依赖性大大增加，退出壁垒也将大大提高，也就是说一旦发现供应商不能完全满足要求而更换供应商时，将付出很高的代价。例如，重新评估供应商所发生的费用，为适应新供应商的产品而作出工艺上的变动、人员重新培训的费用，甚至还包括感情上的割舍。组织将订单分散给多家供应商也会带来一些问题，最为突出的问题就在于每家供应商所获得的订单规模都比较小，以至于供应商没有足够的激励去更好地满足组织的需要。所以，比较合适的供应商数目既不能太多，也不能太少。例如，有的组织选择两家供应商，该组织认为，这样的供应商数目既能够避免对某一家供应商的过分依赖，又能够使每家供应商获得足够的订单，引起供应商对满足需求的足够重视并获得价格上的折扣，而且两家供应商的存在也能够使它们彼此感受到竞争的压力，也更方便组织对供应商的控制和管理。

（七）选择订货程序阶段

确定供应商之后，组织的采购人员就可以向确定的供应商发出订货单，准确地开列出需求量、产品技术说明、交货时间及地点、付款方式、退货政策等。

就保养、维修和经营项目来说，采购人员越来越多地倾向签订长期有效的合同以代替定期购买订单。长期有效采购合同的签订能够使买卖双方建立起一种长期的、稳定的采购-供应关系，在这种关系下，供应商根据协议供货给采购者，并尽量减低采购者的库存，从而降低其库存费用。在这种合同下，买卖双方的关系非常紧密，如果供应商能够较好地执行有关采购协议，其他供应商则很难打破这种关系。

（八）供应商执行情况反馈与评价阶段

在这一阶段，组织采购者对各具体供应商的执行情况进行反馈并评价。对于供应商执行情况的反馈和评价，既可能通过正式渠道，也可通过非正式渠道。而且这一过程不仅仅涉及采购部门，也涉及营销、生产等部门，反馈及评价的结果可能是组织继续向原有供应商购买产品，也可能导致组织终止采购合同的执行，其关键的因素就在于供应商是否能够完全彻底地执行有关协议，并在这一过程中，与组织购买者保持良好的联系与沟通，及时了解对方需求的变动情况。

有学者的研究表明，有些组织的采购过程不一定完全遵循八阶段模式，并且随着组织采购的复杂程度有所变动。例如，某几个阶段可能同时出现并且没有非常明显的区隔；某一阶段由于重新确定基本问题的需要而再次经历；组织采购不可避免地受到各种内外因素的影响，采购过程则由于这些内、外因素的影响而可能中断;而且,购买阶段与组织购买类型有关。但无论如何,组织购买八阶段模式还是较好地从普遍意义上解释了组织购买决策过程,对指导营销人员的营销实践具有重要的意义。

二、组织购买类型

组织购买者在采购产品和服务时,具有不同的经验及需要不同的信息。也就是说,**组织购买类型**(**types of buying situations**)不同的两个组织在采购同一种产品时所采用的采购策略并不相同,因此,组织市场中营销策略的运用应该首先区分各类组织。

一般来说,组织购买类型可分为 3 类:**新购型**(**new task**)、**更改重购型**(**modified rebuy**)、**直接重购型**(**straight rebuy**)。

(一) 新购型

当组织需要对以前从没有使用过的产品和服务进行采购时,其所面对的问题并不能依靠以往的经验来解决。组织对那些没有采购经验的产品的需求来自内外两方面因素的刺激作用。例如,当企业决定增加一条生产线时会引起对新生产设备、新零部件及原材料的需求,或者为了满足用户的需要而添置新机器。由于组织面临着新的采购需要,采购者在选择供应商和产品上缺乏相应的经验和现成的采购标准及产品知识。在这种购买类型下,组织采购者在作出采购决策前必须收集大量的信息。

(二) 更改重购型

当组织购买者认为通过重新评估可供选择的产品和供应商能够给自己带来巨大的利益时,例如,成本的降低、质量的提升,组织采购者就倾向于采取更改重购型。尽管组织购买者已经具有一定的采购经验和具体的采购标准,但还并不十分清楚哪一个供应商能够更好地满足自己的需求。在这种情况下,采购者需要搜寻更多的信息。更改重购型可能由内在和外在因素引起。如果原有的供应商不能满足组织的需求时更容易引起更改重购。

(三) 直接重购型

在组织采购中最常见的购买类型是直接重购型。供应商能够保持及时准确的送货服务、产品的质量及富有竞争力的产品价格,而且组织对产品的需求持续的时候,组织倾向于采用直接重购型,即不对潜在的供应商进行重新评估,而直接与原有的供应商保持业务上的密切来往。在这种购买类型中,组织具有非常丰富的采购经验,具有完善的采购及选择供应商的标准,基本不需要或很少需要有关信息。

不同的组织购买类型所需要的购买阶段并不完全相同,详见图 15－1。

阶　段		新购型	更改重购型	直接重购型
预测或认识问题	⇨	需要	可能需要	不需要
确定需求项目的特点和数量	⇨	需要	可能需要	不需要
描述需求项目的特点和数量	⇨	需要	需要	需要
寻找和判断潜在的供应来源	⇨	需要	可能需要	不需要
接受和分析建议	⇨	需要	可能需要	不需要
评价建议、选择供应商	⇨	需要	可能需要	不需要
选择订货程序	⇨	需要	可能需要	不需要
执行情况反馈与评价	⇨	需要	需要	需要

图 15－1　组织购买类型与组织购买阶段的关系

第二节
营销策略在各类组织购买类型中的运用

一个供应商对于组织采购者的营销策略必须在八阶段模式中的前 5 个阶段，也就是说在供应商确定之前运用才有效果，而且由于不同组织购买类型的不同特点，营销策略的运用也应该针对特定组织购买类型。

一、营销策略在新购型组织采购中的运用

在新购型组织的采购中，很多潜在的供应商都没有为该组织提供同样的产品的经历，缺乏与其打交道的经验，如何能从位于同一起跑线上的众多的供应商中脱颖而出，很关键的一点就取决于在各个阶段营销策略的运用。

阶段一：预测或认识需求阶段。潜在的供应商应该预测、认识、理解组织采购者所面临的问题，并能够在适当的时候予以支持和帮助。当然，这阶段的任务是困难的，因为对问题的认识更多地来源于组织内部而非外部组织所能轻易获悉。但如果一个供应商有过给其他组织采购者提供同类产品的经验则更可能敏锐地捕捉到机会。

阶段二：确定需求的数量和特征。潜在供应商所采取的营销策略包括提供有关的产品信息和技术支持。而且潜在供应商与其原有顾客的合作历史及信誉对于组织采购者来说至关重要。因此，营销者在此阶段不妨可以提供那些能够更好地满足新购型组织采购需要的明证。

阶段三：描述需求的项目和特征。采购组织的决策人员主要关注那些彼此竞争的潜在供应商的产品和服务支持的信息。营销人员因此应该提供详细的有关产品、服务等方面的信息。而且，营销人员也应该尽力影响需求项目特征的描述，使之朝向有利于自身产品的方向发展，这样，那些不符合组织需求标准的潜在供应商就有可能丧失进一步竞争的机会，从而巩固了其自身的竞争地位。

阶段四：寻找和判断潜在供应来源。在此阶段，潜在供应商需要证明自己能够提供让组织采购者满意的产品和服务的能力。有些组织往往也会派出有关人员参观供应商的工厂以检验其供货的能力。

阶段五：接受和分析建议。潜在供应商营销策略的重点在于准确地理解组织采购者需求的细节问题并提供技术帮助，主要包括与组织采购者一起进行成本分析、产品测试和评估。而且在这一阶段，尤其重要的是必须判断哪些有关产品特征的细节描述是最为重要的。为了准确判断，营销人员首先要能解答下列 3 个问题：

- 对于解决用户的问题来说，什么是最基本的？
- 什么是用户期望的，但并不是最基本的？
- 哪些条件仅仅用于使阐述更为清楚？

如果能对上述问题予以准确的理解和回答，那么，供应商就能够重视那些对满足用户需要最为关键的因素，避免设计那些既增加成本又不会给用户带来更多价值的产品。

二、营销策略在更改重购型组织采购中的运用

一般来说，组织认为通过重新评估可供选择的供应商能够给自己带来巨大的利益，或者原有供应商不能满足组织的需求时，往往会采用更改重购这一组织购买类型。更改重购型组织购买的供应商可分为两类，一类是那些为组织提供产品的原有供应商，另一类是原先没有为组

织提供产品但在新一轮供应商评估中准备为其提供产品的供应商，在这里称之为非供应商。原有供应商具有丰富的和组织采购者打交道的经验和历史，但如果是由于其不能满足组织需求而引起的更改重购，则原有供应商的供货地位不再稳固。非供应商如果能够有力地证明其提供的产品和服务让用户更为满意，就能够在竞争中处于有利的地位。

在组织采购的第一阶段，原有供应商应努力保持所提供的产品和服务的质量与标准，并努力加强与组织有关人员的沟通和交流，及时地发现问题之所在。对于非供应商来说，要敏锐地观察事态的进展，寻找进入组织采购决策程序的合适时机。

在组织购买的第二阶段和第三阶段，组织采购者关注的是供应商提供产品和服务的综合能力，因此无论是原有供应商还是非供应商都应强调自己的生存能力、可信程度及其他能力。

在组织采购的第四个阶段，非供应商应该让潜在用户确信能够为其提供超值的产品和服务。例如，更好的品质、更快的送货或者成本的节约。由于用户已经比较熟悉原有供应商的情况，此时原有供应商的主要任务是观察事态的发展，并努力使之朝向有利于自身的方向。

原有供应商和非供应商在更改重购型采购的第五个阶段都需要详细了解购买组织的问题或需要。要准确判断：哪些是解决组织问题最基本的条件？哪些是用户所期望的，但并不是最基本的条件？哪些条件仅仅用于阐述更为清楚？并在此基础上及时提供有助于解决组织问题或需求的建议。

三、营销策略在直接重购型组织采购中的运用

直接重购型组织的购买决策是一种程序化的决策，原有的供应商与组织购买者在以往的买卖合作中保持着良好的、紧密的关系，组织购买者对原有供应商的产品质量、供货速度、技术支持等方面非常满意，并认为更换供应商或对所有可供选择的供应商进行重新评估并不能给自身带来更多的利益。在这种类型的组织采购中，原有供应商与组织购买者已经建立起相当牢固的联结关系，它既包括共同的利益，也包括情感利益。从理论上讲，对于非供应商来说，要打破这种纽带联结而成为替代供应商，其壁垒是非常之高的，非供应商只有为组织购买者带来的经济利益大于(至少等于)原有供应商与组织购买者之间的经济利益和情感利益之和时，才有可能成为现实的供应商。

因此，在直接重购型组织采购中的第一至第四阶段，原有供应商与组织购买者之间应保持密切的联系，完全按照组织的要求提供产品和服务，并加强与用户的沟通和交流，及时对用户的要求作出反应，避免更改重购型采购的发生。非供应商所能做的事情就是与组织购买者保持不断的接触，并证明自身能够为组织带来更大的利益，试图让组织购买者考虑直接重购转向更改重购的可能性。在直接重购型组织采购的第五个阶段，原有供应商和非供应商都应及时地提出有利于解决组织问题或需求的建议。表 15－2 对营销策略在各类组织购买类型中的应用作出了总结。

表 15－2 营销策略在各类组织购买类型中的应用

阶段	新购型	更改重购型	直接重购型
1. 发现需求	预测问题，运用广告和销售人员说服，使购买组织相信自己有满足其需求的能力	供应商：保持质量/服务标准 非供应商：观察发展动态	供应商：和用户保持密切关系 非供应商：劝说组织重新考虑
2. 确定需求	提供技术帮助和信息	供应商和非供应商：强调各自的生产能力、可信程度及其他能力	同第一阶段

续表

阶段	新购型	更改重购型	直接重购型
3. 描述需求项目特征	向决策者提供详细的产品和服务信息	同第二阶段	同第一阶段
4. 寻找供应来源	展示执行任务、解决购买者的特定问题、满足需求的能力	供应商：观察问题的发展 非供应商：展示其解决问题的能力	同第一阶段
5. 分析建议	详细了解购买组织的问题或需求，及时提供建议	详细了解购买组织的问题或需求，及时提供建议	及时提供建议

第三节 采购中心

采购中心（**buying center**）是一个非正式的跨部门决策单位，其主要目标就是获取、分享、处理有关采购的信息。采购中心的成员参加购买决策过程并且分担决策的共同目标及风险。参加采购中心的组织成员大凡由于以下一个或两个原因：①对采购具有正式的职责，如使用者、决策人员；②掌握着重要的有关采购信息来源，如采购人员。

采购中心的组成随着购买类型的不同而不同，而且在每一个采购阶段，参与具体决策的人员也有所不同。一般来说，采购中心的规模在 20 人左右，有些组织的采购规模为 50 人左右。当然，具体组织的采购中心规模与组织的购买类型、组织的有关政策等有关，而并没有非常统一的规范。

采购中心作为组织采购的决策单位，对供应商的选择和评估具有举足轻重的地位和作用。对于采购中心的人员构成进行研究和分析，并采取相关的营销策略，对于供应商来说非常重要。采购中心大致由以下一些部门的人员所构成。

由于组织购买类型及购买所处阶段的不同，各职能部门参与采购过程也因之不同（表 15－3）。

表 15－3　采购阶段各部门参与状况

阶　段	新购型	修改重购型	直接重购型
确定需求的特征和数量	工程部门 采购部门 研究与发展部门 生产部门	采购部门 生产部门 工程部门	生产部门 采购部门
描述需求特征和数量	工程部门 采购部门 生产部门 研究与发展部门	工程部门 采购部门 生产部门 研究与发展部门 质量控制部门	采购部门 工程部门 生产部门

续表

阶段	新购型	修改重购型	直接重购型
接受和分析建议	工程部门 采购部门 研究与发展部门	采购部门 工程部门 生产部门	采购部门 工程部门 生产部门
供应商选择	采购部门 工程部门 研究与发展部门 质量控制部门	采购部门 工程部门 生产部门	采购部门 工程部门 生产部门

一、营销人员

当组织的采购决策对其产品的原材料、包装、价格等发生影响，进而影响其市场销售状况时，营销人员就会成为采购决策过程中的影响人员。由于采购来的零部件和原材料通常会影响最终产品的销路，因此，有利于增加产品市场竞争力的采购决策会得到营销人员的强烈反应。

二、制造部门

制造部门通常是所采购产品的使用者，一般负责生产产品的可行性及生产产品的经济效益、零部件及原材料的数量和特征的描述。同时也负责对配套设备、成本、采购的产品对现有生产可能发生的影响等方面的考察。由此可见，制造部门的人员在采购决策过程中扮演重要角色，对于选择、保留供应商以及采购批量在供应商之间的分配具有重要的影响作用。

一般来说，制造部门并不愿意接受技术改革，即使技术改革可能会给生产带来更高的效率，其原因在于为适应技术改革，制造部门必须作出相应的改变，如管理方法的调整、工作人员的重新培训等。而且，高层管理人员认为生产制造部门主要负责产品成本的削减，但技术的改变将导致成本的增加，至少在短期内由于学习曲线的中断而增加成本。

三、研究与开发部门

研究与开发部门要参加新产品的初期开发，为零部件、原材料提出各种规格要求，提出最终产品的执行标准，有时会参与到生产工艺中去，因此，研究与开发部门也会参与购买决策。

四、高层管理部门

高层管理人员在下列一些情况下，会成为购买中心的成员：①组织面临着与日常采购不同的采购任务；②采购决策对组织的生产会带来重大的影响；③对组织来说，具有战略意义的采购。例如，行政高层管理人员参与到生产新产品流水线的采购决策过程中去，这种类型的采购主要取决于高层管理人员的态度。一旦高层管理人员直接参与购买决策，就极可能为将来购买同类产品制定指导方针和购买标准。

五、采购部门

从表 15 - 4 可以看出，采购部门在采购过程中并不一定具有决策影响作用，采购部门一般在 3 个采购阶段，也就是说产品的特征和潜在的供应商基本确定后才出现并发挥作用，由于采购人员具有丰富的谈判经验和采购知识，并且与供应商保持着紧密的联系，因此他们在直接采购和修改采购中扮演着重要角色。

表 15-4　特定设备采购中的主要决策人员一览表

公司类型	采购的设备	主要决策人员
化工厂	热交换器	采购经理
特种钢制造商	钢板冷处理设备	生产工程师
组织购买品经销商	贮藏搁板	原料主任
金属线材加工厂	包扎机	部门经理
纸品厂	捆绑系统	总经理
耐火材料生产厂	叉车	采购经理
管材厂	挤压机	安全工程师
石油产品制造商	汽油贮藏罐	采购员
建筑材料制造商	泵	工程师
水泥制造商	叉车	总经理或副总经理

第四节 影响组织购买行为的因素分析

图 15-2 表示组织购买行为受到环境因素（environmental forces）、组织因素（organizational

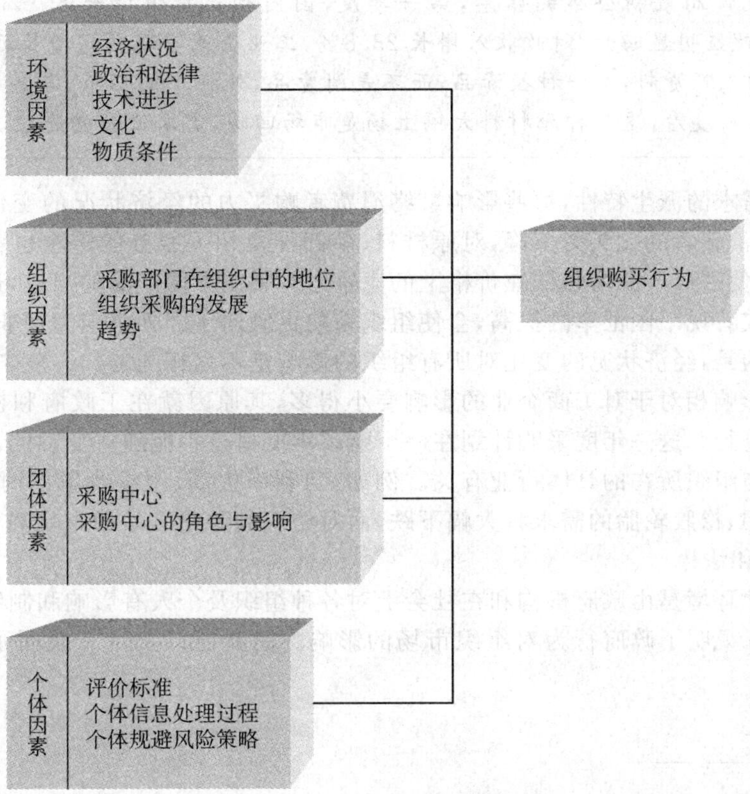

图 15-2　组织购买行为的影响因素

forces)、团体因素(group forces)及个人因素(individual forces)等4方面因素的影响。

一、环境因素

国内和国际的经济状况、政治和法律、技术因素、文化因素以及物质条件无时无刻地影响着组织的营销活动及采购行为。对于组织来说,这些环境因素是客观存在而且不是组织能力所能改变的,但组织在某种程度上可以影响甚至可以利用环境因素的变化来创造有利于组织目标的机会。无论如何,组织应该密切关注各种环境因素的动态,对环境因素的变化给组织采购可能形成的影响予以充分的估计,并作出准确及时的反应。下面,将具体对经济状况、政治和法律、技术因素、文化因素、物质条件予以分别讨论。

(一) 经济状况

无论是国内的还是国际的经济状况都会影响着组织购买或销售的能力。因此,国内及国际经济状况的变动必须予以密切注视,见消费窗口15-1。

消费窗口15-1

油价上调,钢材涨价,专家认为:经济出现回暖现象[1]

从2000年5月5日起,全国成品油零售价再次上调,上涨幅度平均达8%。同时,已经低迷6年多的全国钢材价格于4月份第一次呈现单边大幅上扬走势,引发各大钢厂门庭若市,销售火爆,甚至有商家"囤货居奇"。据统计,从3月28日到4月25日,全国25个主要钢材市场22个钢材品种的价格平均增幅为8.5%。生产资料价格回升是否意味着新一轮经济增长周期的开始启动?

经济长期低迷后,原材料价格普遍大幅上扬,通常意味着一国经济开始出现回暖迹象。据国家统计局最新公布的信息,第一季度,国内生产总值增长8.1%,工业增长值10.7%,而且效益明显回升,财政收入增长23.8%,工业企业实现利润增长近2倍。钢材、原油是重要的生产资料,是一种投资品,而不是消费品,处在中间环节,与各行业生产部门有关。从市场角度看,这两种原材料大幅上扬是市场回暖,需求旺盛的先兆。

由于组织需求的派生特性,那些影响最终消费者购买力的经济状况的变化也会影响到组织采购,当最终消费者的购买力下降,对原材料、零部件及相关服务的需求也势必下降。一国汇率的提高,会使进口产品增强其在价格上的竞争力并限制本国产品的出口,进而影响到本国产品的需求。或者说一国汇率的提高,会使组织采购更倾向于国外供应商而非本国供应商。

需要注意的是,经济状况的变化对所有组织的影响是不尽相同的。一般来说,经济状况对政府和机构的影响相对于对工商企业的影响要小得多,其原因就在于政府和机构的采购按年度采购计划来进行。这一年度采购计划在一个财政年度里是不能随意变动的。而且经济状况对组织的影响与组织所在的具体行业有关。例如,当利率提高、银根收紧的时候,对于那些用于生产汽车的铝、橡胶轮胎的需求将大幅下跌,而对纺织品和化工品的影响甚小。

(二) 政治和法律

政治与法律环境是由政府机构和在社会上对各种组织及个人有影响和制约的压力集团构成的。表15-5说明了政府行为对组织市场的影响。消费窗口15-2表明了法律对行业的影响。

① 资料来源:《人民日报》,2000年5月22日。

表 15-5　政府行为对组织市场的影响

与组织市场有关的政府职能	政府的具体职能
■ 保护组织之间的正当竞争 ■ 保护消费者免受不正当商业行为的损害 ■ 保护社会的更大利益不受失去约束的商业行为的危害 ■ 减轻贫富差距 ■ 通过控制失业率和通货膨胀来稳定经济	■ 进口/出口规定 ■ 法律和政策 ■ 税收 ■ 项目资助 ■ 社会工程 ■ 研究资助 ■ 利率控制

消费窗口 15-2

加入 WTO 对中国石化工业的影响①

由于中国石油化工行业与国外发达国家相比存在较大的差距，所以加入 WTO 将对中国石化工业形成极大的压力，而下游产业受到的冲击更大。

石油开采：影响甚微。由于目前石油采用的是定额关税，所以加入 WTO 组织对于该行业影响较小。相反，如果未来国际油价上涨，则该类企业可以迅速提高获利能力。

石油化工：需努力降低成本。对石油化工行业的影响目前主要是关税的递减，使得竞争更加激烈。在目前的情况下，对国内石化生产厂家中规模小、产品单一的企业有一定的影响，但对产品链较长的大型石化企业影响较小。

石油炼制：生死攸关。加入 WTO 影响最大的是石油炼制企业。目前国际炼油企业炼制成本正向每桶 1 美元靠拢，这与国内相比差距悬殊。如果不实行 5 年的保护期，中国的炼油业可能遭到毁灭性的打击。即使如此，由于成品油市场将在 5 年后全部放开并且关税将相应下调，进口将不断增长，所以中国石油炼制企业的任务仍是非常艰巨的。

油品销售企业：真正的"狼"来了。油品销售行业在加入 WTO 后给国外石油公司分销权，3 年后给成品油零售权，5 年后给成品油批发权，这对中国现有油品销售企业来说，真正到了"狼"来了的时候。

政治与法律对组织的影响是巨大而且深刻的。例如，政府为启动房地产市场而减轻对房地产业的税收，因此拉动水泥、钢筋等上游产业的发展。政府迫于公众的压力及媒体的鼓动出台一项法规以禁止某杀虫剂的使用，将会使那些生产杀虫剂的厂商有破产的危险，而那些生产替代品的厂商则面临着前景光明的市场良机等。而且，在某种程度上，一国政治与法律环境往往倾向于保护本国组织。例如，日本政府通过提供直接的金融支持、有关技术、产品和国际市场的市场研究数据以及建立贸易壁垒来对本国工商企业予以很大的帮助和支持，这对国外组织与日本组织之间的合作或进入日本市场显然会造成很大的障碍。

（三）技术因素

迅猛发展的技术能够重塑一个行业，同时也能够改变组织的采购计划。技术环境一方面限定了采购组织获得产品和服务的可能性，另一方面则限定了组织提供给其用户的产品和服务的品质，有关技术因素对组织购买的影响见消费窗口 15-3。

① 资料来源：国家信息中心经济预测部. 加入 WTO 对我国部分产业的影响. 中国宏观经济信息，2000(20)：7-8.

消费窗口 15－3

科技发展对电视机行业的影响[①]

科技的发展已进入了高速变化和发展的新阶段。目前受其影响最大的产品首先是电视机。美国联邦通信委员会于 1997 年 4 月初宣布，决定在一年半之内，要有 24 家电视台开始播放数字电视；到 2003 年 4 月，所有其他电视台也要开始播放数字电视，2006 年将终止模拟信号广播。

以微软、康柏为代表的计算机公司希望将数字电视作为一个进入电视市场的跳板，以此带动个人计算机的进一步普及。到 2000 年所有的微机都可接受数字电视节目。但电视生产厂商则认为，电视可以具有计算机的功能，因此计算机不可能取代高性能电视。特别是在美国，电视日益个人化，每个家庭成员都将拥有自己的电视机。为此，电视机制造厂商正在加紧研制新一代大屏幕液晶显示、高清晰度、多声道、立体显示电视机。40 英寸壁挂式高清晰度液晶显示电视将于 1998 年初进入商业化生产。到 2000 年，将会出现 60～70 英寸的高清晰度壁挂式电视。新一代的电视机带给人们的是极高品质的视听享受，不可能被更侧重于实用性的计算机电视机所取代。

一个行业的技术变革也影响着组织购买者决策单位的构成。随着技术更新的步伐加快，采购经理在组织购买决策过程中的重要性有所下降，而技术和工程技术人员的作用日益突出。

面临着技术的迅速变革，有些组织顾客常常会采用一些技术性的程序来预测新技术发生的周期，以期能做出及时的反应。对于营销人员来说也应该密切关注技术的变革，及时调整营销策略以适应新的技术环境。

（四）文化因素

文化包括风俗、习惯、规范及传统等，影响着组织的结构和功能，同时也影响着组织内成员之间的关系。文化是客观存在的，并对浸润其中的组织和人们产生长期的潜移默化的影响，因此也势必影响到组织的采购行为。尤其是组织在进行跨文化合作或进行营销活动时，将不可避免地面临着“文化冲突”。

（五）物质条件

组织要想获得令人满意的利润水平，其前提条件之一便是一系列低成本的投入。而这些低成本的投入通常来自于一个国家或地区的物质条件。例如，一个组织能够获得成本更低的原材料、水、电力、熟练的工人、经验丰富的人员以及便利的运输，那么这个组织与其竞争对手相比就更富有竞争力。

那些政局稳定的国家往往比那些饱受动乱之苦的国家更能够为组织的发展提供充足的物质条件。关税和贸易限制也常常被政府用来防御国外的组织竞争并增强本国产品的竞争优势。

当组织需要与其供应商建立紧密的买卖关系时，位置与运输是组织进行供应商选择时所要考虑的两个重要因素。随着运输成本的增加，组织采购者越来越倾向于选择那些原材料生产、产品制造或者储存设施都在附近的供应商。

二、组织因素

每一采购组织都有其具体目标、政策、程序、组织结构、文化及系统。对于营销人员来说，

① 资料来源：经济文化研究中心家电产业课题组. 家电产业过剩分析——中国家电产业发展战略研究主报告，1997 年 10 月.

应该明确采购部门在组织中的地位、组织采购的发展趋势等组织因素对组织采购行为产生的影响。

（一）采购部门在组织中的地位

在很多组织中，采购战略与公司战略之间的关系愈加紧密。最近的研究表明，那些战略导向型的采购经理与传统的采购经理相比，具有以下几个特点：①从各种途径获得大量信息；②对与供应商长期合作关系的重要性、环境因素等方面更加敏感；③在评估与选择供应商的过程中，比较关注供应商的竞争能力。

就管理层次而言，传统组织的采购部门往往地位低下，尽管其管理费用经常高于公司成本的一半以上。由于通货膨胀和短缺现象的出现使许多组织开始重视它的采购部门，一些大公司已将其采购部门的领导提升为副总经理级别。例如，卡特皮拉公司和其他一些公司已经将一些职能部门如采购、控制、生产计划、运输部门合并为一个高级职能部门，并称为材料管理部门。许多公司正在物色一些一流的工商管理硕士作为采购经理。这些都说明采购部门在组织中的地位日益重要，采购工作也正朝专业化、规范化的方向发展。对于供应商来说，应该更加重视营销工作以及对营销人员的培训，只有这样，才能与采购部门在组织中日益重要的地位相匹配。

（二）组织采购的发展趋势

组织采购正在发生一些微妙但对营销人员来说非常重要的变化，这些变化主要体现在以下几个方面：

(1) 采购绩效评估机制的建立。一些公司正在建立激励机制，奖励那些工作特别出色的采购经理人员，类似于对那些推销成绩尤为突出的销售人员给予提成奖金。采购绩效评估机制的建立将会促使采购经理努力获取有关采购的信息，认真评估供应商供货的能力，加强谈判技能的培养和训练，以达到最佳的交易条件，为公司获得采购上的竞争优势。这种激励机制的建立实质上对供应商的综合能力提出了更高的要求。

(2) 长期合作关系的建立。越来越多的组织采购者倾向于与供应商建立稳定紧密的合作关系以期获得共同的长期利益。一些组织采购者采用电子订货系统，将订单输入计算机并直接传送给供应商。例如，许多医院用这种方式向鲍克斯特公司订货，而许多书店也用这种方法向福利德斯公司订书。还有一些组织采购者与供应商达成实时采购-供应系统的采购协议。在这种情况下，只有一位供应商向该企业供货。供应商在规定的时间里提供一定数量的原材料到某一指定地点，一般是企业生产的所在地。这种采购的数量一般只是 8 小时生产所需要的原料数量，所以这种供货是经常性的。在这种采购中，顾客不必每次检查送货的质量，但却是要求提供的原料百分之百地合格，即完全符合生产的规格。如果供应商的供货达不到要求，可能会使用户出现暂时的停产，那么所面临的罚金将会是非常严厉的。买卖双方长期合作关系的建立使彼此之间的依赖程度非常高，只要组织采购者和供应商的合作令人满意，那么这种合作关系将会得以延续。对于非供应商来说，要打破这种合作关系所付出的代价是相当之大的，甚至难以想象。

(3) 集中采购的趋势。在设有多个事业部的公司，由于各自所需要的原材料有所不同，很多采购是由各独立的事业部门自己完成的。但是，一些公司最近已设法重新将材料采购统一起来，考虑进行**集中采购（centralizing purchasing）**。

分散采购与集中采购有很多不同之处，首先，与分散采购相比，集中化采购常常是专业化的。为某一项业务专门进行采购的人员常常是一些对供给需求条件非常熟悉的人员。他们还清楚地知道任何选择供应商、供应商的供应成本，以及与供应环境有关的其他信息。集中采购人员丰富的采购经验和拥有的大量采购权使他们在采购中会对供应商产生压力，同时也会形成吸引力。其次，集中化采购常注重于长期的、供应稳定和健康合理的供应商组成结构，而分散化采购则更注重效率和利润。再次，营销人员的销售技巧和使用者的品牌偏好对分散化采购决策的影响甚于对集中化采购决策的影响。

集中采购已渐成一种趋势，其原因主要在于以下几个方面：①需求的共同性。对于某些产品，一个公司的各个事业部门都可能存在着需求；②节约成本。通过集中组织内的各项需求，统一采购可以提高组织购买者在谈判中的地位，获得批量折扣，压低采购成本，同时也可以获得存货控制的规模经济；③供应商的行业结构。如果供应商所在行业是处于一种寡头垄断的状态，即由几家规模较大的企业所控制，那么集中化采购可以加强组织的采购力量，使供应商感受到组织采购对其的重要价值并给予充分的重视。因此，在这种类型的行业结构中，集中化采购可以使组织采购者获得更优惠的价格以及更好的服务条件；④采购中的技术要求，如果采购中对技术的要求高，那么采购人员必须和工程技术人员紧密联系，也就有必要实行集中采购。

集中采购的趋势使组织采购倾向于专业化、规模化、规范化，而且由于采购的批量大，往往会使组织采购者在选择供应商的过程中占据主动地位，因此会对供应商形成较大的压力，即对产品、生产供货和提供服务的能力以及营销人员的素质等方面提出了更高的要求。

三、团体因素

组织购买过程由一系列的决策过程所构成，并受到团体因素的影响，团体成员参与购买过程的程度随着采购阶段和采购类型的不同而不同。作为供应商的营销人员，要想满足组织用户的需要，尽最大可能地获得该组织的订单，就必须能够准确地回答以下几个问题：

- 哪些组织成员参与了购买过程？
- 参与购买过程的组织成员在购买决策过程中的作用和地位？
- 对于每一个参与购买的组织成员来说，哪些是评价供应商的重要标准？

（一）采购中心

关于采购中心，在本章前一节中已有所论述。但在这里讨论其对组织购买行为的影响，还需要强调的是：采购中心是一个非正式的、跨部门的决策单位，采购中心的成员参加购买决策过程并且分担决策的共同目标及风险。

确定组织采购类型以及组织采购所处的具体决策阶段是判断采购中心的重要一步。因为，购买中心的规模随着购买类型的不同而有所不同，而且购买中心的成员也会随着购买过程的发展而变化。爱尔兰·安第森和他的同事经过对那些关注组织采购行为类型的销售经理的访谈研究发现，当销售人员所面对的组织采购属于新购型时，采购中心往往规模大，决策缓慢，对自己的需要及最合适的解决方法并不十分清楚，采购中心更关心如何找到更好地解决问题的方法而不是获得低价的产品，而且，技术人员相比采购人员更能在采购中发挥影响作用。与此相反，当销售人员所面对的组织采购属于常规采购，例如直接重购和修改重购时，采购中心的规模小，决策迅速，对问题的评估及可能的解决方法充满了自信。关注价格及供货的保证，采购决策受采购人员的影响比较大。

营销人员也可以通过估计在购买组织中可能对哪些部门产生影响来判断采购中心的人员构成。如果采购决策会影响到组织产品的销售情况（如产品设计、价格等），营销部门将会成为采购决策过程中的活跃成分；在资产设备、原材料及零部件的采购中，工程技术人员在描述需求特征、确定产品功能、限定潜在供应商等方面将会发生重要的影响作用；制造部门的负责人会在采购决策影响生产过程的时候成为采购中心的重要一员；当组织采购涉及巨额资金或事关组织的战略目标时，高层经理人员无疑会成为采购中心中最有影响力的人物之一。

（二）采购中心的角色与影响

在采购决策的整个过程中，采购中心的成员担任着不同的角色。韦伯斯特和温德将角色分为以下5种：

(1) **使用者**(users)指组织中使用产品或服务的成员。在许多场合中，使用者首先提出购买建议，并协助确定产品规格。

(2) **影响者**(influencers)指影响购买决策的人。他们常协助确定产品规格，并提供方案评价的情报信息。那些在技术部门工作的人员，例如，过程技术人员、质量控制人员以及研究开发人员一般担任此种角色。有些时候，购买组织的外部人员也可能是影响者，例如，在高科技产品的采购中，技术顾问将会在采购过程中发挥重要的影响作用。

(3) **决定者**(decider)指那些有权决定产品要求和(或)供应商的人。决策者可能有也可能没有正式的决策权力。关于决策者的界定有一定难度，采购者具有采购的正式权力，但实际上往往由公司的总经理做出购买决策；当一个工程技术人员所制定的有关需求产品的详细要求只有一个供应商能够满足时，那么这个工程技术人员就是决策者。

(4) **购买者**(buyers)是指正式有权选择供应商并安排购买条件的人。购买者可以帮助制定产品规格，但主要任务是选择供应商和交易谈判。一般来说，购买者即是采购部门人员，但在某些情况较为复杂的购买过程中，购买者也可能包含一些高层管理人员。

(5) **守门者**(gatekeepers)是指有权阻止销售人员及信息与采购中心成员接触的人员。例如，采购人员、接待人员可以阻止销售人员与决策人员相接触。当然，守门者也可以将通往与采购人员相接触的大门向某些营销人员敞开，而向另外一些营销人员关闭。

组织中的某一个成员可能同时担任上述诸多角色，也可能由不同的人员扮演不同的角色，无论如何，采购中心是一个复杂的组织现象。对于营销人员来说，他所要做的一件事情便是准确地判断在采购中心中最有权威或者说最有影响力的人物。表15－6为营销人员完成这一任务提供了一些有价值的线索。

表15－6　如何判断在采购中心中具有影响力的人物

● 辨别采购中的主要风险承担者：那些在采购中承担个人风险的人员比其他人员更能发挥影响作用。例如，为筹建新工厂而进行的生产设备的采购将会导致制造部门相关人员的积极参与
● 注意信息的流动方向：采购中心中有影响力的人物往往是有关采购决策信息的中心人物。组织中的其他人员将会及时地将信息传递给那些有影响力的采购中心成员
● 确认专家：专家性权力是采购中心的一个重要影响因素。那些在采购中心中具有渊博的学识、并且经常向销售人员提出犀利问题的人员往往是具有影响力的
● 充分理解采购人员的角色：在常规采购中，采购人员具有决定性的作用
● 追寻与高层的联系：有权威的采购中心成员经常与最高管理层保持着密切的联系。这种联系加强了采购中心成员的地位和影响力

通过表15－6可以看出，那些在决策中承担很大个人风险、拥有专家性权力、并随时了解信息的人员是购买中心具有权威和影响力的关键人物。

四、个人因素

组织的采购决策往往是由个人而非组织作出的。采购中心的每一个成员都有其独特的个性、特殊的经历、特定的组织职能以及对如何更好地同时实现个人目标和组织目标的独特理解。个人因素对组织购买行为的影响主要表现在以下几个方面。

(一) 不同的评价标准

评价标准用于比较和选择供应商的产品和服务。但组织成员对同一个产品和服务的评价标准并不相同，这种差异性主要来自个人不同的教育背景、面对的信息来源及对有关信息的理解和记忆以及往采购经理的满意程度等。

一项研究成果能够更好地说明这个问题，在一项太阳能空气调节系统的采购项目中，生产工程师、供暖及空气调节顾问(HVAC)、高层经理组成了采购中心。研究表明，生产工程师关注运作成本和能源的节省，HVAC顾问关注噪音污染水平和系统的最初投入成本，而高层经理更关心技术的先进性。这说明，在进行产品设计、广告制作或者开展人员销售的时候，如果营销人员对于采购中心各成员评价标准的差异有所认识和理解，将具有十分重要的应用价值。

（二）个体信息处理过程

大量的信息通过邮寄广告、因特网、杂志广告、个人销售代表或口头通告等方式进入每一个组织。但只有那些被参与采购决策的人员所注意、所理解并记忆的信息在采购决策过程中才具有重要意义。

一般来说，个体对信息的认知具有以下4个特点：

- 选择性接触：个体倾向于接受那些与自己的态度和期望相一致的信息。
- 选择性注意：个体倾向于注意那些与自己的态度和期望相一致的信息。
- 选择性认知：个体倾向于用自己的态度和观念来解释信息。
- 选择性记忆：个体倾向与记忆那些与自己的需要和意向有关的信息。

上述的每一个选择过程都将影响到个人决策者对营销策略的反应方式。由于组织的采购过程经常会延续几个月的时间而且营销人员与采购组织的联系并不经常进行，那些缺乏内容的信息很难进入关键决策者的视线，或者很快地被遗忘。因此营销沟通必须经过仔细地设计，那些能够被决策者所接触、所注意、所认识、所记忆的信息才具有真正的营销价值。

（三）个体规避风险策略

采购中心的每个人都有尽量减少采购风险的强烈愿望。采购过程的风险主要来自两个方面：①决策结果的不确定性；②决策错误将带来严重的后果。采购中可预见的风险及采购类型对于决策单位的结构有着重要的影响作用。在那些风险相对较低的直接重购和更改重购中，倾向于个人主要是由采购人员作出决策。当组织面对高风险的更改重购或新任务采购时，一般采取集体决策的方式。

在面对风险性的采购决策时，组织采购者如何应对？一般来说，随着采购风险的增加：

- 采购中心的规模将变大，而且其成员包括那些在组织中具有一定地位和权威的高层人物。
- 采购中心的成员将从各种渠道积极地收集有关信息以及支持采购决策的作出。
- 采购中心各成员在整个采购过程中将保持一种积极努力、谨慎认真的态度。
- 与组织购买者有良好合作记录的供应商将会大受欢迎。因为选择组织所熟悉的供应商能够降低采购风险。

面对风险决策时，价格、产品质量以及售后服务对组织采购者来说非常重要。供应商的营销人员在引进新产品、进入新市场或者接触新用户时，应该充分考虑各种营销策略可能对组织采购所产生的风险，只有选择那些能够降低组织购买风险的营销策略才可能最终获得用户。

本章小结

对组织购买过程的把握和理解是制定相应营销策略的基础。营销人员在“八阶段购买模式”中的预测（或认识）需求到接受和分析等5个阶段中将扮演着活跃的角色以影响组织采购决策的作出。事实上，一个富有经验的营销人员经常能够促使组织顾客尽早地认识到自身的需要并帮助组织有效地解决问题。在整个采购过程中，任何附加采购条件的提出都有可能缩小可供选择的供应商范围并影响最终的决策。

采购类型取决于组织对同样采购问题所持有的经验，并因此分为新购型、更改重购型、直接重购型。每一种采购类型都需要一套独特的解决问题的方法及采取相应的营销策略。

环境、组织、团体和个人是影响组织购买行为的四大因素。其中，环境因素确定了组织顾客与供应商相互关系的边界；组织因素描述了采购部门在组织中的地位以及组织采购的发展趋势；采购中心这一团体因素随着组织、采购阶段、采购类型的不同而不同；作为营销人员，必须关注个体因素，采购中心的每一个成员都有其独特的经验、个性、偏好，这些因素势必会对最终采购决策发生影响作用。因此，营销人员应该充分意识到个体间的差异，针对不同的采购中心成员采取相应的营销沟通手段。

完全揭示相关组织购买过程的所有问题是非常困难的。但本章的一些基本理论框架为营销人员制定有效的营销战略提供了有益的基础。

关键词

组织购买	organizational buying
组织购买决策过程	organizational buying process
组织购买类型	types of buying situations
新购型	new task
更改重购型	modified rebuy
直接重购型	straight rebuy
采购中心	buying center
环境因素	environmental forces
组织因素	organizational forces
团体因素	group forces
个人因素	individual forces
集中采购	centralizing purchasing
守门者	gatekeepers

练习题

1. 组织购买决策包括哪些阶段？每一个阶段的特点是什么？
2. 请充分解释组织购买的 3 种类型。
3. 在不同的组织规模类型中，营销策略应该如何运用？
4. 何谓采购中心？采购中心各成员在采购中的地位和作用如何？
5. 组织采购的影响因素包括哪些方面？每一类影响因素如何作用于组织采购？
6. 将学员分成每 5～6 人一组，讨论以下内容：
   (1) 采购中心在采购中的作用是什么？
   (2) 采购中心的成员在采购中的地位如何？
   (3) 采购中心的规模与哪些因素有关？
7. 进入 www.dupont.com，查阅有关杜邦公司如何进行原材料采购的资料，了解有关组织进行采购的规范及程序等内容。

案例分析

鹏展环保科技有限公司

鹏展环保科技有限公司位于江苏省宜兴环保科技园内，该公司成立于1995年，主要产品是用于监测水处理厂泵站运行情况的水流监测系统。经过近四年的发展，鹏展公司已成为年销售额上亿元的环保型高科技公司。总经理李卓凡与其他经理人员协商，决定让该公司立足江苏市场，向上海市场进军，并把上海两家水处理厂作为拓展上海市场的突破口，为保证公司拓展策略的成功实施，可行性方案的制定迫在眉睫。

一、公司的产品——水流监测系统

鹏展环保科技有限公司的主要产品是水流监测系统：专门为监测和控制加压水流而设计的一套计算机硬件及软件。加压水流通常指那些由市政水处理部门或工厂企业进行存储、处理的饮用水及污水。

水流监测系统安装在每一个泵站。一般情况下，泵站之间间隔较远，通过在地理位置上分散的饮用水或排污系统的使用者连接。水流监测系统在其中发挥着重要的作用，它可以同时控制4个泵的启动、停转和报警工作，监测存储池的水平面和可利用的容量，检查泵的性能及耗能情况，记录水流经泵的速度，甚至能够测量进入存储池的降雨量，及时调整泵的运作并在必要的时候启动报警装置。每一个水流监测系统能够很容易地与主机相连，这样就能进行泵站的遥控及生成用于预测泵的运行状况的大量图、表等信息。

水流监测系统在熟练程度、快速反应能力及成本等方面具有人工监测所无法比拟的优越性。只需要一个管理人员就可以通过计算机终端来监测泵的运行情况并向每一个泵站发送命令，既节约成本又节省时间。

鹏展环保科技有限公司的技术人员与水处理厂的水处理工程师一起设计并安装系统。在如何使用系统方面对水处理工程师及操作人员进行培训，并提供全天候的咨询服务。如果需要，公司将派出人员协助水处理厂解决系统出现的问题。

一套水处理检测系统的价格在15万元左右，可同时监测4个泵站的运行。

二、水监测系统的顾客

水监测系统的顾客可分为两大类——市政水处理厂和工业企业的水处理部门。市政水处理厂一般具有4～12个泵站，每个泵站由一个或多个泵组成。泵间歇式运转。除非安装类似的水监测系统，否则泵的运行情况需要由一个或多个操作人员每天花费7个多小时对每个泵站进行一次或两次的现场监测。操作人员测量有关存储池的指标、记录泵的运转时间，有些时候还需要做有限的保养和维修工作。很多工业企业也需要存储大量的水和处理大量的污水。工业企业水处理与市政水处理厂相比除规模较小外，其他方面都比较类似。

无论市政水处理厂还是工业企业的水处理部门都希望水监测系统精确、可靠，这是最为关注的两个方面。除此之外，它们还希望监测系统容易使用、运行经济以及提供常规的服务和维护。价格通常不是用户们主要考虑的问题。只要价格制定得合理，用户对产品的实际运行效果比对产品的价格更感兴趣。

鹏展公司通过市场调查，认为市场对水监测系统的需求在未来10年内将保持强劲的势头。市场需求主要体现在为新建泵站以及老泵站已有的、粗糙的、简单的监测系统进行替换。泵站原有的监测系统需要操作人员不断地巡视，这种巡视在安装类似于鹏展公司的系统后显得十分不必要。但很多经理人员认为解雇或重新安排那些监测人员是非常困难的事情；一些经理人员很保守，认为即使安装了新系统也需要操作人员的现场监测。

大多数用户认为鹏展公司的产品是市场上最好的，他们觉得其他公司的产品在可靠性与准确性方面很难与鹏展公司的产品相比。一些专家也认为竞争对手没能体现出鹏展产品在设计上的娴熟及弹性，用户对该公司所表现出来的有关水处理方面的知识深感满意。其他竞争对手缺乏相关的知识和经验，而且把水监测系统作为一项副业来做并认为市场太小以至于不值得付出太多的努力。

三、鹏展公司的战略

鹏展公司的战略思想是：提供技术先进的设备用于监测水处理厂的泵站运行。这一战略强调为用户及潜在用户在设计、提供水监测系统及相关服务时保持经常性的沟通。该公司也为自身是一个年轻的、富有活力的、没有官僚习气的公司而感到骄傲。公司的员工充满热情地工作，经常性地就有关工作问题进行沟通和交流，公司上下均以顾客及其满意作为公司发展的驱动力。

目前，公司已占据江苏水监测系统市场90%的份额，但公司显然不以此为满足。李总经理经过与公司相关人员进行多方面的协商之后，决定进军上海市场。为保证拓展新市场的成功，公司委派上海新生代调研公司进行市场调查。市场调查的对象是50位来自上海市政水处理厂及工业企业水处理部门的管理人员及工程师，形式为深度访谈，问题包括：

- 你所在的单位在监测泵站时使用什么系统？
- 目前使用的监测系统有效吗？节约成本吗？
- 你希望监测系统具有哪些特征？
- 在选择监测系统时由谁作出决定？
- 对鹏展公司的监测系统有何意见？

调查的结果是大部分被调查对象认为：目前的监测系统比较老旧，需要配备专门的人员进行监测；目前的监测系统需要不断地维护才能起到较好的监测作用，由于维护及操作人员的费用不菲，监测成本比较昂贵；对水监测系统的要求是可靠、准确、操作方便、运行经济；一般情况下，监测系统的购买由水处理工程师和相关部门的管理人员共同决定，但如果涉及裁减或者安置因安装新系统而导致的剩余人员则需要由高层管理人员共同决定；鹏展公司的水监测系统比较先进，但大多数人觉得“无论如何，机器并不可靠”，因此还需要配备专门的操作人员。很多被调查对象还表示如果公司更换旧的系统时，会考虑鹏展公司的产品。

四、鹏展公司拓展市场所遭遇的问题

市场调查的结果令人鼓舞，这更坚定了鹏展公司进军上海市场的信心和决心，在李总的亲自指挥下，市场部开展了一系列的营销活动：向各潜在用户发送产品目录、召开商品展示会、进行人员销售等。半个月之内，有关潜在用户意向的反馈就源源不断地传回江苏总部。其中，上海一家正在兴建中的曹泾污水处理厂对公司的产品表现出一定的兴趣。该厂属于市政工程，专门处理居民区排放的生活污水，日处理量达5 000吨，共有12个泵站，属于大型水处理厂。当然，由于以往没有购买类似产品的经验，曹泾污水处理厂对采购水监测系统的态度比较谨慎，特组成了15人采购中心，对包括鹏展公司在内的5家公司生产的水监测系统进行采购招标。另外，上海益智生物制药厂有意用较为先进的系统替换原有的系统，因此希望鹏展公司能够给予一定的信息及技术上的支持和帮助。鹏展公司派专人与生物制药厂水处理部门的有关人员进行接触，发现他们有几方面的顾虑：①水监测系统的性能究竟如何？②采用新系统而导致操作人员剩余的问题如何解决？③一旦系统出现问题，总部在江苏的公司是否能够迅速并及时地提供服务？

李总与市场部、技术部经理人员开会协商，一致认为应该尽量争取这两个顾客以作为进入上海的突破口，为保证进入成功的可能性，市场部应尽快地制定出营销方案。

问题

1. 你认为鹏展公司将本案例中提及的两家企业作为产品进入上海市场的突破口这一决策是否正确？请说明理由。

2. 从组织购买类型的角度来看，曹泾水处理厂属于哪种类型？鹏展公司应采取怎样的营销策略？

3. 你认为曹泾水处理厂的15人采购中心由哪些成员组成？采购中心一般具有怎样的特点？起怎样的作用？

4. 从组织购买类型来看，益智生物制药厂属于那种类型？鹏展公司应采取怎样的营销策略？

参考文献

［1］ 德尔·I·霍金斯，罗格·J·贝斯特，肯尼斯·A·科尼.消费者行为学.符国群，等译.北京：机械工业出版社，2007.

［2］ 迈克尔·R·所罗门，卢泰宏，消费者行为学.6版.北京：电子工业出版社，2006.

［3］ 王长征，消费者行为学.武汉：武汉大学出版社，2003.

［4］ 亨利·阿塞尔，消费者行为和营销策略.韩德昌，等，译.北京：机械工业出版社，2000.

［5］ 罗格·D·布莱克韦尔，等.消费者行为学.徐海，等，译.北京：机械工业出版社，2003.

［6］ 理查德·格里格，菲利普·津巴多.心理学与生活.北京：人民邮电出版社，2003.

［7］ E·阿伦森.社会性动物.邢占军，译.上海：华东师范大学出版社，2007.

［8］ 彭聃龄.普通心理学（修订本）.北京：北京师范大学出版社，2001.

［9］ 郑杭生.社会学概论新修.3版.北京：中国人民大学出版社，2003.

［10］ 戴维·波普诺.社会学.10版.李强，译.北京：中国人民大学出版社，2003.

［11］ 吴增基，吴鹏森，苏振芳.现代社会学.2版.上海：上海人民出版社，2001.

［12］ 梁漱溟.中国文化要义.上海：上海人民出版社，2005.

［13］ 郑也夫.后物欲时代的来临.上海：上海人民出版社，2007.

［14］ 汪涛，陈露蓉，刘一雄.华人的关系主义文化和消费者行为.经济管理，2007（17）.

［15］ 刘泉宏.论影响消费者行为的文化因素.江苏商论，2007（4）：35－36.

［16］ 李春玲.当代中国社会的声望分层——职业声望与社会经济地位指数测量.社会学研究，2005（2）：74－102，244.

［17］ 李强.试析社会分层的十种标准.学海，2006（4）：40－46.

［18］ Del I Hawkins，David L. Mothersbaugh，Roger J. Best. Consumer Behavior：Building Marketing Strategy. 10th ed. New York：McGraw-Hill Companies Inc，2004.

［19］ Park C W，Lessig V P. Students and housewives difference in susceptibility to reference group influence ［J］ Journal of Consumer Research，1977，4(3)，102－110.

［20］ Childers T L，Rao A R. The influence of familial and peer-based reference groups on consumer decisions ［J］. Journal of Consumer Research，1982，9(1)：198－211.

［21］ Bearden W O，Etzel MJ. Reference group influence on product and brand purchase dicision ［J］. Journal of Consumer Research，1992，19(1)：183－194.

［22］ Brinberg D，Plimpton L. Self-monitoring and product conspicuousness on reference group influence ［J］. Advances of Consumer Research，1986，13(1)：297－300.

［23］ Chan K K，Misra S. "Characteristics of the Opinion Leader，" Journal of Advertising，no. 3（1990），53－60.

［24］ J. B. Wilkinson，J. Barry Mason，and Christine H. Paksov，"Assessing the Impact of Short-Term Supermarket Strategy Variables，" Journal of Marketing Research 19（February 1982），p. 79. Published by the American Marketing Association.

［25］ Jim Blythe. The Essence of Consumer Behaviour. New York：Prentice-Hall，1997.

［26］ Goldsmith R G，C P Hofacker. Measuring Consumer Innovativeness. Journal of the Academy of Marketing Science，19(1999)：212.

［27］ William D Wells，Douglas J Tigert. Activities，Interests and Opinions. Journal of Advertising

Research, 1971(11):

[28] Ram, Sheth L N. Consumer Resistance to Innovations: The Problem and Its Solution. Journal of Consumer Marketing, 1989(6):

[29] L G Schiffman, Kanuk L L. Consumer Behavior. 5th ed. New York: Prentice-Hall International Inc, 1995.

[30] J Paul Peter, Jerry C Olson. Consumer Behavior and Marketing Strategy. 4th ed. New York: McGraw-Hill Companies Inc, 1996.